수 정 판

윤리학의 이론과 역사

W.S. 사하키안 저
송 휘 칠
황 경 식 공역

博 英 社

역 자 서 문

이 책은 William S. Sahakian 교수의 *Ethics: An Introduction to Theories and Problems*(New York : Harper & Row, 1974)를 완역한 것이다. 저자는 하바드대학을 거쳐 보스턴대학에서 철학박사 학위를 받았으며 현재 서포크대학 철학과 과장 및 철학·심리학 교수이다. 『윤리학의 체계』(*Systems of Ethics*), 『가치론』(*Value Theory*)을 위시하여 일반철학뿐만 아니라 심리학에 관해서도 다수의 저술이 있다.

역자가 이 책을 번역하게 된 것은 그 동안 학부와 대학원의 서양윤리학 강좌에서 여러 가지 교재를 사용해 보았으나 윤리학의 이론과 역사를 동시에 강의할 수 있는 적절한 책이 없음을 발견했기 때문이다. 물론 이 책도 원래의 제목이 그러하듯이 '윤리학사'로 엮어진 책은 아니지만 서양윤리사상사에 나타난 방대한 이론들을 15개 장에 걸쳐 거의 빠짐없이, 그리고 체계 있게 정리하고 있기 때문에 각 장의 순서를 재편성하여 저자의 승인 아래 '윤리학의 이론과 역사'로 이름붙인 것이다.

순서가 뒤바뀐 부분은 제 6 장 자연주의 윤리설(원래는 제 9 장)과 제 9 장 주관주의 윤리설(원래는 제 14 장), 그리고 제 10 장 공리주의(원래는 제 4 장)뿐이며, 그 이외의 부분은 각 장이 앞으로 당겨지기도 하고 뒤로 밀리기도 했으나 그 순서에 있어서는 전혀 뒤바뀌지 않았다. 그리고 본서 15개 장 가운데 앞부분에 해당하는 제 1 장에서 제 7 장까지와 제 10 장은 송휘칠이 번역하고 제 8 장, 제 9 장과 제 11 장 이하의 뒷부분은 황경식이 분담하여 번역했으나 두 사람 모두 번역에 잘못이 없었는지 염려되는 심정임을 솔직이 고백하지 않을 수 없다. 독자들의 많은 지적과 편달을 바랄 뿐이다.

역자가 원저자로부터 번역승인을 받고 작업에 착수한 것은 1984년 6월의 일이었으나 그 동안 한 가지 일에만 전념할 수 없는 바쁜 사정으로 인해 예정보다 1년이나 늦은 지금에야 비로소 출판이 이루어지게 되었음을 죄송하게 생각한다. 졸역이나마 한국윤리학계의 발전에 일조가 되기를 기원한다. 책이 되어 나오기까지 원고정리 및 정서를 도운 경북대학교 대학원 이승연, 정금윤, 교정 및 색인을 도운 동국대학교 대학원 이한구, 윤용택 군에게 감사한다. 끝으로 박영사 여러 분의 노고에도 사의를 표하고자 한다.

1986년 2월

역자 송휘칠
황경식

한국어판 서문

이 책은 서양윤리사상의 이론체계뿐 아니라 생의 철학에 관한 주요 이론까지 다루고 있다. 비록 이 책이 서양사상에 집중되고 있기는 하나 예수 그리스도와 마하트마 간디까지 포함하고 있어 그 영역이 서양을 벗어나 근동과 동인도에 걸치게 된다. 저자는 이 책이 언젠가는 동양사상을 깊이 있게 다루는 내용까지 포함할 수 있게 되기를 희망하고 있다.

이 책은 영향력이 큰 생의 철학과 도덕철학뿐 아니라 인류역사 2천년에 걸쳐 다양한 형태로 전개된 인간의 사유체계를 포괄적으로 다루고 있으며, 시대적으로는 기원전 5세기 경에서 우리들이 살고 있는 현대까지 포함하고 있다. 따라서 독자들은 이 책을 통하여 여러 가지 사상의 대요를 파악할 수 있을 뿐 아니라 윤리와 가치의 문제를 역사적으로 조감할 수 있을 것이다.

이 책의 역서가 한국의 독자들에게 현재까지 제기된 깊이 있는 윤리적 사고와 이론들을 이해할 수 있는 좋은 길잡이가 되기를 희망하며, 이 책을 한국어로 번역한 송휘칠 교수와 황경식 교수의 노고에 깊은 감사를 드린다.

Boston, Beacon Hill에서

저 자 서 문

윤리학을 체계적·역사적으로, 그리고 문제중심으로 다룬 책이 나타난 지도 이미 수년이 지났다. 최근에 출판된 책들은 중요한 윤리학적 문제를 부분적으로 다루거나 윤리학의 이론체계를 산발적으로 다룬 것들(즉 윤리학의 역사에 나타난 중요한 이론들을 체계 있게 정리하기보다는 표본을 추출하는 방법으로 다룬 것들)이 대부분이다. 이 책의 저술목표는 이런 문제점들을 보완해 보려는 데 있다.

이 책의 또 하나의 목표는 윤리학 분야의 정확한 이해를 위해 필요한 기본개념과 용어들을 독자들에게 제공함으로써 오늘날 윤리학 과목을 택하는 학생들이 직면하고 있는 여러 가지 문제들에 독자들이 체계적으로 접근할 수 있게 하기 위한 것이다.

서론격인 제 1 장은 독자들에게 윤리학 분야와 그 주요문제들에 대한 전반적인 조망을 줄 뿐만 아니라 중요한 윤리학 용어들을 설명하고 있기 때문에, 뒤에 나올 논제들을 미리 검토하고 또 이미 학생들에게 친숙한 여러 개념들을 재검토하는 데 도움이 될 것이다. 그러나 각 장의 순서는 앞에 나온 내용을 파악해야만 뒷부분을 이해할 수 있게끔 배열하거나 각 이론을 시대별로 나열한 것은 아닌 까닭에 순서에 그대로 얽매일 필요는 없을 것이다. 마지막 장의 메타윤리학을 제외하고는 독자들이 원하는 대로 앞뒤 장을 번갈아 읽어 가도 좋을 것으로 생각된다.

Boston, Beacon Hill에서

William S. Sahakian

차 례

윤리학의 이론과 역사

제 1 장

윤리학이란 무엇인가

철학자들은 실재의 본질에 관한 포괄적인 탐구를 시도한다. 그들의 연구성과는 우주에 관한 체계적이고 합리적인 관점을 제공하며 하나의 연구분야로서 철학의 주제를 구성하게 된다. 철학의 주요 연구분야로는 형이상학(metaphysics), 논리학(logic), 인식론(epistemology), 미학(aesthetics), 윤리학(ethics) 등이 있다. 형이상학은 실재의 본질을, 논리학은 사유의 과정과 법칙을, 인식론은 지식의 습득방법을, 미학은 아름다움의 의미와 경험을, 그리고 윤리학은 도덕적인 가치판단의 구조를 밝히려 한다. 윤리학은 도덕적인 판단과 선택, 그리고 그 기준에 관하여 탐구하고 분석하는 철학의 한 분야이다.

1. 도덕적인 가치판단

철학자들은 윤리학의 명확한 범위에 관해서는 서로 의견을 달리하고 있다. 그들은 윤리학에서 빈번히 사용하고 있는 공통된 용어, 즉

'좋은(선)' '옳은' '의무' 등의 의미에 대하여 커다란 견해 차이를 보여 주고 있다. 어떤 철학자들은 윤리학이 인간의 행위를 지도하는 일련의 원리를 제공해야 한다고 믿고 있으며, 다른 학자들은 윤리학이 우리가 도덕적인 신념을 표현할 때 사용하는 여러 가지 진술(statement)을 분석해야 한다고 주장하고 있다. 철학자들 사이에 이 같은 견해 차이가 있음에도 불구하고 윤리학의 주요 관심사가 도덕적인 가치판단(moral value judgement)과 가치판단의 근거를 탐구하는 데 있다는 것은 누구나 인정하고 있다.

윤리학과 다른 체계적인 학문들(이를테면 심리학, 생물학, 신학 등)과의 차이점에 관하여 이윙(A. C. Ewing)은 다음과 같이 지적하고 있다.

> 만약 '좋다'(good)는 말이 윤리학의 기본용어로 사용되고 그것이 단순하게 "우리가 바라고 있는 것"으로 정의된다면 윤리학은 심리학의 한 분야에 불과하게 될 것이다. 왜냐하면 우리가 '바란다'(desire)라는 말로 표현할 수 있는 정신생활의 사건들이나 그 속성에 관한 연구는 주로 심리학이 해야 할 일이기 때문이다. 만약에 '좋다'는 것이 "자연적인 진화의 과정과 일치되는 어떤 것"으로 정의될 수 있다면 윤리학은 또한 사회학의 한 분야에 불과하게 될 것이다.……그리고 그것이 "신이 바라는 어떤 것"으로 정의된다면 윤리학은 신학의 한 부분에 불과하게 될 것이다.[1)]

분명히, 우리들의 도덕적인 가치판단과 도덕적인 신념 및 그 기준의 선택근거가 요청하는 포괄적인 분석은 다른 학문분야에 대한 적절한 지식이 없이도 이루어질 수 있다. 이 같은 분석방법을 제공하는 것이 바로 윤리학의 기능이다.

과학과 철학 사이에 하나의 실질적인 구분이 이루어질 수 있다. 과학자는 그의 전문적인 연구에 임하고 있을 때 그가 하는 일에 가치판단

1) A. C. Ewing, *Ethics*(London: English Universities Press, 1953), pp. 11~12.

을 적용할 필요를 느끼지 않는다. 그는 그가 발견한 과학원리나 새로 만든 발명품을 잘못 사용한 데 대한 책임을 지지 않으며 그것들이 정부나 다른 기관의 고용인들에 의해 응용 또는 사용되는 경우에도 그것에 대한 도덕적인 평가를 거부할 것이다. 그러나 철학자들은 인간의 성격, 행동, 경험 등 모든 측면에 대하여 가치를 평가하는 일을 그들의 주된 임무로 삼고 있기 때문에 과학자들의 연구성과와 그것의 응용에 대하여 가치를 평가하고 도덕적인 판단(moral judgement)을 내리는 것이다. 과학자도 누구나 도덕적인 책임(moral responsibility)을 완전히 벗을 수는 없다. 과학자로서가 아니라 한 사람의 사색인으로(이 경우에는 한 사람의 철학자가 되겠지만) 그 자신의 하는 일과 그 결과에 대하여 도덕적인 판단을 하게 마련이기 때문이다. 그는 그 자신의 철학——즉 우주와 인간관계에 대한 그의 관점——으로부터 해방될 수 없으며, 자신의 행동 결과를 무시하려고 노력해도 내적인 갈등을 피할 수가 없다.

2. 도덕적, 도덕과 무관한, 부도덕한

철학적인 문헌에서 빈번히 사용되고 있는 '도덕적인'(moral)이라는 용어는 두 가지 뜻을 내포하고 있다. 1) 우선 이 말은 옳은 것과 좋은 것에 관한 판단, 즉 가치판단을 하는 인간의 능력을 뜻한다. 이런 뜻으로 사용될 때 'moral'이라는 말은 '도덕과 무관한 것'을 의미하는 'amoral' 'non-moral' 혹은 'unmoral'이라는 말의 상관어가 된다. 왜냐하면 이 세 가지 말은 무엇이 옳고 무엇이 좋은 것인지 판단할 수 없는 사람을 가리키기 때문이다. 이를테면 미친 사람은 자신의 행동에 대하여 선악의 판단을 할 수 없고, 또 책임을 지지 않기 때문에 도덕과 무관한 사람으로 규정된다. 2) 한편, 'moral'이라는 말은 윤리적인 기준에 일치하게 행동하는 사람을 가리킨다. 이런 의미로 쓰여질 때 'moral'이라는 말은 '부도덕한' 것을 의미하는 'immoral'의 '반대어'가 된다. 도덕적인 사람은 옳고 좋은 것을 행하지만, 부도덕한 사람은 그르고 나쁜 것을 행한다.

3. 옳은 것과 좋은 것

전통적으로 철학자들은 윤리학을 '옳은 것'과 '좋은 것(선)'에 관한 연구라고 정의해 왔다. 극히 최근에 이르기까지 이 같은 정의는 윤리학을 연구하는 두 가지의 중요 접근방법을 충족시킬 수 있었다. 대부분의 철학자들은 옳은 행동과 최고선(supreme good; summum bonum)이 윤리학의 가장 기본적인 관심영역이라고 생각해 왔다. 옳은 행동을 가장 중요한 요소로 취급하는 철학자들은 옳은 것을 행하면 반드시 좋은 결과가 나타난다고 주장한다. 그런가 하면 최고선에 가장 큰 중요성을 부여하는 철학자들은 일단 최고선이 인식되면 옳은 행위가 자동적으로 확인되고 또 실현될 수 있다고 주장한다. 바꾸어 말하면 전자(즉 옳은 행동에 중요성을 부여하는 학자들)의 경우에는 선이 옳은 행위에 의해 결정된다고 보며, 후자(즉 최고선에 중요성을 부여하는 학자들)의 경우에는 옳은 행동이 좋은 것에 의하여 결정된다고 보는 것이다.

그러나 윤리학을 옳은 것, 좋은 것에 관한 연구라고 규정하는 전통적인 정의는 분석철학파(analytic school) 혹은 언어철학파(linguistic school)로 알려지고 있는 철학자들의 새로운 연구방법, 즉 분석적인 접근방법을 고려하지 못한다. 분석적인 윤리학자들은 윤리학적 이론이나 신념을 표현하는 데 사용되는 용어와 진술들을 논리적으로 분석하는 것이 윤리학의 가장 중요한 과제라고 생각한다. 이같이 주장하는 철학자들은 메타윤리학(metha ethics) 혹은 비서술적인(non-descriptive) 이론으로 알려지고 있는 윤리학설의 주창자들이다. 이들의 관점을 고려하면서 우리들은 윤리학을 다음과 같이 정의할 수 있게 된다. 즉 "윤리학은 옳은 것, 좋은 것에 관한 연구와 함께 윤리학적 용어와 이론 그리고 신념들에 대한 논리적인 분석을 중요 과제로 삼는 학문"이라고 규정할 수 있다.

4. 규범윤리학과 메타윤리학

규범윤리학(normative ethics)은 도덕적인 규범(moral norm)을 인생의 길잡이로 설정한다. 규범윤리학은 도덕이론을 연구하며, 도덕원리들을 합리적으로 정당화할 수 있는 기반 위에 구축한다. 어떤 규범윤리학자들은 우리들의 도덕적 의무와 책임을 제시하는 객관적인 도덕적 진리(moral truth), 즉 우리들이 해야 할 것과 하지 않아야 할 것을 지시하는 객관적인 기준이 있다고 믿는다. 그리고 어떤 학자들은 이와 반대로 윤리적인 원칙이나 규범은 우리들이 욕구하거나, 할 만한 가치가 있는 것으로 믿는 것에 불과하다고 주장한다. 즉 윤리학적 자연주의자(ethical naturalist)인 슐리크(Schlick)는 "내가 어떤 것을 해야 한다"는 것은 "사람들이 나에게 그것을 하도록 원한다"는 것을 뜻할 뿐이라고 말하며, 윤리학적 주관주의자(ethical subjectivist)인 러셀(Bertrand Russell)은 당위(ought)란 "개인적인 욕구를 보편화한 것"에 불과하다고 말한다. 즉 "너희들이 거짓말을 해서는 안 된다"고 하는 것은 나와 모든 사람들이 거짓말을 하지 않기를 바라는 나의 욕구를 나타내는 데 불과하다고 주장한다. 그러나 메타윤리학자들은 규범윤리가 우리들의 도덕적인 선택을 할 수 있는 자유를 저해한다는 이유로 모든 규범적인 견해에 반기를 든다. 그들은 규범적인 철학자들이 도덕적인 진리를 통찰할 수 있는 예언자임을 자처하면서 사람들에게 올바른 도덕적 행위를 하라고 명령하고 있다고 비난한다.

메타윤리학자들은 기본적으로 도덕적인 개념들의 분석 혹은 도덕적 언어의 논리적 분석에 관심을 둔다. 이같은 그들의 관심은 다음과 같은 저서에 잘 나타나고 있다. 즉 툴민(Toulmin)의 *Reason in Ethics*, 헤어(Hare)의 *The Language of Morals*, 스티븐슨(Stevenson)의 *Ethics and Language*, 그리고 윤리학을 일부 포함하는 엄슨(Urmson)의 *Philosophical Analysis*, 플루(Flew)의 편저인 *Logic and Language*, 에이어(Ayer)의 *Language, Truth, and Logic* 등이 그것이다.

이들은 일상생활에 사용할 수 있는 체계적인 윤리이론을 만들려고 애쓰지 않는다. 그들은 도덕적인 개념 혹은 도덕적인 개념에 내포되어 있는 논리적 구조분석에 집중한다. 이 같은 신념은 툴민의 저서에 나타난 자켓 이야기에 잘 표현되고 있다. 그의 자켓 이야기는 그의 저술목표가 다음과 같은 질문에 답변하는 데 있음을 말해 주고 있다. 즉 우리들이 어떤 윤리적 주장은 받아들이고 어떤 주장은 거부해야 한다는 것을 어떻게 결정할 수 있는가, 어떤 종류의 이유가 도덕적인 결정을 위한 정당한 이유인가, 도덕적인 결정을 내리는 데는 어디까지 이성의 기능에 의존할 수 있는가 등의 질문에 답변하려는 것이다.[2)]

메타윤리학이라는 분석적인 사조를 일으키는 데 크게 기여한 노웰스미스(Nowell-Smith)의 『윤리학』에서도 비슷한 논조를 발견할 수 있다. 그의 저서는 "무엇을 해야 하는가?" "어떤 도덕적인 준칙을 고수해야 하는가?" "도대체 나는 왜 특정한 도덕률을 고수해야 하는가?" 등의 질문은 제기하지 않는다. 오히려 그의 저서는 '좋은' '옳은' '해야 하는' 그리고 '선택' '의무' '욕구' '쾌락' 등의 윤리적 언어의 의미와 복잡한 상호 관련성을 명확하게 밝히는 데 목적이 있다. 그는 최근에 발견한 언어의 논리를 도덕적인 개념분석에 적용하고 있다. 그러나 그가 논의하고 있는 개념들은 대부분이 전통적인 윤리학에서 사용해 온 개념들이다.[3)]

어떤 학자들은 규범윤리학도 일관되게 도덕적인 언어의 논리적 분석결과에 의존하고 있기 때문에 그것의 발전은 곧 메타윤리학의 성과라고 말하고 있다. 사실상 언어분석이 철학에 있어서 전혀 새로운 연구방법은 아니다. 왜냐하면 언어분석적인 방법의 역사는 소크라테스 시대까지 거슬러올라갈 수 있기 때문이다. 다만 그 같은 연구방법의 문제가

2) Stephen Edelston Toulmin, *An Examination of the Place of Reason in Ethics* (Cambridge: Cambridge University Press, 1960).

3) P. H. Nowell-Smith, *Ethics* (Baltimore: Penguin, 1954), jacket.

전 철학사를 통하여 진리(the truth)라든가, 미(the beauty)라든가, 선(the good)을 추구하는 부수적인 작업으로 취급되었을 뿐이다.

아뭏든 언어분석학파의 학자들은 이 방법에 집중하면서, 계속적으로 도덕적 가치를 표현하는 단어나 문장의 의미와 그 기능을 연구하고 있으면서도 도덕적인 판단을 제시하지는 않는다. 따라서 그들은 자연주의자(naturalist), 쾌락주의자(hedonist), 공리주의자(utiltarianist), 직관주의자(intuitionist) 등 전통적인 규범윤리학자들이 주장해 온 관념(idea)을 계속 논의하고 있으면서도 항상 분석적인 기준에 따라 결론을 내리고 있다.

그러나 규범윤리학자들은 항상 도덕적인 가치판단을 제시한다. 따라서 그들은 "옳은 것은 무엇인가?" "좋은 것은 무엇인가? "인생에 있어서 가치 있는 것은 무엇인가?" "인생은 살 만한 가치가 있는가?" "나는 무엇을 해야만 하는가?" 등의 규범적인 질문에 관심을 기울인다. 이들의 이론적인 관점은 다음과 같은 저서에 잘 나타나고 있다. 즉 페리(Perry)의 *Realms of Value*, 로스(Ross)의 *The Right and the Good* 프리차드(Prichard)의 *Moral Obligation*, 시존스케(Sesonske)의 *Value and Obligation*, 어반(Urban)의 *Valuation*, 로버츠(Roberts)의 *Problem of Choice*, 그리고 하스퍼스(Hospers)의 *Human Conduct* 등이 그것이다.

가너(Garner)와 로즌(Rosen)은 다음과 같은 간략한 표현을 통하여 규범윤리학과 메타윤리학의 중요한 차이점을 적절하게 잘 지적하고 있다.

> 쾌락주의, 공리주의 등을 논의하는 것으로 시작되는 규범윤리의 연구는 불가피하게 여러 가지 의문과 문제점에 부딪힌다. 예를 들면 규범윤리학은 쾌락이 선인지 아닌지 여부를 물을 수 있고 또 고통의 원인이 되는 행동은 나쁘다고 주장할 수 있다. 이런 것들이 규범적인 질문이며 논점들이다. 그리고 규범윤리학은 옳은 것, 좋은 것이란 무엇을 의미하는가라고 물을 수도 있다. 그러나 이 같은 질문은 무엇이 좋고 나쁘며, 무엇이 옳은 것이고 그른 것인가를

묻는 것과는 다르다. 왜냐하면 옳은 것, 좋은 것은 무엇을 의미하는가라는 질문은 규범적인 판단에 '관한'(about) 질문으로서 메타윤리학적인 질문이기 때문이다.[4)]

메타윤리학이라는 용어는 1949년에 발표한 에이어(Ayer)의 「도덕적인 판단의 분석에 관하여」(On the Analysis of Moral Judgments)라는 논문에서 처음 사용된 말이다.[5)] 그는 이 말을 직관주의(intuitionism), 자연주의(naturalism), 정의주의(emotivism)를 포함한 모든 도덕이론들이 실제의 행동에 관해서는 중립적이라는 점을 설명하기 위하여 사용했다. 그에 의하면 도덕이론은 행동의 수정을 시도하거나 법의 수호자가 되는 것을 목표로 하지 않는다고 한다. 에이어는 "윤리이론은 사람들에게 어떤 도덕적 판단을 해야 한다고 암시하는 것이 아니라" 그것은 오히려 "사람들이 도덕적 판단을 할 때 무엇을 하고 있는가를 보여 주려는 시도"라고 말하고 있다.[6)]

철학을 처음 시작한 사람들은 메타윤리학을 연구하다가 이런 관점 때문에 거부감을 느끼게 된다. 왜냐하면 메타윤리학에는 그들이 찾고 있는 도덕적인 지침이 없기 때문이다. 이러한 거부감은 윤리학의 다른 영역 혹은 독일 전통에서 생의 철학(philosophy of life)으로 연구하는 윤리학에서는 발견할 수 없다. 그리고 윤리학의 한 분야이며 최근에 이르러 급속히 성숙하고 또 철학자들 사이에 널리 관심을 끌고 있는 사회윤리(social ethics)의 영역에서도 그러한 거부감은 느끼지 않을 것이다. [그리고 사회윤리학자들이 자주 논의하고 있는 문제와 논점들은 니버(Reinhold Niebuhr)의 *Moral Man and Immoral Society*, 포퍼(Karl Popper)의 *The*

4) Richard T. Garner and Bernard Rosen, *Moral Philosophy: A Systematic Introduction to Normative Ethics and Meta-Ethics* (New York: Macmillan, 1967), p. 213.
5) A. J. Ayer, "On the Analysis of Moral Judgements," *Horizon*, 20(1949).
6) A. J. Ayer, *Philosophical Essays* (London: Macmillan, 1963), p. 246.

Open Society and Its Enemies, 마르쿠제 (Herbert Marcuse)의 *One Dimensional Man* 등의 주요 저서에 잘 나타나고 있다.]

5. 정의론자, 비인지론자, 인지론자

정의론적(定義論的, definist) 철학자들에 의하면 윤리학적 용어는 대상물의 속성 (property)을 나타내며 도덕적 판단은 이 특징을 도덕적인 관심의 대상으로 환원시키는 것이다. 본서의 뒷부분에서 중요 철학자들의 이론을 구체적으로 논의하겠지만, 페리 (Ralph Barton Perry)와 같은 자연주의 윤리학자들은 정의론자에 해당하며, 직관주의자들까지도 '해야 한다' (ought), '좋다' (good)와 같은 말은 단순하고 분석 불가능하며 정의 불가능하다는 그들의 신념에도 불구하고 정의론적인 입장을 취하고 있다. 이들 직관주의자들에 의하여 정의 가능하다고 주장되고 있는 중요한 윤리학적 용어들은 윤리와 무관한 개념으로 정의될 수밖에 없다.

비인지론자(非認知論者, non-cognitivist)들은 본서에서 헤어와 스티븐슨에 의하여 대표되고 있는데, 그들은 도덕적인 판단이 실재로서 존재하지도 않으며 실재하는 사물과 대응하는 것도 아니라고 주장한다. 가끔씩 비서술론자 (non-descriptivist)들에 속하는 그룹으로 이해되기도 하는 비인지론자들은 정의론자들의 이론을 총체적으로 거부하며 소위 가치판단이라고 하는 것은 개인들에게 혹은 개인들의 행동에 도덕적인 속성을 확인하거나 거부하는 것이 아니라고 주장한다. 철학자에 따라서는 비서술론이라는 말과 비인지론이라는 말을 동의어로 사용하기도 한다.

흔히들 도덕적인 판단을 진위 (true or false) 판단이라고 주장하는 학자들과 그렇지 않다고 주장하는 학자들 사이에는 뚜렷한 견해 차이가 있는데 전자에 속하는 학자들은 인지론자 (cognitivist)로 불려지고, 후자에 속하는 학자들은 비인지론자 (non-cognitivist)로 불려진다.[7] 에이어와 스

7) Garner and Rosen, *Moral Philosophy*, p. 213.

티븐슨은 도덕적인 판단을 단지 감탄(ejaculation)이나 감정을 불러일으키는 것(evocation) 혹은 태도를 표명하는 것에 불과한 것으로 규정하는 극단적인 비인지론자에 속한다. 그리고 헤어와 같은 옥스포드 언어학파(Oxford language school)의 철학자들은 도덕적 판단을 처방, 권고, 혹은 허가로 규정하는 보다 온건한 입장을 취하고 있다.

6. 윤리와 도덕

영어의 'ethics'라는 말과 'moral'이라는 말이 동의어로 사용되어서는 안 된다. 이 분야의 교과과정을 소개하고 있는 미국의 대학 안내책자들은 한결같이 moral이라는 말 대신에 ethics라는 말을 쓰고 있다. 윤리학(Ethics)이라는 용어는 도덕과 도덕적인 문제에 관하여 '연구한다'(study)는 뜻을 내포하고 있다. 윤리학은 도덕적인 현상을 이론적으로 혹은 합리적으로 규명하는 것을 목적으로 하고 있다. 반면에 도덕이라는 말은 학문적인 연구를 의미하는 것이 아니라 각 개인이 자신의 행동을 살펴보는 기준을 의미한다. 윤리학적 활동(ethical activities)은 지적인 활동이며, 도덕적인 활동(moral activities)은 개인적인 혹은 사회적인 개혁과 관계되는 활동이라 할 수 있다.

이상과 같은 의미 규정에는 두 가지 예외가 있다. 1) 의사, 법률가, 성직자와 같은 지적인 직업에는 공식적인 선언의 형태를 취하든 비공식적인 합의사항으로 설정된 것이든 간에 명확한 직업상의 행동규범이 있다. 따라서 의사들이 그들의 확립된 행동규범을 어길 때는 그들은 비윤리적인(unethical) 사람으로 규정되고, 그들의 비윤리적인 행위 때문에 징계를 당하게 된다. 그러나 일반인들은 자신들의 윤리적인 준칙을 어겼을 때는 비윤리적인 사람이 아니라 부도덕한 사람으로 규정된다. 그 자신의 행동규범을 갖고 있지 않은 무원칙적인 사람은 다른 사람들의 도덕적인 규범을 어기는 행동을 하게 된다. 2) 영국에서는 철학과목에서 윤리학이론을 중요하게 다루면서 도덕철학(moral philosophy) 혹은 도덕과학(moral science)이라는 말을 사용하고 있다. 도덕을 철학이나 과학과 연결시켜 새로운 그리고 종합적인 명칭을 만든 것이다.

윤리(ethics)라는 말과 도덕(moral)이라는 용어는 비슷한 어원에서 유래한 것이다. 전자는 인격에 관한 학(science of character)을 의미하는 그리이스어 'ethikē'에서 유래한 말이며, 후자는 습관과 예의(customs and manners)를 의미하는 라틴어 'mores'에서 유래한 말이다. 윤리학은 인격에 관한 학[8]을 의미한다고 주장한 아리스토텔레스는 도덕적인 덕은 습관의 결과로 나타나는 것이며, ethikē라는 말은 습관을 의미하는 ethos의 변형된 단어라고 주장하고 있다.[9]

7. 일원론적, 이원론적, 다원론적 이론

철학에서 사용되고 있는 일원론(monism), 이원론(dualism), 다원론(pluralism)이라는 용어는 각각 하나, 둘, 혹은 다수를 의미한다. 따라서 형이상학적인 일원론자들은 궁극적인 실재란 하나밖에 없는 실재라고 믿고 있으며, 인식론적인 이원론자들은 인식과정에 인식주체와 인식대상이라는 두 가지 요소가 개입된다고 믿는다. 비슷한 방법으로 윤리학적 일원론은 쾌락주의자(hedonist)들에 의해 추구되는 쾌락(pleasure)이나, 토마스주의자들이 주장하는 신(God), 혹은 선과 미에 대한 사색을 통하여 얻어지는 아리스토텔레스의 행복(eudaimonia)과 같이 최고선은 하나밖에 없는 실재(entity)라고 보는 것이다. 그리고 윤리학적 이원론은 두 가지 기본적인 선 또는 악과 공존하는 선이 있다는 견해이며, 윤리학적 다원론은 여러 종류의 선이 있다는 견해이다.

쾌락주의자들 특히 쾌락이 유일한 선이며, 쾌락의 양(量)에 의해서만 다양성을 갖는다고 주장하는 양적 쾌락주의자들이 윤리학적 일원론에 속한다. 그리고 윤리학적 다원론자들은 쾌락 이외에도 지식이라든가,

---

8) Aristotle, *Politics* 1261ª.

9) Aristotle, *Nichomachean Ethics* 1103ª.

아름다움, 사랑, 우정 등 다양한 형태의 선이 있다고 주장한다. 서양 철학의 전 역사를 통하여 윤리학적 일원론, 이원론, 그리고 다원론 중 어느 것이 옳은지를 규명하려는 시도는 가장 중요한 과제의 하나였다. 이 점에 대한 중요 사상가들의 주장과 결론은 다음 각 장에서 논의될 것이다.

제 2 장

키닉학파와 스토아학파
—— 정욕으로부터의 해방과 고통에 대한 무관심

서양에 있어서의 현세적인 윤리사상은 소크라테스에서 비롯된다. 사실상 고대 윤리사상의 4개 학파 즉 i) 메가라학파(The Megarian school), ii) 플라톤학파(The Platonic school), iii) 키닉학파(Cynicism), iv) 키레네학파(Cyrenaic school)의 이론들이 소크라테스의 사상에서 유래한 것이기 때문이다. 이들 각 학파는 한결같이 인간의 가장 소중한 재산은 지식이며, 최고선에 관한 지식이 인간이 추구해야 할 가장 기본적인 목표라고 주장한 소크라테스의 이론을 받아들인 것이다.

이들 4개 학파에 있어 중요한 용어들은 지식, 덕, 행복 등이다. 키닉학파와 키레네학파의 쾌락주의가 그렇듯이 각 학파가 철학적인 입장은 서로 달리하면서도 "지식은 덕이며, 덕은 행복을 산출한다"는 소크라테스의 기본원리에서 그들의 이론적인 근거를 찾고 있다는 사실은 아이러니가 아닐 수 없다. 이 두 학파는 지식에 가장 큰 중요성을 부여하고 있지만 키닉학파가 덕에 대한 지식의 상관관계를 강조하는 데 비해 키레네학파는 지식을 행복추구의 한 수단으로 취급할 뿐이다. 소크라테스는 선을 정의하지 않고 개방적인 문제로 남겨 둠으로써 자유로운 토론과 해석의 여지를 남겼다. 따라서 키닉학파와 키레네학파는 서로 상반되는 입장에서 소크라테스의 이론을 자기들의 관점에서 해석한 것이다.

두 학파는 다같이 '현명한 사람'(wise man, 당시에 널리 사용된 말로서 '철학자'로 이해하면 된다)의 진정한 행복이란 어떤 내용의 것인지를 밝히는 데 지대한 관심을 갖고 있었다. 그러나 키닉학파는 그것을 덕에서 찾았고, 키레네학파는 순간적인 쾌락에서 행복을 찾았다. 키닉학파는 감각적인 것에 냉담한 아파테이아(apatheia)를 추구했고, 키레네학파는 감각적인 파토스(pathos)를 추구했다. 그러나 이 두 학파는 국가의 법률이 태어날 때부터 부여받은 인간의 고유한 권리를 부당하게 제약하고 있다는 사실에 대하여 일치된 견해를 갖는다. 그들 자신이 어떤 개별적인 국가보다도 우월하고 또 그런 국가적인 예속상태에서 벗어나야 한다고 믿는 키닉학파의 세계주의(Cosmopolitanism)와, 국가를 포함한 어떤 사람의 선을 위해서도 그들 스스로를 불편하게 만들어서는 안 된다고 믿는 키레네학파의 이기주의는 애국심과 시민의 의무에 대하여 냉담한 태도를 취한다.

제 1 절 소크라테스의 윤리사상

소크라테스(469~399 B.C.)는 자신의 저술을 전혀 남기지 않았기 때문에 후세 사람들은 주로 그의 가장 훌륭한 제자인 플라톤(427~347 B.C.)의 대화편(Dialogues, 총 35편이 있음)과 크세노폰(Xenophone)의 『소크라테스 언행록』(*Memorabilia of Socrates*)에 의존해 왔다.

플라톤과 총명한 그의 제자인 아리스토텔레스(384~322 B.C.)와는 달리 소크라테스는 아카데미(Academy)나 리케움(Lyceum)과 같은 학원을 설립하지는 않았다. 그러나 장터에 나가 군중들을 가르쳤으며 그 대가로 보수를 받지도 않았다. 그가 아테네의 청년들을 타락시키고 아테네의 신을 모독했다는 죄목으로 고발되었을 때 그는 사형선고를 기꺼이 받아들였으며 주저 없이 사약을 받아 마셨다.

1. 덕은 지식이다

소크라테스에 의하면 '덕은 곧 지식'(Virtue is knowledge)이며 덕과 지식은 동일한 것이다(여기서 말하는 지식은 선에 대한 지식이다). 무엇이 옳은 것인지를 아는 사람은 그 지식으로 인하여 옳은 것을 행할 것이며, 무지한 사람은 그른 일을 행할 것이다. 따라서 악한 행위는 무지에서 연유하는 것이므로 비자발적인 행위인 것이다. 덕과 지식이 동일한 것으로 규정되지만 사실상 덕은 지식의 결과이며 지식에 의존하는 것이다. 소크라테스가 인식하고 있듯이, 진정한 앎이란 이 세상에서 가장 좋은 지식으로 평가되는 도덕적인 통찰(moral insight)을 의미한다. 덕(virtue)의 어원인 희랍어의 aretē라는 말은 탁월한 것, 뛰어난 소질, 능력 혹은 자기가 해야 할 일을 효과적으로 수행할 수 있는 능력을 의미한다.

그러나 모든 지식이 덕이라면 지식이란 인간이 갖고 있는 모든 것 중에서 가장 탁월한 것이 된다. 테일러(Taylor)는 아리스토텔레스가 소크라테스의 윤리학을 논의하면서 그에게는 세 가지의 특수한 신조가 있었음을 지적했다고 말한다.

> 1) 덕(virtue), 즉 도덕적 탁월성(moral excellence)은 지식과 동일한 것이며, 그렇기 때문에 일반적으로 서로 다른 덕목들도 결국은 하나인 것이다. 2) 악덕(vice), 즉 나쁜 도덕적 행위는 어느 경

> 우를 막론하고 모두 무지의 산물이며 지적인 과오인 것이다. 3) 따라서 그른 행위(wrong-doing)란 항상 비자발적인 것이며 아리스토텔레스가 말하는 도덕적인 결함(acrasia), 즉 "선한 것을 알면서도 악을 행하는" 경우란 있을 수가 없다.[1]

지식이란 옳은 행위를 가져올 뿐만 아니라, 지식 그 자체가 좋은 행위인 것이다. "아무도 그 자신의 자유의지에 어긋나는 행위를 하지 않는다"라는 말은 사람들은 누구나 선한 것을 추구한다는 것을 의미하지만 각자가 가지고 있는 지식수준의 차이 때문에 서로간에 도덕적인 불화가 생긴다.

덕이 곧 지식이라면 덕은 가르칠 수 있는 것이며 단순히 교육을 통해서 다른 사람들에게 지식처럼 전달될 수 있는 것이어야 한다. 그리고 지식이 유일한 배움의 체계이며 외견상 다양한 덕목들도 여러 가지가 있는 것이 아니라 하나의 실체밖에 없다는 결론에 이른다.

2. 너 자신을 알라

지금까지 우리들이 논의한 것은 도덕적인 행위를 할 수 있는 유일한 사람은 그 자신에 대한 지식과 그를 둘러싸고 있는 세계의 사물과의 관계에 대한 정확한 지식을 갖는 사람이라는 점이다(말하자면 스스로 음미하지 않는 인생은 살 만한 가치가 없다는 뜻이다). 델피 신전에 새겨져 있었다는 "너 자신을 알라"(Know yourself)는 말은 소크라테스의 중요한 금언이다.

> 그 때 소크라테스가 말했다. "유티데무스! 내게 말하라. 그대는 델피 신전에 간적이 있는가?" "두 번 간 일이 있읍니다"라고 그는 대답했다. "그렇다면 그대는 신전의 벽 한쪽에 새겨진 '너 자신

1) A. E. Taylor, *Socrates: The Man and His Thought*(New York: Doubleday, 1954), p. 141.

을 알라'는 말을 보았는가?" 네, 보았읍니다." "그대는 그 말의 의미가 무엇인지 주의 깊게 생각해 보지 않았는가? 아니면 주의 깊게 생각하면서 너 자신을 반성해 보았는가?"…… "솔직이 나는 관심을 두지 않았읍니다. 왜냐하면 나는 이미 그 말을 너무나 잘 알고 있다고 생각했기 때문입니다." "너에게 자신을 안다는 것은 단지 자신의 이름만 아는 것을 말하는 것으로 보이는가, 아니면 자신이 인류를 위한 봉사에 스스로 적합한지를 확인하고 자신의 능력이 있는지 여부를 아는 것을 뜻하는 것으로 보이는가?" …… "왜냐하면 자신을 아는 사람들은 그들 스스로에게 적합한 일이 무엇인지를 아는 것이며, 그들이 할 수 있는 일과 할 수 없는 일을 구별할 수 있기 때문일세. 그리고 그들이 어떻게 해야 하는지 알고 있는 것을 행함으로써 그들에게 필요한 것을 획득할 수 있으며, 그들이 모르는 것을 하지 않음으로써 비난받지 않고 살 수 있으며 또 불행을 미연에 방지할 수 있는 것일세."[2]

지식은 도덕적인 통찰력으로 정의되는 덕이며, 그것은 선한 행동을 위한 필수조건이다. 자신에 대한 지식은 너무나 중요하다. 왜냐하면 그것은 자신에 대하여 전혀 알지 못하고 자신과 관계가 먼 우주에 관해서도 거의 모르고 있는 사람들을 자각시키는 데 도움을 주기 때문이다. 정당한 것(혹은 의로운 것, righteousness)은 건강한 상태이고, 부당한 것(혹은 불의)은 영혼이 병든 상태이다. 자기개선(self-improvement)은 과학적인 발전보다 우선하는 중요성을 지닌다. 성공과 행복은 자기자신에 관한 지식 여하에 달려 있다. 왜냐하면, 만약 어떤 사람이 그 자신의 본성과 자신의 행위동기(의식적이든 혹은 무의식적이든), 자신의 한계, 결점, 재능, 능력 그리고 자기 인생의 목표와 목적을 정확하게 알 수 있다면 성공은 그 같은 지식과 일치하는 지적인 생활을 함으로써 보장될 것이기 때문이다.

---

2) Xenophon, *Memorabilia of Socrates*, bk. 4, chap. 2, secs. 24～26.

3. 지적인 의지

선(좋은 것)이 무엇인지를 아는 사람은 필연적으로 그것을 추구할 것이라는 이론은, 자신에게 해로운 일이라는 것을 안다면 누구도 그것을 고의적으로 하지는 않을 것이라는 소크라테스 윤리사상의 대전제인 것이다. 예를 들면 사람들은 누구나 독사가 자신을 물도록 허용하지는 않을 것이다. 왜냐하면 그는 독사에게 물리면 나쁜 결과가 나타날 것이라는 사실을 알고 있기 때문이다. 그리고 사람들은 지나친 피해의식이 과대망상증이라는 질병을 유발시킨다는 사실을 안다면 그런 의식을 갖지 않으려고 노력할 것이다.

자신을 모르는 사람들은 그들 스스로의 힘을 과신하게 되며, 다른 사람들에 대해서 그리고 다른 사람들의 인간사에 대해서도 전혀 정확한 지식을 가질 수 없다. 그리고 그들 스스로가 무엇을 필요로 하고 있고 무엇을 하고 있는지도 이해하지 못하며, 그들 자신과 관계되는 사람들의 성격도 이해하지 못한다. 그래서 시종일관 과오를 범하면서 선한 것을 획득하지 못한 채 악의 구렁텅이로 빠져들게 된다.[3] 아무도 자발적으로는 악한 행위를 하지 않는다. 아름다운 것과 좋은 것을 아는 사람은 결코 그 반대의 것을 택하지 않을 것이다. 그리고 아름다운 것과 좋은 것에 대하여 무지하면 그것을 행할 수 없을 것이며, 설사 그것을 추구한다 하더라도 실패하게 될 것이다.[4]

4. 공리주의적 요소

소크라테스의 윤리이론에는 약간의 공리주의적 측면이 있다. 그는 덕이 선에 관한 지식일 뿐 아니라 선은 유용하고 이익이 되며, 도움이 되고, 편의를 주는 것이라고 주장했다. 그리고 그는 그것을 획득함으로써 행복이 이루어진다고 보았다. 따라서 선은 반드시 어떤 것을 위하여

3) *Ibid.*, bk. 4, chap. 2, sec. 27.
4) *Ibid.*, bk. 3, chap. 9, sec. 5.

좋은 것이라야 하며, 공리적인 가치를 지녀야만 한다. 소크라테스는 선을 인간의 기대를 완전히 충족시켜 줄 수 있고 행복을 제공할 수 있는 어떤 것이라고 정의했다.

지식만 있으면 한 인간은 선한 것을 행할 수 있고, 행복해질 수 있다. 지식은 의지를 통제하고 좋은 것, 이익이 되는 것, 유용한 것, 성과가 있는 것을 선택하도록 제시하는 힘을 지니고 있다. 따라서 의지는 지적인 결정에, 그리고 그것에 동기를 주는 지식의 힘에 지배를 받는다.

5. 덕 론

지식의 다른 한 측면인 덕(virtue)은 효과적으로 선과 행복을 산출한다. 덕은 실체(entity)가 하나밖에 없다. 다양한 종류의 덕은 하나의 덕인 지혜(wisdom)의 구성요소에 불과하다. 소크라테스에 의하면 절제(self-control)도 중요한 여러 가지 덕 가운데 하나에 불과하다. 절제는 우리들의 삶을 가장 유익한 방향으로 인도한다. 절제란 온건한 것, 극단을 피하는 것, 혹은 소크라테스 자신의 말처럼 분수를 넘지 않는 것을 의미한다. 따라서 덕은 무엇이 진정으로 선하고, 유용하며, 이익이 되는가를 알 수 있는 우리들의 판단에 따라 적절하고 명료하게 행위할 수 있는 능력을 말하며 사람들이 자신의 시각을 설정해야 하는 목표인 것이다.

이와는 반대로 악은 과오와 무지, 공허, 무용성, 불리한 것, 해로운 것, 잘못된 판단 등에서 유래한다. 알면서 악을 행하는 사람은 아무도 없다.——의도적으로 죄를 범하는 사람은 아무도 없다. 왜냐하면 그것은 스스로를 해치는 것이 되기 때문이다. 항구적인 불행은 부도덕에 있고 지속적인 행복은 도덕적으로 질서 있는 생활에서 찾을 수 있다. 소크라테스에 의하면 철학이란 선의 법칙, 즉 모든 사람들에게 공히 유효한 법칙을 사색하는 방법이다.

6. 소크라테스 윤리학에 대한 비판

설사 많은 악이 사회적인 편견에서 유래하는 악처럼 무지에 의해 저질러진다 하더라도 모든 악이 무지의 결과로 나타난다는 주장은 논쟁의 여지가 있다. 요컨대 사람들은 알면서도 악을 저지르는 경우가 많기 때문에 소크라테스의 이론이 비판의 대상이 되는 것이다. 그리고 소크라테스 자신도 대화편 『프로타고라스』(*Protagoras*)에서 대부분의 사람들이 자신의 이론에 동의하지 않는다는 것을 인정하고 있다. 더우기 『히폴리투스』(*Hippolytus*)에서는 파에드라(Phaedra)가 인간은 무엇이 옳은 것인가를 알면서도 게으른 탓으로 혹은 선을 추구하기보다는 쾌락을 더 좋아하기 때문에 옳은 것을 행하지 않는다고 주장하고 있다. 그리고 대화편 『마에다』(*Maeda*)는 우리들이 옳은 판단을 하고 있는데도 정욕이 악을 범하도록 만든다고 지적하고 있다. 한편 우리들의 시대를 살고 있는 많은 사람들이 충동에 의하여 나쁜 일을 저지르고 나중에 그것을 후회하곤 한다. 아리스토텔레스는 소크라테스가 인간의 도덕적인 결함과 의지의 역할을 인식하는 데 실패했다고 지적한다.[5] 아리스토텔레스는 인간의 영혼에 불합리한 부분이 있으며 그것이 그릇된 선택을 하도록 만든다고 본다.

우리들은 오늘날 많은 노이로제 환자들이 그들이 알고 있는 바람직한 행위를 하려 해도 감정을 억제할 수 없어서 가끔씩 그들의 지성과 이해력에 배치되는 행위를 하게 됨을 알고 있다. 더우기 정상적인 사람들도 성적인 충동 때문에 그들의 현명한 판단과 배치되는 행위를 하는 등 감정의 희생물이 되는 수가 있다. 사람들은 가끔씩 불합리한 공포감이 근거 없는 것임을 알고 있고, 또 그것을 없애려고 노력함에도 불구하고 그것에 사로잡히는 경우가 있다.

대부분의 사람들은 어떤 음식이 건강에 해로운 줄 알면서도 먹어 본 경험이 있다. 사실에 대한 지식이 특정한 행위를 중지시킬 수 없는

---

5) See Aristotle, *Nicomachean Ethics*, bk. 7, chap. 2.

경우인 것이다. 이를테면 많은 흡연자와 약물중독자들이 그렇다. 우리들은 일상생활에서 더 좋은 방법을 알면서도 나쁜 방법에 의존하는 경우가 헤아릴 수 없이 많다. 알콜중독자들은 과도한 음주가 치명적인 결과를 가져온다는 사실을 알면서도 의식이 혼미할 정도로 술을 마신다.

소크라테스는 이 같은 반론에 대하여 사람들이 감정과 욕망의 작용에 대한 충분한 지식을 갖고 있지 않으며, 자기자신을 조절하는 데 필요한 지식을 결여하고 있기 때문에 그런 결과를 빚는다고 대답한다. 그러나 만약에 우리들이 지적인 의지(intellectual will)만을 소유하고 있다는 소크라테스의 신념이 옳다고 한다면, 우리들이 의지라고 부르는 것은 단지 사물을 이해하는 능력, 즉 이해력(understanding)에 불과한 것이며, 그렇게 된다면 인간에게 있어서 진정한 선택이란 있을 수 없다. 그러나 일상생활에서의 경험은 우리들이 지적인 판단에 관계 없이 선택하는 경우가 많음을 입증하고 있다. 우리들은 가끔씩 충동에 의하여 먼저 결정을 내린 다음, 그것의 실현을 위한 가장 좋은 방법을 찾기 위하여 비로소 지성을 사용한다. 이런 의미에서 의지는 지성을 지도하는 것이다.

지식이 곧 덕이라는 명제는 충분히 만족스러운 것이 못 된다. 왜냐하면 우리들이 지식의 획득을 통하여 특수한 덕을 개발하기 위해서는 다른 또 하나의 덕, 즉 덕에 관한 지식을 획득할 수 있는 능력(aretē)이 있어야 하기 때문이다. 또한 소크라테스는 우리들에게 인생의 구체적인 목표를 제시하지 못하고 있다. 거트리(Guthrie)는 지식이 곧 덕이라면 어떤 종류의 지식이 덕인가 하고 반문한다. 사실적인 지식인지, 잠재적인 지식인지, 보편적인 지식인지, 아니면 특수한 종류의 지식인지 확실하지 않다는 것이다. 그리고 덕의 전체가 지식인지, 아니면 지식이 덕으로 통합하는 본질적인 한 요소인지가 분명치 않다는 것이다.[6)]

6) W. K. C. Guthrie, *A History of Greek Philosophy*(Cambridge: Cambridge University Press, 1969), 3 : 459.

제 2 절 키닉학파 : 자기절제와 독립의 덕

소크라테스 추종자들 중에는 안티스테네스(Antisthenes), 디오게네스(Diogenes), 크라테스(Crates) 등이 있다. 뛰어난 키닉학파의 학자요, 소크라테스의 열렬한 신봉자인 안티스테네스(445~360 B.C.)는 소크라테스 철학에 있어 쾌락과 행복을 강조한 쾌락주의를 정면으로 반대한다. 반면에 그는 덕의 추구를 궁극적인 목표로 설정한다.

I. 안티스테네스 : 덕의 추구

안티스테네스는 쾌락을 악으로 본다. 그는 "쾌락에 굴복하느니보다는 미쳐 버리는 것이 낫다"고 선언했다. 말하자면 정욕의 희생물이 되기보다는 광기의 희생물이 되는 것이 더 낫다는 것이다. 그에 의하면 현명한 사람은 지혜와 덕을 추구한다. 나아가서 지혜와 덕을 추구하는 데는 두 가지 필수요건이 있는데 지나친 개인적 욕망을 억제해야 하며 다른 사람들에 대한 편견과 인습을 버려야 한다. 시민법이나 도덕률에 의한 차별의식은 불합리한 편견으로 거부되어야 하며, 지혜의 명령인 자연법은 모든 사람들에 의해 받아들여져야 하고 또 옹호되어야 한다. 결과적으로 키닉학파의 사상가들은 자연에로의 복귀를 주장했으며 문명의 영향을 치명적인 해독으로 보았다. 그들은 애국심을 포함한 관습적인 도덕률을 거부하면서, 그들 스스로가 자랑스럽게 생각한 세계시민(cosmopolities)으로서의 숭고한 역할을 부르짖었다.

안티스테네스에 있어서는 '덕이 곧 최고선'이었다. 키닉학파의 사상가들은 덕이 최고선일 뿐 아니라 그들에게 유일한 선이며 행복의 절대적인 조건이라 보았다. 덕은 행복의 불가결한 조건일 뿐 아니라 행복을 추구하는 모든 욕구를 충족시킬 수 있다는 것이다. 따라서 덕은 가장 숭고하고 유일한 선이다. 한편 악은 멀리해야 할 것이며, 선과 악 이외에 존재하는 것들은 하찮은 일들로서 우리들에게 무관심한 태도를 자아내게 할 뿐이다.

부정적으로 말하면 키닉학파의 목표는 피할 수 있는 모든 욕망을 거부하는 데 있다. 그리고 이 목표는 덕을 통하여 달성된다. 왜냐하면 덕은 사람들로 하여금 그들의 행운을 좌우하는 일상적인 환경으로부터 자유롭게 만들기 때문이다. 따라서 덕은 본질적으로 결핍, 필요, 욕구, 정욕 등으로부터 자유로운 것이다. 인간생활의 기본적인 과제는 우리들의 욕망을 최소한으로 줄이고 모든 욕구에 대하여 냉담한 태도를 가지는 데 있다. 그렇게 함으로써 우리들은 욕구충족을 위한 모든 불필요한 노력을 악으로 간주할 수 있게 된다는 것이다.

키닉학파의 사상가들은 문명의 가치를 인정하지 않는다. 부귀, 명성, 영예 등도 감각적인 만족과 마찬가지로 불필요한 것으로 간주한다. 그리고 그들에게는 예술과 과학, 가정, 민족까지도 무관심 (indifference)의 대상이 된다.

Ⅱ. 디오게네스 : 공동의 목표에 대한 경멸

키닉학파의 사상가들은 덕을 실현하고, 도덕적인 부패를 제거한다는 두 가지의 사명이 그들 자신에 있다고 생각하였다. 그들은 거짓스런 사회를 독설적으로 비난하고 동료들을 오만한 자세로 경멸하는 가혹한 도덕률의 설교자였다. 이러한 오만한 태도가 원래는 건전한 사상에서 출발한 키닉주의를 치명적인 것으로 만들고 말았다.

키닉학파의 사상가들 중에 가장 큰 영향력을 발휘한 사람은 안티스테네스의 제자인 디오게네스(Diogenes of Sinope: 400~325 B.C.)였으며 그에 관해서는 재미있는 이야기들이 수없이 기록되어 있다. 디오게네스는 나무통(욕조로 알려지고 있음) 속에서 기거했으며 양심적인 사람을 찾기 위하여 대낮에 램프를 켜들고 배회했다고 전해지고 있다. 그는 한 농부의 아들이 물을 손으로 퍼 마시는 것을 보고 그가 지닌 유일한 소지품인 나무 바가지마저 필요 없다고 버렸다 한다. 그리고 한번은 노예로 팔려가서 그의 주인으로부터 직업이 무엇이었느냐는 질문을 받고는 자신이 알고 있는 유일한 직업은 사람을 다스리는 것이며 그렇기 때문에 다스려 줄 선생이 필요한 사람에게 팔려 가기를 희망했노라고 대답했다 한다. 그의 특기는 자신이 일생 동안 심혈을 기울인 자기절제의 원리를 강의하는 것이었다. 디오게네스는 개(kuon: dog)라는 별명을 기꺼이 받아들였다. 키닉학파의 명칭은 그들이 자주 모여 강론을 펼쳤던 김나지움(Gymnasium)의 시노사르구스(cynosargus)라는 좌석명칭을 딴 것일 수도 있으나 아마도 개를 의미하는 'kuon'이라는 단어에서 유래한 듯하다.

Ⅲ. 크라테스 : 빈곤의 행복론

디오게네스의 제자인 테베의 크라테스(Crates of Thebes)는 키닉학파의 생활철학인 빈곤을 택하기 위하여 부귀영화를 스스로 버린 사람이다. 그는 친절한 태도로 인하여 많은 사람들에게 인기를 얻었으며, 그의 사상이 널리 받아들여졌다. 그리고 디오게네스의 야유하는 스타일과는 달리 그의 유머 있는 강론은 전혀 다른 사람들을 비판하는 내용이 아니었다. 그는 인생의 이상은 가난을 통하여 얻어질 수 있는 행복에 있다고 가르쳤다.

제 3 절 스토아학파 : 무관심과 평정의 철학

스토아학파는 사이프러스 지방에서 태어난 제논(Zeno of Citium: 335～253 B.C.)이 기원전 308년에 창설한 것으로 알려지고 있다. 그리고 스토아주의라는 명칭은 철학자들이 모여 저마다의 사상을 피력하던 장소인 아테네의 시장 북쪽에 페인트칠한 건물, 즉 스토아포이킬레(stoa poikile)에서 유래한 말이다. 제논은 당초 스토아적인 사상을 창설하기보다는 지혜를 인생의 궁극적인 목표로 설정했으며 자살을 허용해야 한다고 주장했다.

제논 이외에도 저명한 스토아주의자로 제논의 수제자요 후계자인 클레안테스(Cleanthes of Assos: 331～232 B.C.)와 클레안테스의 후계자요 스토아학파의 제 2의 창설자로 알려진 크리시푸스(Chrysippus of Soli : 280～207 B.C.)가 있다. 그리고 세네카(Seneca: 4～65 A.D.), 에픽테투스(Epictetus of Hieropolis: 55～135 A.D.), 그리고 마르쿠스 아우렐리우스(Marcus Aurelius: 121～180 A.D.) 등이 스토아학파의 유명한 사상가들이다.

I. 제논의 윤리사상과 초기의 스토아주의자들

제논의 철학은 감정으로부터의 해방, 즉 기쁨과 슬픔에 대한 완전한 무관심을 궁극적인 목표로 삼는다. 스토아주의자들은 덕을 자연과 조화를 이루는 삶에서 찾는다. 제논은 인간생활에서 최고의 선은 자연과 일치하는 삶, 즉 자신의 본성과 일치하며 인간의 불문율(혹은 관습법)이 금지하는 것을 하지 않는 생활에 있다고 선언한 최초의 사람이다. 그는 관습법을 올바른 이성(right reason)과 모든 사물을 규제하고 지배하는 제우스 신과 동일시했다.

1. 덕과 선 그리고 이성

사람들은 인생살이의 질서를 좇나야 하고 우주의 의지, 즉 우주의 주재자와 조화를 이루어야 한다. 클레안테스는 그의 『제우스 예찬』(*The Hymn to Zeus*)에서 다음과 같이 쓰고 있다.

> 신의 보편적인 법칙을 존경하는 사람들은 이성의 안내를 받아 행복을 얻으리라.[7)]

즉 가장 기본적인 선은(우리들에게 자연과 일치하는 목표를 선택하게 하는) 건전한 이성에 따라 행동하는 것이다. 이런 관점에서 볼 때 선은 유익한 것 (advantage) 이며 유용한 것 (usefulness) 이다.

> 그들은 우선 선을 합리적인 존재의 본질에 따르는 완전한 어떤 것이라고 독특한 방법으로 정의한다. 그리고 두 번째로 그들은 선이 덕과 일치한다고 말한다. 따라서 덕을 실천하는 모든 행동과 모든 착한 사람들은 그 자체로서 선이다. 그리고 세 번째로 그들은 선의 부수적인 것, 즉 기쁜 것, 즐거운 것 등을 이야기한다.[8)]

비슷한 방법으로 거짓, 비겁, 부정의 등의 악덕은 실망과 우울 등의 부수적인 악덕을 산출한다.

2. 내적인 선과 외적인 선

어떤 종류의 선은 우리들의 내면에 있으며, 다른 종류의 선은 외적인 것이다. 내적인 선은 덕이며 외적인 선은 우정에 의해 대표된다. 완

---

7) Cleanthes, *Hymn to Zeus*, in *Essential Works of Stoicism*, ed. Moses Hadas (New York: Bantam, 1961), p. 51.
8) Diogenes Laertius, *Life of Zeno*, in *Essential Works of Stoicism*, p. 27.

전한 선은 완전하게 조화를 이루는 것이다. 완전한 선은 4가지가 있는데 정의, 용기, 절제, 지식 등이 그것이다. 선은 덕이기 때문에 모든 선이 동등하다. 그리고 모든 선은 전혀 해가 되지 않는 유익한 성질을 지니고 있다. 건강과 부는 그 자체로서 유익하거나 혹은 유해한 것이 아니기 때문에 선으로 간주될 수 없다. 쾌락 역시 고상하지 않은 쾌락이 있기 때문에 선이 아니다. "어떤 사람에게 유익하다는 것은 그를 덕에 따라 행동하도록 하는 것을 말하고, 유해하다는 것은 그로 하여금 악에 행동하도록 하는 것을 말한다."[9]

3. 의 무

의무란 부모, 형제, 국가에 대한 책임을 포함해서 "이성이 해야 할 일로 선택하는 것"과 그들의 친구들에게 즐거움을 주는 것으로 정의된다. 그러나 그것은 충동과 기호에 따라 이루어지는 모든 것의 승인을 의미하지는 않는다.

Ⅱ. 에픽테투스 : 고통에 대한 스토아적 무관심

스토아주의는 본질적으로 실천적인 철학이다. 왜냐하면 가장 순수한 의미에서 탁월한 키닉주의 사상가였다고 말할 수 있는 크라테스와 안티스테네스의 생활과 인격에서 현인의 개념을 도출하고 있기 때문이다. 스토아주의의 이상은 인생의 영고성쇠에 좌우되지 않는 절대적인 정신적 자유를 얻는 데 있다. 그리고 외계에서 일어나는 무수한 변화에도 불구하고 내적인 영혼의 평화를 유지할 수 있는 절대적인 평정을 얻는 데 있다.

독립(independence)이란 원래 쾌락, 비탄, 욕망, 공포 등 네 가지의 기본적인 악 내지는 자연스럽지 못한 감정적인 흥분으로부터 초연할 수

9) *Ibid.*, p. 30.

있는 무감각상태, 즉 격정으로부터의 해방을 말한다. 이 네 가지의 병폐는 '지혜로운 사람'으로 하여금 진정한 건강을 유지할 수 있도록 완전히 제거해야 할 성질의 것이다. 요컨대 "우리들이 해야 할 유일한 일은 인간생활에서 슬픔과 고통을 어떻게 제거할 수 있는가를 연구하는 것이다."[10]

1. 최고선으로서의 덕

인간생활에서 가장 중요한 목표인 최고선은 덕이다. 왜냐하면 우리들은 덕만으로도 충분히 행복할 수 있기 때문이다. 그리고 스토아주의자들에게는 덕이 신의 의지와 조화를 이루는 인간의 의지를 의미한다. 유일한 선은 덕(virtue)이며, 유일한 악은 악덕(vice)이다. 그리고 그 이외의 모든 것들은 반드시 이 덕과 악덕 사이의 어느 지점에 위치하게 된다. 어떤 것은 받아들일 수 있을 것이며, 또 어떤 것은 거부되어야 할 것이다. 그리고 그 나머지는 하찮은 것이어서 무관심의 대상이 될 것이다.

합리적인 질서를 갖춘(well-ordered) 영혼은 개성 안에 기본덕목(cardinal virtues)들을 일관되게 통합하며, 한 개인을 덕 있는 사람으로 만든다. 기본덕목은 실천적 지혜(숙고), 용기, 분별력(자기통제), 정의 등으로 구성된다. 그러나 클레안테스는 숙고 대신에 인내의 덕을 기본덕목에 포함시킨다. 아뭏든 덕 있는 현인은 자신의 덕스러운 본성에 자극되어 바른 행동을 하게 된다.

2. 불굴의 의지

덕 있는 현인은 복잡하게 뒤얽힌 감정으로부터 느낌(feeling)이 있으면서도 초연할 수 있는 해방된 개인이다. 그는 자신의 감정을 의지로 통제하기 때문에 그 자신의 인생에 대하여 스스로 주인인 것이다. 에픽

---

10) Epictetus, *Discourses*, bk. 1, chap. 4.

테투스는 "사람들이여! 어떤 대가를 받고 당신 자신의 자유의지를 팔 수 있는지 생각해 보라"[11]고 외쳤다. 사람들은 누구나 자신의 자유의지를 포기하거나 다른 사람으로 하여금 자신의 의지를 파괴하도록 허용하지 않을 것이다.

마음의 평화는 외적인 환경에 달려 있는 것이 아니라, 내적인 정신 즉 불굴의 의지에 달려 있는 것이다. "하지만 폭군은 백성들의 다리를 묶으려고 하고, 머리를 자르려고 한다. 이럴 때 폭군이 백성들의 다리를 묶을 수도 머리를 자를 수도 없는 것은 무엇인가? 이럴 때는 어느 쪽이 정복되지 않은 것인가? 이 같은 상황에서는 어쩔 수 없다고 생각하는 사람이 지는 것이다."[12]

스스로 감옥에 가기를 원하는 사람 이외에는 아무도 투옥되지 않으며, 저항하는 사람 이외에는 아무도 외롭지 않다. 어떤 사람이 당신의 죽은 몸둥이를 지배할 수는 있어도, 그에게 당신의 의지를 파괴하도록 허용하지 않는 한 당신을 지배하는 주인이 될 수 없다. "그래서 데메트리우스는 폭군 네로에게 말하기를 '당신은 나에게 사형을 선고하지만, 자연은 당신에게 사형을 선고할 것이다'라고 하였다."[13] 소크라테스를 고발한 사람들은 그의 의지를 파괴하고, 그의 정신이 완전히 굴복하도록 만들려 했다. 그러나 소크라테스는 그의 적들에게 말하기를 "아니투스와 멜레투스는 나를 죽일 수 있는 권력을 갖고 있지만 그들이 나를 파멸시킬 수는 없다"[14]고 했다. 그는 자신의 의지를 파괴시키도록 허용하지 않음으로써 그의 적들에게 만족을 주지 않았다. 만약 우리들이 의지의 통제를 넘어선 어떤 물리적인 방법에만 의존한다면 우리들은 재난을 면하기 어려울 것이다.

---

11) *Ibid.*, chap. 2.
12) *Ibid.*, chap. 18.
13) *Ibid.*, chap. 25.
14) *Ibid.*, chap. 29; also, *Apology* 30c.

3. 체념, 승인, 만족

현명한 사람은 달성할 수 없는 욕망은 버려야 한다고 에픽테투스는 가르쳤다. 왜냐하면 인생의 목표는 평정 (tranquility) 혹은 내면적인 정신의 영원한 평온(eternal calm)을 얻는 데 있기 때문이다. 인간생활에서 가장 중요시해야 할 과제는 사물에 대하여 깊이 생각하고 분별력을 갖는 것이다. 그러나 "외적인 것은 우리의 힘이 미치는 영역이 아니다. 선택의 여지는 어디서 선과 악을 찾을 것인가에 있는데, 그것은 우리들의 의식 내면에 있다."[15]

사람은 누구나 "태어난 것은 반드시 사멸하게 된다"(生者必滅)는 사실을 알고 있기 때문에 순순히 죽음을 맞아야 한다. "왜냐하면 한 시간이 하루의 한 부분이듯이 나도 영원히 사는 것이 아니라 전체의 한 부분인 인간에 불과하기 때문에, 한 시간이 시작되듯이 이 세상에 와서 한 시간이 스쳐가듯이 사라져야 한다."[16] 따라서 우리들은 재난에 부딪혔을 때 불평할 것이 아니라 신이 우리들에게 준 지혜, 즉 견인불발(堅忍不拔), 인내, 아량 등의 미덕을 십분 발휘해야 한다.

에픽테투스는 우리들이 감정적인 혼란상태에 대처하고 또 그것을 완화시킬 수 있는 처방까지 제공하고 있다.

> 만약 우리들이 격렬하게 분노하는 성격을 갖지 않으려면 그런 습관을 기르지 않아야 한다. 분노를 증가시키는 어떤 것도 하지 않아야 하며, 무엇보다 먼저 마음을 가라앉히고 화내지 않는 날을 헤아리도록 해야 한다. 나도 매일같이 화를 내곤 했지만, 차츰 하루 건너 한 번씩, 사흘 건너 한 번씩, 그리고 나흘 건너 한 번씩 화를 내다가 …… 드디어는 화내는 습관을 완전히 버리게 되었다.[17]

---

15) Epictetus, *Discourses*, bk. 2, chap. 5.
16) *Ibid*.
17) *Ibid*., chap. 18.

그리고 그는 성적 충동에 대처하는 또 하나의 방법을 제시하고 있다. 즉

> 오늘 나는 한 아름다운 여인을 보았지만, 그녀를 소유할 수 있다든가, 아니면 그녀의 남편은 얼마나 행복할 것인가고 자신에게 말하지 않았다…… 그리고 그녀를 나의 팔에 안는 환상 따위는 더더욱 갖지 않았다. 오히려 나는 내 머리를 치면서, "정신 차려라 에픽테투스야!"라고 소리쳤다.[18]

그는 사람들에게 지나친 욕망을 떨쳐 버리고 유유자적하는 최선의 생활을 선택하라고 충고한다. 왜냐하면 그런 습관은 생활을 즐겁게 만들기 때문이다.

4. 덕과 일치하는 생활

자연과 더불어 사는 생활은 이성과 일치한다. 왜냐하면 덕은 이성(통찰력), 즉 자연의 법칙에 복종하는 것을 의미하기 때문이다. "합리적인 창조물에게는 불합리한 것이 받아들여지지 않는다."[19] 정신적으로 균형을 잃고, 영혼이 병든 비합리적인 생활은 악인 것이다. 인생살이에 정통하다는 것은 곧 자신의 감정을 억제할 줄 안다는 뜻이다. 감정을 이성적으로 억제할 줄 아는 덕만이 우리들에게 진정한 행복을 가져다 준다. 영혼이 병들고 감정을 억제할 줄 모르는 바보는 덕을 행할 수 없다. 왜냐하면 그의 정신상태가 혼란하고, 그의 생활이 자연과 조화를 이룰 수 없기 때문이다.

5. 스토아학파의 생활철학

철학은 도덕적 결함을 제거하고 덕을 쌓는 엄격한 훈련이라고 에픽테투스는 규정한다. 그의 윤리사상은 유신론에 바탕을 두고 있는데, 인간은 신의 섭리에 의해 지배되고, 인간의 마음은 신의 마음과 유사하며,

18) *Ibid.*
19) *Ibid.*, chap. 2.

자연은 그 본질에 있어서 합리적이라는 신념에 근거하고 있다. 에픽테투스는 악이 불합리한 것이요, 불필요한 것이라는 신념, 즉 악이란 선한 목적을 달성하는 데 아무런 도움을 주지 못한다는 이론에 반기를 든다. 그에 의하면 모든 악은 어떤 종류의 선한 목적을 달성하기 위한 도움을 주는 데 유용성이 있다고 한다. 그는 아마 치통과 같은 아픔도 "수단적인 악"(instrumental evil)이라고 설명할 것이다. 왜냐하면 치통은 이빨이 더 이상 치료 불가능한 상태가 되기 전에 그것을 치료하도록 우리들을 일깨워 주기 때문이다.

스토아주의자는 인생살이의 영고성쇠를 신에 의해 부과된 정신적인 수련과정이라 생각하며 이를 회피하거나 거부하지 않는다. 그의 안심입명(安心立命)은 은인자중(隱忍自重)하는 생활방법에서 얻어진다. 그는 분노하거나 증오하지 않으며, 질투하거나 연민을 느끼지 않는다. 그리고 좋은 평판을 얻으려고 하거나 아름다운 여자를 소망하지 않으며, 맛있는 음식을 탐하지도 않는다. 오히려 그는 자유롭게 야외를 거닐며 유유자적하는 생활을 즐긴다. 오히려 그는 이 세상에 파견된 신의 대리자로 자처하면서, 사람들이 어떻게 살아야 하는지를 가르치고 예시하려 한다. 그는 자신의 생활을 신의 의지에 맡기면서 죽음을 비롯한 예정된 운명을 두려움 없이 받아들인다. 그리고 모든 시련과 역경을 냉소적인 혹은 스토아적인 방법으로 극복하며, 육체는 결국 사멸하고 만다는 생명의 유한성을 받아들인다. 그는 기도하듯이 말한다. "내가 한 번이라도 당신에게 영원히 살 수 있다고 말한 적이 있읍니까? 당신은 당신의 본분을 다할 것이요, 나는 나의 본분을 다할 것입니다. 죽이는 것은 당신의 일이요, 거부하지 않고 순순이 죽는 것은 나의 일입니다. 그리고 이 세상에서 추방하는 것은 당신의 일이요, 말 없이 사라지는 것은 나의 일입니다."[20]

스토아주의자는 성적인 욕망을 바람직하지 못한 것이라고 회피하면

20) *Ibid*.

서 금욕주의를 택한다. 왜냐하면 섹스와 여자는 남자를 노예로 만든다고 보기 때문이다. "섹스만 탐하는 철면피한 사나이는 천박한 여자의 노예가 되고 만다"[21]고 그는 말한다. 그리고 그는 다시 "한 보잘것 없는 소녀가 어떠한 적도 굴복시키지 못했던 나를 노예로 만들었다"[22]고 말한다. 정신적인 평정은 성적인 자제력과 상호 관련성이 있으며, 성적인 충동으로부터 어느 정도 초연할 수 있느냐에 달려 있다. 에픽테투스에 의하면 도덕적인 원리는 인간의 내면에 선천적으로 주어진 것이다. 인간이 갖는 유일한 힘은 그의 의지와 합리적인 관념을 사용할 수 있는 능력이다.

에픽테투스에 의하면 도덕적인 원리는 인간의 의식내면에 선천적으로 주어진 것이며, 인간이 가질 수 있는 힘이란 그의 의지(will)와 합리적인 관념(reasonable ideas)을 사용할 수 있는 능력뿐이다. 그는 최고선은 덕이라고 말하고 그것은 자연에 순응하며 사는 것이라고 규정한다. 그리고 그는 인내를 최고의 덕으로 내세운다. "우리들의 능력으로 해결할 수 있는 것에 대해서는 최선을 다하고, 그렇지 않은 것에 대해서는 자연의 섭리에 맡겨야 한다"[23]고 그는 주장한다.

우리들은 누구나 자신의 안내자인 이성에 의존하면서 늘 자족할 줄 알아야 하며, 우리들이 경험할 수 있는 모든 어려움을 해결하고 평온을 얻어야 한다. 바라지 않는 일들이 일어나도 우리들은 이를 변화시킬 수 있는 능력이 없다. 따라서 그런 일에 대해서는 무관심한 태도를 취해야 한다. 이 같은 무관심한 심적 상태는 의지에 의하여 이루어질 수 있다. 왜냐하면 의지는 자제력을 통하여 훈련이 잘 되었을 때 외적인 여건에 관계 없이 항상 자율적이며 어떤 경우에도 굴복되지 않는 강인성을 지니기 때문이다. 인생의 목표는 영원한 평온과 충족을 얻고 불안으로부터 해방되는 데 있다. 이러한 목표의 달성을 촉진하는 것이 윤리학과 과학

21) *Ibid.*, bk. 4, chap. 1.
22) *Ibid.*
23) *Ibid.*, bk. 1, chap. 1.

의 기능이다. "그렇다면 이 같은 사실을 받아들이지 않는 사람들은 어떻게 벌해야 할 것인가? 그들을 감옥에 넣어야 할 것인가? 감옥이라면 어떤 감옥이어야 하는가? 하지만 이미 그들이 살고 있는 곳이 감옥이다. 왜냐하면 그들은 스스로의 의지에 배치되는 상황에서 살고 있기 때문이다. 어느 곳이든 그들의 의지에 반(反)하는 곳이라면 그것이 곧 감옥이기 때문이다. 이런 의미에서 소크라테스는 감옥에 갇힌 것이 아니었다. 왜냐하면 그는 자진하여 그 곳에 머물렀기 때문이다."[24)]

에픽테투스는 '스토아주의적인 비관주의', 즉 인생살이가 더 이상 해결할 수 없는 극한 상황에 처했을 때는 마지막 방법으로 자살이 허용된다는 주장을 내세운다. 우리들은 적어도 미래의 생활이 얼마나 불행하고 혹독하며 견디기 어려운 것이 될 것인가라고 우려할 필요가 없다. 왜냐하면 자연은 죽음이라는 항상 개방된 탈출구를 제공하고 있기 때문이다. 인간생활에서 겪어야 할 최악의 상태가 죽음이긴 하지만, 우리들은 그것을 지나치게 우려할 필요는 없다. 에픽테투스는 외부의 물질적인 세계는 우리들의 힘으로 통제할 수 없는 영역이기 때문에 거기에 대해서 초연한 마음을 가져야 한다고 강조했다. 따라서 우리들은 욕망의 대상을 포기해야 하며 스스로의 운명을 받아들이면서 욕망을 완전히 제거해야 한다.

> 왜 우리들은 격분하는가? 사람들이 우리들로부터 빼앗아 가는 것을 지나치게 아까와하기 때문이다. 화려한 의복을 숭배하지 말라, 그러면 당신은 도적을 향해 격분하지 않아도 될 것이다. 여자의 미모를 숭배하지 말라, 그러면 당신은 간부(姦夫)에게 격분하지 않아도 될 것이다…… 만약 당신이 이런 대상물을 포기할 수 있다면, 그리고 중요한 것이 아니라고 생각한다면 더 이상 격분할 필요가 없을 것이다.[25)]

24) *Ibid.*, chap. 1.
25) *Ibid.*, chap. 18.

진실로 값진 물건은 우리들의 의식 내면에서 발견되는 영혼이다. 죽음이나 외적인 물질들을 두려워할 필요가 없다. 우리들이 두려워해야 할 것은 신이며, 신 안에 내재하는 신성이다.

Ⅲ. 마르쿠스 아우렐리우스 : 스토아주의의 요약된 견해

스토아학파의 모든 사상가들은 자연 ——즉 내적 자연인 이성과 외적 자연인 자연법—— 에 복종해야 한다는 신념을 갖고 있다. 스토아학파의 최후의 위대한 사상가인 마르쿠스 아우렐리우스 (Marcus Aurelius) 는 인간의 영혼이 이성과 일치하기 때문에 이성의 법칙에 따라 생활해야 한다고 누누이 강조했다. 평화로운 생활이란 자연과 조화를 이루는 생활이다. 감정적인 격변과 좌절은 갑작스런 경악에서 비롯된다. 그리고 감정을 억제하지 못하고 지속적인 번민에 싸이는 것은 적절하지 못한 예견에 기인하는 것이다. 불행의 원인인 감정은 그것에 대한 이해가 증가될수록 감소되어 간다. 태도도 또한 중요하다. "당신의 의견 (opinion) 을 철회하라, 그러면 '나는 피해를 입었다' 는 불평도 사라질 것이다. 그리고 피해도 또한 없어질 것이다."[26)]

남을 이해한다는 것은 잘못을 저지른 자를 용서하는 것이다. 감정에 얽매이지 않은 지혜를 통하여 우리들은 고통과 불행의 주변환경으로부터 초연한 생활을 할 수 있다. 근심은 인간사에 대한 보다 큰 포용력을 가질 때 사라지는 것이다.

> 인생살이의 전부를 생각하면서 피로와하지 말라. 조만간에 닥칠지 모르는 오만가지 고뇌를 한꺼번에 생각하지 말라. 그러나 매 순간마다 당신이 지금 참을 수 없는 것은 무엇이며, 오래 전부터 당신을 괴롭혀 온 것이 무엇인지 당신 스스로에게 물어 보라. 다른 사람들에게 그런 사실을 고백한다는 것은 부끄러운 일일 것이다. 그 다음엔 당신에게 고통을 주는 것은 과거도 아니요 미래도 아닌

26) Marcus Aurelius Antoninus, *Meditations* 4. 7.

> 현재라는 사실을 기억하라.[27] 미래의 일로 괴로와하지 말라. 만약 그것이 필연적인 것이라면 당신이 지금 현재의 일을 놓고 고뇌하듯이 조만간 곧 부딪힐 일이기 때문이다.[28]

이상과 같은 교훈은 예수의 교훈과도 닮은 데가 있다. 하지만 마르쿠스 아우렐리우스에 있어서는 근심 걱정이 무지와 불완전한 지식에 연유하는 것이고, 예수의 경우에는 신의 섭리에 대한 확고한 신념이 없을 때 나타나는 것이다. 마르쿠스 아우렐리우스에 의하면 자연적인 것은 필연적인 것이요, 필연적인 것은 이성적인 것이며, 이성적인 것은 선한 것이다.

Ⅳ. 스토아학파에 대한 평가

스토아주의는 인류의 지성사(知性史)에서 그리고 윤리사상사에서 가장 설득력 있고 당당한, 그리고 오래 지속된 철학 중의 하나이다. 이 사상은 거의 2세기 동안이나 기독교와 대결한 가장 강력한 경쟁자였으며, 그 이론의 상당한 부분이 후세의 기독교신학에 융합되었다. 그리고 스토아사상은 칸트, 스피노자를 비롯한 일군(一群)의 현세적인 철학자들의 사상에도 많은 영향을 주었다.

사람들이 감정을 억제하고 전적으로 이성의 명령에만 따를 수 있다면 얼마나 높이 평가할 일인가! 자연과 조화를 이루는 생활은 정말로 바람직한 것이다. 그러나 인간의 두뇌가 만들어 낸 다른 모든 철학과 마찬가지로 스토아철학도 결점이 있다.

감정이 인간을 불행하게 만들 수 있다는 것은 누구나 다 알고 있는 사실이다. 그러나 감정을 완전히 제거한다 해서 행복해지는 것은 아니다. 감정은 완전히 제거할 수도 없으며, 그렇게 할 수 있다고 하더라도

27) *Ibid.*, 8.6.
28) *Ibid.*, 7.8.

결코 바람직한 것은 아니다. 우리들의 경험을 풍요롭게 하고 아름답게 해 주는 감상과 정서가 없다면 생활이 얼마나 메마르고 둔감하며 따분할 것인가! 생각해 보라, 위대한 문학작품을 읽어도 아무런 감동을 느끼지 못하고, 세계적으로 유명한 화가들의 그림과 조각가들의 작품, 그리고 아름다운 명곡을 감상하고도 아무런 느낌이 없다면 얼마나 불행한 노릇인가. 가치의 영역에 눈이 먼 정신적인 불구자만이 미학적인 진리, 도덕적인 진리, 종교적인 진리, 그리고 철학적인 진리에 대하여 완전히 무감각해질 수 있을 것이다. 느낌(feeling)이 없다면 사람은 누구나 자신의 직업에도, 학문에도 관심이 없을 것이며, 개인적인 일이나 사회적인 일은 물론 인생살이 그 자체에 대하여 흥미를 잃고 말 것이다.

스토아학파의 염세적인 생활관(*the tenet of taedium vitae*), 즉 사람들은 누구나 생에 대하여 환멸을 느낄 때는 최종적으로 자살할 수 있는 권리가 있다는 신념 때문에 삶에 대한 무관심과 환멸이 몇몇 스토아 철학자들에게 심각한 문제를 야기시켰다. 제논이나 클레안테스 같은 스토아주의자는 이 이론을 방편으로 하여 죽음을 택했으며, 차가운 사색으로 일관해 온 세네카도 에픽테투스의 정신과 아우렐리우스의 교훈에 따라 마지막 순간까지 감정이 없는 냉담한 표정으로 일관했다. "어떤 사람이 방에 연기를 피운다고 생각해 보라. 만약 연기가 심하지 않으면 나는 머물 것이요, 견딜 수 없을 정도로 심하다면 나는 밖으로 나갈 것이다. 왜냐하면 우리들은 항상 문이 열려 있다는 사실(자살이라는 탈출구가 있다는 사실 : 역자주)을 기억해야 하기 때문이다"[29]라고 에픽테투스는 주장했다. 그리고 아우렐리우스도 "이 세상에 사는 것은 당신의 권리이다. 그러나 사람들이 당신이 사는 것을 허용하지 않을 때는 목숨을 끊어라. 그러나 아무런 고통도 없는 듯이 그렇게 하라. 방 안에 연기가 가득하면 밖으로 나와야 하기 때문이다"[30]라고 주장하고 있다.

29) Epictetus; *Discourses*, bk. 1, chap. 25.

이 같은 가르침과 행동양식은, 특히 노예였으며 불구자였던 에픽테투스가 그의 주인에게 만약 그가 계속하여 자신의 다리를 비튼다면 결국은 부러지고 말 것(고통을 고통으로 여기지 않고 최후까지 견디니까 : 역자주)이라고 경고한 사실을 생각하면 스토아사상과 모순되는 것처럼 보인다. 또 다른 스토아철학자인 포시도니우스(Posidonius)는 선에 대한 이야기를 하다가 심한 고통이 와서 그 이야기가 막히게 될만큼 고통이 그를 괴롭혔지만, 그것이 결코 악은 아니라는 말로써 그 고통을 표현하였다.

아뭏든 우리들은 아무도 다리가 부러질 때 느끼는 고통을 고통이 아니라고 생각하지 않는다. 스토아학파의 사상가들은 악이 무지와 이해의 부족에서 생기는 것이라고 가르친다. 그러나 악이 이해의 부족에서 생기는 것이라면, 선도 또한 선이 아닌데도 이해의 부족 때문에 선이라고 생각하는 경우라 말하지 않을 수 없다. 스토아주의 사상가들이 그들의 주장을 증명할 수 없는 한, 다분히 '무지에의 논증의 오류'(*Argumentum ad ignorantium fallacy*), 즉 입증할 수 있는 명확한 사실을 제시하지 않고 상대방을 무식하다고 몰아부치면서 자신의 주장만 옳다고 우기는 논리인 것이다. 이해가 항상 문제를 해결하고 악을 피할 수 있게 하는 것은 아니다. 아마 정신과의사는 살인마가 왜 살인을 일삼는지 이해할 수 있고 또 쉽사리 설명할 수 있을 것이다. 그러나 우리들이 가해자와 피해자를 다같이 동정하고 슬퍼한다 하더라도 비극 그 자체는 제거되지 않는다. 이 같은 주장을 최대한 받아들인다면 아마 "악의 원인을 이해할 수 있다면 가끔씩 그 결과를 미연에 방지할 수 있다"는 내용이 될 것이다. 인간이 선과 미의 역할을 이해할 때, 그것을 감소시키는 것이 아니라 증가시키게 된다는 사실이 실로 다행스런 것이다. 그리고 인간생활이 즐거움을 준다는 사실은 또한 행운이 아닐 수 없다. 가끔 삶의 기쁨(*jodie de vivre*)을 잃을 때도 있지만 그런 현상은 일시적인 것에 불과한

30) Marcus Aurelius Antoninus, *Meditations* 5. 29.

것이다.[31]

스토아주의의 몇 가지 목표들은 인간의 능력으로는 도저히 달성할 수 없는 이상에 불과하다. 따라서 그 같은 이상은 우리들에게 실망을 안겨 주며 결국에는 자포자기하게 만들 수 있다. 정신의학자 아들러 (Adler)는 사람들이 자신의 능력으로 달성할 수 없는 목표를 설정했을 때 흔히 노이로제 증상을 나타낸다고 말한다. 분명히 스토아학파의 이론이 현실적으로 실현되기 위해서는 그 목표를 완화해야 하며 인간의 능력으로 달성할 수 있는 한도 내에서 추구되어야 한다. 생활환경에 대하여 완전히 무관심하라는 스토아철학의 이상을 달성한다는 것은 사실상 정신병자가 된다는 이야기다. 왜냐하면 정신병자만이 자신의 주위환경에 대해 극단적인 무관심을 보여 줄 수 있기 때문이다.

31) Acknowledgment is made to Brand Blanshard, ***Reason*** *and Goodness* (New York: Macmillan Co., 1961), chap. 2, for generating some of the ideas expressed above.

제 3 장

쾌락주의
——쾌락의 추구

쾌락주의(hedonism)라는 용어는 쾌락(pleasure)을 의미하는 희랍어 hēdonē에서 유래된 말로서, 철학사에서는 두 가지 의미를 지니고 있다. 하나는 인간의 심리학과 관계되는 것이며, 다른 하나는 규범윤리학과 관계되는 것이다. 이 장에서 논의하려는 쾌락주의는 주로 두 번째의 의미와 관계된다. 이 용어가 도덕적인 가치와 관련하여 쓰여질 때는 윤리학적 쾌락주의(ethical hedonism)로 불려지며, 쾌락(혹은 쾌락만이)은 본래적인 선이며 고통은 악이라는 신념으로 나타난다.

고대 희랍의 대표적인 쾌락주의 주창자는 아리스티푸스(Aristipus)와 에피쿠로스(Epicurus)였다. 근세에 와서는 쾌락적 공리주의자로 알려진 영국의 철학자 벤담(Jeremy Bentham)과 밀(John Stuart Mill)이 가장 유명한 쾌락주의 이론가였다.

제 1 절 키레네학파의 쾌락주의 : 순간적인 쾌락의 추구

기원전 3세기 후반과 4세기 초에 키레네학파(Cyrenaics), 혹은 키레네의 쾌락주의(Cyrenaic hedonism)로 알려진 윤리학의 한 새로운 학파가 키레네지역에서 시작되었다. 이 학파는 소크라테스의 친구였으며 그를 존경했던 아리스티푸스에 의하여 창시되었으며, 기원전 4세기 말에 역시 아리스티푸스로 불려진 그의 손자에 의하여 체계화되었다. 그리고 이 쾌락주의 이론은 아리스티푸스의 추종자인 떼오도루스(Theodorus)와 헤게시아스(Hegesias), 그리고 아니케리스(Anniceris)에 의하여 새로운 수정이 가해졌다.

쾌락주의는 쾌락이 유일한 선이라고 선언한 아리스티푸스의 주장과 함께 시작되었다. 그러나 아리스티푸스는 주로 순간적인 쾌락(momentary pleasures)에 집착했기 때문에 그의 이론은 추종자들로부터 많은 비판을 받았다. 키레네학파의 철학은 그 다음 단계로 염세주의적인 경향을 띄게 되었으며, 이후 아니케리스 등의 노력으로 보다 정교하고 세련된 이론으로 발전되었다.

Ⅰ. 아리스티푸스 : 쾌락의 즉각적인 충족

키레네학파의 쾌락주의를 창시한 사람으로 알려진 아리스티푸스(435~356 B.C.)는 소크라테스의 가르침에 크게 영향을 받았다. 그러나 키닉학파나 스토아학파와는 달리, 그는 덕 있는 사람이 추구해야 할 행복의 원리를 강조했다. 아리스티푸스는 덕은 즐거움을 얻을 수 있는 능력이라고 규정했으며, 즐거움이란 쾌락의 충족으로 얻어지는 행복한 상태라고 규정했다. 그에 의하면 쾌락은 유일한 선이며 최고의 선(the highest good)이다. 쾌락은 한 가지뿐이며 단지 강도, 순수성 등의 차이에 따라 다양성이 있을 뿐이다. 보다 고상한 쾌락이란 고통과 혼합되지 않는 쾌락을 말한다. 쾌락에 관한 그의 정의는 감정(emotion)이 아니라 고상한 율동(noble motion)의 감각이다. 쾌적한 만족의 느낌은 희열을 가져오며 육체적인 욕망을 정지시킨다. 고통은 개성을 교란시키는 난폭한 감정(violent emotion)으로 규정되며, 휴식은 정신적인 무관심상태를 말한다. 아리스티푸스는 인간사의 모든 일은 선한 목적을 달성하는 데 기여한다고 믿는다.

키레네학파의 사상가들은 지금 당장(immediate present)의 감각적·육체적인 즐거움을 강조한다. 왜냐하면 현재만이 우리들의 능력이 미치는 영역이며, 미래는 우리들의 능력범위를 벗어나기 때문이다. 현명한 사람(哲人)은 현재를 지혜롭게 즐길 줄 안다. 그는 쾌락의 노예가 되지 않고 주인이 된다. "내가 소유하는 것이지, 소유되는 것이 아니다." 따라서 이들의 이상은 육체적인 욕망을 충족시키면서도 쾌락을 지배하는 데 있다. 도구적인 가치인 지혜는 그 자체로서 하나의 목적인 본래적 선이 아니다. 키닉학파의 행동원리는 쾌락을 비지성적인 추구대상이라 하여 회피하는 데 반해, 키레네학파의 쾌락주의는 쾌락을 즐기면서 지배하는 방법을 찾는다. 아리스티푸스가 말하기를, "나의 기계는 매우 잘 조합되어서 그것들을 즐기는 것들에 대해서 상당히 민감하지만 그것들 때문에 고통을 당하지는 않는다"라고 하였다.

Ⅱ. 데오도루스 : 이기적인 쾌락주의

무신론자인 데오도루스는 정치적인 것이든 혹은 종교적인 것이든 간에 모든 종류의 이타적인 활동과 제도를 거부하고 오로지 감각적인 쾌락을 추구하는 데 몰두했다. 그리하여 키레네학파의 이상이 실제에 있어서는 이기적인 쾌락주의 (egoistic hedonism)로 타락하고 만 것이다. 왜냐하면 그들은 사회적인 책임과 우정, 그리고 타인의 복리를 망각하고 오로지 자기자신의 개인적인 쾌락 추구에만 관심을 두기 때문이다. 법률과 도덕률은 단순히 사회적인 인습에 불과한 것으로 무시되며, 어쩔 수 없을 때에 한해서만 이를 묵인한다. 그리고 문명의 혜택을 즐기면서도 사회적·정치적인 의무의 형태로 보답이 요구될 때는 다른 사람들의 일로 미루어 버린다. 이기적인 쾌락주의는 슬픔을 크나큰 악으로 간주하고, 기쁨을 주는 선으로 간주한다.

Ⅲ. 헤게시아스 : 쾌락주의적 염세주의

헤게시아스와 함께 키레네학파의 쾌락주의는 다시 쾌락주의적 염세주의 (hedonistic pessimism)로 타락하게 된다. 대부분의 사람들이 쾌락을 즐기는 생활을 실현하지 못하고 있는 한 쾌락주의의 이상은 도저히 달성될 수 없다고 비관하는 것이다. 가능한 최선의 방법은 쾌락을 추구하기보다는 고통을 회피하는 일이다. 그리고 부와 풍요도 우리들의 고통을 면제해 주지는 못한다. 따라서 고통이 없는 경지에 이를 수 있는 단 한 가지의 확실한 방법은 죽음을 택하는 길이다. 가장 축복받은 사람은 불안을 피하고 고통이 없는 경지에 이르는 사람, 즉 죽은 사람이다.

쾌락과 고통은 우리들의 태도 여하에 달린 것이다. 현명한 사람은 생활 그 자체에 관심을 두지 않으며, 외적인 환경조건에 대해서도 전혀 관심을 두지 않는다. 따라서 키레네학파의 쾌락주의는 쾌락을 추구한다는 당초의 목표와는 전혀 반대로, 즉 키닉학파가 주장하는 외적 세계로부터의 독립과 무관심 (indifference)을 최고선으로 규정하고 있어 아이러니라 아니할 수 없다.

쾌락주의적 염세주의는 결국 스스로의 이론을 부정하는 패자의 철학이 되고 만다. '죽음의 상담자' (the counsellor of death)로 불려진 헤게시아스는 자신의 가르침에 고무되어 자살한 많은 사람들의 죽음에 대하여 책임을 져야 할 사람이다. 아뭏든 키레네학파의 쾌락주의는 헤게시아스 이후에 점차 사멸되어 갔으며, 그 시대의 일반적인 철학사조에 융화되고 말았다.

제 2 절 에피쿠로스학파 : 정신적인 쾌락과 만족의 추구

에피쿠로스학파는 쾌락주의 형태로 나타난 것이며, 감각적이고 육체적인 쾌락에 대하여 정신적인 쾌락(mental pleasure)의 우위성을 강조하면서 번창해 갔다. 이들의 쾌락주의는 교양 있고 고상한 사람들의 쾌락과 절제할 줄 아는 정신적인 쾌락을 내세웠다. 에피쿠로스학파의 이상 중에는 우정, 만족, 평화, 도덕성, 그리고 미학적인 추구에 따르는 쾌락 등이 포함되고 있다. 이 학파는 기원전 4세기에서 1세기 사이에 번성했었다.

1. 아테네의 에피쿠로스

에피쿠로스학파의 쾌락주의는 기원전 306년에 아테네의 네 학원 중 하나인 가든(Garden)에서 우두머리로 존경받던 에피쿠로스(Epicurus, 341～270 B.C.)에 의하여 창시되었다.* 그는 자신이 세운 학원에서 죽을 때까지 떠나지 않고 제자들을 가르쳤다. 에피쿠로스는 쾌락을 인간이 추구해야 할 최고의 목표라고 생각했지만 그 자신은 지극히 검소하고 절도 있는 생활을 영위했다. 왜냐하면 그는 빵과 물 정도의 단순한 식

* 역주 : 아테네에는 네 학원이 꽤 오랫동안 남아 있었는데 첫째가 플라톤이 세운 아카데메이아(Academeia), 둘째가 아리스토텔레스가 세운 리케이움(Lyceum), 세째가 제논이 세운 스토아(Stoa), 네째가 에피쿠로스가 세운 가든(Garden)이었다.

사를 하고 육체적인 욕구를 최소한으로 충족시킬 때 행복을 얻을 수 있다고 믿었기 때문이다.

2. 에피쿠로스학파와 키레네학파와의 관계

스토아학파가 키닉학파에서 파생되었듯이 에피쿠로스학파는 키레네학파의 쾌락주의에서 생성 발전된 것이다. 에피쿠로스학파는 육체적인 만족에 정신적인 쾌락을 추가함으로써 아리스티푸스의 쾌락주의를 보다 고상하고 세련된 것으로 만들었다. 아리스티푸스는 순간적인 쾌락을 강조했지만, 에피쿠로스는 영원한 쾌락을 추구했다. 그는 마음의 안식과 쾌락을 결합시킴으로써 고통으로부터 해방되고 육체적인 건강과 정신적인 평정을 함께 유지할 수 있는 이상적인 쾌락주의를 주창했다.

3. 고통 없는 상태의 추구

만약 어떤 사람이 육체적인 고통과 정신적인 번뇌를 피하는 데 성공한다면, 그는 단순하고 일상적인 생활 속에서도 즐거움이 있다는 것을 발견할 것이다. 선한 생활을 위해서 엄청난 양의 쾌락이 필요한 것은 아니다. 적당한 만족이 따르는 절제된 쾌락으로도 충분히 즐거울 수 있는 것이다. 쾌락이 적절한 한계를 넘어설 때 위험이 따른다. 장래의 보다 훌륭한 선을 보장해 주는 고통은 가끔 바람직하다. 반면에 육체적인 탐닉보다는 정신적인 쾌락이 더 바람직하다. 에피쿠로스의 견해에 따르면, 즐거운 생활이란 번뇌로부터 해방된, 마음이 평온한 감미로운 생활이다. 완전한 행복이란 달성될 수 없다. 따라서 조용한 만족이 추구되어야 한다.

근심 걱정은 마음의 평화에 큰 위협요소가 된다. 그리고 가장 나쁜 공포는 죽음에 대한 공포이다. 따라서 죽음에 대한 공포는 제거되어야만 한다. 에피쿠로스는 이 공포를 제거할 수 있다는 것을 설명하기 위하여 다음과 같은 딜레머를 이야기한다. 즉 우리들이 살아 있는 동안에는 죽음을 두려워할 필요가 없다. 그러나 죽음이 닥쳐올 때는 우리들이 두 가지의 선택을 할 수 있다. 그 첫번째의 선택은 내세에 관한 희망인데 그것을 선택한다면 죽음에 대한 두려움을 느낄 필요가 없다. 두번째의 선택은 감각이 없는 상태로 정의되는 죽음 그 자체이다. 이 상태에서는 우리들이 걱정 같은 것은 불필요한 것이다. 따라서 죽음에 대한 공포는 헛된 것이요 어리석고 불필요한 것이 된다.

모든 쾌락은 완전한 만족을 산출할 수 있는 가능성 여하에 따라 평가된다. 고통이 없는 상태가 가장 바람직한 종류의 쾌락이긴 하지만 필요의 충족도 바람직한 유형의 쾌락이다. 왜냐하면 필요의 충족만이 완전한 행복, 즉 충족을 통하여 더 이상 결핍이 없는 상태를 가져오기 때문이다. 스토아학파는 정욕에 대한 무관심의 덕을 강조했지만, 에피쿠로스학파는 모든 필요와 결핍을 충족한 뒤에 쾌적한 만족이 지속되는 정욕이 없는 상태를 강조했다.

4. 최 고 선

에피쿠로스학파의 최고선인 사려 깊은 분별력(prudence)과 통찰력(insight)은 즐겁고 선한 생활을 창출하는 덕의 실현을 위하여 필요한 것으로 보인다. "신과 같이 자유롭기 위해서"는 행복이 우리들의 의식 내면에 자리해야 하고 덕으로 구현되어야 한다. 덕은 우선 '평정'으로 나타나며, 보다 바람직한 덕은 쾌적하고, 단순하며, 온화한 모습으로 나타난다. 따라서 고상한 쾌락이나 정신적인 가치는 육체적인 만족보다 우월한 것이다. 우리들은 정신적인 쾌락에 의존할 때 현재의 불행을 극복할 수 있다.

5. 에피쿠로스학파의 사회윤리

에피쿠로스학파의 사상가들은 우정을 제외한 모든 사회적 관계를 무시한다. 모든 형태의 공공업무와 함께 결혼도 걱정과 책임이 수반되기 때문에 단념해야 한다고 주장한다. 그들은 쾌락주의철학을 주장함에도 불구하고 친절은 받는 것보다 베푸는 것이 더 즐겁다고 생각한다. 이타적인 공공생활 대신에 이기적이고 사적인 생활을 권장하며 개인적인 이익을 철저히 추구하라고 가르친다. 그러나 우정은 인생을 살 가치가 있도록 만들기 때문에 매우 바람직한 것으로 간주된다. 이들에게는 아마 우정이 가치 있는 유일한 사회적 관계일 것이다. 이들은 만족이라는 개인적 이상이 우정이라는 사회적 이상과 일치한다고 믿는다.

제 3 절 쾌락주의에 대한 비판

쾌락주의는 많은 이론가들로부터 여러 가지 이유로 비판의 대상이 되어 왔다. 쾌락주의 이론에 대한 주요 비판점을 예시하면 다음과 같다.

1. 증거의 결여

쾌락주의자들은 적절한 증거를 제시하지도 않고 "쾌락은 선"이라고 규정한다. 욕구의 대상은 욕구하고 있다는 사실만으로 바람직한(욕구할 가치가 있는) 것이라고 믿는 공리주의자들도 똑같은 오류를 범하고 있다. 우리들이 실제로 바란다고 하더라도 먹고 싶은 음식이 건강을 해치듯이, 바람직하지 못한 대상이 얼마든지 있으며 쾌락 자체가 반드시 선인 것도 아니다. 더우기 인간의 행위 중에는 쾌락을 추구하는 행위로 볼 수 없는 행위가 수없이 많다. 이를테면 좋은 직업을 갖기 위해 고생스런 공부를 계속하는 것도 그 하나의 예가 될 것이다.

2. 가치 없는 쾌락

어반(Wilbar M. Urban)은 쾌락이 선이 되려면 가치로부터 분리되어서는 안 된다고 주장한다. 밀이 주장했듯이 쾌락에는 여러 종류가 있으며, 질적으로 서로 구별되어야만 한다. 그렇지 않으면 폭군 네로(Nero)와 히틀러(Hitler)와 같은 미친 사람의 쾌락도 건전하게 살고 있는 합리적인 사람들의 쾌락과 동일시되기 때문이다. 무어(G. E. Moore)도 술취한 사람이 항아리를 부수는 쾌락과 세익스피어의 연극을 감상하는 수준 높은 사람의 쾌락을 동일시해서는 안 된다고 주장한다.

3. 만족 없는 쾌락

성적인 쾌락이 가끔 그렇듯이 쾌락이란 반드시 만족을 주는 것은 아니다. 쇼펜하우어(Schopenhauer)는 성적인 쾌락이 만족을 주는 것이 아니라 순간적으로 고통을 완화할 뿐이라고 말한 적이 있다. 프롬(Erich Fromm)에 의하면, 사랑을 갈망하는 많은 사람들은 사랑을 성적인 것과 혼동하고 있다. 왜냐하면 그들은 성적인 경험이 사랑에서 오는 충족감과 일치한다고 믿기 때문이다. 루이스(C. l. Lewis)도 쾌락과 만족을 욕구 혹은 결핍과 혼동하는 사례가 있음을 지적하고 있다. 그에 의하면 우리들이 피할 수 있는 수많은 사건들 중에서 적어도 반 정도는 자신이 원하는 것이 무엇인지도 모르고, 달성한다 하더라도 만족을 얻을 수 없는 일을 추구하는 사람들에 의해 저질러지는 것이다. 쾌락은 또한 사람들의 심리상태에 따라, 그리고 과거의 경험 여하에 따라, 만족의 정도가 각각 다르다.

4. 쾌락의 역설

인간생활에서 일어나는 여러 가지 좋은 일들이 마치 의학박사 학위를 따기 위해 공부하는 것처럼 대부분의 사람들에게 쾌락을 주는 것도 아니고 바라는 것도 아니라는 사실은 역설적이다. 그러나 여러 가지 반론이 있음에도 불구하고 쾌락주의자들은 "쾌락이 유일한 선"이라고 믿고 있다.

제 4 장

자아실현설

——잠재력의 발휘로서의 좋은 삶

윤리이론으로서의 자아실현설(Self-Realizationism)은 그 역사가 2,500년에 이르며, 이에 속하는 대표적인 사상가로는 플라톤(Platon: 429~347 B.C.), 아리스토텔레스(Aristoteles, 384~322 B.C.), 토마스 아퀴나스(Thomas Aquinas: 1225~1274), 그리고 신토마스주의자로 알려진 키에르케고르(Søren Kierkegaard: 1813~1855), 그린(Thomas H. Green: 1836~1882), 브래들리(Francis H. Bradley: 1846~1924), 그리고 블랜샤드(Brand Blanshard: 1892~) 등을 들 수 있다. 그러나 토마스 아퀴나스는 스콜라주의와 신토마스주의를 취급하는 제 5 장에서 논할 것이며, 키에르케고르에 대해서는 그가 창설한 실존주의학파와 관련하여 제12장에서 논하려 한다.

자아실현설은 전 역사를 통하여 항상 호소력을 지녀 왔다. 최근에 이르러서는 심리학자들과 정신병리학자들이 성격이론(personality theory)을 보다 명확하게 이해시키기 위하여, 그리고 정신요법상의 목적을 위하여 이 이론의 기본적인 전제들을 수용하고 있다.

자아실현설에 대한 정의

윤리학이론으로서의 자아실현설이란, 개인에 있어서의 최고선 혹은 도덕적인 이상은 그의 여러 가지 타고난 잠재력과 특수한 재능, 그리고 능력과 함께 그의 본질(혹은 자아)의 실현을 통하여 달성된다고 주장하는 완성론적(perfectionist) 철학이다.

진정한 자아란 현실적으로 실현될 수 있는 자아를 말한다. 개인은 그의 잠재력의 실현을 통하여 도덕적인 완성을 꾀하며, 가장 완전한 자기 개성의 개발을 달성하려 한다. 자아실현은 개성의 다양한 요소를 내면적인 인격으로 융합시키며, 다른 사람들과 적절한 융화관계를 이룰 것을 요청한다.

I. 플라톤 : 선의 실현

플라톤사상의 가장 풍부한 원천은 "윤리학적 지식이 수학보다 더 명확하다"고 주장한 그의 『국가편』(*Republic*)에서 발견된다. 그에 있어서는, 선에 포함되는 윤리학적 지식의 원리나 개념들은 기하학적 지식보다 더 추상적이다. 그리고 "선의 이데아는 가장 숭고한 지식이다."[1] 그에 대한 소크라테스의 영향은 부도덕과 악이 무지에 기인하는 것이며, 아무도 자발적으로 악을 행하지는 않는다고 주장한 『프로타고라스』(*Protagoras*), 『티마이오스』(*Timaeus*), 그리고 『법률론』(*Laws*) 등의 저작에 두드러지게 나타난다.

1. 행복과 선 : 궁극적인 도덕적 동기

플라톤에 있어서의 선은 철학자의 궁극적인 사색의 대상과 동일시된다. 왜냐하면 선은 우주의 궁극적인 본질인 동시에 목적이기 때문이

1) Plato, *Republic* 6. 505.

다. 선은 세계의 목적이며, 그것의 형상(form)이며, 힘인 동시에 본질적인 존재로서의 신이다. 선의 이데아는 이상적인 선이며, 이상적인 선은 곧 신이다. 더우기 인간의 최고이상으로서의 선은 신을 닮아 가려는 노력인 자기완성을 통하여 추구되고 실현되어야 한다.

인간의 궁극적인 목표는 선이며 행복이다. 따라서 진정한 행복은 도덕적인 기초 위에서만 달성된다. 신적인 이데아의 세계와 친밀하게 교류하는 행복한 영혼은 인간 존재의 축복받은 상태이다. 최고선과 친교하는 가운데 발견되는 천국의 행복(celestial happiness) 이외에 감각적인 쾌락과 같은 낮은 단계의 선이 있다. 심미적인 쾌락을 통하여 이상적인 선을 실현하는 것은 예술적 감각으로 아름다움을 모방함으로써 즐거운 결과를 가져온다. 감각적인 쾌락과 육체적인 욕구의 충족은 아름다움에 대한 심미적인 즐거움보다 낮은 단계의 쾌락이다. 그리고 심미적인 쾌락은 지적인 쾌락보다 낮은 단계의 쾌락이다. 플라톤은 "나는 지혜가 인간생활의 기본요소로서 쾌락보다 훨씬 더 값지고 우수한 것임을 단언한다"[2]고 말했다.

플라톤에 있어서는 한 사물이 무엇인가라고 묻는 것은 그것이 어떤 종류의 선을 위한 것이고, 어떤 목적을 갖고 있는지를 묻는 것이다. 모든 자연의 활동은 달성해야 할 어떤 목적을 갖고 있다. 인간의 경우에도 그의 다양한 재능과 능력, 그리고 예술적인 기능은 달성해야 할 어떤 목적과 선을 갖고 있다. 인간이 자신의 재능을 개발하고 활용하기 위하여 유익한 것을 행한다는 것은 자연에 의하여 주어진 최선의 것을 행하는 것인데, 이는 자아완성을 가져오며, 자신의 덕을 개발하고 선을 실현하는 일이 되는 것이다. 자아완성은 신에 대한 사색이며, 자아의 실현이며, 선한 생활의 달성인 것이다. 그것은 결국 아름다움으로 충만한 선한 생활을 꽃피우는 데 있다.

인생살이는 그것을 적절히 활용할 때 아름다운 것이다. 따라서 아

2) Plato, *Philebus* 66.

름다움은 유익한 것이며 선한 것이다. 선과 진리와 아름다움은 하나로 결합되며, 인간의 진정한 목적은 자신을 완성시켜 가는 과정에서 실현되는 것이다. 선한 생활은 진실로 아름다운 것이다. 행복은 도덕적인 아름다움과 선에서 나오는 것이다.

2. 이상으로서의 선

진정한 선은 이상적인 것이다. 그리고 현실세계는 순수하고 시간을 초월한 형상(즉 이상)의 단순한 모조품에 불과하다. "선은 그 본성에 있어서 부단히 추구되는 것이나 달성될 수는 없는 것이다(In nature the Good is striven for but never to be attained)……모든 존재 가운데(선은) 다른 모든 이데아를 넘어선 궁극적인 이데아이다. 그것은 또한 존재의 원리를 규정한다."[3] 선은 지식이나 진리보다 더 소중한 것이며, "선의 이데아는 다른 이데아보다 더 숭고한 것이다."[4]

이상적인 실재와 이상적인 선의 실현상태인 가장 고상하고 진실한 생활은 인간의 이성적인 지혜를 통해서만 달성된다. 왜냐하면 물질적인 대상물은 이상적인 참된 실재(true reality)에 대한 불완전하고, 그림자에 불과한 영상만을 우리들에게 주기 때문이다. 따라서 참된 실재에 접근하는 인간의 지혜는 가장 순수한 자아인 것이다. 결과적으로 인간에 있어서 가장 훌륭한 자질은 지식을 갈망하는 지적 능력, 즉 진리와 선에 대한 철학적인 탐구력이다. 영혼은 진리와 서로 통한다. 왜냐하면 참되고 이상적인 실재에 한번 정착한 영혼은 이 세상에 태어나기 이전에 참된 실재, 선, 혹은 신과 함께 있었기 때문이다. 그러나 육체와 감각을 취함으로써 영혼의 지식은 망각의 심연 속으로 빠져들게 된다.

따라서 진리와 아름다움과 선을 배우는 것은 단지 무의식적인 영혼

---

3) Raphael Demos, *The Philosophy of Plato*(New York: Charles Scribner's Sons, 1939), p. 71.

4) A. H. Armstrong, ed., *The Cambridge History of Later Greek and Early Medieval Philosophy*(Cambridge: At the University Press, 1967), p. 19.

속에 숨어 있는 것을 재생시키고 회상시키는 것에 불과한 것이다. 그 본질에 있어서 초감각적인 영혼은 왜곡된 감각적 현상과 함께 스스로에게 낯선 육체라는 감옥에 갇혀 있으나, 감각적이고 불완전한 현상계에서 탈출하여 진리와 아름다움 그리고 선과 더불어 머물 수 있는 절대자의 진정한 세계에 도달함으로써 진정한 생활을 발견하게 된다. 영혼은 감각적인 세계에서 벗어날 때, 즉 지식과 덕을 통하여 그 자신을 감각적인 세계의 감옥으로부터 해방시킬 때, 비로소 행복을 발견하게 된다. "이 때의 지식에 대한 쾌락은 전혀 고통을 수반하지 않는다. 그리고 이 같은 쾌락은 많은 사람들이 누릴 수 있는 쾌락이 아니라 극소수의 사람만이 누릴 수 있는 쾌락인 것이다."[5)]

3. 선한 생활의 본질

선한 생활, 즉 이상적인 선의 실현은 지구상에서 살고 있는 한, 불완전한 감각기관의 방해 때문에 완전하게 달성될 수는 없다. 더우기 진리에 대한 통찰력을 지닌 사람만이 이 세상에서 선과 가까와질 수 있다. 그러나 덕은 가르치고 배울 수 있는 것이기 때문에 교육의 목표와 도덕적인 수양의 목표는 결국 같은 것이 된다. 비록 각 개인의 생활에서 선은 불완전하게 달성될 수밖에 없지만, 가능한 한 최대의 선을 실현함으로써 선의 모방을 통한 도덕적인 자기 수양을 할 수가 있다.

선한 생활이란 이성에 의하여 지도되는 질서 있는 생활을 말한다. 플라톤에 의하면 철학적인 지혜를 타고 난 소수의 철인만이 선에 도달할 수 있다. 선한 생활이란 조화로운 생활, 즉 여러 가지의 덕이 각각의 능력에 따라 질서 있게 작용하는 생활을 말한다. 진정한 지식이 없는 사람, 즉 철학적인 지혜를 결여한 사람이나 태어날 때부터 덕을 구비하지 못한 사람은 덕에 관한 올바른 교육을 받음으로써, 혹은 실천을 통하여 덕에 관한 훈련을 쌓음으로써 조화로운 생활을 할 수 있다.

5) Plato, *Philebus* 52.

4. 네 가지 기본덕목

플라톤의 윤리이론은 영혼의 세 부분에서 기본덕목(cardinal virtue)을 도출한다. 그 첫번째 부분은 이성(reason)의 기능을 갖는 합리적인 부분이며, 다른 두 부분은 비합리적이고 감정적인 부분이다. 이 두 부분은 의지(will)의 기능, 즉 기개 있는 활동과 좀 덜 중요한 기능인 감각적인 욕망(appetite)의 기능으로 나누어진다. 이 세 가지의 기능은 인간의 신체적인 세 부분, 즉 머리(head), 가슴(heart), 배(stomach)의 부분에 각각 대응된다.

플라톤은 덕을 탁월성(excellence)으로 정의한다. 인간은 누구나 영혼의 세 가지 기능 중 어느 하나의 기능에 탁월한 성향을 지니고 있으며 그 기능에 대응하는 덕을 지니게 된다. 1) 지적인 능력과 함께 이성에 탁월한 사람은 '지혜'(wisdom)의 덕을 지니고, 2) 의지의 활동에 탁월한 사람은 '용기'(courage)의 덕을 지니며, 3) 감각적인 욕망의 활동에 탁월한 사람은 '절제'(temperance)의 덕을 지니게 된다. "절제란……어떤 종류의 쾌락과 욕망을 통제하고 질서를 부여하는 것을 말한다."[6]

이상의 세 가지 덕, 즉 지혜, 용기, 절제가 서로 조화롭게 기능하고, 이성에 의하여 질서지워지고 규제될 때 총괄적인 덕인 '정의'(justice)가 구현된다. "사람은 누구나 자신의 본성에 가장 적합한 일 한 가지만을 실천해야 한다——이 원리가 정의인 것이다……정의란 자기가 해야 할 일을 하는 것을 말한다."[7] 지혜와 정의는 보다 높은 차원에서 하나의 덕인 지혜로 귀결된다. 다른 두 가지의 덕, 즉 용기와 절제는 영혼의 활동을 규제하는 지혜의 한 면모를 반영한다. 즉 이 두 가지 덕은 지혜의 서로 다른 두 측면에 불과한 것이다. 따라서 "완전하게 된다는 것은 지혜롭고, 용감하며, 절제할 줄 알고, 정의롭게 되는 것을 의미

6) *Ibid.*, 6. 430.
7) *Ibid.*, 6. 433.

한다."[8]

정의란 인간 상호간의 관계 속에서, 사회 속에서, 그리고 국가 속에서 실현될 수 있는 사회적인 덕이다. 정의는 각 개인이 저마다의 특수한 덕을 실현함으로써 사회에 크게 기여할 때 구현되는 것이다. 즉 지혜를 가진 사람은 국가의 통치자로서 문화에 기여하며, 용기를 지닌 사람은 군인으로서 의무수행에 충실하고, 일반 서민들은 자기 절제를 통하여 육체적인 욕망을 억제하고 지혜로운 사람들에게 복종함으로써 정의가 실현되는 것이다.

자연적으로 타고난 덕은 차별이 있게 마련이다. 따라서 정의가 지배하는 사회(즉 완전한 이상사회)는 그 사회의 각 구성원이 적재적소(適才適所)에서 타고난 자질에 부합되는 자신의 일에 최선을 다할 때 실현되는 것이다. 이 조화의 결과는 정의인 동시에 그 사회에 살고 있는 모든 사람들의 행복이다. 만약 각 개인이 맡은 바 직무에 충실하지 않는다면, 불의와 혼란과 불행이 오는 것이다. 정의란 국가생활에서 실현되는 덕목이다.

개인윤리로서의 정의는 또한 각자의 내면성에 바람직한 균형과 조화를 준다.

> 그러나 정의란 실제에 있어서 우리들이 논의한 바와 같이 외형적인 인간과 관계되는 것이 아니라, 진정한 자아와 타인을 염려할 줄 아는 우리들의 내면성과 관계되는 것이다. 왜냐하면 정의로운 사람은 자신의 내면에 남을 해치고 서로 다투는 그런 요소를 지니지 않으며 자신의 내면적인 생활에 질서를 부여하고 스스로 자신의 주인이 되어 자신의 법칙에 좇아서 평화롭게 생활하기 때문이다.[9]

---

8) *Ibid.*, 4. 427.
9) *Ibid.*, 4. 443~444.

5. 플라톤의 윤리이론에 대한 비판적 평가

릴리 (William Lillie)에 의하면 윤리학에 있어서 플라톤의 주된 공적은 (1) "선이란 우리들의 인간성이 자연스럽고, 적절하게 작용하는 데 있다"는 그의 주장과 (2) "사회를 도덕적인 생활의 정상적인 배경으로 규정한" 그의 관점에 있다.[10] 그러나 이 두 가지의 공적은 사실상 아리스토텔레스에 의하여 확립된 것이요, 철학적인 문헌에서 광범위하게 논의된 것도 아리스토텔레스의 이론적인 선언에서 비롯된다. 아뭏든 릴리가 지적한 두 가지 사실 이외에 플라톤의 주된 공헌으로 이성과 자기실현에 관한 두 가지 관점을 추가해야 할 것 같다.

플라톤에 대한 비판 중에는 그의 행복에 관한 설명이 이중언어적인 정의 (biverbal definition)의 잘못을 범했다는 주장이 있다. 스테이스 (Stace)는 다음과 같이 지적한다.

> 만약 우리들이 절대적으로 정의롭고 정직한 사람을 상상할 수 있다면, 그는 일어날 수 있는 모든 불행과 재난을 겪으면서 즐거움이라고는 전혀 찾아볼 수 없는 생활을 하고 있어도 여전히 절대적인 행복을 누리고 있다고 말해야 한다. 행복이란 플라톤에 있어서는 최고선의 다른 이름에 불과하다. 최고선이 행복이라고 말하면서 그는 우리들에게 아무런 설명을 제시해 주지 않았다. 그는 최고선에 새로운 이름을 하나 더 붙인 데 불과하다. 그리고 최고선은 무엇인가, 행복이란 무엇인가라는 질문은 탐구되어야 할 과제로 우리들에게 남겨져 있다.[11]

스테이스에 의하면, 플라톤의 윤리이론은 사람들에게 자신의 육체적인 욕망을 완전히 통제할 수 있도록 하는 동시에 철저하게 이기적인, 그래

10) William Lillie, *An Introduction to Ethics*, 3d ed. (New York: Barnes & Noble, 1961), p. 278.

11) W.T. Stace, *A Critical History of Greek Philosophy* (London: Macmillan, 1920), p. 221.

서 악을 범하도록 하는 이중적인 성격을 지닌다.[12] 플라톤은 노예제도를 비난하지도 않았으며, "설명할 필요도 없이 그것은 정당하다고 믿었기 때문에 그것을 정당화할 필요도 없었다"[13]고 스테이스는 지적한다. 그러나 그는 플라톤이 친구에게는 선을 행하고, 적에게는 악을 행하여야 한다고 주장했다는 당시의 지배적인 견해에 대하여 반론을 제기했다. 그에 의하면, "플라톤은 악을 저지르는 것은 어떤 경우를 막론하고 선이 될 수 없다고 주장했으며, 우리들은 오히려 적에게 선을 행함으로써 적이 친구가 되도록 해야 한다고 주장했다. 이렇게 볼 때 악을 선으로 갚으라는 가르침은 기독교적 계율인 동시에 플라톤적인 계율이기도 한 것이다."[14]

플라톤은 또 파이트(Waner Fite)로부터 자연적인 귀족제(natural aristocracy)를 옹호했다는 이유로 명확한 계급적 편견을 가진 사람으로 호된 비판을 받았다."[15] 레빈슨(Ronald B. Levinson)이 소개한 파이트의 플라톤에 대한 비판을 요약하면 다음과 같다.[16]

> "몰락한 …… 그리고 완고한 귀족주의자"; 부유한 특권계급의 옹호자[17]; 민중에 관해서는 "논의할 가치도 없다"고 생각한 사람[18]; "민중의 요구들을 건방진 수작이라 일축하는 정치담당자들을 신사라고 생각하는 사람; 잔학한 크리티아스(Critias)와 카르미데스(Charmides)도 결국은 "신사들이기 때문에" 아무런 죄도 없다고 생각한 사람; 만약에 자신의 개명된 귀족제(enlightened aristocracy)라는 정치적인 프로그램이 아테네 시민들에 의하여 받아들여진다면, 자신과 자신의 친구들을 포함한 구(舊)통치계급을 "정당화시키고

12) W.T. Stace, *The Concept of Morals*(New York: Macmillan, 1937), p. 259.
13) Stace, *A Critical History of Greek Philosophy*, p. 225.
14) *Ibid*.
15) Warner Fite, *The Platonic Legend*(New York: Scribner, 1934).
16) Ronald B. Levinson, *In Defense of Plato*(Cambride, Mass.: Harvard University Press, 1953), p. 245.
17) Fite, *Plationic Legend*, pp. 135~136.
18) *Ibid*., p. 26.

> 권력에 복귀시킬 수 있으리라"고 기대한 사람[19]; 친스파르타적인 반역자, 신분이 낮은 사람을 멸시하는 스파르타적 편협성을 존경한 사람; "페리클레스 시대"의 "전례 없는 자유주의와 계몽주의" 그리고 "그 시대의 모든 업적"을 경멸한 사람.[20]

이와 같은 파이트의 주장에 대하여 포퍼[21](Karl Popper)와 크로스맨[22](R.H. Crossman)을 포함한 다른 여러 학자들도 동감을 표시하고 있다. 포퍼는 플라톤의 사상을 타협 없는 전체주의(uncompromising totalitarianism), 민주주의에 대한 중대한 모독, 자신의 이익을 위한 거짓된 주장이라고 규정하면서 플라톤을 격렬히 비난했다. 반(反)플라톤주의자들은 지나칠 정도로 극단적인 욕설을 퍼붓는다. 그들은 플라톤이 정의를 통치자계급의 이익과 동일시한 트라시마쿠스를 조소했다는 사실은 까마득히 잊고 있다.

실존주의 철학자 야스퍼스(Karl Jaspers)도 역사를 논하면서, 플라톤은 아무것도 아는 것이 없으며 가공할 만한 악의 실체를 인식하지 못했다고 비난한다. 더우기 "플라톤의 에로스는 인간을 인간으로 사랑하고 나의 동료로서 사랑하는 아가페적 사랑을 모르고 있으며, 결과적으로 그는 모든 사람의 모든 사람에 대한 평등이라는 인간의 존엄성을 모르고 있다"고 지적한다.[23] 그러나 우리들은 이와같은 신랄한 비판 때문에 플라톤철학의 위대성 자체가 반감된다고 생각해서는 안 된다. 왜냐하면 전 철학사에 미친 영향은 그의 우뚝한 위치를 확인해 주고도 남음이 있기 때문이다.

---

19) *Ibid.*, pp. 131~135, 291.

20) *Ibid.*, pp. 142~152.

21) Karl R. Popper, *The Open Society and Its Enemies*, 5th ed. (Princeton: Princeton University Press, 1966), vol. 1.

22) R. H. S. Crossman, *Plato Today* (New York: Oxford University Press, 1939).

23) Karl Jaspers, *The Great Philosophers: Socrates, Buddha, Confucius, Jesus, Plato, Augustine, Kant* (New York: Harcourt, Brace & World, 1962), p. 165.

Ⅱ. 아리스토텔레스 : 자아실현과 행복주의

아리스토텔레스의 윤리사상에 관한 우리들의 논의는 주로 그의 완벽하고, 명료하며, 조직적으로 구성된 『니코마코스 윤리학』(*Nicomachean Ethics*)에 근거할 것이며, 해석상의 목적을 위하여 그의 행복주의적인 관점에 촛점을 맞추려 한다. 『니코마코스 윤리학』에 관해서는 고대 희랍사람들도 빈번한 논의를 했었다. 키케로(Cicero)는 아리스토텔레스의 아들 니코마코스가 『니코마코스 윤리학』을 편집했을 것이라고 시사한 바 있다. 철학사에서 아직까지도 대단한 영향력을 발휘하고 있는 아리스토텔레스만큼 높이 평가를 받은 사람도 드물다.

1. 행복의 철학

행복주의(Eudaemonism)란 희랍어 eudaemonia에서 유래한 말로서 쾌락뿐만이 아니라 복지와 행복한 정신, 그리고 마음의 쾌적한 상태까지 포함한 행복의 철학(a philosophy of happiness)을 의미한다. "행복이란 가장 훌륭하고 고상한 것이며 이 세상에서 가장 즐거운 것이다."[24] 아리스토텔레스(384～322 B.C.)는 개인의 행복한 상태는 이성과 절제, 그리고 잠재력의 실현을 통한 건전한 생활에서 결과되는 것이라고 주장했다.

아리스토텔레스의 철학은 모든 측면에서 철저하게 목적론적이다. 그에 의하면 "자연은 결코 불필요한 것을 생산하지 않기"(nature makes nothing in vain) 때문에 인간과 동물, 그리고 식물에 이르기까지 이 세상의 모든 사물은 그 자체의 목적을 지니고 있다. 인간이 달성해야 될 목적은 선의 실현에 있다. 따라서 모든 인간활동의 목적은 "덕과 일치하는 영혼의 활동"으로 정의되는 선을 추구하는 것이다."[25] 아리스토텔레스에 의하면, 인간의 최고목적인 선은 행복으로 귀착될 뿐 아니라 그

---

24) Aristotle, *Nicomachean Ethics* 1.10.
25) *Ibid.*, 1.6.

자체로서 행복한 상태(a state of happiness)이다. 아리스토텔레스의 이 관점은 덕이 곧 행복이라는 소크라테스의 이론과 자주 비교된다. "우리들은 항상 행복 그 자체를 욕구하는 것이지, 결코 다른 어떤 것을 위한 수단으로 행복을 욕구하는 것은 아니다…… 우리들은 행복을 가장 바람직한 것으로 생각한다…… 행복은 모든 행동의 목표이며 최종적이고 자기 충족적인(final and self-sufficient) 어떤 것이다."[26)]

소크라테스는 지식은 덕이요, 덕은 곧 행복이라고 주장했다. 그러나 아리스토텔레스는 소크라테스의 이 이론에 대하여 극히 제한된 범위내에서만 동의하면서 다음과 같이 주장한다. 즉 덕이 비록 행복을 산출한다 하더라도 모든 덕이 다 지적인 덕은 아닌 것이다. 왜냐하면 어떤 덕은 도덕적인 덕으로 그 실현을 위해서는 실천적인 의지(practical will)에 의존해야 하기 때문이라는 것이다. 따라서 아리스토텔레스는 소크라테스의 지적인 의지(intellectual will)에 반론을 제기하면서, 도덕적인 선택은 자발적이며 인간은 누구나 자기가 선택한 행동을 실현할 수 있는 권한이 있기 때문에, 선악의 선택 문제는 어디까지나 개인적인 결정에 달린 것이라고 주장한다. "덕을 행할 것인가 악덕(vice)을 행할 것인가의 문제는 다같이 우리들 스스로가 결정할 권한에 속한다. 왜냐하면 어떤 것을 행할 수 있는 권한이 우리들에게 있다면, 행하지 않을 권한도 우리들에게 있기 때문이다."[27)]

지적인 덕은 최상의 행복을 가져온다. 그러나 모든 행복이 똑같은 가치를 지니거나 다같이 중요한 것은 아니다. 행복의 덕은 저울의 눈금이 올라가듯이, 식물적이거나 물리적인 활동처럼 낮은 수준의 본성을 실현함으로써 얻어지는 저급한 형태에서, 동물적인 특성을 충족시킴으로써 얻어지는 중간적인 형태를 거쳐, 최종적으로는 우리들의 이성적인 본성을 실현해야 얻을 수 있는 가장 숭고한 행복에서 그 절정에 이르게 된다.

26) *Ibid.*, 1.5.
27) *Ibid.*, 3.7.

2. 이성적인 생활

만약 어떤 개인이 가장 숭고한 행복을 얻으려고 기대한다면, 인간 본성이 요청하는 활동이, 가장 높은 수준의 본성인 이성과의 관계 속에서 이루어져야 한다. "행복이란 완전한 덕과 일치하는 영혼의 활동이다."[28] 일상적인 활동은 일상적인 행복을 산출할 뿐이나, 완벽한 활동은 완벽한 행복을 산출한다. 비근한 예로서, 보행, 수영, 스키와 같은 육체적인 활동은 행복의 명확한 근거가 되지만, 보다 높은 수준의 생활이 산출할 수 있는 쾌락보다는 그 질에 있어서 열등한 것이다. 저급한 동물은 그들의 육체적인 욕망을 충족시킴으로써 감각적인 쾌락을 얻을 때 행복(중간수준 정도의)을 달성한다. 그러나 인간은 그의 탁월한 자질을 실현함으로써 가장 높은 수준의 행복을 얻는다.

인간의 탁월한 자질은 동물과 공유하는 것이 아니라 이성적인 본질을 지니는 것이다. 이 본성은 충분히 개발된 과학적인 재능과 음악, 미술, 문학에 대한 재능, 그리고 창조적인 능력과 함께 풍요로운 꽃을 피우는 것이다. 행복이란 사색하는 생활(contemplative life)에서 얻어진다. "행복한 생활"이란 진리를 추구하는 생활이 아니라, 이미 달성된 진리에 관하여 사색하는 생활인 것이다.[29] 아리스토텔레스는 이 같은 이상적인 생활을 행복주의의 관점에서, 신에 대한 가장 풍부한 사색을 가져오는 생활이라고 규정한다.[30] 그러나 그의 『정치학』(*Politics*)에 의하면 사색하는 생활이란 문학, 음악, 조형예술 및 회화에 관한 미적인 감상까지 포함하는 생활이다.[31]

이상과 같은 관점에 비추어 볼 때 이성은 지식의 추구라는 과제와 함께, 감각적이고 육체적인 생활의 통제 혹은 지도라는 두 가지의 과제

28) *Ibid.*, 1.13.
29) William D. Ross, *Aristotle*, 5th ed. (New York: Barnes & Noble, 1949), p. 234.
30) Aristotle, *Ethica Eudemia*, in *The Works of Aristotle* (London: Oxford University Press, 1915), 1249ᵇ.
31) A. E. Taylor, *Aristotle* (New York: Dover, 1955), p. 99.

를 수행해야 하는 것이다. 이성에 눈이 먼 사람은 가장 높은 수준의 행복, 즉 천국의 행복에 대해서도 무감각 할 수밖에 없다.

3. 도덕적인 덕과 지적인 덕

영혼의 이성적인 부분은 도덕적인 덕이 실현되도록 욕망을 통제한다. 그리고 유덕한 행위를 규칙적으로 반복하다 보면 덕에 습관이 붙게 된다. 습관적인 행동이 덕성을 지니는 까닭은 그 행동이 이성과 일치하기 때문이다. 플라톤은 덕을 탁월성이라고 정의하지만 아리스토텔레스는 덕을 습관화된 중용(habitual moderation)이라고 규정한다.

덕은 윤리적인 덕과 지적인 덕의 두 가지로 구분된다. 윤리적인 덕(ethical virtues)이란 의지의 통제 하에 놓이지만, 지성에 의하여 이성적인 지배를 받는다. 반면에 지적인 덕(intellectual virtues)이란 과학, 예술, 철학 및 실천적인 지성(즉, 지혜)을 통하여 예증되고 있듯이 지적인 성질의 것이다. 지적인 덕은 윤리적인 덕보다 우월한 것이다. 왜냐하면 윤리적인 덕은 동물적인 수준의 감각적인 즐거움에 관계되거나 아니면 인간적인 수준의 사회적인 즐거움에 관계되기 때문이다. 그러나 지적인 덕은 인생의 과학적인, 혹은 철학적인 영역에 관계되는 것이다.

실천적인 이성(practical reason)은 도덕적인 덕을 통제한다. 지성(intellect)은 지적인 덕을 통제한다. 아리스토텔레스는 소크라테스와는 달리, 의지는 올바른 통찰력과 반대되는 부도덕한 행동을 선택할 능력도 있다고 주장한다.

4. 중용의 이론

옳은 행동, 즉 중용은 양편에 악덕을 두고 있다. 도덕적인 덕이란 악덕인 두 극단 사이에 중도적인 것을 의미한다. 두 극단이란 한쪽에는 너무 '부족한' 악덕이 있고, 다른 한쪽에는 너무 '지나친' 악덕이 있음을 말한다. 중용(mean)이란 "올바른 이성이 명령하는 것"으로 규정된다.[32] 따라서 덕은 우리들에게 상대적이며, 이성에 의하여 결정되는 "도덕적 목적인 중용에 대해서 생각하는 상태"라 할 수 있다.[33] 중용이란 고정 불변의 기준이 아니라, 개인에 따라서 다양한 기준으로 나타나는 것이다. 중용을 발견한다는 것은 원의 중심을 찾는 것처럼 어려운 일이다. 왜냐하면 그것은 옳은 일을, 옳은 사람에게, 옳은 시간에, 옳은 방법으로, 옳은 목적을 위하여, 옳은 한도에서 행하는 것을 뜻하기 때문이다.

> 도덕적인 덕은 중용의 상태를 말한다. 즉 그것은 한쪽의 너무 부족한(deficient) 악덕과, 다른 쪽의 너무 지나친(excessive) 악덕 사이에 중도적인 상태에 위치하는 것을 말한다…… 유덕한 사람이 된다는 것이 쉽지 않은 이유는, 어떤 일에서 중용을 발견한다는 것이 항상 어렵기 때문이다. 예를 들면 누구나 원의 중심을 발견할 수 있는 것이 아니라, 과학자만이 발견할 수 있는 것과 같다. 누구나 화를 낼 수 있다.—그것은 쉬운 일이기 때문이다. 누구나 돈을 남에게 주거나 써 버릴 수 있다. 그러나 적절한 사람에게, 적절한 금액을, 적절한 이유로, 적절한 시간에, 적절한 방법으로 준다는 것은 누구나 할 수 있는 쉬운 일이 아니다. 중용을 지킨다는 것은 쉬운 일이 아니다. 그렇기 때문에 중용을 지키는 것은 드문 일이고 칭찬할 만한 일이며 숭고한 것이다.[34]

양 극단이 동등한 악인 것은 아니다. 왜냐하면 어떤 경우에는 부족이 지나침보다 더 나쁘고 어떤 경우에는 지나침이 같은 정도의 부족보다 더 나쁘기 때문이다. "양 극단 중 한쪽의 극단이 다른 한쪽의 극단보다 더 나쁘다. 아뭏든 우리는 중용을 정확하게 지키기가 어렵기 때문에 차선의 방법을 택해야 하는데, 그것은 덜 극단적인 것, 덜 악한 것을 택하는 방법이다. 이것이 곧 중용과 거리가 먼 악을 피하는(steering clear

32) Aristotle, *Nicomachean Ethics* 6. 1.
33) *Ibid.*, 2. 5.
34) *Ibid.*, 2. 9.

of the evil which is further from the mean) 방법인 것이다."[35]

예를 들면 용기(courage)라는 덕의 양 극단에는 그것의 부족에서 오는 비겁(cowardice)과 지나침에서 오는 무모(foolhardiness)라는 악덕이 있다. 만약 어떤 사람이 용기가 없다면 비겁한 행동을 할 것이요, 지나친 만용을 부린다면 무모한 행동을 할 것이다. 그러나 "싸우고 도망가는 사람은 다음 날 하루 더 싸울 수 있다"는 속담처럼, 무모하게 끝없이 싸우지도 않고 비겁하게 도망만 다니지도 않는, 적절한 방법으로 용기 있게 싸울 때 중용의 덕이 실현될 수 있을 것이다.

결핍과 과잉의 악덕을 양편에 수반하고 있는 아리스토텔레스의 덕의 목록은 다음과 같다.

결핍의 악덕	덕(중용)	과잉의 악덕
1. 비겁	용기	무모
2. 무감각	절제	방탕
3. 인색	관후	낭비
4. 째째함	호탕함	사치함
5. 비굴	긍지	오만
6. 야망이 없음	건전한 야망	과도한 야망
7. 무관심	공손함	성마름
8. 자기비하	진실됨	뽐냄, 젠체함
9. 멍청	재치	익살
10. 퉁명	친절	아첨
	(보충—엄격한 의미에서 덕은 아니나 정서)	
11. 파렴치	겸양	수줍음
12. 악의	의분	질투
	(모든 덕의 총체)	
13. 불의	정의	불의

35) *Ibid.*

지고한 덕(supreme virtue)으로서의 정의(正義)는 모든 덕의 총화이며, 최고의 완전한 덕이다. "정의는 이런 의미에서 덕의 한 부분이 아니라 덕의 총체이며, 그 반대인 불의(injustice)는 악덕의 한 부분이 아니라 악덕의 총체인 것이다."[36] 정의는 덕의 전 영역을 가리키나, 제한된 의미에서는 명예, 재부와 같은 특수한 행운을 가리키는 경우도 있다. 정의에는 합법적인 것을 가리키는 보편적 정의(universal justice)와, 공평(fairness)과 평등(equality)을 가리키는 특수한 정의(particular justice)가 있는데, 정의가 공평과 평등을 의미할 때는 비율(proportion)과 관계된다. 그리고 특수한 정의에는 두 가지 형태가 있는데, 1) 시민들 사이에 부와 명예를 평등하게 분배하는 원리인 분배적 정의(distributive justice)와 2) 두 개인 사이에 공평한 거래를 보장하는 원리인 교정적 정의(remedial justice)가 그것이다. 그러나 정의가 행동이 아닌 도덕적인 상태를 의미한다면 그것의 실현은 어려운 일이 된다.

5. 옳은 행위

덕 그 자체는 한 개인의 인격적인 특성이라는 점에서 옳은 행동(right act)과 구별된다. 반면에 옳은 행동이란 따로 분리된 중용의 한 예이며, 옳은 일(혹은 정당한 일)을 옳은 사람에게, 옳은 목적을 위하여, 옳은 방법으로, 옳은 한도에서 행하는 것을 의미한다. 그러나 덕은 옳은 행동을 한 개인의 습관이 될 때까지 규칙적으로 반복함으로써 얻어지는 인격적인 특성(personality characteristic)이다.

따라서 반드시 덕 있는 사람이 아니라도 옳은 행동을 할 수 있으며 반대로 덕 있는 사람이라 할지라도 나쁜 행동을 할 수도 있다. 아리스토텔레스는 남녀관계를 예로 들어 다음과 같은 질문을 제기한다. 아내에게 충실한 한 남자가 아무도 없는 곳에서 나체가 된 아름다운 여자의 유혹을 받고 순간적인 실수를 저질렀다고 할 때, 그는 나쁜 행동(wrong

36) *Ibid.*, 5. 3.

act)을 한 것인가? 대답은 '그렇다'이다. 그렇다면 그는 간부(姦夫)인가? 이 질문에 대해서는 그가 계획적으로 그런 행동을 한 것이 아니기 때문에 '아니오'라고 답변할 수밖에 없다. 그러나 어떤 사람은 한 번도 외간여자와 그런 관계를 갖지 않더라도, 타고난 천성이 그렇기 때문에 간부인 경우가 있다. 단지 그는 한 번도 그럴 기회가 없어서 그런 경험이 없을 뿐이기 때문이다.

6. 사회적인 것으로서의 도덕

아리스토텔레스에 있어서의 도덕성(morality)은 본질적으로 사회적인 것이다. 왜냐하면 사회를 떠나서는 도덕적인 것이 실현될 수 없기 때문이다. 인간은 그 본질에 있어서 사회적인 동물, 혹은 정치적인 동물이기 때문에 사회 안에서만 그 잠재력을 발휘할 수 있다. 인간들이 제각기 국가 밖에서 고립된 상태에 있다면, 윤리적인 덕은 정상적인 발전을 할 수 없다. 따라서 윤리적인 덕의 완성은 사회적인 환경 속에서만 달성될 수 있는 것이다. 정치는 윤리의 한 측면이다. 그것은 사회윤리와 집단적인 인간들에 대한 실천적인 지식으로 구성되는 것이다.

국가 안에는 타고난 성향에 따라 남을 통솔하고, 독자적으로 생각하며, 스스로의 일을 결정할 수 있는 사람들이 있는가 하면, 자율적인 사고와 행동을 하지 못하고 다른 사람의 지시나 명령에 복종하기만 하는 또 다른 종류의 사람들이 있다. 전자는 주인(master)으로 혹은 지도자로 태어난 사람들이며, 후자는 노예로 태어난 사람들이다. "남자는 태어날 때부터 우월하고 여자는 열등하다. 따라서 전자는 지배하고, 후자는 지배를 받는다. 이 같은 지배, 피지배의 원리는 필연적으로 전 인류에게 확대된다……"[37] 각 개인은 그의 타고난 본성에 따라 생활할 때 가장 행복하다. 즉 주인은 책임을 지고 명령을 내리며, 노예는 그 명령에 무조건 복종함으로써 행복을 느낀다. 이 양자는 서로가 상대편이

37) Aristotle, *Politics* 1254^{b}.

없이는 불완전하며 서로 결합함으로써 조화로운 한 조(team)가 되는 것이다. 그리고 각자는 자신의 타고난 자질에 따라 그에게 맡겨진 임무를 수행함으로써 만족을 얻는다. 이와 같은 아리스토텔레스의 노예신분론은 전쟁을 통하여 강제로 노예가 된 사람들까지 포함하는 것은 아니다. 다만 태어날 때부터 복종하려는 성향을 지닌 사람들을 전제로 한 것이다.

7. 아리스토텔레스의 윤리사상에 대한 비판

아리스토텔레스는 비록 지적인 의지에 관한 소크라테스의 주장에는 반론을 제기했지만, 자유의지(free will)를 논함에 있어서는 결과적으로 소크라테스와 같은 입장을 취하고 있다. 아리스토텔레스의 이론적인 입장은 적어도 소크라테스의 입장과 충돌하지는 않는다고 볼 수 있다. 왜냐하면 아리스토텔레스는 원인과 동기가 내적인 것이라고 주장한 것이지, 어떠한 원인도 없다고 주장한 것은 아니기 때문이다. "이 관점에 관한 한 인간의 선택은 그 자신의 신념과 성격, 그리고 욕망에 의하여 결정되는 것이다. 그러나 자유로운 선택이며, 책임을 져야 하는 선택인 것이다."[38] 모든 원인이 내적인 것이며 누구도 자기외적인 원인에서 오는 강제를 받지 않는 한, 그리고 그의 행동이 무지의 결과가 아닌 한, 아리스토텔레스에게 있어서는 그 행동은 책임 있는 행동이 되는 것이다.

아리스토텔레스의 윤리이론은 당시의 부유층의 행동양식에 적용된 윤리기준을 일반적인 것으로 제안한 데 불과하다는 점에서 많은 비판을 받아 왔다. 이 비판은 아리스토텔레스가 대부호들에게만 적용되는 덕이라고 규정한 관용의 덕을 생각해 보면 분명히 타당성이 있는 것이다. 브래들리(Bradley)는 이 같은 내용의 윤리이론을 자기 직분에 부과된 의무수행의 기준이라고 말했는데, 상층계급을 위하여 만들어진 도덕률이 하층계급의 그것과 본질적으로 다르다는 것은 재론의 여지가 없는 것이다. 마르크스를 비롯한 사회주의자들에게 묻는다면, 아마도 이 같은 윤

38) William K. Frankena, *Ethics* (Englewood Cliffs, N.J.: Prentice-Hall, 1963), p. 57.

리이론이 자기계급의 생활양식을 진정하고 우월한 도덕률로 정착시키려는 부르즈와의 착취논리라고 규정할 것이다.

모든 "행복"의 철학은 행복이 그 자체로서는 결코 행복이라 불려질 수 없는 어떤 것의 부산물로 얻어지기 때문에, 행복의 직접적인 추구(direct pursuit of happiness)가 불가능하다는 쾌락주의의 역설(hedonistic paradox, Butler가 최초로 사용한 말임)에 부딪히게 된다. 바꾸어 말하면 모든 사람들이 택할 수 있는 행복추구의 방법이 없다는 것이다. 행복이란 오히려 일상적인 행복과 거리가 먼 행동에서 얻어지는 마음의 상태인 것이다. 행복이란 끈질긴 노력과 경쟁에서의 성공, 그리고 가족을 잘 먹여 살린다든가 혹은 많은 다른 활동을 통하여 얻어질 수 있는 것이지 어떤 직접적인 방법을 통하여 얻어지는 것은 아니다.

쾌락주의 윤리이론은 쾌락주의의 파라독스에 빠질 뿐 아니라, 자연적인 본성에 따른 생활양식에 의존하는 모든 자연주의 윤리이론은 밀(John Stuart Mill)의 통렬한 비난을 통하여 문제시되었던 것이다. 자연적인 본성에 따라 생활해야 한다는 주장은 본성이란 무엇이며, 만약 인간본성이 다양한 성질로 구성되는 것이라면, 어떤 성질을 중요시하고 어떤 성질을 소홀히 취급해야 하는가 등의 여러 가지 질문을 야기시킨다. "감각이 우리들에게 주어진 선천적인 본성이라는 사실이 모든 감각적인 자극을 정당화하는 것은 아니다."[39] 다른 사람을 죽이거나 불구자로 만들어 버리고 싶다는 '자연적인'(natural) 충동이 결코 그런 행동을 도덕적으로 정당화하지 못한다. 그런 행동은 오히려 순화되어야 하고, 보다 건전한 형태로 전환되어야 한다. 인간의 지성과 도덕적인 자질도 감정과 마찬가지로 자연적인 본성에 속한다. 그러나 감정이 인간의 다른 본성과 충돌할 때 우리들은 어떻게 해야 할 것인가? 분명히 지적인 행동방향은 우리들의 자연적인 충동을 그대로 발산시키기보다는 현명한 사리판단을 통하여 적절히 통제하는 데 있다. 욕망도 자연적인 속성

39) John Stuart Mill, *Utilitarianism* (London: Longmans, Green, 1907), p. 62.

일 수 있다. 그러나 그것이 반드시 바람직한(desirable) 것이라는 결론은 나오지 않는다. 여기서 바람직하다는 말은 무조건적으로, 선별함이 없이, 완전히, 또는 전적으로 바람직하다는 뜻이다.

자연적인 것으로 생각되는 것은 항상 비판의 대상이 되어야 하고 또 수정의 대상이 되어야만 한다. 아리스토텔레스는 노예제도가 극히 자연적인 것이기 때문에 광범위하게 실현되어야 한다고 믿었었다. 인간 본성에 대한 그의 제한된 지식이 완전히 그를 잘못 인도하고 말았던 것이다. 벤담은 노예제도에 관한 아리스토텔레스의 견해를 다음과 같이 비판한다. 즉 "아리스토텔레스는 그 시대의 편견에 사로잡혀 인류를 자유민과 노예라는 별개의 두 종류로 구분해 놓았다. 어떤 사람은 노예가 되기 위해 태어나며, 또 노예가 되어야만 한다——왜냐하면 그들은 실제로 그렇기 때문이다."[40] 아뭏든 인간본성에 대한 그릇된 신념이 독단에 빠질 때는 완전히 폭군이 되고 만다.

이와 같은 부정적인 평가가 아리스토텔레스 철학의 가치를 어느 정도 제한할지는 몰라도, 결코 그 중요성 자체를 감소시키지는 않는다. 그의 사상체계는 2천 5백년 이상 서양 윤리사상사에 가장 큰 영향력을 준 이론 중의 하나이다.

Ⅲ. 토마스 힐 그린 : 인간 영혼의 실현

그린(Thomas H. Green, 1836~1882)은 거의 반세기 동안 지속된 옥스포드철학의 주류를 형성시킨 도덕철학 교수였다. 그가 죽고 난 뒤 1883년에 출판된 주저 『윤리학 입문』(*Prolegomena to Ethics*)은 신칸트주의적인, 혹은 신헤겔주의적인 관점에서 쓰여진 책이다. 이 책은 체계적인 윤리학 이론서가 아니라, 체계를 위한 하나의 서론이며 예비작업이라

40) Jeremy Bentham, *An Introduction to the Principles of Morals and Legislaiton* (New York: Hafner, 1948), p. 268.

할 수 있다.

그린은 윤리학에서 이성의 개념을 격하시키고 있다는 이유로, 그리고 인간행동의 동기를 자연주의적인 원인으로 돌린다는 이유로, 도덕감 이론(moral sense theory)과 공리주의 윤리설을 거부하고 행동의 동기를 이성적인 도덕의식과 연결시켰다.

1. 최고선으로서의 자아실현

그린은 인간영혼의 내적 자질을 완전히 실현하는 것이 선이라고 정의한다. 그가 말하는 실현이란 정신적 활동(spiritual activity)을 의미하는데, 그것은 개인적인 활동과 사회적인 활동을 모두 포함하는 개념이다. 하나의 신적인 정신(divine mind)의 자아실현은 모든 합리적인 행위의 궁극적인 목표이며, 그것은 인간의 의식 내면에 점진적으로 재현된다. 완전한 자아실현을 위한 인간의 욕망은 진정으로 만족할 수 있기를 바라는 유일한 욕망이다. 이 욕망의 성취는 진정한 행복이며 즐거움이다. 그러나 영원히 성취될 수 없는 쾌락주의자들의 즐거움과는 다른 것이다. 그것은 쾌락주의적인 즐거움이 아니라 내면적인 신성함이며, 인간에게 동기를 부여하는 능력을 실현한다는 이상이다. 도덕적인 선이란 쾌락주의적인 즐거움이 아니다. 덕과 선은 인간의 자아완성이며, 인간영혼을 최대한으로 그리고 최선의 것으로 만드는 능력의 실현을 뜻한다.

궁극적인 선이란 추구할 수 있는 형태의 쾌락이 아니라 "본질적으로 바람직한 지각 있는 생활의 형식"이다. 본질적으로 바람직한 생활(intrinsically desirable life)이란 쾌락과는 다른 것이며, 인간영혼의 내적 자질을 완전히 실현하는 것이요, 인간이 스스로 만족할 수 있는 능력을 실현하는 것이다. 인생에 있어서의 성취는 우리들 자신의 "창조적인 에너지"(creative energy)에 의해서 통제되는 행동을 통하여 이루어진다. 그러나 자아실현은 결코 최종적이거나 완전한 것이 아니다.

> 모든 사람의 의지는 지각 있는 자아실현 원리의 한 형태이다. 그러나 이 원리는 그 어떤 사람의 의지에서도 완전히 나타나는 것은 아니다. … '실천이성' (practical reason)이란 의식의 주체 속에, 그리고 의식의 주체에 의하여 완전히 실현될 수 있는 가능성의 지각을 뜻한다. 그리고 '의지'란 스스로 만족할 수 있는 자기 자각적인 주체의 노력을 뜻한다. … 신이 변화하는 세계에 드러나는 것으로서의 자아실현의 원리는 인간들의 내면의식에서 의지의 형식을 취하지만, 그것은 다만 스스로를(자아실현의 원리) 이성의 형식과 조화시킬 뿐이다.[41]

따라서 도덕적 이상인 진정한 선은 항구적인 자기만족을 가져오는데, 그것은 완전한 자아실현을 통해서만 얻어질 수 있는 것이다. 이를테면 의지는 예술과 과학을 통하여 진리와 아름다움을 알게 되는 것이다. 진정한 선은 또한 덕과 신의지 혹은 선하게 되려는 의지 속에서 발견된다.

2. 도덕의 기준

모든 가치평가의 기준, 특히 도덕적인 가치평가의 기준은 위에서 서술한 이상의 실현에 있다. "우리들의 이론은 덕성개발이 진리와 절대선의 관념을 갖고 있는 인간의 행동에 달려 있다는 것이다. 즉 인간영혼의 내적 자아를 완전히 실현하는 데 있다는 것이다."[42] 인간영혼의 실현은 개인주의 철학에 한정되지 않는다. 왜냐하면 자아(self)란 사회적 자아이며, 그것의 완전한 실현은 사회적 자아인 공동선(common good)에서 찾아야 하기 때문이다.

따라서 선은 개인적인 것이기보다는 사회적인 것이다. 인간정신은 스스로를 실현할 수 있을 뿐이며, 인간의 신성한 이상은 개인들 속에서 그리고 개인들을 통하여 달성될 수 있다는 말은, 결코 실현과 달성이 사회 안에서 그리고 사회를 통하여 이루어진다는 사실을 부정하는 것이 아니라

41) Thomas Hill Green, *Lectures on the Principles of Political Obligation*(1882) (London: Longmans, Green, 1941), pp. 20~21.
42) Thomas Hill Green, *Prolegomena to Ethics*(Oxford: Clarendon Press, 1883), p. 339.

오히려 확증해 준다."[43] 인간의 능력이 완전히 실현되기 위해서는 그것이 시민생활을 통하여 행해져야 한다. 그렇지 않을 때 개인적인 생활은 그 실제적인 의미를 상실하게 되는 것이다. 인간의 실제생활은 기본적으로 사회적인 것이다. 그린의 신헤겔주의는 이 점을 분명하게 밝히고 있다.

3. 개성과 자아의식

그린(Green)철학의 기본입장은 인간을 개성과 도덕, 사회, 그리고 선과 연결하는 자아의식의 역할에 두고 있다. 우선 개성(personality)은 본질적으로 자아의식(self consciousness)으로 정의된다. 즉 "개성이란 의식을 통해 자기자신의 대상이 되는 주체의 성질(quality)이다."[44] 따라서 자기대상화(self-objectification)는 개성의 본질이다. 왜냐하면 자아의식 없이는 자아실현이 불가능하기 때문이다. 진정한 선의 실현인 도덕(morality)은 인간들의 내면 속에 있으며, 인간들을 위하여 있는 것이다. 신 또는 우주도 인격적인 것으로 이해되어야 한다. 왜냐하면 신은 인간을 통해서 자신을 실현하는 원리이기 때문이다. 완전한 자아실현은 단순히 개인적인 것도 아니요, 사회적인 것도 아닌, 전 우주에 걸치는 신적인 것이다. 개인적인 자아는 신적인 혹은 보편적인 자아의 한 측면으로 규정되어야 한다. 왜냐하면 도덕은 개인의 내면에서 영원한 정신(eternal mind)이 재현되는 것이기 때문이다.

인간의 의식(human consciousness)은 자연과 신적인 의식(divine consciousness)의 중간에 위치하는 것이다. 의식이란 인간의 자유와 욕망, 그리고 이상의 기반이다. 인간의 자유는 이해하는(understanding) 능력과 의욕하는(willing) 능력 덕분에 향유되는 것이다. 인식하는(knowing) 의식의 주체, 즉 지적(intelligent) 경험의 주체인 인간은 인식능력을 지닌 스스로의 원인인 것이다. 인간의 의식은 "영원한 의식(eternal consciousness)

43) *Ibid.*, p. 218.
44) *Ibid.*, p. 208.

에서 유래하는 것이며, 영원한 의식은 시간 속에 존재하는 것이 아니라 시간 속에 질서를 부여하는 조건이다. 그리고 그것은 경험의 대상이 아니라 지적 경험의 가능조건이며, 경험적(empirical)인 것이 아니라, 지적(intelligible)인 것이다."[45] 자아의식은 물리학이나 자연법칙으로 설명할 수 없으며, 무의식에서 발전된 것으로 설명할 수도 없다. 왜냐하면 인간의 자아의식은 신적인 의식과 관계되기 때문이요, 인간의 도덕적 이상은 자신의 바람직한 상태(desirable state)이기 때문이다.

"자아(ego)는 자신을 어떤 욕망과 동일시하며, 의식이 욕구하는 이상적인 목표를 현실화시키려고 애쓴다. 자아는 언제나 자유로운 의지의 작용이다. 여기서 자유롭다는 것은 어떤 동기에 의하여 결정되지 않는다는 뜻이 아니라, 그 동기가 인간 자신의 내면에 주어져 있다는 뜻이다. 의식적인 주체는 모든 의지를 통하여 스스로를 만족시키려고 노력한다."[46] 선의 독특한 본질은 이러한 욕구를 만족시킬 수 있는 능력이다. 도덕적인 선은 도덕적인 주체의 욕구를 충족시킨다. 도덕적인 주체인 인간은 도덕적인 선을 통하여 그가 추구하고 있는 자신을 실현할 수 있다. 따라서 진정한 선은 "도덕적인 행위자의 노력으로 실제로 달성할 수 있는 목표인 것이다."[47]

4. 자기희생과 인간의 사회적 의식

인간은 누구나 그의 이상인 자신을 완전히 실현하는 생활을 성취하기 위해서는, 자신만을 위하여 살아가는 개인이 아니라 다른 사람을 위해서도 살아가는 개인으로 행동해야만 한다. 인간은 누구나 예술과 과학을 통하여 자신의 능력을 발휘하더라도, 도덕적인 덕을 무시해서는 안 된다. 왜냐하면 우리들은 개인적인 덕을 실현하려는 다른 모든 사람들을 고려해야 하기 때문이다. 인간은 선의지를 갖는 다른 자각적인 개

45) *Ibid.*, p. 85.
46) *Ibid.*, p. 115.
47) *Ibid.*, pp. 195~196.

인들과 더불어 사회생활에서 자신을 구현해야 한다. 여기서 말하는 선의지란 "인간사회의 어떤 형식에 관심을 갖고, 아름다운 것을 창조하며, 참된 것을 알고, 고통과 두려움을 참으며, 쾌락적인 유혹을 물리칠 수 있는 의지를 말한다."[48] 이상의 실현에는 보다 높은 수준의 선을 위하여 개인을 희생하는 자기희생의 의지가 요청되기도 한다. 보다 높은 수준의 선이란 숭고한 행복이 약속되는 완전한 자아실현을 뜻한다. "인간정신이 개인들의 내면의식을 통해서만 스스로를 실현할 수 있고 이상을 구현할 수 있다는 것과, 사회가 개성의 개발을 위한 조건이기 때문에 사회를 통해서만 자아실현과 이상의 구현이 가능하다는 것은 둘다 동시에 진실인 것이다."[49]

5. 덕과 궁극적인 선

덕은 공동선(common good)이며, 공동선은 개인들의 능력개발에 따라 나타나는 이해관계에 기초한다. 무의식적인 수준에 있는 공동선의 관념은 점진적으로 사회제도를 창조할 수 있게 한다. 따라서 여기서 논의하는 이해관계란 다른 사람들과 비슷한 이해관계를 가능하게 하는 이해관계, 즉 덕으로 추구하는 이해관계를 말한다. 그러므로 선의지란 모든 사람에게 공통된 유일한 선이다. 덕은 그 자체로서 하나의 목적이다. 왜냐하면 선의지가 진정한 목적임에 틀림없기 때문이다. 이상적인 덕이란 인간의 완성을 위한 자기 헌신적인 활동(self-devoted activity)을 말한다. 따라서 자아실현의 윤리는 인간의 완성을 선으로 규정하는 이론인 것이다.

인간의 완성이라는 궁극적인 선은 '바람직한 의식의 상태'(a state of desirable consciouness)이다. 그러나 바람직하다는 것은 이성적으로 바라는 것을 말하는 것이지, 반드시 쾌락주의의 경우처럼 실제로 바라고

48) *Ibid.*
49) *Ibid.*, p. 219.

있는 것을 의미하지는 않는다. 합리적인 사람은 그의 도덕적인 목적을 추구함에 있어서, 스스로의 자아실현과 다른 사람의 자아실현을 동시에 고려하며, 그렇게 함으로써 인간의 완성을 달성하는 것이다. 그리고 인간의 완성이란 최고선이며, 즐거운 것이긴 하지만 쾌락으로 추구하는 것이 아닌 바람직한 자각적 인생을 실현하는 것을 말한다.

6. 그린의 윤리이론에 대한 비판

시즈위크(Sidgwick)는 다음과 같은 질문을 제기한다. 즉, 우리들 모두가 기꺼이 선을 욕구한다고 생각해 보라. 그럴 때 우리들 모두가 욕구하는 것은 과연 무엇인가? 이 질문은 결국 "선이란 무엇인가?"로 압축되는데, 이에 대해 단순히 선이란 "인류에게 선하게 되려는 의지를 증가시키려는 의지"[50]라고 대답한다면 그것은 선결문제 요구의 오류를 범하게 된다. 그린은 주장하기를 :

> 선이란 … 만약 그것이 인간영혼의 내적 자질을 완전히 실현하는 것이라면, 모든 사람이 참여할 수 있고 또 참여해야 하는 '정신적인 활동' (spiritual activity)으로 이해되는 것이다. 따라서 우리들의 양심이 인정하는 덕의 이상은 우리들의 내적 자질과 현실적인 생활을 … 자아완성에 바치는 데에 있다."[51]

이 답변은 매력적이긴 하다. 그러나 이것은 무엇을 의미하는가? 이 답변은 우리들에게 명확한 방향을 제시하지 못한다. "우리들이 우리 자신과, 다른 사람들에 있어서 마음 속에서 목표로 삼고자 하는 정신의 상태란 근본적으로 해답되지 않은 질문을 내포하는 상태이다. 즉 우리들 모두가 선을 욕구한다고 할 때, 우리들은 도대체 무엇을 욕구하는 것인가라는 질문이 그대로 남는다."[52] 따라서 그린은 공허한 개념만 되풀이

50) Henry Sidgwick, *Lectures on the Ethics of T. H. Green, Mr. Herbert Spencer, and J. Martineau* (London: Macmillan, 1902), p. 73.
51) Green, *Prolegomena to Ethics*, p. 340.
52) Sidgwick, *Lectures on th Ethics of T.H. Green*, pp. 73~74.

했다고 할 수 있다. 그린이 자신과 타인들의 내면적인 선의지 이외에 의지의 내용으로 제시한 최대의 것은 "참된 것을 알고, 아름다운 것을 창조하는 의지"이다. 그러나 선의지가 단순히 지식과 미(美)를 경험하려는 의지라면, 지식과 미가 진정한 선인가라는 문제가 제기된다.

Ⅳ. 프란시스 브래들리 : 너의 직분과 의무를 수행하라

많은 사람들로부터 영국 이상주의 사상가들 중에 가장 우수한 윤리학자로 평가받고 있는 신헤겔주의자 브래들리(Francis H. Bradley, 1846～1924)는 그의 『윤리학 연구』(*Ethical Studies*, 1876)를 통하여 윤리학계에 널리 알려지고 있다. 철학자들 사이에 그의 영향력이 가장 컸던 시기는 형이상학에 관한 그의 주저 『현상과 실재』(*Appearance and Reality*)를 출판한 1893년부터 1910년대 말까지였다. 자연적인 악(natural evil)을 중요시한 그는 악이 비록 존재한다 하더라도 비실재적(unreal)인 것이라는 입장을 취한다. 모든 것을 '전체'(wholeness)라는 관점에서 생각한 브래들리는 악이 세계의 조화에 기여한다는 결론을 내렸다. 그의 『윤리학 연구』와 『논리학의 원리』(*Principles of Logic*, 1883)는 J.S. 밀의 공리주의와 그의 논리학에 대한 신랄한 비판서였다.

그린의 영향을 받은 브래들리의 자아실현의 윤리이론은 '진정한 자아'(true self)의 실현을 강조한다. 그의 윤리학 저술은 다른 분야의 저술보다 훨씬 더 헤겔적이며, 비록 이상주의자이긴 하지만, 그는 칸트(Kant)의 윤리이론이 지나치게 형식적이고 추상적이라는 사실을 발견했다. 브래들리의 이론에 의하면 사회가 개인의 지위(station)와 신분(status)을 결정한다. 즉 사회가 "그는 무엇인가"(what he is)를 결정한다. 따라서 덕성은 사회적인 것이며, 윤리학의 기본적인 질문은 개인의 직분과 의무에 관한 것이다. 그의 현실화된 '자아'는 사회화된 자아를 뜻한다.

1. 나는 왜 도덕적이어야 하는가?

브래들리가 직면하고 있는 윤리학의 기본문제는 "나는 왜 도덕적이어야만 하는가?"(Why should I be moral?)라는 질문인데, 이것은 "어떤 선이 덕인가?"(What good is virtue?), 혹은 "그것은 어떤 선을 위해서 존재하는가?"(For what good is it?)라는 질문과 동일한 것이다. 이 같은 질문들은 덕이 그 자체로서 하나의 목적이기보다는 수단임을 말해 준다. 그렇다면 덕이란 쾌락, 건강, 부(富)와 같은 것을 획득하는 도구적인 선에 불과한 것인가, 덕이란 또 하나의 다른 선을 위한 선인가, 아니면 그 자체를 위한 선인가, "왜 나는 도덕적이어야 하는가?"라는 질문은, "도덕이 아니라 그 자체로서 목적인 선, 즉 도덕이 우리들을 그리로 안내하는 선이 있다"는 것을 가정하는 복합적인 의미를 지닌다.

도덕은 그 자체로서 하나의 목적이라고 브래들리는 주장한다. 그리고 그는 그 목적이란 곧 자아실현이라고 말한다. "왜냐하면 목적은 행위를 의미하고, 행위는 자아실현을 의미하기 때문이다."[53] 우리들이 추구하는 목적이나 "우리들이 욕구하는 목적은 우리 스스로를 하나의 전체로서 추구하고 또 소유하는 것을 말한다."[54] 따라서 당신은 "당신 자신을 실현해야 하며, 또 전체로서의 당신 자신을 실현해야 한다." "자아는 전체 속에서 실현된다. 왜냐하면 자아란 하나의 전체이며, 그것이 자기 스스로를 발견할 때까지, 내용과 형식이 일치할 때까지, 그리고 그 내용이 현실화될 때까지는 만족하지 못한다. 이것이 바로 우리들이 말한 '실질적인 자아실현'(practical self-realization)의 의미이다."[55]

2. 나의 직분과 의무

의무란 그것이 선의지의 실현을 의미하지 않는 한 "의무를 위한 의

53) F. H. Bradley, *Ethical Studies*, 2d ed. (London: Oxford University Press, 1927), pp. 55~56.
54) *Ibid.*, p. 73.
55) *Ibid.*

무"는 무의미하고, 거짓이며, 성립될 수 없는 것이다. 여기서 말한 선의지란 현재의 자신을 넘어서려는 의지를 말하며, 추상적인 의지가 아니라 자아실현이 그 목적인 의지, 즉 도덕적 유기체(사회) 안에서 발견되는 살아 있는 유한한 존재들의 의지를 말한다. 선의지란 추상적인 것이 아니라 구체적인 보편성이다. 즉 전체로서의 자아실현과 전체를 이루는 개인들의 자아실현을 동시에 자각하는 도덕적 유기체인 것이다.

> 그것은 나에게 자신의 개인적인 행동의 결과, 즉 내 인생의 이상인 행복의 완성을 가져다 준다. 지금 여기 있는 나에 의하여 그리고 나의 내면에 실현된 이상은 개인으로서의 나를 넘어서지만 계속적인 과정 속에서 스스로를 확인한다. 우리들은 그 목적을 추구해 왔으며 자아실현과 의무, 그리고 총괄적인 의미의 행복을 추구해 왔다. —— 그렇다, 우리들은 스스로의 직분과 의무, 즉 사회적인 유기체 안에서 하나의 기관(organ)으로서의 기능을 발견할 경우 우리들 자신의 가치를 확인해 왔다."[56]

"자아실현을 위하여 우리들에게 무엇이 요구되는가?"라는 질문에 대해서는 이제 우리들의 직분과 의무라는 개념을 통해 명확한 답변이 나왔다. 인간은 고립된 존재가 아니라 가족과 사회, 그리고 국가 속에서 생활하는 사회적 존재이다. 각 개인의 특수한 의무들은 그 사회에서의 직분에 따라 결정된다. 특히 사회의 법과 제도는 각자가 어떻게 살아야 하는가를 말해 준다. "인간은 사회적 존재이다. 그리고 그는 사회적이기 때문에 현실적(real)이고, 자기자신을 실현하는 것이 사회적이기 때문에 스스로를 실현할 수 있는 것이다. 단순한 개인(즉 사회를 떠난 개인)이란 이론적인 환상에 불과하다. 그리고 그것을 실제로 실현하려는 시도는 인간의 본질을 메마르게 만들거나 훼손시킨다. 다시 말하면 완전히 헛수고를 하든가 아니면 괴물을 만드는 결과가 되는 것이다."[57]

---

56) *Ibid.*, p. 163.
57) *Ibid.*, p. 174.

도덕적인 세계는 사회적인 것이다. 그렇지 않다면 그것은 현실적인 것이 될 수 없다. 이상도 또한 사회적으로 실현가능한 것이 아니라면 현실적인 것이 될 수 없다. "나의 직분과 의무보다 더 좋은 것은 없다. 그리고 그보다 더 숭고하고 더 진실된 아름다움은 없다."[58]

3. 도덕의 자기모순

도덕이 자아실현의 과정이라면 자기모순(self-contradiction)에 빠지게 된다. 왜냐하면 이상적인 자아는 의지를 통하여 구체화되어야 하고, 현실적인 자아는 이상을 향하여 부단한 노력을 계속해도 항상 불완전한 상태에 머물러야 하기 때문이다. 이상이 달성되면 모든 의무는 종결된다. 결과적으로 더 이상 도덕이 필요 없게 되는 것이다.

> 도덕은 영원히 실현 불가능한 것을 실현하라고 요구하며, 실현 가능하다 할지라도 결과적으로는 자기소멸에 이르는 것을 요구한다는 모순이 있다. 지금까지 완전히 도덕적인 사람은 아무도 없었다. 그리고 그렇게 될 수 있는 사람도 없었다. 만약 그런 사람이 있었다면 그 사람은 더 이상 도덕적일 수 없었을 것이다. 그러나 불완전이 없는 곳에는 완전하게 되려는 당위(ought)가 필요 없을 것이요, 당위가 없는 곳에는 도덕이 필요 없을 것이다. 그리고 자기모순이 없는 곳에는 당위도 필요 없을 것이다. 당위는 하나의 자기모순이다."[59]

도덕은 우리들에게 이상적인 목표를 추구하도록 강요한다. 그러나 그 이상이 완전히 달성된다면 더 이상 추구할 도덕적 목표가 없어지게 되며, 결과적으로는 자아실현을 위한 도덕 그 자체의 기반이 무너지게 된다. 그러나 도덕은 우리들에게 이상 추구의 동기를 부여한다.

도덕은 또한 끝없는 과정(an endless process)이라는 점에서도 자기모

58) *Ibid.*, p. 201.
59) *Ibid.*, p. 234.

순을 내포하고 있다. "그것은 불가능한 것의 요청에 불과하다." 도덕의 자기모순은 인간이 본래부터 모순을 지닌 존재라는 사실에서 비롯된다. 한 마디로 인간은 이상적인 자아인 동시에 불완전한 자아인 것이다.

4. 인간의 도덕적 자각과 종교적 자각

도덕의 자기모순은 종교를 통하여 해결된다. 왜냐하면 도덕이 불완전하면서도 완전한 것을 의미하는 것은 종교를 통하여 완전한 것을 찾기 때문이다. "도덕은 결국 종교로 나아가게 된다"(morality issues in religion).[60] 종교는 도덕적인 것을 행하는 실천적인 것이다. "종교는 실현하는 것이요, 선한 자아(good self)를 실현하는 것이다."[61]

그러나 도덕은 종교와 동일한 것은 아니다. 종교가 도덕보다 우월하다. 왜냐하면 개인적 도덕의 이상인 종교적 자각(religious consciousness)은 도덕적 자각(moral consciousness)의 경우처럼 머리 속에 그려진 추상적인 관념이 아니라 현실적 대상이 되기 때문이다. "도덕에서의 이상적 자아란 하나의 당위(ought)이며, 현재의 자아가 아니라 그렇게 되어야 할 자아를 말한다. 그러나 종교의 목표도 똑같은 이상적 자아를 추구하는 데 있지만 '그렇게 되어야 할 자아'뿐만 아니라 '그러한 자아'(즉 현재의 자아)를 추구하는 데 있다."[62]

그렇다면 종교적 자각의 대상은 무엇인가? 그것은 유한한 지상의 사물이나 인간일 수는 없다. 그리고 지상에 존재할 수도 없다. 더우기 그것은 사물이나 인간들의 집합이 아니다. 그리고 개별적인 요소가 신적인 것이 아니기 때문에 그것들의 집합이 신적인 것을 산출할 수도 없다. 종교적 자각의 대상은 "현실화된 그리고 현실적인 것으로서의 이상적 자아이다. 즉 이상적 자아는 도덕에 있어서는 '되어야 할 자아'이지만, 종교에 있어서는 정말 '그러한' 현실적인 이상(real ideal)으로서의

60) *Ibid.*, p. 314.
61) *Ibid.*, p. 315.
62) *Ibid.*, p. 319.

자아이다. …우리들은 종교적 자각을 통하여 완전한 실재로서의 이상적인 자아를 발견한다.[63] 인간의 의지는 이상을 실현하기 위한 종교적 자각의 대상으로 주어진 것이다. 도덕적 자각은 현실적 자아와 이상적 자아라는 상호 대립되는 양극을 가진 자아(a bipolar self)로 나타난다. 그러나 종교적 자각에 있어서는 "이상적 자아가 곧 현실적 자아요 모든 실재"인 것이다.

신은 두 가지 본성의 합일이다. 그리고 신적인 의지는 종교적 자각 자체의 가장 진실되고 심원한 자아이다. 나 자신의 의지와 이상적인 의지를 결합하는 것, 즉 인간의 의지와 신적인 의지를 결합하여 나 자신의 의지로 만드는 것이 신앙의 역할이다. 그리고 신앙이란 맹목적으로 믿는 것이 아니라 적극적으로 관여하는 것(commitment)이다.

> 당신들은 신과 더불어 하나임을 믿어야 한다. 그리고 그것을 믿는 것과 마찬가지로 행동 또한 그렇게 해야 한다. …신앙이란 나의 진정한 자아를 종교적인 대상으로 인정하는 것이요, 나 자신을 신과 동일시하는 것이다. …신앙이란 이상적인 것만이 현실적이라는 신념이다. 그리고 자기의 실재(self real)를 이상으로만 추구해야 한다는 이론적·실천적인 주장이다.[64]

도덕적인 당위는 현실적인 종교적 사실이 된다. 그렇게 되어야 할 도덕적인 이상은 신앙에 의하여 구체적인 현실이 된다. 결론적으로 말해서 자기실현의 과정인 덕성에 있어서는 이상적인 목표가 점진적인 진화과정을 통하여 현실적으로 실현되어야 할 목표이지만, 종교적인 신앙에 있어서는 이미 그렇게 된 사실로서의 목표인 것이다.

5. 브래들리의 이론에 대한 비판

아리스토텔레스 윤리학의 비판에서 언급된 여러 가지 비판점은 브

63) *Ibid*., pp. 319~322.
64) *Ibid*., pp. 325, 328.

래들리의 윤리이론에 대해서도 그대로 적용된다. 특히 그의 윤리학이 상층지배계급을 위한 부르즈와 윤리라는 관점이 그렇다.

그러나 브래들리에 대한 보다 심각한 비판점은 윤리학을 종교와 결부시키면서 주장한 그의 관점에 있다. "도덕은 종교를 통하여 발현된다"[65]고 믿었던 철학자는 브래들리 혼자만이 아니다. 그러나 윤리학이 종교를 통하여 그 권위를 확보하기 때문에, 종교가 없으면 윤리학이 무너지는 것처럼 말하는 그의 이론은 거센 반발에 부딪히고 있다. 윤리학과 종교의 분리가 반드시 무신론을 결과하지 않는 것과 마찬가지로, 타당한 윤리학 체계를 수립하는 데 유신론을 필요로 하는 것은 아니다. 많은 일반시민들은 누구나 다 똑같이 죽는다면 왜 도덕적일 필요가 있는가라는 의문을 제기한다. 이 같은 질문에는 도덕적인 사람은 특수한 방법으로 보상되어야 한다는 가정이 내포되어 있다. 예를 들면, 천국에서 영원한 행복을 누리며 살 수 있는 보장이 있어야 한다는 것이다. 그러나 도덕은 흔히 자기보상(self-rewarding)의 방법으로 보답을 받는다. 스토아주의자들을 포함한 많은 철학자들은 "덕은 그 자체의 보상"(virtue is its own reward)이라고 증언해 왔다. 디오게네스 래어티어스(Diogenes Laertius)는 플라톤이 "덕은 행복을 위하여 그 자체로서 충분하다"고 말한 것으로 기록하고 있다.[66]

우리들은 왜 도덕적인가라는 질문에 대하여 바이어(Baier)는 다음과 같이 말한다.

> 이 질문은 일반적인 의미에서 설명을 요하지 않는 질문이라는 것이 지적되어야 한다. 한편 사람들이 도덕적이라는 사실도 설명을 요하지 않는 자연스러운 것이다. 도덕적인 것은 자연스러운 것이라고 주장해 온 많은 철학자들은 아마도 그런 행동이 이상하거나, 어리석지 않으며, 비뚤어진 것이 아니라는 것을 주장하고 싶었을 것

65) *Ibid.*, p. 314.
66) Diogenes Laertius, *Plato* 42.

> 이다. 도덕적인 사람은 그의 행동을 정당화하거나 설명할 필요가 없다. 반대로 정당화가 필요하거나 설명이 필요한 행동은 부도덕한 것이다.[67)]

기본적으로 브래들리의 윤리이론은 그가 믿었던 것처럼 객관성을 지닌 것은 아니다. 그의 이론은 본질적으로 그때 그때의 지배적인 관습에 의존하는 상대주의 이론이다. 사회는 한 인간의 직분을 명령하고, 어떤 주어진 지위에 있을 때 그가 해야 할 일을 지시한다. 따라서 브래들리의 이론적 관점은, 사회가 부여한 일정한 직분에서 떠난 사람은 결과적으로 그의 의무에서 벗어나거나 그 의무를 방기(放棄)하기 때문에 개체성을 허용하지 않는다.

분명히 그는 헤겔철학의 영향을 받아 사회적 관계를 지나치게 강조하고 있다. 그가 말하는 '직분과 의무'의 개념은, 윤리학을 각 개인들이 자발적으로 선택한 규범이 아니라 사회적인 명령(social prescription)으로 귀결시키고 있다.

V. 브랜드 블랜샤드 : 선은 성취함으로써 얻어지는 만족이다

블랜샤드(Brand Blanshard, 1892∼)는 미시간(Michigan)대학, 스와드모아(Swarthmore)대학, 그리고 예일(Yale)대학 등에서 교수생활을 한 미국 이상주의학파의 철학자였다. 그는 대단한 영향력을 발휘한 그의 저서 『이성과 선』(*Reason and Goodness*, 1961)에서 자신의 윤리이론을 전개한다.

1. 이성과 선 : 블랜샤드의 자기실현

우리들의 직접적인 의무는 옳은 것(the right)을 찾고 그것을 행하는

67) Kurt Baier, *The Moral Point of View* (Ithaca, N.Y.: Cornell University Press, 1958), pp. 295∼296.

데 있다. 따라서 우리들이 의무를 수행하기 위해서는, 칸트가 주장한 것처럼 의무 그 자체를 위한 의무를 수행할 것이 아니라 반드시 옳은 것에 대한 조사확인을 해야 한다. 옳은 행위란 '최대의 선'(the greatest good)을 산출할 수 있는 행위, 혹은 적어도 '최대의 선에 못지 않은 선'을 산출할 수 있는 행위를 말한다. 여기서 두 번째의 단서인 최대의 선에 못지 않은 선이란 선한 결과를 똑같이 산출할 수 있는 두 가지 행동이 있을 때 어느 것을 선택해야 하겠는가라는 예외적인 경우에 적용되는 단서인 것이다.

"선이란 결과적으로 인간본성의 기본적인 요소인 충동과 욕구를 성취하는 어떤 것, 그리고 그것들을 성취함으로써 만족을 가져오는 어떤 것을 말한다. …선이란 성취하고 만족을 얻는 데 부족함이 없는 것이다."[68] 현재 추구하고 있는 목표와 대상이 어떤 주어진 욕구를 충족시키지 못한다면 설사 특수한 선으로는 인정된다 하더라도 기껏해야 잠정적인 선에 불과한 것이다. 결과적으로 어떤 개인적인 선은 적어도 그 개념에 있어서 지속적인 변화를 겪게 되어 있다.

2. 선한 것과 바람직한 것

블랜샤드는 인간의 본성(human nature)을 "어떤 목표를 향하여 방향지워진 행동의 집합"이라고 규정하며, 인간생활은 그 목표를 달성하기 위한 노력"이라고 규정한다.[69] 만약 1) 충동, 욕구, 결핍들이 충족되고 2) 충족에 수반되는 만족과 즐거움이 달성된다면, 경험만이 직접적으로 혹은 즉각적으로 선한 것이며, 또한 이러한 경험은 본래적인 선으로 생각되어질 수 있을 것이다. 성취(fulfillment)와 만족(satisfaction)은 서로 필요불가결한 요소이다. 비록 서로 독자적인 양상을 띠더라도 각각 선을 달성하는 데는 없어서는 안 될 요소인 것이다. 만약 어느 한쪽을 결

68) Brand Blanshard, *Reason and Goodness*(New York: Macmillan, 1961), p. 343.
69) *Ibid*., p. 315.

여한다면 달성한 선도 불완전한 것이 될 수밖에 없다. 충족과 만족이 잠정적이고 불완전한 것일 때 선은 항상 정도(degree)의 문제가 된다. 이상적인 선은 완전히 성취되고 만족된 생활을 하는 데 있다. 그러나 우리들에게 항구적인 만족을 줄 수 있는 실제적인 선으로서의 절대적인 선은 없다.

지금까지의 논의를 통해 볼 때, 선이란 인간정신의 본긴과 가치의 경험, 그리고 필요와 충동에 관한 이론을 수반하게 된다는 것을 알 수 있다. 인간의 의식은 유년기 때부터 목적을 추구하는 과정이며, 주어진 코스를 따라가면서 목적을 달성하려고 노력하는 행동의 흐름(a stream of activities)이다. 블랜샤드가 사용하는 용어의 개념을 엄격히 적용하면, 인간의 마음은 욕망(desire)에 따라 움직이는 것이 아니라 충동(impulse)과 본능(instinct)에 따라 움직인다. 충동이란 일정한 방향으로 행동하려는 절실한 성향(an urgent or felt tendency)을 말한다. 그리고 욕망은 절실하다는 점에서는 충동과 유사하나 일정한 목적의식을 수반하는 것이다. 동물도 이와 같은 내적 충동(drive)을 갖고 있는 것이 사실이나, 인간이 동물과 구별되는 것은 자신의 충동과 욕구에 관하여 생각할 수 있는 능력이 있기 때문이다. 인간은 동물과 달리 관념을 일깨우고 그것을 유지하게 하는 감각신호 혹은 자극반응이 없어도(실제로 경험하지 않아도) 자신의 충동과 욕구를 면밀히 검토할 수 있다.

만족에 대한 경험은 욕망을 증가시키기도 하고 한정시키기도 한다. 왜냐하면 과거의 만족은 새로운 욕망을 양성하기 때문이다. 하찮은 경험과 만족이 없는 경험은 우리들의 내면에 욕망을 창조하거나 그것을 유지할 수 없다. 선한 생활의 재료들은 욕망의 근원인 본능과 충동의 강도에 따라 결정된다. 무엇이 정말 바람직한가(which is truely desirable)라는 관념은 욕망이 만족에서 비롯된다는 뜻에서 인간이 실제로 무엇을 바라는가(what man actually desires)에 달린 것이다. 결과적으로 인간이 중요하다고 생각하고 소중히 여기는 것은 이미 그의 욕망에 반영되고,

욕망에 의하여 개발된 만족의 대상인 것이다. 욕망의 대상이 될 수 없는 것은 진심으로 바랄 수 없는 것이다. 그리고 진실로 욕구할 수 있는 유일한 대상, 즉 선은 실제로 욕구의 대상이 될 수 있는 것이다. 비록 선이 엄격한 의미에서 과거의 만족에 의하여 제한을 받지 않는다 하더라도 욕망을 통하여 얻어진 만족에 의하여 발견되고 확인되는 것이 분명하다.

3. 기본적인 선

인간에게 중요한 선들은 대부분 충동과 욕망의 형태로 귀결시킬 수 있다. 예를 들면 이해(understanding)를 위한 욕망은 그 자체의 명확한 충동, 즉 본능적인 호기심을 갖고 있다. 따라서 알려는 행위의 목표는 실용주의(pragmatism) 학파에 의하여 주장되었듯이 사색이지 행동이 아니다. 블랜샤드는 인간의 본성 속에 뚜렷한 충동과 욕망의 동력이 몇 개 있다라든가, 논쟁의 여지가 있는 문제에 대해서는 무리하게 추측하지 않았다. 인간의 이론적인 충동은 그를 이해에로 이끌며, 그 충동의 성취에 따르는 부수적인 선으로서 지식을 산출한다. 그의 미학적인 충동은 조화와 균형을 추구하며, 그것의 충족에 따르는 부수적인 성과로서 미(美)라는 선을 얻는다. 이 같은 선들은 제각기 다른 종류의 선이며, 그 자체의 충동과 욕망의 바람직한 목표인 것이다.

충동과 욕망의 대상으로서의 각각의 선은 그 자체로서 자발적인 것일 뿐 아니라 그 자체의 기준에 의하여 판단되고 지배되는 것이다. 다른 선에 속하는 외적인 기준을 채용하는 것은 제각기의 선의 형태에 혼란을 야기시킨다. 이런 점에서 사회적인 결과를 논하면서 플라톤의 선의 개념을 비판한 듀이(Dewey)의 관점은 잘못이었다. 듀이는 플라톤의 대상을 진실한 것에 대한 비전이며, 진리의 기준에 의하여 판단되어야 하는 비전이라고 규정했었다. 시(詩)를 판단하는 톨스토이(Tolstoy)와 레닌(Lenin)의 관점 또한 근시안적이다. 왜냐하면 톨스토이는 시를 그것의 도덕적 영향력 여하에 따라 판단했으며, 레닌은 시를 계급투쟁에 적용할 가치가 있는지의 여부로 판단했기 때문이다. 모든 선, 혹은 충동과 욕망은 그 자체의 목표를 향한 자기실현의 과정을 지휘한다. 그리고 각각의 선은 그 자체의 목적을 갖는다.

4. 성취와 만족

결함이 없는 순수한 선은 성취 (fulfillment)와 만족 (satisfaction)을 결합시킨다. 결과적으로 선은 만족해야 하는 것이기 때문에, 선의 질 (quality)을 경험한 만족과 즐거움의 수준에만 의존하여 결정해야 한다는 가정은 잘못이다. "성취는 우리들의 충동이 추구하는 목표를 달성하는 것이요, 만족은 성취에 따르는 행복한 느낌이다."[70] 성취와 만족은 제각기의 필요불가결한 기능을 갖고 있다. 즉 성취는 충동과 욕구의 목표를 달성하는 기능을 갖고 있으며, 만족은 성취의 결과를 느끼는 기능을 갖고 있다. 결과적으로 가장 포괄적인 욕망의 성취와 만족이 선에 대한 윤리적 감각인 것이다.

포괄성 (comprehensiveness)은 개인적인 충동과 욕망을 초월하여 모든 사람의 욕망을 달성하려 한다. 이와 같은 포괄적인 선은 모든 것을 초월한 지고의 선이며, 최대의 선 혹은 최고선 (summum bonum)인 것이다.

> 선에 관한 이 같은 설명은 비록 욕망에 강조점을 두지만, 현실적인 욕망이나 결핍, 혹은 순간적인 소망을 강조하기보다는 오히려 사색과 경험을 통하여 수정된 반성적인 욕망을 강조한다. 선이란 이와 같은 종류의 자기수정적 욕망의 성취를 가져다 주는 것이며 이러한 충족에는 즐거움이 따르게 된다. 이 같은 욕망들은 우리들이 현재와 같은 존재이기 때문에 생기는 것이다. 그리고 지혜는 이 욕망들이 보다 정확하게 그리고 완전하게 인간의 본성을 표현하도록 하는 것이다.[71]

70) *Ibid.*, p. 309.
71) *Ibid.*, p. 313.

블랜샤드는 그의 이같은 선의 이론이 독창적인 것이 아니라 고대 희랍의 철학자들로부터 유래한 것이라고 겸손하게 덧붙이고 있다.

5. 옳은 행위

성취하고 만족하는 경험으로 정의되는 선은 옳은 것을 정의하기 위한 기초를 부여한다. 옳은 것은 선을 떠나서는 아무런 의미가 없다. 선이라는 관점에서 정의되는 "옳은 것은 선택가능한 다른 어떤 행동과 마찬가지로 즉시 성취하고 만족할 수 있는 많은 경험을 가져다 준다. … 만약 어떤 행동이 달성할 수 있는 최대선에 '못지 않는 선'을 가져다 준다면 그 행동은 옳은 행동이다."[72] 여러 가지 유형의 행동이 최대선에 이를 수 있는 한 유일하게 옳은 행위라는 의미로 옳은 행위를 논한다는 것은 잘못이다. 무어 (G. E. Moore) 와는 달리 블랜샤드는 옳은 행위가 최선의 현실적인 결과를 가져오는 행위라고 주장하지는 않는다. 그러나 그는 옳은 행위가 최선의 결과를 목표로 한 행위이며, 또 그것이 기대되는 행위라고 말한다. 이런 이유로 그는 '…을 산출하는 경향이 있다' (tends to produce) 는 표현을 쓰고 있다.

6. 의무와 책무

블랜샤드의 윤리이론은 이타주의적인 이론이다. 왜냐하면 일정한 상황에서 다른 사람의 자기만족을 위하여 자신의 만족을 희생하는 도덕적 책무 (moral obligation) 를 개인에게 부과하기 때문이다. 그는 의무 (duty) 를 "인간의 본성 그 자체가 지시한 최고선에 의하여 우리들에게 부과한 명령"(imperative) 이라고 정의한다.[73] 우리들의 의무는 옳은 행위를 설계하고, 옳은 행위가 최대선을 가져오게 하며, 최대선이 인간의 본성을 구성하는 충동들을 성취시키도록 하는 데 있다.

---

72) *Ibid.*, p. 321.
73) *Ibid.*, p. 332.

옳은 행위란 최대로 만족하고 성취하는 경험에 못지 않은 경험으로 정의되는데, 이것은 어떤 사람에게 보다 많은 잠재력을 가진 다른 개인의 충동과 욕망을 성취하도록 하기 위해 노력하라는 책무를 부여할 수도 있다. "선은 사람을 재산이나 지위에 따라 차별대우하는 것이 아니라 그 사람의 잠재능력에 따라 평가하는 것이다. 만약 내 이웃사람의 능력이 나보다 더 풍요롭고 만족스런 생활을 영위할 수 있다면, 그 사람의 생활은 나의 생활보다 더 의미 있고 중요한 것이다."[74] 정상적인 사람을 희생시키면서 저능아를 도운다는 것은 애매모호한 도덕적 관행이다. 그리고 셰익스피어(Shakespeare)의 잠재적인 선은 그의 선한 목표를 충족시키도록 우리들에게 명령한다. 인간의 존엄성과 인간성의 신성함은 그가 실제로 그렇다는 것뿐만 아니라 그렇게 될 수 있는 잠재력이 있다는 데 근거하는 것이다.

이상에서 도덕성의 기준이 묵시적으로나마 논의되었다. 즉 "최대선을 가져오도록 행위하라"(so act as to bring about the greatest good)는 것이 그것이다. 그리고 이 기준을 통하여 당위(ought)의 개념이 확인된다. "내가 무엇을 해야만 한다고 말하는 것은 궁극적으로 일련의 목표가 설정된다면 어떤 형태로든 그 목표를 달성하기 위하여 행위해야 한다는 뜻이다."[75] 그렇다면 선을 산출한다는 것은 우리의 의무가 된다. 의무란 의무 그 자체를 위한 의무가 아니라 선을 위한 의무이다. 최고선은 의무에 명령적인 성격을 부여한다. 사상은 사고하는 데 목표를 두는 것이 아니라 진리를 목표로 하듯이, 의무도 의무 그 자체를 목표로 하는 것이 아니라 선을 목표로 한다. 논리적인 당위(logical ought)는 알려는 욕망이며, 윤리적인 당위(ethical ought)는 모든 사람이 추구하고 모든 욕망이 동경하는 선을 목표로 하도록 명령한다. 도덕적인 생활에서의 이성의 기능은 욕망에 질서를 부여하고 욕망을 결합하는 것이다. 따라

74) *Ibid.*, p. 322.
75) *Ibid.*, p. 331.

서 의무의 선은 기본적으로 외부에서 오는 것이다. 그리고 도덕적인 책무는 "우리들의 본성이 지시한 목표를 우리들에게 요구하는 것이다."[76]

7. 악과 고통

선은 충동과 욕망의 성취와 만족으로 정의된다. 본질적인 악(evil)은 다음 세 가지 요소 중 어느 하나이거나 그것들의 결합에서 오는 것이다. 즉 1) 목표를 달성할 수 없는 충동과 욕망, 2) 충동과 욕망의 좌절, 3) 충동과 욕망의 저해요소가 그것이다. 성취와 만족은 둘다 선의 필수불가결한 요소이다. 그리고 두 가지 중 어느 하나를 결여하게 되면 결점이 있는 불완전한 선이 된다. 자기도취한 백치는 보다 많은 만족을 경험할 수 있겠지만 성취도가 낮을 것이다. 결과적으로 그는 참된 선을 즐기는 것이 아니라, 결함이 있는 선을 즐기는 것이다.

악은 고통 혹은 좌절이라고 가정할 수 있다. 장님인 밀톤(Milton)이나 귀머거리인 베토벤(Beethoven)의 경우가 바로 그것이다. 최대의 악(the greatest evil)으로서의 죽음도 고통과 좌절로 이해된다. 왜냐하면 죽음은 우리들의 모든 노력을 완전히 붕괴시키기 때문이다. "만약 선이 성취와 만족으로 이루어진다면, 좌절(frustration)은 자연히 그리고 보편적으로 악으로 간주된다."[77]

또 하나의 주된 악인 고통(pain)도 마찬가지이다. 왜냐하면 만족은 고통이 경감되거나 소멸된 후에 일어나며, 고통의 증가에 따라 제한되기 때문이다. 고통은 만족과 성취를 야유(揶揄)한다. 고통의 정도가 증가함에 따라 힘의 활동이 감소되며, 이에 상응하여 쾌락이 줄어드는 만큼 불만이 증가한다. 만족의 쇠퇴는 불쾌 혹은 고통을 가져온다.

8. 인간의 선한 본성

도덕적인 선의 반대인 도덕적 악은 다른 모든 악을 양성하는 잠재

76) *Ibid.*, p. 333.
77) *Ibid.*, p. 339.

력을 갖고 있다는 점에서 비난받아 마땅한 것이다. 악덕 (vice)은 고약한 것이라서 항상 악을 범하려 한다. 만약 그런 악덕이 있다면 순전한 악의 (pure malice)는 존재하는 모든 종류의 선에 적대하는 것이다. 도덕적으로 사악한 사람은 비정상적이든가 아니면 비인간적인 구조물이다.

인간은 누구나 선한 본성을 타고 나기 때문에 (good by nature) 인간세계에 순전한 악마 (pure devil)란 존재하지 않는다. 인간의 본성은 "불가피하게 그리고 보편적으로 고귀한 선을 추구하도록 만들어졌으며, 그의 일생은 선을 찾아 헤매는 과정"[78]임을 생각할 때 위의 사실은 명백한 것이다. 이 점은 비록 다른 모든 사람들과 비슷한 동기를 갖고 있지만 판단을 잘못하여 죄인이 되는 형사범의 경우에도 마찬가지다. 형사범들도 다른 사람들이 욕구하는 선한 목표를 똑같이 추구하지만 인정될 수 없는 잘못된 방법으로 추구한다.

> 우리들이 주장해 왔듯이 만약 인간본성이 어떤 충동과 욕망에 의하여 통제된다고 한다면, 그리고 그 욕망의 성취와 만족이 선을 가져온다면, 우리들은 도덕적으로 나쁜 어떤 것 (moral badness)이 일어나리라고 염려할 필요가 없다.[79]

9. 블랜샤드의 윤리이론에 대한 비판적 평가

블랜샤드의 윤리이론은 그 본질에 있어서 목적론적이다. 그는 잠시 동안 무어 (Moore)의 이상적인 공리주의에 호감을 가진 적이 있다. 그러나 그는 무어의 비자연주의적 경향에 대한 불만 때문에 그에 대한 애착심을 버리고 말았다. 블랜샤드가 선을 성취와 만족에 의존하는 것으로 본 것은 자기실현에 적합한 말이다.

그린과 브래들리는 블랜샤드와 마찬가지로 이상주의자였지만 사회윤리를 거의 논하지 않았으며, 블랜샤드의 이론에는 헤겔적인 요소가

78) *Ibid.*, p. 342.
79) *Ibid.*

거의 없다. 그리고 블랜샤드의 자기실현을 위한 만족과 성취의 모델은 개인주의를 용납하지 않는다. 사회의식이나 사회윤리에 관한 배려를 결여한다는 것은 그의 입장에서 볼 때 가장 기본적인 결함으로 여겨졌던 것 같다. 그의 관점은 아마 "도덕성은 나 자신의 문제"이나, 사회적인 환경을 떠나서는 정상적인 생활을 할 수 없으며 성취와 만족을 얻을 수 없다는 데 있는 것 같다. 타자기 앞에 혼자 앉아 있는 나도 다양한 사회적 연관관계를 갖고 있다. 왜냐하면 얼핏 보기에는 혼자만의 일을 하고 있는 것 같지만, 나의 사고영역으로 들어오는 독자들이 사회적인 환경을 창조하리라고 기대되기 때문이다. 저술활동을 통하여 얻어지는 나의 만족은 다른 사람들이 그것을 읽으면서 나의 이론(혹은 주장)에 동의할 때 가장 높은 성취가 이루어진다. 독자들이 없다면 책을 쓰는 나의 노력은 거의 목적 없는 노력이 될 것이다.

블랜샤드의 만족과 성취의 모델은 이론을 항목별로 세분화하고, 의미를 명확하게 규정하지 못한 결함이 있다. 이를테면 우리들이 충족을 얻기 위해서는 개인적으로 무엇을 해야 하는지 분명하게 제시하지 않고 있다. 우리들은 일반적인 관례에 따라 우리들이 가야 할 길을 모색해야 한다. 그리고 블랜샤드의 이론에 힘입어서가 아니라, 순전히 행운이나 우연에 의하여 운이 좋아야 충족을 얻을 수 있다. 바꾸어 말하면 한 어린 학생에게 "나가서 너 자신을 성취하라"라고 충고한다면 그 학생은 아마 "무엇을 어떻게 해야 합니까?"라고 반문할 것이다.

따라서 그의 자기실현을 위한 만족과 성취의 모델은 좋게 말해서, 만족과 성취를 이룬 사람에게 우연히 일어난 일을 정확히 설명할 수 있는 이론에 불과한 것이다. 즉 그의 이론은 사람들에게 성공할 수 있는 방법은 가르쳐 주지 않고, 백만불을 획득한 사람에게 당신은 운이 좋았으며 성공적이었다고 말하는 것과 비슷한 것이다. 무엇이 성공인지를 아는 것은 성공한 어떤 사람의 방법을 그대로 답습하는 것이 아니다.

블랜샤드의 윤리이론에 가장 비판점이 될 수 있는 것은, 이웃사람이 이미 우리들보다 훨씬 더 풍요로운 생활을 하고 있을지 모르는데도 그 사람의 생활을 풍요롭게 해 주기 위하여 우리들 자신의 생활을 희생하라고 명하는 부분이다. 실제로 그의 이론은 부유한 사람을 더욱 부유하게 만드라고 암시하고 있다. 그러나 모욕적인 것은 그에게(부유한 사람) 주어지는 것이 가난한 사람으로부터 나와야 한다는(must be taken from the impoverished)는 것이다. 앞에서도 언급했지만 그는 "만약 내 이웃사람의 능력이 나보다 더 풍요로운 생활을 영위할 수 있다면 그의 생활이 나의 생활보다 더 중요하고 더 의미 있는 것"[80]이라고 충고했다. 그리고 그는 "선은 사람을 차별대우하지 않는 것"이라는 자신의 주장이 정당하다고 믿었다. 이 주장은 분명히 지지하기 어려운 것이다. 왜냐하면 그는 차별대우해서는 안 되는 사람에 대해서 언급함이 없이 선을 논하는 경우이기 때문이다. 선은 사람을 떠나서는 아무런 의미가 없는 것이다.

다른 사람들이 나의 목표, 나의 만족과 성취를 위하여 희생되어야 한다고 주장하는 것은 민주주의를 모욕하는 것이다. 이 책의 저자가 주장하고 있듯이, 다른 사람도(혹시 백치라고 하더라도) 자기 이외의 사람들이 만족과 성취를 추구할 수 있는 만큼 자신의 만족과 성취를 추구할 수 있는 권리가 있다. 그리고 만약 만족과 성취의 추구가 다른 사람과의 협조 하에 이루어지게 되어 있다면, 그는 다른 사람의 만족과 성취, 그리고 선을 위한 단순한 보조물이 아니라 다른 사람과 협조하면서 자신의 만족과 성취를 달성할 모든 권한을 갖고 있는 것이다.

80) *Ibid.*, p. 322.

제 5 장

스콜라철학과 신토마스주의의 윤리사상

——최고선으로서의 신과의 합일

스콜라철학(Scholasticism)이라는 명칭은 대학에서 신학을 가르친 중세의 철학자, 즉 Schola(Schoolman)라는 말에서 유래한 것이다. 중세의 대학들은 기독교의 지배 하에 있었으며 교회의 도그마를 합리화하고 지지하는 학자들을 갖고 있었다. 이 시대의 지적인 업적은 토마스 아퀴나스의 철학에서 그 절정을 이루며, 훗날의 신토마스주의(Neo-Thomism)는 이 토마스(Thomas)의 사상에서 유래한 것이다. 신스콜라주의와 신토마스주의는 19세기 중엽에 나타난 사상운동으로 아퀴나스의 철학원리 및 다른 대표적인 스콜라철학자들의 이론을 재적용하여 그 시대의 문제를 해결하려 하였다.

이 장에서는 아우구스티누스(Augustinus, 354~430)의 윤리사상과 토마스 아퀴나스의 윤리사상, 그리고 현대의 가장 뚜렷한 신토마스주의자인 마리탱(Jacques Maritain, 1882~1957)의 사상을 논하려 한다. 신토마스주의는 본질적으로 토마스의 사상을 신봉하지만 그것의 현대적 적용을 시도한 것이다.

토마스의 철학은 주로 아리스토텔레스와 아우구스티누스, 그리고 사도 바울(Paul)의 사상에 영향을 받았다. 그리고 토마스는 또한 아우구스티누스를 통하여 플라톤의 몇 가지 관점을 받아들였는데, 특히 그는 플라톤의 4 덕을 사도 바울의 3 덕과 결합하여 자신의 4 주덕 (four cardinal virtues)을 논의하는 기초로 삼았다. 따라서 아우구스티누스의 지적인 계보에는 플라톤과 사도 바울이 중요한 위치를 차지함을 알 수 있다.

토마스주의는 1879 년 레오(Leo) 13 세의 회칙(encyclical)에 따라 로마 가톨릭교회의 공인철학(official philosophy)으로 선언되었다. 그러나 모든 로마 가톨릭교도들이 토마스주의를 신봉하는 것은 아니다. 예를 들면 프란시스교단(Franciscan order)은 스토아사상을 채용하고 있으며, 아우구스티누스의 교리를 따르고 있다. 프로테스탄트(Protestant)의 사상은 아우구스티누스의 사상에 지대한 영향을 받았는데, 특히 아우구스티누스교단의 승려였던 루터(Martin Luther)를 통하여 영향을 받았다.

I. 아우구스티누스 : 신에 대한 사랑으로서의 윤리

곧 명확해지겠지만 아우구스티누스의 윤리이론은 인간이 신에 대한 사랑을 표시하는 것과 깊은 관련을 갖는다. 예를 들면 용기까지도(다른 플라톤적 덕목도 마찬가지지만) 사랑을 통해 해석된다.

1. 선과 악

그의 윤리이론은 자연과 인간을 창조한 '선한 신'(the good God)을 전제로 한다. 신은 선하기 때문에 신이 창조한 자연도 선할 수밖에 없다. 자연적인 모든 것은 선하다. 그렇다면 악(evil)은 어디서 유래하는 것일까? 분명히 이 세상에는 많은 악이 있다. 아우구스티누스는 전쟁이나 살인 등의 죄악은 인간들이 그들의 자유의지를 남용한 데서 비롯된 것이라고 규정한다. 즉 인간들이 자연적인 대상물과 그들 자신의 본성을 악용하는 데서 비롯된다는 것이다. 자연적인 악은 선이 결여된 상태 혹은 선이 상실된 상태를 말한다.

인간과 자연의 창조자인 신이 선하기 때문에 그가 창조한 모든 것은 선하다. 하나의 전체로 볼 때 "이 세상에 있는 모든 사물이 다 선하다, 왜냐하면 그들의 전체적인 조화(ensemble)가 우주의 훌륭한 질서와 아름다움을 가져오기 때문이다."[1] 모든 개체가 적절한 위치에서 적절히 질서지워질 때 선이 나타난다. 악은 질서정연한 자연의 악용이며 남용이다. 요컨대 악은 질서정연한 자연의 타락 혹은 붕괴를 뜻한다. 타락한 자연이란 자연 본래의 질서와 형태 그리고 한도를 박탈당한 것, 즉 선을 박탈당한 것을 말한다. 따라서 악이란 자연적인 것을 손상시키거나 남용함으로써 자연적인 과정(혹은 진행), 즉 선을 좌절시키는 어떤 것을 뜻한다. 인간이든 사물이든 타락하고 있는 존재는 그 자신의 선과 질서와 본성을 박탈당하고 있는 것이다. "모든 존재는 하나의 선이다. 만약 그것이 타락하지 않는 것이라면 큰 선(a great good)이요, 타락되는 것이라면 작은 선(a little good)이다."[2]

악덕(vice)은 인간의 본성에 역행하기 때문에 악이다. 악덕은 인간의 선한 본성을 타락시킨다. 그것은 신이 그의 순수성으로 창조한 본성에 역행하기 때문에 신의 의지에 반(反)하는 것이다. 자연(혹은 인간의 본성) 자체는 결코 신의 의지에 역행하지 않는다. 그러나 자연의 질서를 교란(혹은 왜곡)시키는 악덕은 신의 의지에 역행한다. 자연과 인간의 본성을 모욕하는 것은 곧 신을 악으로 판단하는 것이다. 그리고 우리들은 인간본성을 악용하는 죄는 미워해야 하지만 죄인(sinner)은 사랑해야 할 의무가 있다. 인간본성으로부터 죄를 제거하면 우리들은 선과 사랑의

1) St. Augustine, *The Enchiridion*, trans. J.F. Shaw(Edinburgh, 1892), chap. 10.
2) *Ibid.*, chap. 12.

가치를 알게 된다. 우리들이 미워하는 것은 인간이 아니라 죄이다.

2. 악은 선이 결여된 상태

아우구스티누스는 '악은 선이 결여된 상태'(evil is the privation of good, its absence)라고 주장한다. 악은 하나의 실체이기보다는 선에 결함이 있는 상태를 말한다. 자연이나 인간의 본성이 본래의 상태를 회복할 때 악은 사라진다. 이것은 마치 부러진 다리나 상처를 치료하는 것과 마찬가지다. 고통스런 상처가 다 나으면 다리는 본래의 상태로 회복되고 정상적인 기능을 발휘하게 된다. 따라서 선은 자연상태, 즉 원래의 상태로 되돌아감으로써 회복되는 것이다. 악은 제거되어지는 것이 아니다. 그것은 선이 결여된 상태이지 따로 존재하는 것이 아니기 때문이다. 건강이 결여된 상태는 불건강(ill health)의 상태, 즉 악이며, 자연적인 질서가 결여된 상태도 악이다. 그리고 인간의 내면에서 자연적인 기능(natural functions)이 상실되어도 악인 것이다.

결과적으로 악은 선이 없이는 존재할 수 없는 기생적인(parasitic) 성격의 것이다. 악은 당초부터 신에 의하여 창조된 것이 아니라, 자연질서(natural order)의 붕괴로 나타나는 결과이다. "악은 선한 것에서 나타나며, 선한 것을 떠나서는 존재하지 않는다."[3] 그리고 부패되지 않는 본성으로부터는 악이 결과되지 않는다. 만약 자연과 인간의 본성이 신의 본성과 같이 부패되지 않는 것이라면 악은 전혀 존재하지 않을 것이다. 인간은 자신의 본성에 진실할 때 선한 것이다.

악은 선 없이 존재할 수 없지만, 선은 악이 없어도 존재할 수 있고 또 존재한다(Whereas evil cannot exist without good, good can and does exist without evil). 신은 악을 창조하지는 않지만, 그것을 묵인하고 용서한다(tolerate). 더우기, 신이 악을 허용하는 것은 신의 입장에서는 선한 행동이다. 신의 의지는 변함없이 선하지만, 때에 따라서는 인간의 나쁜

3) *Ibid.*, chap. 11.

의지를 통하여 달성되기도 한다.

3. 의지의 자유

인간의 모든 악은 선과 악을 선택할 수 있는 자유, 즉 자연질서를 파괴하거나 증가시킬 수 있는 자유인 인간 자신의 의지에서 비롯되는 것이다. 모든 비자연적인 악(nonnatural evil)은 인간의 악한 의지(evil will)에서 비롯된 것이지만, 그 악한 인간의 의지가 신에게서 비롯된 것은 아니다. 신은 인간에게 자유의지(free will)를 부여했다. 그러나 인간이 그 자유의지를 남용하여 자연이나 인간의 본성을 왜곡할 때 악이 생겨나는 것이다. 불순한 의지도 타락한 선, 즉 선이 결여된 의지이다. "우월한 것에서 열등한 것으로 전환하는 것은 나쁘게 되는 것이다. 그것은 어떤 것을 나쁜 것으로 전환시킨다는 뜻에서가 아니라, 전환 그 자체가 나쁜 것이요 타락을 의미하기 때문이다."[4] 한 남자가 아름다운 여자를 관찰한다 해도 나쁜 마음을 갖지 않는 한 죄를 범하는 것은 아니다. 욕망 그 자체는 죄가 아니다. 그러나 그것에 기울어지면 죄가 된다.

의지는 악해질 수 있으나, 의지를 악하게 만드는 동인(efficient cause)이 있는 것은 아니다. 의지는 그 자신의 자유로운 행동 때문에 악해지는 것이다. 의지는 그 자체가 원인이다. 덕성은 의지를 떠나서는 존재할 수가 없다. 왜냐하면 인간은 그가 소유한 의지를 통해서만 그의 영혼과 영혼의 활동이 선해질 수 있기 때문이다. 의지를 부패하게 만드는 어떤 원인이 있다고 주장하는 것은, 신이 악을 창조했으며 간접적으로는 악한 의지를 창조했다고 주장하는 것이 된다.

아우구스티누스의 자율적인 의지(autonomous will)의 개념은 그의 인간론에서 가장 중요한 위치를 차지했으나, 만년에 이르면서 그 중요성이 현저하게 줄어들고 만다. 설사 그 개념이 당초의 중요한 위치에서 완전히 밀려나지는 않았다 하더라도 적어도 신에 의하여 미리 운명지워진

4) St. Augustine, *The City of God*, trans. John Healey (1890), bk. 12, chap. 6.

허수아비 같은 인간의 의지의 위치로 양보하고 타협한 것이 분명하다.

만약 우리가 지식으로부터 생기는 축복받은 상태를 획득코자 한다면 의지가 은총에 베풀어야 할 첫번째 양보는 계시를 통한 진리의 추구이다. 그럼에도 불구하고 의지는 상당히 중요한 위치를 차지한다. 왜냐하면 신의 계시는 인간이 자신의 선의지(goodness of his will)로써 자신이 신의 진리에 어울리는 인간임을 입증할 때에만 주어지기 때문이다. 비록 계시는 신앙을 통하여 확인되는 것이지만, 신앙은 계시된 관념에 동의하는 것(의지에 의하여 선택의 자유를 행사함으로써)이다. 선의지에 의하여 지시된 신앙은 지식에 우선한다.

4. 자유와 예정조화

아우구스티누스의 자율적인 의지는 지적인 이해의 동기를 포함한 외적 요소에 의해 좌우되는 것이 아니라, 오히려 외적 요소를 결정한다. 의지의 자유(freedom of the will) 이론과 예정조화설(predestinationism)을 조화시키려는 아우구스티누스의 시도는 신의 예지(foreknowledge of God)가 의지를 결정하는 충분한 원동력이 되지 못한다는 것을 가정한 것이다. 왜냐하면 신의 예지(豫知)는 영원이라는 무시간적 상태에 있지만, 원인이 주어져 있지 않은 의지는 현재라는 시간 속에서 기능하고 있기 때문이다.

그러나 아우구스티누스의 자유의지론은 예정조화설에 더욱더 양보하게 된다. 그의 예정조화설에 의하면 이 세상의 첫번째 인간이었던 아담(Adam)만이 자유의지를 갖고 있었으나, 그가 죄를 범하고 말았기 때문에 이후에 태어난 모든 사람들이 그의 원죄(original sin)로 인하여 의지와 선을 실현할 수 없는 타락한 본성을 지니게 되었다고 한다. 따라서 인간의 구원(redemption)은 더 이상 의지의 선택에 의하여 이루어지는 것이 아니라 신의 은총에 의하여 이루어지는 것이다. 즉 신의 은총은 불가사의한 섭리를 통하여 구원받을 사람을 선택하며, 선택에서 제외된 사람들은 신의 정의에 의하여 천벌(damnation)을 받게 된다는 것이다. 모든 선은 신으로부터 솟아나는 것이기 때문에 신의 은총을 통하여 구원받은 사람들이 선을 행할 수 있다. 신의 도움을 받지 못한 인간의 의지는 어리석은 노력을 계속해도 선을 행할 수 없다. 선은 신의 은총을 통하여 구제된 사람들의 활동이며, 악은 타락한 본성을 지닌 사람들의 죄악이다.

아우구스티누스는 그의 후기저작인 『참회록』(*Retractions*)과 『신국』(*The City of God*)에서 그랬듯이, 의지의 자유라는 개념을 완전히 버리지는 않았다. 그는 악의 문제를 다루면서, 신은 자유가 결여된 단순한 허수아비들을 창조하기보다는 인간에게 선을 행할 수 있는 자유를 주고 싶어한다고 주장했다. 탐욕 때문에 생긴 원죄가 인간의 본성을 타락시키지만, 의지의 자유는 여전히 신의 은총에 힘입어 그 독자성을 유지할 수 있다.

5. 윤리적 이원론

선과 악에 대한 윤리적 이원론(ethical dualism)은 문명사를 통하여 신과 구원받은 인간이 악마와 타락한 천사에 대결하는 투쟁으로 나타났으며, 천국(the kingdom of Heaven)이 지상국과 대결하는 투쟁으로 나타났으며, 탈속한 성인들이 권력과 세속적인 재물을 탐하는 세간의 사람들과 대결하는 투쟁으로 나타났다. 교회는 지상의 세속적인 생활을 구제하는 기관으로서 지상국에 속하는 것이 아니라 천국에 속한다. 지상국은 비록 신이 창조한 것이지만 그것은 사탄의 세계와 구원의 세계, 즉 악의 세계와 선의 세계라는 서로 대립되는 두 개의 세계로 영원히 분리되어 있는 것이다. 이 같은 아우구스티누스의 신념은 그의 젊은 시절에 영향을 받은 마니교의 교리에서 비롯된 것이다.

지상의 세계는 인간들의 결투장이며 신의 사도들은 지상의 악한 세력들과 대결하는 선의 편에 서게 된다. 그리고 지구상에 머무는 인간의 생활은 악의 세력과 싸우는 끊임없는 투쟁과정이요, 그 투쟁의 목표는 신에 대한 인식과 관조 속에서 영원한 평화와 축복을 얻는 데 있다.

6. 최고의 덕(사랑)과 최고선(신)

최고선은 신이며 최고의 덕은 신에 대한 사랑이다. 그러나 최고선의 완성, 즉 그것의 달성조건은 천국에 들어가는 것이다. "만약 여러분들이 나에게 천국(the heavenly Kingdom)이 무엇이냐고 묻는다면 먼저 최고선과 악에 관하여 대답할 것이다 ; 영원한 생명은 선의 완성에 있으며 영원한 죽음은 악의 탐닉에 있다 ; 그리고 우리들의 생명의 목표는 악을 피하고 선을 달성하는 데 있어야 한다."[5] 도즈(Dods)는 이와 같은 아우구스티누스의 말을 "영원한 생명은 최고선이요 영원한 죽음은 최고악"이라고 설명했다. 그러나 영원한 생명은 분명히 진정한 최고선, 즉 신을 향유하기 위한 필수조건에 불과하다. 왜냐하면 아우구스티누스는 그의 저서 『선의 본질에 관하여』(*Concerning the Nature of Good*)에서 다음과 같이 분명히 말하고 있기 때문이다. 즉 "최고선이란 더 이상 높은 선이 없는 선, 즉 신이다. 따라서 신은 변함없는 선이며 진정으로 영원한 불멸의 선이다. 그리고 모든 삼라만상은 그로부터 유래하는 것"[6]이라는 것이다.

최고선은 신의 진리, 즉 인간에게 축복을 주는 신의 은총에 의하여 달성된다. 인간의 의지는 행복을 달성하기 위하여 부단히 신을 추구하는데 그것은 축복받은 관조의 상태, 즉 진리 안에서 만족을 얻는다. 이 관조(contemplation)의 상태는 플라톤과 아리스토텔레스가 말한 최고선 혹은 행복의 상태와 비슷한 것이다. 신적인 진리에 대한 이 같은 지적 관조의 상태에서는 의지의 투쟁이 중지된다. 왜냐하면 이 관조의 상태에서는 의지의 목표인 신을 발견하고 평화를 얻게 되기 때문이다. "하

5) *Ibid.*, bk. 19, chap. 4.
6) St. Augustine, *Concerning the Nature of Good*, in vol. 1, *Basic Writings of Saint Augustine*, ed. Whitney J. Oates (New York: Random House, 1948), p. 431.

느님은 당신의 역량으로 우리들을 만드셨다. 그리고 우리들의 마음은 당신의 품속에서 쉴 수 있을 때까지 끊임없이 불안을 느낀다."[7] 우리들의 최고선이며 완전한 선인 신은 모든 선한 사물의 완성이다.

7. 네 가지의 특수한 덕

인간의 최고선은 그의 '추구대상'이 될 뿐 아니라 그것을 통하여 신에 도달하고 신과 일체가 될 수 있는 '사랑의 대상'인 것이다. 덕은 인간을 행복한 생활, 즉 신에게 인도한다 ; 따라서 덕은 바로 '신에 대한 완전한 사랑' (perfect love of God) 이다.[8] 개별적이고 특수한 덕은 단지 '사랑'이라는 덕의 다른 측면에 불과하며 플라톤의 네 가지 덕과 같은 것이다. "즉, '절제'란 자신을 완전히 신에게 바치는 사랑이며, '용기'란 신 그 자체를 위하여 기꺼이 모든 것을 감당하는 사랑이며, '정의'란 신에게만 헌신하는 사랑이요, '지혜'란 신을 지향하는 데 필요한 것이 무엇인가를 분별할 줄 아는 사랑을 말한다."[9] 이 네 가지의 덕, 즉 사랑을 통하여 우리들은 신에게 인도되며 결과적으로 신의 은총인 영원한 생명과 최고선인 진리에 도달할 수 있는 것이다. 따라서 행복하게 산다는 것은 신을 사랑하는 것이다.

자신을 사랑하고 이웃을 사랑하는 것이 곧 신을 사랑하는 것이다. 왜냐하면 그것이 신의 사랑에 이르는 최선의 방법이기 때문이다. 따라서 신에 대한 사랑이 네 가지의 특성을 포함한 도덕적인 제 가치의 유일한 본질이다. 요컨대 '사랑' (love) 에서 '믿음' (faith) 이 솟아나고 믿음을 통하여 사랑은 그 극치에 이른다. 그리고 사랑과 믿음이 합치되는 곳에서 사랑을 그리워하는 '소망' (hope) 이 솟아난다.

---

7) St. Augustine, *Confessions*, bk. 1, chap. 1,
8) St. Augustine, *On the Morals of the Catholic Church*, trans. Richard Stothert (Edinburgh: T. and T. Clark, 1872), chap. 15.
9) *Ibid*.

Ⅱ. 토마스 아퀴나스(Thomas Aquinas) : 완전한 행복

아퀴나스의 윤리이론은 아리스토텔레스의 사상에 지배적인 영향을 받고 있다. 그리고 약간의 플라톤적 요소가 있는가 하면 아우구스티누스와 바울(St. Poul)의 사상에도 적지 않은 영향을 받고 있다. 그의 윤리 이론은 인간의 행복추구를 인정한다는 점에서 기본적으로는 행복론(eudaemonism)이며, 선의 추구라는 인간생활의 목표를 설정한다는 점에서는 목적론적(teleological)이다. 그리고 인간의 궁극적인 목표가 신의 인식에 있다고 보는 점에서는 주지주의(intellectualism)이다.

1. 최고선 : 신의 영상(映像) 속에서 얻는 행복

아퀴나스는 아리스토텔레스와 마찬가지로 인간과 사물을 포함한 모든 자연이 선이라는 어떤 목표를 지향하도록 예정되어 있다고 믿었다. 그리고 모든 사물이 그 목적을 지향하는 것은 그것들이 신을 닮으려 하고 신적인 선을 행하려는 성향을 지니고 있기 때문이다. 이같이 신을 닮아 가려는 피조물의 타고난 성향은 선이라는 궁극적인 원인에서 비롯된 것이다. 따라서 신은 그 자신을 지향하는 모든 사물을 감독해야 할 책임이 있는 것이다. 모든 지적인 실체(영혼, 인간 등)가 다 그렇듯이 지식이 결핍된 사물은 그들의 선을 추구한다. 요컨대 지적인 실체는 그 자신의 목적에 도달하려 하며 그 자체의 선, 즉 신의 진리에 도달하려 한다.

인간의 영혼이라든가 모든 지적인 실체의 목적은 궁극적으로 신을 아는 데 있다. 진정한 행복은 감각적인 선, 예술, 혹은 도덕적인 덕에 의해서도 달성되지 않으며, 단지 궁극적인 신에 대한 관조를 통하여 성취되는 것이다. 지성은 진리를 추구하려 한다. 따라서 지성은 궁극적인 선, 즉 신의 영상(the vision of God)에 도달할 때 비로소 만족을 얻는다.

그러나 인간의 궁극적인 행복은 세속적인 생활에서 얻어질 수 있는 것이 아니다. 지구상의 모든 피조물은 신과의 직접적인 대면을 통하여 신을 아는 것이 아니라, 신을 이성으로 추론하여 인식하는 데 불과하기 때문에 신의 영상, 즉 신의 본질에 이를 수가 없다. 인간은 신의 진리에 도달하여 영혼의 평화를 얻을 때까지는 결코 만족할 수 없는 욕망을 지니고 있다. 그러나 인간은 신의 빛에 의존하지 않고 그 자신의 타고난 능력만으로는 신의 본질에 도달할 수 없다. 지적(知的) 피조물인 인간은 신의 영상에 한정적으로밖에 참여할 수 없다. 어떤 사람들은 다른 사람들보다 좀더 완전한 신의 영상을 지니는 등 수준의 차이가 있을 뿐 아무도 신의 영상에 완전히 도달할 수는 없다. 완전한 신의 영상은 내세를 위하여 예비된 것이다. 따라서 신의 영상을 지니는 사람들은 영원한 삶에의 참여자들이다. 그들은 영원히 신을 볼 수 있을 뿐 아니라 그들의 모든 욕망이 충족되고 궁극적인 행복이 달성된다. 그러나 인간이 지구상에 있는 동안은 부분적인 행복, 잠정적인 선, 그리고 불완전한 미(美)로 만족할 수밖에 없다.

2. 토마스의 덕론

(1) 자연적 덕(Natural Virtues)　　지적인 덕과 도덕적인 덕으로 나누어지는 자연적 덕은 최선의 것을 달성하려는 완전한 사물의 성향(disposition)이며 '습관'이라는 말로 정의된다. 토마스는 덕을 정의하여 "그것은 마음의 좋은 습관이며 우리들이 그것에 의해 바르게 살며 아무도 그것을 악용할 수 없는 것"[10]이라고 했다. 말하자면 덕은 좋은 습관(good habits), 즉 좋은 일을 할 수 있는 활동적인 습관이며, 인간을 올바르게 살 수 있도록 완성시키며 결과적으로 인간이 그의 궁극적인 목표인 행복에 이를 수 있도록 지도한다.

〈지적인 덕(intellectual virtues)〉　　오성과 과학적인 사고, 지혜

10) St. Thomas Aquinas, *Summa Theologica* in *The Basic Writings of Saint Thomas Aquinas*, ed. Anton C. Pegis(New York: Random House, 1945), Q. 55, Art. 4(vol. 2, p. 416).

등으로 구성되는 지적인 덕은 선과 진리를 추구할 수 있도록 이론적인 지성을 완성시키는 능력이라 규정할 수 있다. 오성(understanding)은 원리를 분별하는 습관이며, 과학적인 사고는 지성으로 하여금 결론을 연역할 수 있도록 숙달시키고, 지혜는 가장 순수한 지식인 궁극원인을 생각하며 모든 진리를 판단하고 정리한다.

〈도덕적인 덕(moral virtues)〉 지적인 덕이 이성을 지도하는데 반하여, 도덕적인 덕은 올바른 생활을 할 수 있도록 욕망을 통제하고 지도한다. 도덕적인 덕은 인간의 욕망을 통제함으로써 선에 이를 수 있도록 지도하며 그 통제원리와 척도에 합치되는 행위를 하도록 요청한다. 따라서 악은 불균형상태, 즉 지나침이나 못 미친 상태를 의미한다.

도덕적인 덕으로는 네 가지의 기본덕목(cardinal virtue), 즉 정의, 지혜, 용기, 절제 등 4가지의 플라톤적 덕목이 있다. 토마스에 의하면 용기와 절제는 이성이 감성을 통제함으로써 이루어지는 덕이요, 정의와 지혜는 감정을 뛰어넘는 행위를 통하여(정의), 그리고 이성이 스스로를 통제함으로써(지혜) 이루어지는 덕이다.

(2) 신학적인 덕(Theological Virtues) 위에서 언급한 자연적인 덕에 추가하여 토마스는 믿음(faith), 소망(hope), 사랑(love)이라는 세 가지의 신학적인 덕을 제시하고 있다. 신학적인 덕은 자연적인 덕과는 달리 수단으로 이루어지는 것이 아니라 우리들이 신성에 이를 수 있도록 힘을 주는 본질적인 것이다. 더우기 신학적인 덕은 신에 의하여 우리들에게 주입되며, 성경에 나타난 신의 계시에 의하여 우리들에게 알려진다. 따라서 신학적인 덕은 지적인 덕이나 도덕적인 덕과는 구별되어야 한다. 신학적인 덕은 신의 도움을 받아 인간으로 하여금 초자연적인 행복에 이르도록 인도한다. 말하자면 우리들을 신에게 인도하는 덕이다. 따라서 신학적인 덕의 기준이나 척도는 자연적인 덕과는 달리 단순한 이성에 있는 것이 아니라 신 그 자체에 있다. 왜냐하면 신학적인 덕의 척도는 초자연적인 힘을 요청하기 때문이다. '믿음'은 신의 진리에 따

른 규칙이요, '사랑'은 신의 선(善)에 따른 규칙이며, '소망'은 신의 전능한 힘에 따른 규칙이다. 신학적인 덕은 지성(intellect)에 초자연적인 원리를 제공하면서 신의 빛을 비추어 준다. '믿음'은 믿음의 대상에게로 길을 인도하고, '소망'은 우리들의 의지가 이 목표를 지향하도록 인도하며, '사랑'은 우리들의 의지가 이 목표와 영적인 통일을 이루도록 변형시킨다. 이와 같은 방법으로 우리들의 욕구와 열망은 자연적인 목표인 신, 즉 선을 지향하게 된다.

신학적인 덕 중에는 사랑이 최상의 덕이요, 지적인 덕 중에는 지혜가 최상의 덕이며, 도덕적인 덕 중에는 정의가 최상의 덕이다. 지적인 덕은 이성을 완성시키기 때문에 그 덕의 탁월성(excellence)은 욕구를 완성시키는 도덕적인 덕보다 우월한 것이다. 모든 유덕한 행위는 선이라는 최종목표, 즉 행복을 지향한다는 점에서 똑같은 목적을 가지고 있으며, 그 목표는 이성의 규칙에 부합되는 행동을 함으로써 달성된다. 그러나 그 규칙이 신 그 자체인 신학적인 덕은 예외적인 것이다.

3. 옳은 행위와 죄

인간의 의지는 행복을 그 궁극적인 목표로 추구한다. 그리고 옳은 행위는 궁극적인 행복을 얻기 위한 수단이 된다. 모든 의지의 작용과 모든 사려 깊은 행위가 도덕적이기 위해서는 올바른 이성(right reason)과 일치해야 한다. 왜냐하면 이성은 우리들을 신에게 인도하기 때문이다. 따라서 인간의 낮은 본성인 육체적·동물적인 성향이 도덕률과 일치하기 위해서는 합리적으로 규제된 이성에 따라 질서지워져야 한다.

죄는 이성과 상반되는 어떤 것인 동시에 영원법인 신의 이성과도 상반되는 것이다. 인간행위로서의 죄는 고의적인 행위를 말하며, 그것은 영원법 ——즉 인간으로 하여금 그의 목표인 선과 행복, 그리고 신에 이르도록 인도하는 최고법—— 에 배치되는 말과 행동 혹은 욕망을 지칭하는 것이다. 죄가 습관화되었을 때 우리들은 그것을 악덕이라 부른다. 왜냐하면 악덕(vice)이란 '악의(惡意)가 내포된"(ill-disposed) 상태, 즉 우리들의 본성에 적합하지 않는 방법으로 정착된 습관을 말하기 때문이다.

죄는 영혼을 더럽힌다. 지옥에 빠질 만한 '큰 죄'(mortal sins)는 씻을 수 없을 만큼 치명적인 것이다. '가벼운 죄'(venial sins)는 수정 가능하기 때문에 용서받을 수 있으나, '큰 죄'는 사랑을 파괴하고 인간으로 하여금 신을 외면하게 만들어 버림으로써 결국은 영원한 응징을 초래하고 말기 때문에 수정 불가능한 죄인 것이다. 응징은 죄의 심도에 따라 그 가혹성이 달라진다. 그리고 가벼운 죄에 대한 응징은 일시적인 것에 불과하다. 도덕적인 죄(moral sins) 가운데는 신의 사랑을 저버리는 죄로서 신을 모독하고 신에 대한 약속을 깨뜨리는 행위가 있는가 하면, 이웃에 대한 사랑을 저버리는 죄로서 살인과 간음 등의 행위가 있다.

4. 영원법, 자연법, 인간법, 신법

모든 법률은 신으로부터 유래한다. 신이 인간으로 하여금 스스로의 목표에 이를 수 있게 하고 공동선(common good)을 달성할 수 있도록 하기 위하여 인간행위의 규칙과 척도로 설정한 것이 법이다. 토마스 아퀴나스는 여러 가지 형태의 법을 영원법, 자연법, 인간법, 그리고 신법의 4가지로 구분한다. 1) '영원법'(eternal law)이란 신의 규제적 이성(regulative reason)의 법으로서, 일시적이거나 시간에 예속되는 것이 아니라 항구적인 최고의 이성에 의하여 사물을 인식한다 하여 붙여진 이름이다. 2) '자연법'(natural law)이란 인간의 합리적인 본성에 의존하는 법으로서, 영원법에 참여할 수 있는 능력, 즉 인간이 자신에 내재하는 신의 빛(divine light)을 통하여 선과 악을 구별할 수 있는 능력을 말한다. 자연법은 인간의 본성에서 유래하는 법이기 때문에 가변적인 것이 아니다. 예를 들면 자기보존의 자연법이 바로 그런 경우(변경될 수 없는 경우)인 것이다. 3) '인간법'(human law)이란 특수한 결정에 이르기 위하여 이성을 통하여 고안한 법이다. 인간법은 시민법(civil laws)과 같이 인간에 의해 만들어진 법으로서 자연법에서 파생된 것이다. 4) '신법'(divine law)이란 성서에 표현되어 있듯이 인간이 신의 계시를 통하여 부여받은 법을 말한다. 신법은 인간의 능력을 초월하며 인간에게 스스로의 판단능력을 넘어서는 법칙을 제공함으로써 자연법을 보완한다.

영원법은 신의 본성(the nature of God)의 한 부분으로서 신 안에 내재하며 신적인 지혜(divine wisdom)의 전형(典型)이다. 그리고 영원법은 인간의 본성의 한 부분인 자연법을 비롯하여 모든 법의 근원이 되는 법이다. 인간의 기본성향(inclination)은 성욕과 자기보존 본능에 의하여 입증되듯이 자연법을 표현한다. 올바른 이성의 보편적인 명령은 선을 추구하는 인간의 노력에 자연스런 방향을 설정해 준다. 따라서 의지는 이성으로부터 도덕적인 명령과 의무를 부여받지만 이성이 제멋대로 강요하지는 않는다. 오히려 의지는 도덕적인 명령과 의지를 실천적인 이성의 목적인 선 혹은 신으로부터 도출해 낸다. 비록 이성이 의무를 부과하지만 그것은 신에 의해 만들어지고 신을 목표로 하는 인간의 본성(human nature)에 근거하는 것이다. 따라서 도덕법(moral law)은 자연적인 동시에 합리적인 법칙이며 그것은 이성에 의하여 명확히 그리고 의무적인 것으로 규정된 자연의 본성인 것이다.

자연법의 명령은 자연적 성향(natural inclination)의 질서에 상응하는 계층적인 질서로 설정된다. 제 1 의 자연성향은 인간이 다른 모든 실체와 함께 소유하고 있는 자기보존 본능이요, 제 2 의 자연성향은 동물과 함께 소유하고 있는 성향, 즉 성욕과 종족보존 본능이며, 제 3 의 자연성향은 인간의 합리적인 본성에 관계되는 것으로 인간만이 갖는 본능인데 그것은 신에 관한 진리를 알려 하고 다른 인간과 더불어 사회적인 삶을 영위하려는 성향이다. 인간의 본성이 변하지 않기 때문에 자연법도 변하지 않으며 동시에 도덕법도 변하지 않는다.

5. 의지와 지성

우리들은 선과 악을 논함에 있어서, 아우구스티누스가 의지에 가장 큰 중요성을 부여한 데 비하여 토마스 아퀴나스는 지성에 더 큰 강조점을 둔다는 것을 상기해야 한다. 아우구스티누스는 비록 신플라톤주의의 영향을 받아 인간생활의 목표가 신에 대한 사색에 있다고 생각했지만 의지의 중요성을 강조했으며, 토마스 아퀴나스의 주지주의는 의지와 지성의 최종목표가 공히 신에 대한 사색, 즉 신의 본질을 통찰하는 데 있다고 보았지만 시종일관 의지를 지성에 예속시켰던 것이다. 아퀴나스에 있어서는 이성이 명령하고 의지는 그 명령에 따라 움직이게 되어 있다. 그러나 이성과 의지는 함께 완전한 행복, 즉 선의 본질인 신에 합일하려는 목표를 추구한다. 이 두 사람이 말하는 신에 대한 통찰(the vision of God)이란 "마음이 순결한 자는 복이 있나니 그들은 하느님을 알게 될 것이다"(Blessed are the pure in heart, for they shall see God)라고 말한 예수의 산상수훈 가운데 하나에서 비롯된 것이다.

Ⅲ. 자크 마리탱 : 신 중심의 휴머니즘

마리탱은 아퀴나스의 스콜라주의에 기초하여 그의 윤리이론을 전개했다. 그러나 그는 아퀴나스의 이론에 충분한 수정을 가하여 독특한 자기이론을 정립했다. 그가 즐겨 쓴 기독교적 휴머니즘, 진정한 휴머니즘, 완전한 휴머니즘, 신 중심의 휴머니즘 등의 용어에서 볼 수 있듯이 그의 이론은 휴머니즘과 인격주의(personalism) 색채가 농후하다.

1. 인간 중심의 휴머니즘

근대적인 인간의 모습은 주로 데카르트, 로크, 루소의 사상에서 비롯된 것이다. 마리탱에 의하면 이 사상가들은 근대적인 인간을 아담과 같이 순결한 천사로 만들었으며, 기독교적 신사는 자연종교의 산물이기 때문에 더 이상 은총과 기적과 계시를 필요로 하지 않게 되었다. 그리고 인간의 구원도 근본적으로 선한 인간의 본성에서 비롯된다고 믿게 되었다. 이와 같은 세속화 과정은 '인간 중심의 휴머니즘' (anthropocentric humanism)을 확립시켰으며, 신이나 그리스도보다 자연(nature)을 더 중요시하게 만들었다.

유물론과 실증주의의 산물인 '인간 중심의 휴머니즘'은 절대적인 가치와 진리를 거부하면서 근대적인 인간을 초현세적인 신의 도움 없이도 진리를 알 수 있는 인간으로 묘사했다.[11] 이와 같은 세속적 휴머니즘은 신을 떠나서 인간을 신성한 존재로 보았으며, 인간의 존엄성과 인간의 기본권을 인정했던 것이다. 그리고 그리스도를 떠나서 평화와 우애를 강조했으며, 신의 사랑을 떠나서 형제애를 중요시했다. 인간중심의 휴머니즘은 악을 언젠가는 극복될 수 있는 일시적인 현상으로 취급한다. 생명을 무한한 가치로 숭배하면서도 영혼을 부정하는 세속적인 인간(secular man)은 돈을 주되 자기자신 즉 그의 영혼을 주지는 않는다. 그는 공동선의 원리 없이 공동으로 생활하며,[12] 극기와 도덕적인 책임 혹은 자유의지의 원리 없이 자유를 신봉한다. 그리고 그는 기계와 규칙의 노예가 되면서 정의의 원리 없이 평등을 신봉한다.[13] 그는 목적을 설정하지 않고 행복을 추구하고 공리(utility)를 추구한다. 그리고 그는 형제애 없이 민주주의를 추구한다. 그는 원리와 가치의 파산상태에서 "말의 세계, 즉 유명론적인 세계"(a nominalistic universe)로 떠난 것이다."[14]

인간을 위하여 신을 거부해 온 세속적인 휴머니즘의 관점은 주로 마르크스주의와 나치즘의 입장에서 비롯된 것이다. 신에 의한 구원이 아니라 현세적인 구원을 주장한 마르크스주의는 일종의 인간소외론이

11) Jacques Maritain, "Christian Humanism," *The Range of Reason* (New York : Scribner, 1952), p. 187.
12) *Ibid.*
13) *Ibid.*
14) *Ibid.*, p. 189.

다. 따라서 마르크스주의는 인간의 개체성 (individulity)을 해소시켜 집단적인 인간(collective man)으로 흡수시키는 방법으로 인간성의 회복을 시도한다. 그러나 자유의지와 신의 이미지 (image)를 결여한 조직 속의 인간(마르크스주의적인 인간)은 "사회적 전체의 한 구성요소에 불과한" (a mere particle of the social whole)[15] 존재로서 집단의식 속에서 살아갈 뿐이다. 공산주의는 경제적인 활동과 인간들에게 낙원을 가져다 준다는 이론으로 집약될 수 있다. 그러나 "이성이 제거된 조직사회에서"[16] 인간성은 산업의 신(the god of industry)에 희생물이 되고 만다. 물질에 대한 마르크스주의의 "자기도취"[17]는 인간의 자기타락과 지나친 낙관론, 그리고 "인간을 동물시하는"[18] 결과를 낳게 된다. 요컨대 마르크스주의는 인간을 "원숭이 계통"(the genealogical tree of monkeys)[19]에서 진화한 한 종족에 불과하다고 봄으로써 인간의 존엄성을 묵살해 버리는 것이다. 이성과 의지의 자유를 단순한 환상으로 규정하기 때문에 인간성은 결국 동물성 (animality)으로 격하되고 만다. "시적(詩的)인 창의성과 연민의 정 그리고 종교적인 신념과 사려 깊은 사랑을 타고난 정신적인 주체로서의 인간을 단순히 성적인 리비도(libido)의 승화된 상태 혹은 하나의 물질적인 생성물에 불과하다고 봄으로써 인간이 발가벗은 짐승의 모습으로 나타난 것이다."[20] 따라서 신은 인간에 의해 버림을 받았으며 인간 또한 그 자신의 영혼까지 잃어 버린 채 가면을 쓰고 침묵만 지키게 된 것이다.

마르크스와 다윈 (Charles Darwin) 그리고 프로이트 (Sigmund Freud)는 이와 같은 근대의 인간상을 형성시키는 데 기여한 사람들이다. 그들은 이성이라는 개념을 사용하여 신을 제거했다. 그러나 니체 (Friedrich

15) *Ibid.*, p. 190.
16) *Ibid.*
17) *Ibid.*, p. 191.
18) *Ibid.*
19) *Ibid.*
20) *Ibid.*

Nietzsche)는 비합리주의 철학을 통하여 지성을 경멸했으며 초인과 힘에의 의지, 그리고 진리의 종언과 신의 죽음을 선언함으로써 인간중심의 휴머니즘에 독특한 방법으로 기여했다. 낙관론, 도덕, 자유, 존엄성, 정의, 평화, 그리고 선을 거부하면서 그는 본능의 신비적인 힘, 이성의 경멸, 언어의 왜곡 그리고 신을 종족적인 악마로 타락시키는 종교적 광기를 통하여 미구에 등장할 나치의 인종주의를 선도했던 것이다. 그리고 '국민정신'이요 정치적인 전체인 인간은 "폭력을 통한 자기실현"[21]을 추구한다. "행복과 자유를 유도하는 정치"[22]라는 약속도 없이 오로지 지옥 같은 상태에서 "미쳐 버린 이성으로"[23] 피투성이가 되도록 희생하며, 인간은 결국 "좋은 시절이 올 것이라는 속임수"[24]에 빠져 "눈 먼 역사의 신"(blind god of history)에 희생되고 마는 것이다.

2. 신 중심의 휴머니즘

이상과 같은 관점과는 반대로 신 중심의 휴머니즘(theocentric humanism)은 진정한 인간상의 회복을 통하여 인간 공동체를 재생시킴으로써 기독교적 가치관에 입각한 새로운 기독교 국가를 설립하려 한다. 신 중심의 휴머니즘은 일시적이고 세속적인 것과 영원하고 신적인 것을 조화시키는 완전한 휴머니즘(integral humanism)이다. 인간성이 인간의 권리와 존엄성과 함께 회복되며, 인간의 존엄성의 원천인 신으로부터 이탈하는 것이 아니라 그와 더불어 인간성이 회복되는 것이다. 이러한 신 중심의 휴머니즘은 더 이상 신성한 것이 아니라 세속적인 형태의 새로운 기독교질서를 제안하면서 인간과 신의 통합을 시도한다. 이 새로운 휴머니즘은 전혀 부르즈와적 휴머니즘과 공통점을 갖고 있지 않으며, 인간의 존엄성과 인간의 개성적인 권한을 실제로 존중한다. 그리고 이 휴머니즘

21) *Ibid.*
22) *Ibid.*
23) *Ibid.*
24) *Ibid.*

은 인간성(humanity)이 영적 세계에만 존재하는 것이 아니라 구체적으로 현실에 실현되어야 한다는 복음주의적 관심의 사회적·현세적 구현을 목표로 하며, 인간 상호간에 진정한 형제애의 실현을 목표로 한다."[25]

신 중심의 휴머니즘은 세속적인 세계에 신적인 질서를 도입하여 지상의 생활을 성스럽게 만들며 신과 세계를 통합시킨다. 이 휴머니즘의 궁극적인 목표는 기독교적 인격주의에 기초한 민주주의에 있으며, 그것은 사람들에게 기독교양심을 일깨우고 지상의 나라가 신에 대한 실존적 애착을 갖게 하며, 자유, 정의와 시민적인 우정, 그리고 사회적 개혁을 지향하게 한다.

3. 자연법, 도덕법, 영원법

신 중심의 휴머니즘에 의하면 진정한 인간상(the image of man)은 진화과정의 산물인 인간의 육체와 신의 창조물인 불멸의 영혼을 결합시키는 데 있다. 인간의 존엄성은 신의 이미지에서 유래하는 것이요, 인간의 권리는 신이 부여한 자연법(natural laws)에서 유래한다. 인간본질의 한 부분인 자연법은 신이 창조한 영원법(eternal law)에서 발현되기 때문에 인간행위의 지침인 실천이성에 의해 파악되며 그것은 곧 도덕법(moral law)이 된다. 따라서 우리들의 도덕법은 자연법이며 자연법은 "영원한 신의 지혜요 신의 본질 그 자체인 영원법"[26]을 반영한다. "영원법은 명문화된 성문법이 아니라 신의 능력을 통하여 선포된 불문율이며 그것은 신과 신을 아는 사람들에 의해서만 인식되는 법이다."[27]

4. 기독교적 휴머니즘과 신 중심의 휴머니즘

인간의 본성과 도덕법은 신의 영원한 계획에 의하여 인간에게 부여

---

25) Jacques Maritain, *True Humanism* (New York: Scribner, 1938), pp. xvi~xvii.
26) Jacques Maritain, "Natural Law and Moral Law" in *Moral Principles of Action*, ed. Ruth Anshen (New York: Harper & Row, 1952), p. 65.
27) *Ibid.*, p. 68.

된 것이다. 따라서 신의 모습을 타고난 인간은 신적인 생활을 하도록 요청받는 것이며 신의 도움과 자신의 자유를 통하여 그의 동물적 본성과 물질적인 세계를 이성의 지배에 예속시킴으로써 신이 부여한 잠재적인 자질을 실현시킨다.

이성과 사랑은 인간생활에 활력소를 불어넣으며 또 그것을 승화시킨다. 신의 사랑은 우정이라는 자연적인 덕에 활기를 주면서 인간의 사랑에 참여하며, 불공평한 것을 공평하게 만든다. 죽음은 모든 것의 종말이 아니라는 것을 알기 때문에 인간은 남을 위하여 기꺼이 자신을 희생한다. 그리고 자기가 사랑하는 사람을 위하여 죽기도 한다. 기독교적 휴머니즘에서는 신을 인간의 궁극목표로 삼는다. 그리고 인간은 자기완성을 통하여 신에 도달하려 한다. 즉 지상의 불완전한 행복으로부터 완전한 사랑으로 이행하는 수직적인 운동(vertical movement)을 통하여 신과 합일하려 한다. 문명의 세속적인 목표를 달성하려는 수평적인 운동(horizontal movement)은 영원한 영혼의 수직운동에 의해서만 강화되는 것이다.

신중심의 휴머니즘은 역사에 의미를 부여하고 그 방향을 제시하며 정의와 우정의 이상이 완성되는 '우애 있는 나라'(brotherly city)의 건설을 궁극적인 목표로 삼는다. 이 최고의 이상은 "인간생활의 실존적 상태와 사회의 문화적 구조가 정의와 우정의 실현에 보다 가까이 접근할 수 있다는 희망과 함께 '우애 있는 나라'의 건설"[28]을 요청한다. "우리들의 타고난 진실과 일치하는 공동생활을 건설하면 자유가 실현되고 시민적인 덕(civic virtue) 이상의 고상한 덕으로 활성화된 문화의 중심부에 우정이 정착된다. 이 모든 것들이 역사적인 이상을 구성하는데 우리들도 그 이상을 위하여 일하고 투쟁하며, 죽도록 요청받게 된다.[29]

---

28) Maritain, *Range of Reason*, p. 198.
29) *Ibid*.

Ⅳ. 스콜라철학의 윤리사상에 대한 평가

스콜라철학에 대한 중요한 비판점은 그들의 철학이 자유로운 사색과 풍부한 경험을 통하여 얻어 낸 결론이 아니라, 엄격한 교회제도가 미리 정해진 결론을 사상가들에게 강요한 것에 불과하다는 데 있다. 그들의 철학에 대한 비판점은 이미 그 방법론에 내포되어 있으니, 교회의 도그마를 그대로 진리인 것으로 받아들인다는 점과 교회가 미리 정해 놓은 결론을 이성의 개념으로 정당화하려 한다는 점이다.

토마스 아퀴나스의 사상에 대한 보다 심각한 반론은 그의 철학이 전혀 독창적인 것이 아니라 여기저기서 빌어다가 절충한 것에 불과하다는 지적이다. 그러나 그의 철학은 분명히 독창적인 내용을 포함하고 있으며, 더우기 그의 독특한 이론적 종합은 그 자체로서 하나의 중대한 기여라 할 수 있다. 아퀴나스의 철학에 대한 반론은 아마도 금세기에 가장 영향력 있는 신토마스주의자인 자크 마리탱의 이론에 더 적합할지 모른다. 그러나 스스로 신토마스주의자로 알려지기보다 전통적 토마스주의자로 알려지기를 바랐던 마리탱도 기독교적 휴머니즘(Christian humanism)을 제창함으로써 독창적인 기여를 하고 있다. 그런데 그의 기독교적 휴머니즘은 진화론과 휴머니즘을 기독교와 결합시킨 것이요, 실존주의를 토마스의 사상에 결합시킨 것이며, 인격주의를 스콜라철학에 결합시킨 것이라 할 수 있다. 그러나 마리탱이 신토마스주의자의 입장을 탈피함으로써 보다 자유로운 이론을 추구하지 못했다는 사실은, 스스로가 신토마스주의를 추구하는 것은 자신의 권리요 사상적인 자유라고 주장한 것과 모순이 될 수밖에 없다.

보다 구체적으로 말하여, 토마스주의와 신토마스주의에 대한 비판은 아리스토텔레스주의에 대한 비판점과 똑같은 것이다. 민주주의적인 관점에서 본다면 어떤 사람들은 다른 사람들의 문제를 생각하고 또 그들의 운명을 좌우할 수 있는 특권이 있고, 다른 사람들은 맹목적으로 그들에게 복종할 의무만 있다고 생각하는 것은 모순이 아닐 수 없다. 만약 토마스주의가 옳다면 민주주의란 잘못된 관념임에 틀림없다.

아무런 이의도 제기함이 없이 노예처럼 권위에 추종하는 사람들에 대한 반론은 통상적인 질문을 초월하는 신적 체험(theophanic experiences)과 관계될 때 더욱 심각해진다. 예를 들면, 사도 바울은 모든 세속적인 권력이 신에 의해 주어진 것이므로 그 권력에 복종해야 한다고 주장했다. 이같은 추론은 개혁을 배제시키며 사악한 지도자들에게까지 복종하게 만든다. 토마스주의자들은 이 같은 입장을 받아들인다. 왜냐하면 시민법과 도덕법을 포함한 모든 법은 신법(divine law)에서 유래한 것이라고 보기 때문이다.

마더셰드(Mothershead)에 의해 제기된 다른 하나의 반론은 토마스주의 윤리학이 진보에 대한 모든 희망을 제거시킨다는 점이다. 왜냐하면 "만약 지금의 인간이 좋은 것으로 정의된다면 이른바 진보라고 불려지는 모든 것이 악이 될 수밖에 없기 때문이다."[30] 다른 말로 표현하면 우리들에게 주어진 유일한 선택의 자유는 현재보다 더 타락하거나 현재의 상태 그대로 머무는 것이 고작일 것이다. 따라서 이 같은 사상은 사회에 아무런 의미 있는 영향을 줄 수 없으니, 중세가 일부 사학자들에 의해 '암흑시대'(Dark Ages)로 규정되고 있듯이 사회제도면에서 거의 발전이 결여된 시대로 특징지워진다는 사실이 이 점을 확인해 주고 있는 것이다.

30) John L. Mothershead, Jr., *Ethics* (New York: Henry Holt & Co., 1955), p. 301.

제 6 장

윤리적 자연주의

――윤리학에 대한 과학적 설명

윤리적 주관주의가 도덕을 '마음의 상태'(a state of mind)로 환원시켜 설명하는 반면에, 윤리적 자연주의(ethical naturalism)는 도덕을 '인간육체의 물리적 상태'(a physical state of the human body)로 환원함으로써 도덕을 육체의 부수현상, 즉 육체적 기능의 부산물로 간주한다.

이 학파의 주도적인 인물로는 네 사람을 들 수 있는데 그 중 한 사람은 근대철학기에 활동했던 사람이고 나머지 세 사람은 현대철학자들이다. 그 네 사람은 영국 경험론자인 토마스 홉스(Thomas Hobbes, 1588~1679), 논리 실증주의자인 슐리크(Moritz Schlick, 1882~1936), 미국의 행태주의자인 페리(Ralph Barton Perry, 1876~1975), 그리고 미국의 실용주의자, 혹은 도구주의자인 존 듀이(John Dewey, 1856~1952) 등이다.

윤리적 자연주의를 지지하는 대부분의 현대철학자들은 자기들의 입장을 뒷받침하기 위하여 '행태주의'(behaviorism) 심리학을 끌어들인다.

이 행태주의 심리학은 물리적 육체와 그것의 행태만이 궁극적으로 실재하는 것이며 의식·가치·정신·비물질적 대상 등 다른 모든 것들은 그것이 경험적으로 관찰할 수 없는 한 단순히 육체적 활동의 부산물이라는 전제에 근거를 두고 있다.

윤리적 자연주의는 도덕을 경험적 학문, 즉 생물학 혹은 사회학에 대비될 수 있는 자연과학 혹은 사회과학의 한 부분으로 다루고자 한다. 윤리적 자연주의는 도덕적 가치를 평가하려고 하는 것이 아니라 오히려 자기가 단순히 자연적 현상, 즉 우리가 보통 도덕이라고 부르는 행태적 경험들을 기술하고 있을 뿐이라고 생각한다. 윤리적 자연주의자는 초자연적 현상들 혹은 비자연적 성질들 및 윤리적 직관주의의 결론들 특히 의무론적 직관주의 등을 쓸데없이 꾸며 낸 것에 불과하다고 거부해 버린다. 달리 말해서 형이상학적인 도덕적 가치란 존재하지 않으며 관찰 가능하고 계량 가능한 자연적 대상들만이 존재한다는 것이다.

자연주의가 가지는 주요한 선입견 중의 하나가 '과학주의'(scientism)라는 독단이다. 이 이론에 의하면 과학적 법칙들만이 도덕현상을 포함하는 모든 현상들을 충분히 설명해 준다고 한다. 이하에서 우리는 자연주의 철학에 근거를 두고 있는 윤리이론들이 자연적 욕망·관심·본능 혹은 다른 행태적 요소들에서 도덕성을 추출해 내고 있다는 것을 알게 될 것이다.

I. 토마스 홉스 : 자연적 힘이 권리를 낳는다

홉스의 윤리사상은 그의 가장 탁월한 저서인 『리바이어던』(*Leviathan*, 1961)에 표현되고 있는데 그는 '자기보존'(self-preservation)의 본능에서 유래하는 인간의 이기주의적 본성을 전제하고 있다. 홉스에 의하면 우리는 이러한 본성에 의하여 인간의 도덕적 삶을 설명할 수 있다고 한다.

1. 자연의 제 1 법칙인 자기보존

자연의 제 1 법칙은 인간으로 하여금 자기 자신의 생명을 보존하기 위하여 평화를 추구하는 '자기보존'이다. 인간본성의 가장 근본적인 본능으로서의 이 자기보존이 인간을 이기주의적으로 만들어 버린다. 왜냐하면 자기보존은 다른 사람의 생명이 아니라 '나 자신의 생명'을 구해 내기 위한 충동이기 때문이다. 나는 다른 사람들을 구해 내기 위한 어떠한 본능도 소유하고 있지 않다.

2. 이기주의적인 인간의 자연상태

따라서 홉스주의는 이기주의의 이론, 즉 나중에 홉스의 비판가들이 규정했듯이 "이기적 체계"(selfish system)이다. 인간은 모두 다 다른 사람들을 희생시키더라도, 심지어는 다른 사람 모두를 희생시키더라도 자기자신의 생명을 보존하려는 본능 때문에, 태어날 때부터 자기중심적이고 이기주의적이며 또 호전적이고 신뢰할 수 없는 존재라고 홉스는 생각했다.

이와 같은 원시적인 자연상태에서의 인간은 시민법 혹은 도덕법의 혜택도 받지 못하고서 존재한다. 즉 그러한 상태에서는 도덕법이란 있을 수 없다. 선·악·정·사는 법적인 규범 내지는 파멸을 모면하기 위하여 상호간의 동의 하에서 만들어 낸 관념이며 많은 사람들이 참여해서 맺은 사회계약에 불과하다. 도덕법이 없는 곳에서는 '자연권'(the right of nature)은 정글의 법칙, 즉 "이와 발톱"(tooth and claw)의 법을 의미한다. 이것이 바로 인간의 자연상태요, "힘이 권리를 만들어 내는" 조건이다. 실제로 옳고 그름이란 없으며 모든 것을 희생시키더라도 살아 남아야만 하는 자연상태만이 있을 뿐이다. 이와 같은 자연상태에서는 인간은 서로 전쟁상태에 있다. 이 다툼이 물리적인 폭력을 사용하는 전쟁이 아니라고 하더라도 적어도 그것은 다른 사람들과 불화관계인 태어날 때부터의 은밀한 투쟁이다. "모든 사람이 이와 같은 방식으로 생활하기 때문에 정당하지 않은(unjust) 것은 아무것도 없다는 것이 당연한 귀결이다. 거기에서는 옳음과 그름, 정의와 부정의 등과 같은 개념이 필요 없다. 공동적으로 소유하는 권력이 없는 곳에서는 법도 없고, 법이 없는 곳에서는 부정의도 없는 것이다."[1]

3. 적법성 혹은 사회계약으로서의 도덕적 원리들

사회집단 속에 있는 인간들에 의해 준수될 수 있는 도덕적 원리들이란 단순히 법적인 합의(agreement)일 뿐이다. 즉 공동의 이익을 위하여 인간들이 상호간에 맺게 되는 사회계약(social contract) 내지는 "평화를 추구하고 그것을 따르라"는 근본적인 자연법에 의해서 촉구된 합의일 뿐이다. 모든 집단의 구성원들이 참여해서 맺은 사회계약은 자연권의 양도, 즉 힘이 권리를 낳는다는 원리의 양도를 의미한다. 이렇게 하는 이유는 자기보존을 위해서이며, 또 개인으로서가 아니라 집단의 구성원으로서의 인간은 모두 다 동등하기 때문이다. 아무리 힘이 센 사람이라 할지라도 혼자서는 안전하게 살아갈 수 없다. 왜냐하면 그도 결국은 다른 어떤 사람에 의해서 제거될 수가 있기 때문이다. 그리고 그 다른 어떤 사람이란 힘이 센 개인이거나 은밀히 숨어서 해치려는 악한 사람 혹은 힘이 센 사람에게 대항하기 위하여 함께 결속되어 있는 약한 사람들의 집단일 수도 있다.

사회계약은 법의 보호를 받기 위하여 자연권을 포기하는 방법이다. 사회계약은 당신과 나로 하여금 똑같이 자연권을 포기하도록 한다. 예를 들어 당신이 나를 죽이지 않을 것이라는 약속 때문에 나도 당신을 죽이지 않을 것이며, 당신이 내 것을 훔치지 않는다면 나도 당신의 물건을 훔치지 않을 것이라는 약속인 것이다. 홉스는 이것을 다음과 같이 표현했다. "인간은 자기자신의 평화와 안전을 위해서 모든 것에 대한 자기

1) Thomas Hobbes, *Leviathan*(London, 1951), part 1, chap. 13, To facilitate reading, the archaic spelling and English of Hobbes has been updated in some instances.

의 권리를 포기하는 것이 필요하다고 생각하는 한 다른 사람들도 역시 그렇게 생각할 때 기꺼이 자기의 권리를 포기해야 한다. 그리고 인간은 다른 사람이 자기에게 허용해 주는 만큼의 자유를 다른 사람에게 행사하는 것으로 만족해야 한다."[2] 홉스는 이 규칙을 〈황금률〉(the Golden Rule)이라고 생각했는데 이것을 부정적으로 표현하면 다음과 같다. "다른 사람들이 당신에게 행하기를 바라지 않는 것을 그들에게 행하지 말라." 이러한 계약에 합의가 이루어지지 않는다면 인간은 본래의 자연상태, 즉 투쟁의 상태에 그대로 머물게 된다. 그러나 인간이 그와 같은 사회계약을 받아들인다면, 그 당연한 귀결로서 도덕적 규범(홉스의 경우에는 법률)이 생겨 나게 된다. 정의(jusrice) · 감사(gratitude) · 준법(compliance) · 용서(pardon) · 공평(equity) 등이 그러한 규범에 속한다.

그럼에도 불구하고 인간이 이기주의적 성향을 가지고 있다는 것을 충분히 확신하고 있었던 홉스는 인간이 이타주의적인 의지를 발휘해서 사회계약에 의해서 수립된 법률에 순응하리라고 기대하지는 않았다. 그래서 홉스는 강력한 통치자의 전제적 권력이나 혹은 국민들이 구성한 어떤 단체의 힘으로 법적인 형벌이나 처벌을 강제로 행사함으로써 인간들로 하여금 법을 따르도록 해야 한다고 생각했다.

4. 홉스에 대한 비판

솔리(Sorley)는 홉스가 공적인 "원초적 계약(original contract)"[3]에 기초한 사회로부터 도덕성을 연역했다고 주장했다. 오랜 후에 윤리적 자연주의자의 한 사람인 슐리크(Schlick)는 홉스적인 자연주의를 비난했다. 홉스에게서 발견했던 이기주의를 거절했던 그는 사회계약에 의해서 만들어진 법들이 일상적인 인간을 윤리적으로 만들기에는 충분치 못하다고 믿었다. 게다가 그는 홉스가 행한 추리의 전 연쇄가 "허구적인 인

2) *Ibid.*, pt. 1, chap. 14.

3) William Ritchie Sorely, *The Ethics of Naturalism*(1904)(Freeport, N.Y.: Books for Libraries, 1969), p. 139.

간본성"(fictional human nature)에 입각해 있으며, "인간을 그들의 환경에 자연스럽게 결합시켜 주는 가장 중요한 요소를 설명하지 않은 채로 남겨 두고 있다"[4]고 주장했다. 홉스적인 체계는 "악한 인간은 자연적인 인간이며 선한 인간은 궤도를 벗어난 인간, 변칙적인 인간 혹은 비정상적인 인간인가?"라는 물음을 제기하게 만든다.

홉스의 이기주의는 휠라이트(Wheelright)로부터 날카로운 공격을 받는다. 홉스의 주장을 반 정도는 인정하는 휠라이트는 홉스의 체계 속에서 다음과 같은 문제점을 간파했다. 1) 모든 동기들은 근본적으로 이기주의적이다. 2) 똑같은 것을 욕망하고 있는 두 사람은 자동적으로 서로에게 치명적인 적이 된다. 3) 모든 사람은 다른 모든 사람에 대한 적이다.[5] 만약 그러하다면 사회계약은 불가능할 것이며 도덕은 그러한 계약 문서에 의해 창조될 수도 없을 것이고 악한 사람은 그 계약을 구속력이 있는 것으로 생각하지도 않을 것이다. 악한 사람은 오히려 그 계약을 전략의 일부로 간주할 것이며, 그 계약으로 속여 넘기는 사악한 수단을 강구하려 할 것이다. 의무로서 부과한 사항을 마음 속에서 인정하지 않는다면, 의무란 무의미해진다. 왜냐하면 외적 조건들이 그러한 것들을 낳을 수도 있기 때문이다.

Ⅱ. 모리츠 슐리크 : 행복을 얻기 위한 능력으로서의 윤리

모리츠 슐리크는 '친절'(kindness)이라는 활동을 통해서 표현되는 이타주의적 욕망들이 결국은 행복을 낳는다는 입장에서 윤리적 자연주의를 발전시켰다.

---

4) Moritz Schlick, *Problems of Ethics*(New York: Prentice-Hall, 1939), p. 164.
5) Philip Wheelright, *A Critical Introduction to Ethics*, 3d ed.(New York: Odyssey, 1959), pp. 201~203.

1. 윤리학의 학문적 지위

슐리크에 있어서는 도덕적 원리나 의무의 공허한 의미 같은 것은 논의되지 않는다. 왜냐하면 가치란 행복을 얻기 위한 개인적 욕망과 능력에 따라서 상대적이기 때문이다. 그리고 비자연적 개념인 '당위'(ought)는 윤리적 자연주의의 경험적 내지는 사실적 개념인 '존재'(is)에 의해서 설명될 수 있고 또 설명된다.

따라서 윤리학은 사실에 관계하는 학문이다. 이처럼 윤리학에 모종의 학문적 지위를 부여하는 것이 논리실증주의자에게는 생소한 것처럼 보일 수도 있다. 그러나 다른 논리실증주의자들, 가령 정의주의(情意主義, emotivism) 혹은 가치 허무주의를 주장했던 에이어(A. J. Ayer)와는 달리 슐리크는 가치판단들이 참된 명제, 즉 심리학에 속하는 과학적 명제의 지위를 가진다고 주장했다.

2. 사실로서의 가치평가

가치평가는 규범적인 것이 아니라 사실적이다. 왜냐하면 윤리학은 규범적인 것 혹은 당위를 다루는 것이 아니라 현실적인 것을 다루기 때문이다. "오로지 규범이론이 끝나는 곳에서만 윤리적 설명이 시작된다."[6] 그리고 그는 "'가치' '선' 등과 같은 개념은 단순히 추상해 낸 것에 불과하지만, 가치평가, 시인 등은 현실적으로 마음 속에서 일어나는 것들이며, 이러한 종류의 하나하나의 행위들은 아주 잘 설명될 수 있다"[7]고 덧붙이고 있다. 행위나 성격의 제 양태에 대한 도덕적인 가치평가는 인간사회가 보통 수준의 경험에 따라서 그러한 제 양태에서 유래하는 결과(유쾌한 것, 불쾌한 것 등)에 대하여 보여 주는 정의적 반응(the emotional reactions) 이외의 아무것도 아니다."[8]

윤리학은 행위의 원인을 탐구하고 "도덕적 행위의 인과적 설명"을

6) Schlick, *Problems of Ethics*, p. 23.
7) *Ibid.*, p. 24.
8) *Ibid.*, p. 78.

위하여 행위의 질서와 규칙성을 규정하기 때문에, 도덕법칙에 관심을 가지고 있는 것이 아니라 '동기'(motives)에 관심을 가진다. 이런 점에서 윤리학은 규범적 혹은 절대적 법칙을 다루지 않고 서술적 명제(descriptive propositions)들을 다루는 심리학의 한 분과이다. 가치는 오로지 개인에 대해서만 있는 것이기 때문에 상대적이다. "어떠한 대상의 가치는 그러한 대상 혹은 그 대상에 대한 관념이 감정을 가지는 어떤 주체 속에서 쾌락 혹은 고통의 감정을 낳는다는 사실에 있다.[9] 쾌락과 고통을 결여하고 있는 세계는 가치가 없는 세계일 것이다. 가치는 주체에 관계하고 있지만, 주체는 자기 마음대로 대상에 가치를 부여하는 것이 아니다.

슐리크는 의지의 자유를 사이비 문제(a pseudo-problem), 즉 문제가 되지 않는 것을 문제로 삼는 것이라고 생각한다. 왜냐하면 의욕(willing)한다는 것은 단순히 동기유발에 관한 문제이기 때문이다. 의지에 대하여 작용하는 여러 가지 동기가 있다. 따라서 우리들은 우세한 동기를 의지의 행위라고 부른다. 왜냐하면 우세한 동기가 그 사람의 선호도를 결정하기 때문이다. 한 인격의 가치선택은 동기의 "쾌락가치"에 근거하고 있다. 따라서 가장 쾌락적인 자극이 가장 강한 동기유발이라는 심리적 쾌락주의가 동기유발의 법칙이 된다.

3. 이타적 욕망으로서의 도덕적 가치

홉스와는 달리 슐리크는 쇼펜하우어(Schopenhauer)에 의해서 강조된 동정심의 철학, 즉 '이타주의'(altruism)의 강력한 지지자이다. 그리고 그는 이기주의 철학과 "홉스의 허구"(Hobbes's fiction)에 대하여 맹렬히 비난했다. 이기주의는 자기보존이라는 탈을 쓰고 있기는 하지만 비도덕적이요, 쾌락을 의욕하는 것이 아니라 타인의 일을 생각할 줄 모르는 것이다. 참된 쾌락 혹은 행복은 언제나 도덕적 관심사가 되는 것이요, 또 도덕은 쾌락을 낳는다. 행복과 쾌락에로 이끄는 것은 이기주의적 욕망

9) *Ibid.*, p. 24.

이 아니라 사회적·이타주의적 욕망이다. "최대의 쾌락을 얻을 수 있는 성향들은 그 대부분이 덕스러운 행위를 낳는 성향들과 일치한다. 이것은 곧 덕과 행복이 동일한 원인을 가지고 있다는 것, 즉 덕과 행복은 보조를 맞추고 있다는 것을 의미한다."[10] 이타주의적 성향인 '친절'은 언제나 행복에로 이끈다. 왜냐하면 행복이 밖으로 표현된 것과 이타주의가 밖으로 표현된 것은 똑같은 것이기 때문이다. "인간은 즐거울 때 웃는다. 그리고 또 동정심을 느낀다. 친절을 베풀 때나 행복을 느낄 때의 얼굴표정은 똑같다. 친절한 사람은 또한 행복한 사람이다. 그리고 그것을 역으로 말해도 참이다."[11] 이타주의적 성향과 도덕적 행위는 같은 결과를 낳는다. 전자는 후자에로 이끌고 그 다음에는 행복에로 이끈다.

4. 도덕의 정의

지금까지의 논의에서 우리는 도덕의 원리를 "항상 행복을 위한 준비를 갖추고 있으라" (Be ready for happiness)[12]라는 말로 공식화할 수 있게 된다. 그러므로 이 도덕원리는 도덕을 "개인이 행복을 얻을 수 있는 능력을 신장시키는 행태"[13]로 정의할 수 있다. 도덕을 이와 같이 정의하는 것은 다음과 같은 근거 위에서 비롯된다. 즉 도덕이 사실상 인간이 가장 높이 평가하는 바의 것을 실현시킬 수 있다는 것이다. 그렇게 되면 행복을 얻기 위한 능력이 윤리의 본질이 된다.

이와 같은 생각은 행복할 만한 가치가 있는 인간이 선한 인간이라는 칸트(Kant)의 개념과 비교될 만하다. 그러나 이와 같은 칸트적인 해석은, 행복할 능력이 있는 사람은 사실 행복할 만한 가치가 있다는 뜻이다. 왜냐하면 그런 사람은 가치 있는 것들의 올바른 사용을 통하여 강렬한 감정, 즉 기쁨의 감정을 이끌어 냄으로써 "가치 있는 것들이 지

10) *Ibid.*, p. 192.
11) *Ibid.*, p. 194.
12) *Ibid.*, p. 197.
13) *Ibid.*

니는 가치에 딱들어 맞을" 수 있는 사람이기 때문이다.

5. 이타주의의 가치

행복하게 될 수 있는 가치는 적절한 심리적 성향, 즉 이타주의라는 도덕적 성향을 필요로 한다. 이타주의의 본질적인 특징은 타인의 요구를 우호적으로 이해하고 그러한 요구를 성취시킬 수 있도록 적당한 편의를 제공하는 데서 표현되는 타인에 대한 이해성이다. 그러한 이해성은 이기주의적 충동들을 억누를 수 있다. 그리고 이것은 개인만의 일이 아니라 시간을 통하여 진행되고 있는 역사 속에서의 사회도 해야 할 일이다. 이타주의적이지 않은 충동들을 억누름으로써 높고 고상한 충동들이 개발된다. 그렇게 함으로써 칸트가 의도했던 것처럼 기꺼이 선을 행할 수 있게 된다. 그러나 오랜 시간을 요하고 또 힘이 드는, 그리고 니체가 말했듯이 "너무나 인간적이기 때문에" 지금까지 어떤 사람에 의해서도 완전히 달성되지 않은 이 일은 문명의 끊임없는 도덕적 활동인 채로 남게 된다.

6. 친절과 인격의 정의

슐리크는 친절(kindness)을 "이타주의적 충동들의 총체"로 정의하고 인격(personality)을 "모든 충동들의 확고한 상호관계"[14]로 정의했다. 인격과 친절을 이와 같이 이해한다면, 그것들은 "가치 있는 존재의 기본조건"[15]이라는 것이 분명하게 된다. 도덕적 인간은 도덕성을 향유한다. 왜냐하면 그가 선하게 되는 것은 자연스럽기 때문이다. "인간은 그가 그러한 행위를 '향유하기' 때문에 고상하다. 도덕적 가치들은 최상의 기쁨을 나타내기 때문에 그렇듯 높은 위치를 차지하게 된다. 가치들은 인간 위에 군림하는 것이 아니라 인간 안에 있다. 그가 선하게 되는 것

14) *Ibid.*, p. 205.
15) *Ibid.*

은 '자연스럽다.'"[16] 친절의 윤리는 의무의 윤리보다 더 우월하다. 선한 인간은 가장 가치 있는 삶을 살고 싶어하며 가능한 한 그렇게 산다. 선한 인간은 도덕성을 쉽게 수행한다. 그렇게 행동하는 것이 그의 본성에 어울리기 때문이다. 인간의 자기완성은 즐거운 수행인 것이다.

7. 슐리크의 윤리설에 대한 평가

슐리크가 전개한 이론은 친절을 지나치게 강조하고 있기 때문에 우리들에게 피상적이라는 인상을 준다. 친절이 도덕적 성질이라는 것은 확실하다. 그럼에도 불구하고 그것은 많은 도덕적 술어들을 만족스럽게 설명할 수는 없다. 많은 어머니들이 친절이 지나쳐서 그들의 자녀들에게 불행한 결과를 초래하는 행위를 저질러 왔다. 예를 들면 자기 딸에게 적당한 신랑감을 찾아 주고자 하는 어머니가 딸을 당황하게 하거나 낭신시키는 경우도 있다. 친절이 유익하고 바람직한 동기유발이긴 하지만 그것은 합리적인 방향을 요구하는 것이다.

의지의 자유를 부정하면서도 사람들은 자기의 행위에 대하여 책임을 져야 한다고 주장하고 있다는 점에서 슐리크는 논리적으로 난처한 입장에 처하게 된다. 인간의 동기유발은 인과적인 심리적 법칙에 기인한다. 따라서 그에게는 자유가 없다. 만약 인간이 자유를 결여하고 있다면 인간은 왜 도덕적 개혁활동에 참여해야만 하는가? 그것은 불가능할 것이다. 그러나 슐리크에 따르면, 한 인격이 일단 자기행위를 알아차리고 있다면, 바로 그 사실 때문에 그는 자신의 행위에 대하여 책임을 질 수 있다고 한다. 왜냐하면 그는 자기의 욕망을 의식적으로 알 수 있기 때문이다. 만약 이것이 사실이라면, 도덕적으로 가장 탁월한 사람은 욕망과 인간행위의 본성을 알고 있는 전문가(예를 들면 심리학자나 정신의학자 등)일 것이다. 왜냐하면 그런 사람들은 동기유발이나 인간의 행위에 관한 전문적인 지식을 갖고 있기 때문에 최상의 윤리적 목표

16) *Ibid.*

를 추구하고 가장 훌륭한 가치를 성취할 수 있는 이점을 지니고 있기 때문이다.

실제적인 검토를 해 보더라도 의지의 자유를 부정했던 슐리크의 생각은 실패하고 만다. 왜냐하면 우리들의 일상적인 생활에서 우리들 각자는 자기행위에 대하여 책임을 질 수 있다고 말해지기 때문이다. 그렇게 말해지는 이유는 한 인격의 행위선택이 의도적일 수 있다는, 즉 그 선택이 자유롭거나 혹은 무엇을 추구하고 회피하는 것이 자기능력에 달려 있다고 우리가 믿고 있기 때문이다.

슐리크의 지나치게 낙천적인 기질이 그의 철학에 반영되어 있다. 그는 개인적 행복에로 유도하는 도덕적 행위들이 또한 집단의 행복 혹은 사회적 선에도 기여한다고 가정했다. 그러나 프로이트(Freud)와 같은 저명한 정신의학자들에 의하면, 이러한 가정은 임상실험결과와는 반대된다는 것이다. 프로이트는 사회적 요구와 직접적으로 충돌하는 개인의 요구와 쾌락을 성취시키지 못하는 데서 노이로제의 원인을 찾아 내었다. 그러한 노이로제의 결과로 어떤 사람의 초자아(superego)와 본능적 충동(id)이 조화를 이루지 못하고 있는 것이다.

Ⅲ. 랄프 바튼 페리 : 가치관심설

윤리적 자연주의의 노선은 페리의 철학에서 계속된다. 그리고 우리는 그 이론의 변화과정도 쉽게 추적해 볼 수 있다. 홉스는 인간의 기본적인 본성을 이기주의적이고 도덕과 무관한(amoral) 것으로 가정하는 데서 출발했다. 반면에 홉스적인 이기주의에 반대했던 슐리크는 홉스의 가정 대신에 인간은 근본적으로 도덕적이며 그 본성에 있어서 이타주의적이라는 가설을 내세웠다. 그 두 사람 모두에게 인간의 욕망이 문제되지만, 그 욕망이 홉스에게 있어서는 자기 중심적이고 슐리크에 있어서는 이타주의적이다. 그들과 똑같은 문제를 다룸에 있어서 페리는 욕망을 '관심'(interest)이라는 말로 바꾸어 표현했다.

1. 관심의 대상으로서의 가치

가치는 관심에 의존하고 있다. 어떤 인간이 가지는 관심의 대상이 무엇이든 간에 그것은 가치의 대상이 된다. 대상에다가 가치를 부여하는 것은 관심이다. "관심의 대상에는 저절로 가치가 부여된다. 어떤 대상이든 간에 그것에 어떤 관심이 주어졌을 때 가치를 얻게 된다."[17] 관심이 깊으면 깊을수록 대상은 그만큼 더 가치 있게 되고, 그 대상에 대한 관심을 표명하는 사람의 수가 많을수록 그 대상의 가치는 그만큼 더 커진다. 대상들에 대한 관심이 보여짐과 동시에 대상들의 가치는 증가하고, 관심이 감소될 때 가치는 상실된다.

페리는 '선'(good)을 "어떤 대상이 그것을 평가하는 주체에 대해서 가지는 관계"[18]로 정의한다. 그렇지만 페리는 가치에 대한 자기의 정의 속에 순환적인(circularity) 요소가 들어 있음을 알고 있다. 왜냐하면 어떤 대상이 선하다고 진술하는 것은 그 대상이 관심의 대상이라는 것을 주장하는 셈이기 때문이다. 그러나 몸에 해로운 마약에 관심을 가지고 있는 마약중독자의 경우에는 어떤 일이 일어나겠는가? 어떤 것이 선하기 위해서는 그것이 선한 관심을 요구하는가? 그렇다면 선은 선에 의해서 정의되는 셈이며, 그 결과 순환성을 낳게 되는 것이다. 이러한 반론은 긍정적 가치일 수도 있고 부정적 가치일 수도 있으며 이로운 것일 수도 해로운 것일 수도 있는 대상 그 자체가 선인 것이 아니라 관심 그 자체가 선이라고 말함으로써 해소되어진다.

2. 가치의 계산법 : 옳음의 기준

관심들이 상호간에 대해서 평가되어야 하는 경우나 상충되는 경우

17) Ralph Barton Perry, *General Theory of Value*(Cambridge, Mass.: Harvard University Press, 1926), p. 115.
18) Perry, *General Theory of Value*, p. 122.

를 위해서 페리는 '가치의 계산법'(calculus of value)을 고안했다. 이 계산법은 정확성(correctness)·강렬도(intensity)·선호도(preference)·포괄성(inclusiveness) 등과 같은 네 개의 기준으로 구성되어 있다. 엄밀히 말해서 정확성만이 참된 기준이고 나머지 세 개는 가치의 단위로서 관심을 제한하고 그 유적(generic) 성격 혹은 순수성을 확인시켜 주는 이중적 능력으로 쓰인다. 예를 들면 1) "술에 대한 관심이 물에 대한 관심보다 더 강렬하고, 2) 물보다 술을 더 좋아하고, 3) 물에 대한 관심보다 술에 대한 관심이 더 포괄적이라면 술이라는 대상은 물이라는 대상보다 더 좋다."[19] '정확성'은 가치를 순수한 것으로 확인시켜 준다. '강렬도'는 벤담의 쾌락주의적 계산법에 들어 있는 것으로 생각될 수도 있다. 그 반면에 '선호도'는 밀의 질적 쾌락 혹은 가치를 결정하는 기준이다. 그리고 '포괄성'은 밀과 벤담의 공리주의 원리인 "최대다수의 최대선"으로 이해될 수 있다. 어떤 대상에 대하여 많은 사람들이 관심을 가질 때 그 대상의 가치는 증대된다. 그래서 단 한 사람만이 관심을 가지고 있는 대상은 한 공동체가 관심을 가지고 있는 대상만큼 가치 있는 것으로 평가되지 않으며, 한 공동체가 관심을 가지고 있는 대상은 인류 전체가 관심을 가지고 있는 대상의 가치만큼 크지 않다. 따라서 '보편적 관심'(universal interest)이 최대의 가치를 지니게 될 것이며 갈등을 조화로 대치시켜 줄 우리들의 '최고선'(summum bonum)이 될 것이다.

3. 가치의 영역들

모든 관심을 포괄하는 것(all-inclusiveness of interest)으로서의 최고선이라는 개념과 더불어 우리는 가치의 영역들에 관한 문제와 마주치게 된다. 앞에서 언급했듯이 어떤 대상에 대한 관심이 많으면 많을수록 그것의 가치는 그만큼 더 커지고, 그 대상에 관심을 표명하는 사람이 많으면 많을수록 마찬가지로 그것의 가치는 그만큼 더 커진다. 예를 들면

19) *Ibid.*, p. 616.

우표수집에 대한 관심은 음악에 대한 관심만큼 크지 않다. 왜냐하면 보다 많은 사람들이 음악에 대한 관심(이것은 또 더 큰 강렬도를 가지는 관심이다)을 가지고 있기 때문이다. 그럼에도 불구하고 음악과 우표수집은 둘 다 가치의 영역들이다. 왜냐하면 사람들은 그들 둘 다에 관심을 가지기 때문이다.

다른 예를 들어 보면 다음과 같다. 교육·종교·건강·은행업들은 우리들 대다수가 관심을 가지는 것이기 때문에 가치(공유된 가치)의 영역이 된다. 이 공유된 가치들은 보다 큰 가치를 가진다. 왜냐하면 그들은 포괄적이며 다른 관심들을 조화시키고 통일시키기 때문이다. 그들은 가치의 계산법이 요구하는 것을 가장 잘 충족시킨다.

3. 최고선 : 보편적 관심

최고선을 획득하는 것은 가장 포괄적이고 조화로운 관심을 발견하는 것이다. 가장 조화롭고 가장 자비로운 이 대상을 페리는 '보편적 사랑'(universal love), 즉 모든 인간에 대하여 친절을 베푸는 태도나 성향 혹은 인간에 대한 선의지(a good will)라고 생각했다.

페리에게 칸트의 정언명법을 말하라고 한다면 아마 그는 "의지의 보편적 적용을 통하여 조화를 낳을 수 있는 그런 의지를 개발시켜라"[20]고 수정했을 것이다. 인간의 최고의 관심이자 가장 자비로운 의지인 사랑은 인간의 조화와 이익을 위해서 어떤 다른 관심보다 이로울 것이다. 따라서 가장 자비로운 이 의지는 인간의 최고의 관심 혹은 최대의 선이며, 이것을 통하여 보편적 행복이 드러날 것이다.

4. 페리의 윤리적 자연주의에 대한 비판

페리의 자연주의에 대한 가장 신랄한 비판가 중의 한 사람인 블랜샤드(Brand Blanshard)는 페리가 선을 관심과 동일시했기 때문에 실패했

20) *Ibid.*, p. 682.

다고 생각했다. 왜냐하면 관심이 반드시 선을 대상에다 전달하는 것은 아니기 때문이다. 많은 경우에 있어서 관심은 단순히 "우리가 얼마나 맹목적인가를 보여 준다." 관심에 귀속될 수 있는 최대의 것은 그것이 단지 선의 조건들 중의 하나일 뿐이라는 것이다. 윌리암 제임스(William James)가 비평했듯이 바티칸 궁전의 벽화는 길 잃은 개들에게(즉 예술작품을 감상할 줄 모르는 사람에게) 아무런 관심도 주지 못하지만 여전히 가치가 있는 것이다. 관심이라는 감정이 중요하다고 하더라도 관심을 선 그 자체와 동일시하는 것은 충분한 의미를 지니지 못한다.

어떤 사람이 나쁜 것에 대한 관심을 개발시키는 것도 가능한 것이다. 그리고 관심 그 자체는 선할 수도 있지만 대상은 악하거나 염두에 둘 가치가 없는 채로 남을 수도 있는 것이다. 다른 한편으로 어떤 사람의 관심을 끌 만한 가치가 있는 선한 대상이 전혀 그 사람의 관심을 지배하지 않을 수도 있다. 예를 들면 어느 정도 성숙할 때까지는 예술작품이나 시 등을 감상할 수 없는 어린아이들의 경우가 될 것이다. 달리 말해서 어떤 사람은 선이 제시되어 있다는 사실을 알고 있더라도 전혀 그것에 관심이 가지 않을 수도 있다.

페리의 정의가 무어(G.E. Moore)의 "자연주의적 오류"(naturalistic fallacy)를 범하고 있다는 사실을 지적하는 것은 사실상 소용 없는 것처럼 보인다. 그러나 페리의 체계에 있어서는 나쁜 혹은 악한 관심이 있을 수 없기 때문에, 모든 관심은 선하다는 결론이 나온다는 사실을 주목해야 한다. 왜냐하면 관심을 가지게 되는 능력(인간적 경험으로서의 능력)은 선할 수도 있지만, 모든 관심, 혹은 어떤 사람이 자기의 관심을 부여하는 모든 대상이 선하다는 사실은 증명될 수 없기 때문이다.

Ⅳ. 존 듀이 : 도구주의 윤리설

우리가 지금 논의하고 있는 윤리적 자연주의의 네 번째 체계는 윤리학에 있어서 가장 미국적인 사상가인 존 듀이에 의해서 제공된다. 그는 '실용주의'라는 학파의 확립자였다. 듀이 자신은 자기의 철학적 입장을 '도구주의'(instrumentalism)로 불리어지는 것을 더 좋아했다. 도구주의는 관념들(ideas)을 실제적인 행위를 위한 도구 혹은 인간의 욕망과 욕구를 만족시키기 위하여 환경을 지배하는 수단으로 간주한다.

1. 가치에 대한 도구주의적 이론

가치를 관심의 대상으로 본 페리의 정의에 만족하지 못한 듀이는 (왜냐하면 페리의 정의는 듀이 자신이 생각했듯이 도둑질에 대한 관심도 정당화시켜 주기 때문이다) 가치를 좋아함(liking), 높이 평가함(prizing, appraising), 즐김(enjoying) 등등에 연관되는 것으로 정의함으로써 자기자신의 가치 이론을 제시했다. 그렇지만 가치가 "좋아하는 '모든 것'에 연관되는 것은 아니고 좋아했던 대상이 의존하고 있는 관계를 조사하고 난 후에 좋아하는 것 중에서 판단이 시인했던 것들만에 관련되는 것이다."[21] 아무 생각 없이 어떤 것을 좋아하는 것과 우리들의 반성적 판단이 시인했던 것을 좋아하는 것과의 차이는 전자가 우연적이라는 점, 즉 우리는 그것의 본성, 혹은 그것의 원인-결과 관계에 대해서 모르고 있다는 점이다. 전자는 단순한 욕망(desire)이고, 후자는 욕구할 수 있는, 혹은 바람직한(desirable) 것이다. 가치를 가지는 즐거움은 우리들이 그 즐거움에 대한 제 조건과 제 결과를 알고 있기 때문에 가치를 가지며, "따라서 우리들의 태도와 행위에 대해서 어떤 요구를 하고 있다."[22]

단순히 어떤 사람이 주어진 대상을 실제로 욕구한다고 진술하는 것은 그 대상의 '바람직함'(desirability)에 대한 물음을 미해결의 상태로 남기는 것이다. 어떤 사람이 무엇을 갖고 싶어한다는 단순한 주장이 그 무엇을 가질 만한 가치가 있는 것으로 만드는 것은 아니다. "만족(satisfac-

---

21) John Dewey, *The Quest for Certainty*(New York: G. P. Putnam, 1929), p. 264.
22) *Ibid.*

tion)이 있는 곳 이외에는 가치가 있는 곳이 없다. 그러나 만족을 가치로 바꾸기 위해서는 일정한 조건들이 있어야만 한다."[23] 가치평가 속에는 판단·예견·평가 등이 있다. "어떤 것이 만족스럽다"(satisfactory)고 선언하는 것은 어떤 태도를 불러일으키는 것이며, 그러한 상태를 확보하고 지속시키려는 노력을 이끌어 낸다. 어떤 것이 만족을 주리라는, 즉 그것이 찬양받고 애호되며 즐거움을 주게 될 어떤 것이라는 판단은 논리적 판단이다. "욕구'되어야' 하고 향유'되어야' 할 것이 무엇인가에 대한 가치판단은…… 앞으로의 행위에 대한 요구이다. 그러한 판단은 단순히 사실상의(de facto) 성질만을 소유하는 것이 아니라 권리상의(de jure) 성질도 소유한다."[24] 권리상의 성질이란 그 행위를 시인하고 그 행위에 권위를 부여하고 그 행위의 타당성을 주장하는 평가작용이다. 그러므로 "가치에 관한 판단들은 경험된 대상들의 제 조건과 제 결과에 관한 판단, 즉 우리들의 욕망·감정·즐김 등의 형성을 지배해야 하는 것에 관한 판단이다."[25]

듀이는 본질적 가치(intrinsic)로부터 도구적 가치를 분리시키는 것을 거부했다. 왜냐하면 그는 수단-목적(means-ends) 혹은 수단-결과를 연속적이며 상호작용적인 것으로 다루었기 때문이다. 이 때 그는 '평가함'(appraising)이라는 용어를 수단에 적용시키고 '소중히 함'(prizing)이라는 용어를 목적에 적용시킨다. 그러나 고려되고 있는 목적은 그것이 어떤 것이든간에, 수단과 목적이 결합되어 있는 것과 마찬가지로 평가하는 것과 소중히 여기는 것도 결합되어 있다. 욕망이 있는 곳에 고려되는 목적이 발견된다. "어떤 무엇(행위이든 질료이든 간에)을 수단으로 평가하고 있는 명제는 필연적으로 목적가치를 결정하는 욕망과 관심에 가담하게 된다."[26]

23) *Ibid*., p. 268.
24) *Ibid*., p. 263.
25) *Ibid*., p. 265.
26) John Dewey, *Theory of Valuation*(Chicago: University of Chicago Press, 1939), p. 35.

2. 성장으로서의 도덕

정적이고 정체적인 것을 싫어했던 듀이는 성장(growth)과 개선과 진보를 강조하는 윤리이론을 내놓았다. 이와 같은 도덕 개념을 강조하는 듀이는 그의 저서 『철학의 재건』(*Reconstruction in Philosophy*)에서 다음과 같이 주장했다. "이전에는 아무리 선했던 사람일지라도 타락하기 시작하고 있는 사람, 즉 덜 선하게 되고 있는 사람(grow less good)은 나쁜 사람이다……성장 그 자체가 유일한 도덕적 '목적'이다."[27]

도덕적 성장은 최고선(summum bonum)을 함의할 수도 있다. 그러나 듀이는 확고부동하게 어떠한 최고선도 부정했다. 왜냐하면 인간의 본성은 끊임없이 변화하고 있기 때문이다. 그리고 인간본성의 운동방향이 전진적이고 위로의 성장을 지향하고 있을 때, 그 인간은 도덕적이라고 말해진다. 최고선은 절대적인 것을 암시한다. 듀이는 그와 같이 고정된 궁극적인 것들을 아주 싫어했다. 왜냐하면 그러한 것들은 행위를 고정된 틀 속에다가 집어넣어서 정체화시킴으로써 도덕적 진보(moral advancement)를 종식시키게 될 것이기 때문이다. 따라서 절대적인 것이란 없다. 가치는 그것이 상충하는 조건들을 해소하는 분석적인 과정을 마무리할 때에 한하여 궁극적일 뿐이다. 절대적으로 옳은 것은 존재하지 않지만 옳은 선택은 존재한다. 이 옳은 선택은 당면한 갈등적 상황을 해결해 주고 조화를 피하도록 해 준다. 하나의 갈등적 상황이 해결되었을 때 그와 비슷하게 처리되어야 할 다른 상황들이 생겨 나기 때문에 절대적 선, 절대적 옳음 등과 같은 궁극적인 것은 존재하지 않는 것이다. 고정된 표준으로서의 절대적으로 좋은 건강이란 존재하지 않는다. 그러나 건강의 개선은 존재한다. 따라서 건강은 목적이고 좋음은 하나의 연속적인 과정이다. 이것은 다른 모든 가치, 혹은 인간의 도덕적 목표에 대해서도 마찬가지이다. '도덕적 가치'는 도덕적 성장이 함

27) John Dewey, *Reconstruction in Philosophy*(New York: New American Library, 1950), p. 141.

의하고 있듯이 "경험의 질적인 변화의 방향"[28]이다.

고정된 도덕적 표준들은 실용적으로(pragmatically) 실행불가능하다. 왜냐하면 각각의 도덕적 상황은 각각 그것 자신의 독특성, 즉 "다른 것으로 대치될 수 없는 선"(irreplaceable good)을 가지고 있기 때문이다. 도덕적 책임은 절대적인 도덕법칙에 호소함으로써가 아니라 지성적인 선택(intelligent choice)에 의해서 결정되어야 한다. 왜냐하면 각각의 사례는 특별히 그것에 적용되는 방법을 요구하는 특수한 사례이기 때문이다. 도덕법칙은 일반적이고 추상적인 반면에 행위는 특수적이고 구체적이다.

인간의 문제(problems)를 해결하거나 완화시키는 데 기여하는 학문은 어떤 학문이든 간에 도덕적 학문(moral science)이다. 더군다나 자연과학은 인간에게 적용되어야 하고, 도덕적 문제들을 해결하는 데에 기여해야만 하며, 인간의 운명을 개선시켜야 하고, 인간의 재난을 제거시켜야 하며, 사회적인 진행과정의 질적 향상에 기여함으로써 사회화되어야 한다. 악은 형이상학적인 문제가 아니라 '도구적 문제' 즉 인간의 재난을 완화시키는 실천적인 문제이다. 듀이에게서 우리는 염세주의도 낙천주의도 찾아볼 수 없다. 다만 인간은 행위의 지성적인 과정에 의해서 개선·진보·전진할 것이며 또 자기의 문제들을 풀어 나갈 수 있을 것이라는 낙관적인 신념, 즉 사회개량주의(meliorism)만이 보여진다. 모든 것들은 전진적이므로 행복은 고정된 성취물이 아니라 계속적이고 전진적인 삶 속에서 발견된다.

3. 사회적인 것으로서의 도덕

도덕은 과학적이고 개인적인 문제라기보다는 사회적인 관심사이다. "도덕은 사회적이다"[29]라는 말은 도덕이 사회적으로 제약된다는 뜻이

28) *Ibid.*
29) John Dewey, *Human Nature and Conduct*(New York: Henry Holt, 1922), p. 316.

다. 다시 말해서 가치판단과 도덕적 책임은 사회적 환경으로부터 생겨난다는 것이다. 개인의 행위들은 사회적 결과를 낳는다. 사회적인 것으서의 가치평가는 사회를 재건하는 데 사용되는 공동가치를 공유하고 있는 공동체에 근거를 두고 있다.

4. 듀이의 윤리설에 대한 비판

모든 윤리적 자연주의자들에게 대해서 제기될 수 있는 문제는 그들이 도덕적 가치를 나타내는 용어들을 감각적 관찰에 의하여 경험적으로 검증해 볼 수 있는 '사실적 용어들'(factual terms)로 환원시켰다는 점이다. 그러나 그렇게 하려는 하나하나의 시도는 분명히 삶이 진행되는 가운데 도덕적 가치를 나타내는 용어들이 지니는 탁월하고 역동적이고 삶을 인도하는 기능"[30]을 간과하고 있다.

듀이의 윤리설에 각별히 관심을 가지고 있었던 마더셰드(Mothershead)는 두 가지 점에서 듀이의 이론에 반대했는데 그 중의 하나는 듀이의 기준의 핵심을 강타하고 있다. 첫째로 듀이는 바람직한 것(the desirable), 즉 반성적 사고의 대상을 사회적 조화와 양립할 수 있는 것으로서 간주했기 때문에 "어떤 욕구가 다른 사람들의 욕구와 조화를 이루지 못한다면 그 욕구는 참된 욕구, 즉 반성 후의 욕구가 아닌 것처럼 보인다. 우리는 여기에서 '사회적 조화'가 객관적인 도덕적 표준으로서 사용되고 있다는 점을 솔직이 인정하지 않고서는 벗어날 수 없는 순환논법을 발견하게 된다."[31] 그런데도 듀이는 그와 같은 절대적인 표준의 존재, 혹은 타당성을 부인하고 있지 않는가? 둘째로 듀이처럼 반성 후의 욕구를 도덕적 가치로 간주한다면 다음과 같은 물음이 생겨 난다. "많은 사람들이 사악하고 해롭다고 생각하는 욕구를 가지고 우리는 무엇을 하는

30) Kai Nielsen, "Ethics, History of," in *The Encyclopedia of Philosophy*(New York: Macmillan & Free Press, 1967), 3 : 105.
31) John L. Mothershead, *Ethics*(New York: Henry Holt, 1955), pp. 153~154.

가?" 이 물음이 명백히 항의하고 있는 바는 만약 사악함·잔인함·고통 등이 반성 후의 욕구라고 한다면 그것들은 도덕적 가치가 된다는 것이 아닌가?

화이트(Morton G. White)와 스티븐슨(C. L. Stevenson)도 '권리에 관한 진술'과 '사실에 관한 진술'을 구별하려는 듀이의 시도에 반대한다. 화이트는 다음과 같이 주장했다.

> 바람직한(혹은 욕구할 만한) 것(가치)과 욕구된 것을 연결시킴에 있어서 듀이는 분명히 다음과 같은 사실을 보여 주는 방식으로 그들을 연결해야 한다. 즉 "a는 지금 욕구된다"라는 진술은 단순히 사실에 관한 진술인 반면에 "a는 바람직하다"라는 진술은 "권리에 관한 성질"도 가지고 있는 사실적 진술이다. 이 때 문제가 되는 것은 "a는 바람직하다"라는 진술이 "a는 욕구되어야 한다"라는 의미로 해석되어질 때 그 진술을 분석하는 것이다. 그 진술을 분석해 보면 그 진술이 경험적 지식을 전달해 주는 경험적 진술이라는 것을 알게 될 것이다.[32]

화이트에 따르면 이것은 불가능한 것이 아니라 듀이가 그러한 작업을 해 내지 못했다고 한다. 왜냐하면 듀이는 자기가 '바람직한'이라는 용어를 경험적 차원에로 환원시켰다는 신념을 가지고서 '바람직한,' '가치' 등과 같은 용어를 "성향을 나타내는 술어들"(disposition-predicates)로서 해석했기 때문이다. "a는 바람직하다"를 경험적 진술로 환원시킴에 있어서 듀이는 "바람직함이라는 속성을, 빨강이 현상적인 모습으로 나타난 것과 구별되는 것으로서의 빨강과 같은 객관적인 특징과의 유추에 의하여, 하나의 성향"[33]으로서 해석했다. 그러나 그렇게 함에 있어서 그는 '바람직한'이라는 용어를 명료화시킨 것도 아니고 "욕구되어야 하는"의

---

32) Morton G. White, "Value and Obligation in Dewey and Lewis," in *Philosophical Review* 58(1949) : 322.
33) *Ibid.*, p. 329.

의미로 정의한 것도 아니다.

듀이가 말하는 권리에 관한 진술을 "태도들을 인도하기 위한 노력에서 선택되고 사용되는"[34] 예언(prediction)으로서 이해했던 스티븐슨에 의하면, 해석의 다의성(ambiguity)은 듀이의 저작에 달려 있다고 한다. 만약 그렇지 않고 권리에 관한 모든 가치진술들이 예언적이라고 생각한다면 비가 올 것을 예측하는 것도 가치평가적이라고 해야 하는 등 새로운 문제에 부딪히게 될 것이다.

34) Charles L. Stevenson, *Ethics and Language*(New Haven: Yale University Press, 1944), p. 256.

제 7 장

고전적인 직관주의
——도덕원리의 직각적인 파악

이 장에서는 윤리학적 직관주의(ethical intuitionism)의 고전적인 이론들을 1) 두 사람의 케임브리지 플라톤주의자(Cambridge Platonists), 즉 커드워스(Ralph Cudworth)와 프라이스(Richard Price)의 이론과, 2) 버틀러(Joseph Butler)의 양심이론, 3) 마티노(James Martineau)의 특수심리론, 그리고 4) 로이스(Josiah Royce)의 성실의 윤리 등 4가지 유형으로 나누어 논하기로 한다. 칸트(Immanuel Kant)의 의무론적 직관주의(deontological intuitionism)는 그 이후에 전개된 여러 형태의 직관주의와 함께 제 8 장에서 논의될 것이다.

윤리학적 직관주의는 옳고 그른 것을 직각적으로 파악할 수 있다는 이론이며, 인간의 감각기능과 비교될 수 있는 독특한 도덕감(moral sense) 혹은 도덕적 능력을 통하여 도덕원리를 선험적으로 인식할 수 있다는 이론이다. 이 이론에 의하면 옳음, 선, 의무, 정의 등은——옳은 것을 그른 것과 구별하기 위하여 결과에 호소하는 그런 노력을 하지 않아도——직접적으로 파악된다. 그리고 도덕적인 진리는 도덕적 직관의 방법을 통하여 자명한 진리로 파악되는 것이다.

도덕적인 '옳음'과 '그름'은 공리주의에서처럼 우리들의 행동결과나 성과에 호소하지 않아도 확인된다. 그리고 의도, 동기, 의지와 같은 것도 그 자체로서 도덕적인 혹은 비도덕적인 것으로 판단된다. 여기서 뒤에 나타날 결과를 고려한다는 것은 전혀 무의미한 것이다. 시즈위크(Sidgwick)는 이 점을 다음과 같이 설명하고 있다. "직관주의의 기본적인 가정은 우리들이 그 자체로서 옳고 합리적인 행동이란 어떤 것인지 명확하게 알 수 있는 힘을 갖고 있다는 것이다. 비록 여러 가지 행동이 특정한 동기에 따라 보다 더 훌륭하다든지 혹은 나쁘다고 판단된다 하더라도, 엄격하게 말해서 옳고 그른 것에 대한 우리들의 공통된 판단은 의도(intention)와 관계되는 것이다."[1]

추구되는 선 혹은 바람직한 선으로서의 최고선에 비추어 옳은 행동을 설명하는 신학적인 윤리이론과는 달리, 직관주의자들은 목적에 관련시킴이 없이, 즉 행동의 궁극적인 결과를 고려함이 없이 옳은 것을 파악할 수 있다고 주장한다. 고전적인 직관주의자들(classical intuitionists)은 도덕적인 의무와 도덕적인 행동이 선을 위한 수단에 불과한 것이 아니라 그 자체로서 선이라고 생각한다. 더우기 옳은 행동이라 할지라도 그 결과가 치명적인 경우도 있을 수 있다. "비록 하늘이 무너지는 한이 있더라도 정의가 실현되도록 하라"(Let justice be done though the heaven falls)는 말이 직관주의, 특히 칸트적인 직관주의의 특징을 잘 설명해 주고 있다.

---

1) Henry Sidgwick, *The Methods of Ethics*, 7th ed. (London: Macmillan & Co., 1907), p. xxviii.

제 1 절 케임브리지 플라톤주의자들

17 세기에 영국의 케임브리지 대학과 인연을 맺고 있던 철학자와 신학자들의 자그만한 그룹이 윤리학과 신학 분야에서 플라톤 철학의 부흥을 선도했으니 그들이 훗날 케임브리지 플라톤주의자로 알려진 사상가들이다. 그들의 관점은 다분히 저항적인 성격을 내포하고 있었으며 그 형식에 있어서는 토마스 홉스의 자연주의와 경험주의 그리고 그의 무신론을 공격하는 입장을 취했다. 그들은 플라톤의 이상주의와 데카르트의 생득적 관념 (innate ideas)에 기초하여 도덕원리를 세웠으며 수학에서 그 근거를 찾았다.

케임브리지 플라톤주의의 창시자는 위치코트 (Benjamin Whichcote) 였지만 윤리학 이론분야에 있어서는 랄프 커드워스(Ralph Cudworth, 1617~1688)와 헨리 모어 (Henry More, 1614~1687), 그리고 리차드 컴벌런트 (Richard Cumberland, 1631~1718) 등이 가장 중요한 이론가들이다. 아마도 직관주의 윤리학의 가장 전형적인 이론가로서는 『도덕의 주요문제와 난점』(*A Review of Chief Questions and Difficulties of Morals*, 1757)을 쓴 리차드 프라이스(1723~1791)를 들 수 있을 것이다.

케임브리지 직관주의의 정의

플라톤적 관점을 견지하는 케임브리지 도덕주의자들은 도덕법이 영원불변의 것이며 신의 특성에서 유래하는 절대법 (absolute law)이라고 주장한다. 옳고 그른 것의 기준으로서의 도덕법은 모든 합리적인 존재들이 직관적으로 인식할 수 있는 법이다. 어떤 행위든 우리들에게 쾌락을 가져다 주는 한 '옳은 행위'라고 규정하는 쾌락주의자들과는 달리, 직관주의자들은 인간의 합리성을 근거로 '그것이 참이기 때문에' 옳은 것으로 받아들인다는 입장이다. 지적(知的)인 존재로서의 인간은 '참인 것'(진리)을 받아들이지 않을 수 없다. 만약 그렇지 않다면 어리석은 존재에 불과할 것이다. 우리들이 옳은 것을 선택하는 까닭은 그것이 진실하고 올바른 것이기 때문이다. 그리고 의지는 옳고 그른 것을 판별할 수 있는 합리적인 기준을 제공한다. 우리들은 자신의 합리적인 특성 때문에 의무에 충실하게 된다. 당연히 그래야 할 것(what ought to be)을 바란다는 것은 영원하고 불변적인 것을 이해한다는 뜻이다. 왜냐하면 옳은 것은 자명한(self-evident) 것이기 때문이다.

Ⅰ. 랄프 커드워스 : 영원불변의 도덕원리

신플라톤주의를 견지하는 케임브리지 도덕론자들 중에 가장 탁월한 이론가는 커드워스인데 그는 플라톤의 이데아론과 새로운 형태로 전개된 데카르트주의에 영향을 받았으며 도덕원리를 영원불변의 원리로 확립하려 했다.

1. 도덕법과 윤리적 객관성

그에 의하면 영원불변의 원리인 도덕원리는 신적인 존재를 포함한 어떤 존재의 의지(will)에도 의존하지 않는 독립적인 것이다. 신이 원을 4각형으로 만들 수 없는 것과 마찬가지로 도덕적인 선의 본질도 바꿀 수 없다. "도덕적인 선과 악, 정의와 불의, 정직과 부정직은 본성없이 의지에 의해 만들어지는 임의적(arbitrary)인 것이 아니다. 왜냐하면 의지에 의해서가 아니라 본성에 의해 만들어진 것만이 보편적인 진리이기 때문이다."[2] 본성이란 물리적인 본성(physical nature)을 의미하는 것이 아니라 원리(principle), 즉 수학적인 원리와 도덕적인 원리의

2) Ralph Cudworth, *A Treatise Concerning Eternal and Immutable Morality* (London, 1731), chap. 2, sect. 1.

본성을 의미하는 것이다. “전능한 신도 ‘흼’(whiteness) 혹은 ‘검음’(blackness)이란 본성 없이 의지만으로는 사물을 희게 만들거나 검게 만들 수 없다. 그리고 ‘비슷함’(likeness)과 ‘같음’(equality)이란 성질 없이는 어떤 것을 다른 것과 비슷하게 만들거나 똑같이 만들 수 없다.”[3] 본성(nature)이란 사물의 질(quality) 혹은 근본적인 본질(essence)을 의미한다.

따라서 선과 악은 객관적인 존재론적 지위(ontological status)와 타당성(validity)을 지니며 그 자체로서 그런 것(선하고 악한 것)이다. 그리고 선과 악은 수학적인 원리를 파악하는 이성에 의해 인식된다. 선과 악에 대한 지식은 신적 이성(divine reason)으로부터 인간의 마음에 전수된 것이다. 왜냐하면 선과 악에 대한 지식은 지각 가능한 그리고 보편적인 수학의 본질과 유사하기 때문이다. 신을 구성하는 요소인 영원한 진리는 신 그 자체와 같이 영원하고 불변하는 것인데 기하학의 법칙이 그렇듯이 인간과 신을 위하여 영원히 참인 것이다. 이 우주 안에는 옳고 그른 도덕원리가 존재하는 객관적인 영역이 있다. 그리고 그 도덕원리는 선과 악이라는 불변의 객체로서 인간의 이성이 정의 혹은 부정의로 파악하는 것이다. 신은 스스로 전지전능(全知全能)할 수 있는 선택권이 없는 것과 마찬가지로 도덕적인 선악의 영원불변한 본질에 대해서도 선택권이 없는 것이다. “신의 의지와 전능은 그의 지혜와 지식을 지배할 수 없으며 본질적으로 선한 윤리적·도덕적인 성향을 지배할 수도 없다.”[4]

2. 커드워스의 윤리이론에 대한 평가

케임브리지 플라톤주의자의 한 사람인 커드워스는 윤리학적 원리에 기하학적 도형과 비교될 수 있는 형식을 부여함으로써 그 원리들이 “항구적인 실체(entity)를 갖도록” 하려 했다. 커드워스의 이론적인 약점은

3) *Ibid.*
4) *Ibid.*, chap. 3, sect. 8.

도덕원리의 구체적인 목록(list)을 제공함이 없이 끝나 버렸다는 점이다. 그러나 이 같은 결함은 커드워스시대의 모든 고전적 직관주의자들에게 공통된 현상이다.

커드워스의 이론은 완전한 체계를 갖춘 윤리이론이기보다는 기본적으로 논쟁의 여지가 있는 이론이다. 그는 두 가지 관점에 대하여 공격을 시도했는데, 그 하나는 둔스 스코투스(Duns Scotus), 윌리암 오캄(William Occam), 칼빈(Calvin), 데카르트(Descartes) 등의 관점이요, 다른 하나는 홉스(Thomas Hobbes)의 관점이다. 전자의 네 사람은 데카르트가 주장했듯이 만약 신이 그렇게 하기를 원했다면 입방체를 구형(球形)과 똑같이 만들 수 있었을 것이요, 옳은 것을 그른 것과 똑같이 할 수도 있었을 것이라고 믿었다. 반면 홉스는 도덕률을 합법성의 문제, 즉 통치자의 의지에 따라 좌우되는 문제로 취급했다. 커드워스는 도덕원리를 그 안에 우주의 본질이 내포된 영원불변하고 객관적인 구형과 같은 것으로 설명했다.

Ⅱ. 리차드 프라이스 : 선험적인 도덕적 진리

프라이스에 의하면, 이성은 논리적·수학적인 원리를 직관하듯이 옳고 그른 것을 직각적으로 파악할 수 있는 선험적인 직관에 의해 도덕적 진리를 인식한다. "우리들은 옳고 그른 것을 직각적으로 지각할 수 있는 힘을 갖고 있는데 …… 그 힘이 오성(understanding)이다."[5] 자명한 도덕원리는 의지에 의해서가 아니라 미리 주어진 자연적인 권리에 의해서 의무를 부과한다. 그렇다면 의무를 부과하는 것은 진리요 이성이지 단순한 의지가 아니다. 이성에 의하여 직접적으로 파악되는 영원한 도덕적 진리는 "신의 뜻에 복종하고 정당한 권위에 복종하게 하는 도덕적

5) Richard Price, *A Review of the Principal Questions in Morals*, 3d ed. (London 1787), chap. 1.

명령이다."[6)]

도덕적인 원리는 신의 의지(divine will)다. 왜냐하면 그것은 영원한 것에서 유래하는 것이요 불변의 객체로 존재하기 때문이다. "따라서 도덕원리는 움직일 수 없는 기반 위에 고정되어 있으며 어떤 의미로든 인위적인 것으로 나타나거나 인간의 능력 혹은 신의 능력에 의한 자의적(恣意的)인 산물로 나타나지 않으며, 모든 진리와 이성과 마찬가지로 항구적이고 필연적인 것으로 나타난다."[7)] 어떤 의지도 영원으로부터 미리 선함을 지닌 것이 아닌 한 어떤 것을 선하거나 의무적인 것으로 만들 수 있는 힘이 없다.

1. 영원불변의 도덕률

기하학적 원리가 영원하고 불변적이듯이 도덕적인 공리(axioms)도 영원불변의 원리인 것이다. 그리고 기하학적 원리가 이성에 의하여 직관적으로 파악되듯이 도덕법칙 역시 직관적으로 파악된다. "도덕률은 영원불변의 것이다. 그리고 그것은 어떤 행동이 옳고 그른 것인지를 나타낸다. 어떤 일이 무슨 형태로 나타나든 그것은 의지나 명령 혹은 힘에 의해 그렇게 된 것이 아니라 본성과 필연성에 의하여 그렇게 된 것이다. 삼각형과 원이 어떤 것이든 그것은 영원히 변화될 수 없는 것이다…… 모든 사물은 분리 불가능한 불변의 본질을 지니고 있으며 그 사물의 특성과 그것에 관한 수많은 진리도 그 본질에서 발생되는 것이다."[8)]

신의 전능한 힘으로도 이같이 영원한 도덕적·논리적·수학적인 진리의 본성을 바꿀 수는 없다. 이 같은 진리는 인간의 힘에 의해서든 신의 힘에 의해서든 결코 파괴될 수 없는 필연적인 진리이며, 그것을 파괴한다는 것은 곧 이성과 지식 그 자체의 파괴를 뜻하게 된다.

---

6) *Ibid.*
7) *Ibid.*
8) *Ibid.*

2. 정의 불가능한 '옳음'의 개념

'옳음' (rightness)을 정의한다는 것은 그것이 단순개념(simple notion)이기 때문에 불가능하다. 그것이 실재한다는 것은 확실하며 합리적인 존재만이 즉각적인 이해를 통하여 그것을 파악할 수 있다. "옳고 그른 것에 대한 우리들의 관념은 단순관념(simple idea)이기 때문에 우리들의 마음에 내재하는 어떤 즉각적인 지각의 힘에 의존해야 한다는 것은 대단히 중요한 사전관찰이다. 만약 이 점을 의심하는 사람은 옳고 그른 것에 대하여 동의어적인 표현을 넘어서는 말로 정의해 볼 필요가 있다."[9] 여기서 우리들은 옳은 것에 대한 정의가 불가능하다는 프라이스의 주장이 제 10 장에서 논하게 될 무어(G. E. Moore)의 '좋음에 대한 정의 불가능성'과 제 8 장에서 논하게 될 로스(W. D. Rcss)의 '옳음에 대한 정의 불가능성'과 놀라울 정도로 닮았음을 발견하게 된다.

프라이스는 '옳음의 정의 불가능성'(indefinability of right)을 인정하지 않는 데서 윤리학 이론상의 혼란이 야기된다고 주장한다. 옳고 그른 것이 합리적인 인간에 내재하는 힘에 의해 직접적으로 지각되지 않는다면 우리들은 자명한 진리인 옳음에 대하여 영원한 장님이 되고 말 것이다.

3. 프라이스의 윤리이론에 대한 평가

커드워스와 마찬가지로 프라이스도 비록 건설적이기는 하지만 논란의 대상이 되고 있다. 프라이스의 관점이 버틀러(Butler)와 칸트의 이론에 묘하게 연결된다는 점을 생각해 보면 그의 도덕적인 기준(moral criterion)에 관한 이론이 커드워스의 그것과 다르다는 점을 알 수 있다. 프라이스에 있어서는 도덕률이 행동에 관한 사색을 통하여 필연적으로, 즉각적으로, 그리고 직관적으로 파악되는 것이다. 커드워스에 있어서는 마음의 법칙이 도덕적인 판단의 기준이 된다. 이성은 도덕적인 지침이

9) *Ibid.*

요 재판관인 데 반하여, 도덕적인 시인 (moral approval)은 이해하는 행위와 함께 마음의 움직임 (감정)을 수반한다.

커드워스와 마찬가지로 프라이스는 대담하게 불가사의한 형이상학적 영역을 논의하지만, 다른 구체적인 문제를 논하는 데도 결함이 있듯이 인간의 마음과 결부되는 도덕적인 감정 (moral emotion)의 본질에 관해서도 뚜렷한 이론을 제시하지 못했다. 프라이스의 이론은 그가 스스로 인정하고 있듯이 본질적으로 허치슨 (Hutcheson)의 '최대다수의 최대행복의 원리'를 반박하는 이론이다.

제 2 절 버틀러와 마티노 그리고 로이스

윤리사상사에서 가장 위대한 도덕철학자의 한 사람으로 평가되고 있는 버틀러는 양심 (conscience)을 강조했으며 그것을 윤리이론의 가장 중요한 개념으로 등장시킨 학자이다. 버틀러의 도덕철학은 영국 롤스 교회 (Rolls Chapel)의 학생들에게 행한 수많은 설교 내용에 잘 표현되고 있다. 버틀러는 영국의 옥스포드 대학과 그리고 마티노는 만체스터 뉴 칼레지 (Manchester New College)와 관련을 맺고 있었으나, 로이스는 미국의 하바드대학과 깊은 인연을 맺고 있었다.

I. 조셉 버틀러 : 양심의 윤리학

조셉 버틀러 (Joseph Butler, 1692～1752)의 직관주의 윤리이론은 주로 『롤스 교회에서 행한 15개 설교문』(*Fifteen Sermons Preached at Rolls Chapel*, 1726)과 『덕의 본성에 관하여』(*Of the Nature of Virtue*, 1736)라는 두 저서에 잘 나타나고 있는데, 그의 이론은 윤리사상사에 대단히

중요한 위치를 차지하고 있을 뿐 아니라 후세 사상가들, 특히 영국의 도덕철학자들에게 큰 영향을 주었다.

버틀러는 영국 성공회(Anglican Church)의 주교이면서도 그 자신의 이론이 신학적인 것이 아니라 신의 계시와는 전혀 관계 없는 경험적인 것이며 인간 본성과 경험에 근거한 이론이라고 주장했다. 그의 이론체계는 쾌락주의, 스토아주의, 자아실현설, 그리고 기독교 윤리 등에 영향을 받고 있다.

1. 버틀러의 직관주의 개요

버틀러에 의하면 인간은 누구나 구체적이고 특유한 행동을 요구하는 타고난 본성을 지니고 있다. 그의 가장 기본적인 윤리학적 과제는 아리스토텔레스에 있어서와 마찬가지로 인생의 목표에 관한 것이었다. 그는 시계의 구조가 시간을 측정하는 데 적합하듯이 인간의 소질은 덕에 적합하다고 말한다. 그러나 인간의 모든 행위가 덕에 적합한 것이 아니라 그의 진정한 본성과 일치하는 행위만이 덕에 적합한 것이다. "행동이 행위자의 본성과 일치할 때는 그 행동이 자연스럽다."[10] 그러나 인간의 본성과 일치하지 않는 행동은 부자연스럽고 악한 것이다. 모든 인간 행동의 자연적인 성향과 동기가 똑같이 도덕적인 중요성을 갖는 것은 아니다. 그리고 가장 강력한 행동의 동인이 반드시 최선의 것은 아니며 가장 큰 도덕적 가치를 지니는 것도 아니다. 버틀러가 지적하고 있듯이 어떤 자연적 성향과 원리들은 다른 것에 비해 도덕적으로 훨씬 우월하며, 보다 고상한 동기와 일치하는 행동들은 도덕적으로 보다 바람직한 것이다.

자기애(self-love)가 인간의 행복에 중요하다는 점에서는 홉스의 주장에 동의하지만, 버틀러는 벤담과 같이 이타심(benevolence)의 원리가 차지하는 중요한 역할을 강조하면서 홉스적인 이기주의 윤리이론을 거

10) Joseph Butler, *Sermons*(London, 1726), Sermon 3.

부하고 있다.

> "합리적인 '자기애'와 '양심'은 인간의 본성에 있어서 가장 중요한 최고의 원리다. 왜냐하면 다른 모든 원리들이 다 지켜지지 않는다 하더라도 인간의 행동이 이 본성에 적합할 것이기 때문이다. 그러나 이 두 원리 가운데 어느 하나라도 지켜지지 않는다면 행동은 인간의 본성에 부적절하게 될 것이다. 만약 우리들이 진정한 행복을 이해한다면 '자기애'와 '양심'은 항상 우리들을 같은 방향으로 인도할 것이다. 의무와 이익은 완전히 일치한다. 왜냐하면 이 세상 어느 곳에서나 그리고 어느 순간에 있어서나 우리들이 미래를 인정한다면 이 두 원리는 완전히 일치할 것이기 때문이다…… 자기자신의 예정된 이익만을 생각하여 다른 사람들을 희생시키거나 그들에게 상처를 주는 사람들은 순간적으로는 현명하게 보일지 모른다. 그러나 그들은 결국은 모든 세속적인 이익을 포기해 온 사람이 자신의 양심과 인생살이를 그르치는 것이 아니라 자신에게 더 좋은 것을 무한히 제공하게 되며 자신의 이익과 행복을 안전하게 지키게 된다는 것을 발견하게 될 것이다."[11]

따라서 확고한 양심은 고통을 주는 어떤 종류의 아픔에 의해서도 괴로움을 당하지 않는다.

우리들의 도덕적인 동기는 다음 네 가지의 인간본성에서 유래하는 것이다. 즉 1) 개인적인 행복을 합리적으로 추구하려는 자기애 (self-love) 혹은 욕구, 2) 그것을 합리적으로 추구함으로써 집단적인 혹은 사회적인 행복을 달성할 수 있는 이타심 (benevolence), 3) 모성애 · 배고픔 · 성욕 등의 본능적인 동기를 충족시킴으로써 행복해지려는 욕망 (appetites)과 열정 (passions) 그리고 애정 (affections), 4) 위의 세 가지 기본성향을 통제하고 판별함으로써 최고선을 달성할 수 있도록 행동하게 하는 양심 (conscience) 등이 그것이다. 버틀러는 인간의 도덕적인 자질(moral facu.ty)

---

11) *Ibid.*

을 논의하면서 그것이 양심으로 불려지든 도덕적인 이성으로 불려지든, 혹은 도덕감이나 신적 이성으로 불려지든, 아니면 그것이 합리적인 감정이나 심정적인 지각으로 이해되든, 어떤 행동을 승인하고 거부하는 기능을 발휘한다는 점에서는 의심의 여지가 없다고 주장한다.[12] 도덕적인 행동의 안내자이며 옳고 그른 행위를 분별할 수 있는 능력인 양심은 '반성의 원리'(principle of reflection)이며 유일한 내성(內省, introspection)의 도덕적 형식이다.

2. 쾌락주의적 역설

쾌락주의에 대한 버틀러의 공격은 명확하고 결정적인 것으로 '쾌락주의적 역설'(hedonistic paradox)을 낳게 되는데, 그것은 행복이 직접적인 추구대상으로 얻어질 수 있는 것이 아니라 그 자체로서는 반드시 행복이라고 생각되지 않는 어떤 것의 부산물로 얻어진다는 신념을 말한다. 행복이라고 이름 붙일 객관적인 대상은 없다. 그리고 행복에 이를 수 있는 왕도(royal road)도 없다. 왜냐하면 행복이란 그 자체로서는 행복이라 할 수 없는 어떤 것을 추구함으로써 부수적으로 얻어지는 것이기 때문이다. 쾌락을 그 자체만을 위하여 추구하는 것은 정상적인 인간의 행위라고 할 수 없다. 오히려 인간은 행복을 성취하기 위한 가장 바람직한 방법으로서 다른 목적을 추구한다. 이기주의적인 쾌락주의는 자기 파멸을 가져올 뿐 아니라 인간의 행위란 자신과 함께 다른 사람들에게도 이롭게 하도록 되어 있다는 사실을 망각하고 있는 것이다.

실제로 우리들은 누구나 쾌락(행복)을 그 자체로서 목적인, 본질적인 선으로 추구하는 것이 아니다. 오히려 우리들은 그 자체로서는 결코 행복과 무관한 중립적인 목표(neutral objective)를 추구하면서 그것의 성취를 통하여 행복을 얻는다. 즉 중립적인 목표에 수반되는 부산물로서

12) Joseph Butler, "Of the Nature of Virtue," *The Analogy of Religion*(London, 1736), dissertation 2.

즐거움을 얻는 것이다. 만약 어떤 사람이 행복을 바란다면 행복이라는 길을 찾을 것이 아니라 다른 길을 통하여 그것을 찾아야만 하는데, 그것을 성취할 수 있는 가장 좋은 방법은 인간본성을 충족시키는 일이다. 요컨대 행복은 윤리적인 행위를 직접적으로 판별할 수 있는 인간 고유의 도덕적 자질, 즉 내적인 반성(양심)의 지도 하에 성취되는 것이다.

3. 도덕의 기준으로서의 양심

양심은 도덕적 행위의 최고 결정권자이며 보다 저급한 원리들에 대한 거부권을 갖는다. 양심은 옳고 그른 것을 판별하는 기준이며 인간을 '그 자신에게 법률이 되도록' 만드는 도덕적 능력이다. "인간이 도덕적인 행위자가 되도록 하는 것은 바로 이 자질 때문이다."[13] 양심은 단순한 느낌 이상의 어떤 것이며 내적으로 성찰하는 반성의 원리이다. 양심을 통하여 우리들은 어떤 행위가 실제로 행해지기 이전이라도 그것이 도덕적인지 아닌지를 직관적으로 판별할 수 있는 것이다. 어떤 행위가 도덕적이기 위해서는 반드시 양심을 통한 면밀한 검토와 가치판단이 따라야만 한다. 결과적으로 우리들의 자연적인 충동이나 본능은 양심에 의하여 금지될 수도 있다. 그러나 훌륭한 도덕적 생활은 우리들의 모든 자연 성정(natural propensities)과 양심이 일치하도록 만든다. 양심의 권위가 최종적인 것이지만, 훌륭한 생활은 비록 양심의 통제 하에 있다 하더라도 모든 자연적 충동을 조화롭게 만들 것이다.

4. 악은 인간본성에 역행하는 것

만약 도덕적인 생활 혹은 유덕한 생활이 인간본성과 일치하는 것, 즉 타고난 성향을 충족시키는 것이라면, 그 반대인 악은 인간본성을 이탈하는 것 혹은 그것에 역행하는 것을 말한다. "악은 사물의 본성과 이성에 위배되는 것이다…… 그것은 우리들 자신의 본성을 범하는 것

13) Butler, *Sermons*, Sermon 3.

혹은 그것을 깨뜨리는 것이다."[14] "덕은 인간의 본성을 존중하면서 그것을 따르는 데 있고 악은 그것을 이탈하는 데 있다."[15] 도덕적인 생활이 합리적이요 양심과 일치하는 생활이라면, 악은 양심과 이성에 위배되는 비합리적인 행위를 뜻한다. 전자가 우리들을 행복으로 인도하는 반면에 후자는 우리들에게 불행을 가져다 준다.

덕은 단순히 인간본성을 따르는 데 있기 때문에 그것을 지닌다는 것은 어려운 일이 아니라 오히려 손쉬운 일인 것이다. 인간은 태어날 때부터 덕을 타고난 것이지 그의 본성에 철저히 배치되는 악덕을 타고난 것은 아니다. 인간은 누구나 덕의 실현에 적합하게 되어 있다. 그러나 악덕은 타고난 본성을 왜곡한 불일치 혹은 잘못 조정된 (maladjustment) 경우를 말한다.

인간은 다른 존재와 달리 그 자신의 행동을 통제할 수 있는 도덕적인 능력을 소유하고 있다.

> 우리들의 본성, 즉 타고난 본래의 구조(constitution)는 마치 시계의 본성 혹은 구조가 시간을 측정하는 데 적합한 것처럼 덕에 적합하게 되어 있다. 그리고 인간생활에서 일어나고 있는 여러 가지 (악덕한)일들은 타고난 본성과 아무런 관계가 없다. 모든 기술적인 산물은 고장이 생기게 마련이다. 왜냐하면 그 같은 물건들의 구조 자체가 혼란을 증가시키고 결국은 그것을 완전히 파괴시키는 요소를 지니고 있기 때문이다. 이 같은 현상을 구태여 설명하자면 경제와 제도, 혹은 헌법과 같은 경우가 된다…… 기계는 무생물이며 수동적인 것이다. 그러나 우리들은 능동적인 주체(agents)이다. 우리들의 구조는 우리들 자신의 힘에 의해 좌우할 수 있다. 따라서 우리들은 기계를 관리하는 일을 맡고 있으며 기계의 고장이나 문제점에 대하여 책임을 질 수 있는 것이다.
>
> 따라서 악덕보다 더 우리들의 본성에 역행하는 것은 없다. 여

---

14) *Ibid.*, preface.
15) *Ibid.*

기서 말하는 본성이란 우리들의 내적인 틀(internal frame)의 일정 부분만을 지칭하는 것이 아니라 그것의 전 구조를 말하는 것이다.[16)]

5. 인간존재와 동물

악덕이란 본성의 붕괴(disruption)를 뜻하며 덕이란 본성을 따르는 데 있다. 여기서 말하는 본성이란 인간의 본성 혹은 타고난 본래의 구조를 지칭하는 것으로 부분적으로는 동물과 함께 공유하는 다양한 본능, 혹은 타고난 추진력(innate propulsions)으로 구성되는 것이다. 이 같은 본래의 성질들(propensities) 중 어떤 것들은 개인적인 행복을 달성하며 다른 것들은 공동체의 복지, 즉 사회적인 행복(social happiness)을 달성하는 추진력이 된다. 그러나 저급한 동물들과는 달리 인간은 양심(concience), 즉 반성의 능력을 소유하고 있다. 이 양심에 의하여 인간은 선택 가능한 다양한 행위을 판별하며 어떤 행위는 승인하고 다른 어떤 행위들은 거부하는 것이다.

버틀러는 그의 입장을 다음과 같이 분명히 밝히고 있다. 즉 "인간은 야생동물들과 마찬가지로 다양한 본능과 행동의 원리를 갖고 있다. 그 중 어떤 본능(혹은 행동의 원리)은 가장 직접적으로 그리고 즉각적으로 공동체의 선을 달성하는 추진력이 되며 다른 본능은 보다 직접적으로 사적인 선(private good)을 달성하는 추진력이 된다. 인간은 다른 동물들이 갖고 있지 않은 특성, 즉 행동의 어떤 원리는 승인하고 다른 어떤 원리는 거부하는 양심, 혹은 반성의 능력을 갖고 있다"[17)]는 것이다. 동물들은 규칙적으로, 그리고 환경적인 요인에 따라 본능적으로 그들의 본성에 반응하며 인간도 또한 마찬가지로 반응한다. 그러나 인간의 동기는 자기애, 감각적 욕구, 권력욕, 그리고 우정과 동정심 등을 초극한다. 인간의 양심, 혹은 반성의 능력은 자신의 행위뿐 아니라 본성의 다

16) *Ibid.*
17) *Ibid.*

른 부분에 대해서도 최고의 권위를 발휘하면서 행동의 절대적인 방향을 제시한다.

인간의 결정적인 도덕적 자질인 양심에 의해 규제되는 생활은 덕뿐 아니라 자신의 이익과 공공의 이익 그리고 행복까지 가져오게 된다. 양심·자기이익·자애·덕 등은 서로 모순되지 않으며 상호보완적인 관계에서 조화롭게 일치되는 것이다.

6. 버틀러의 양심이론에 대한 비판

버틀러는 모든 사람이 덕의 본질을 완전히 알고 있으며 윤리학의 유일한 과제는 그것(덕)이 인간의 본성과 조화를 이루는 행동의 진로임을 증명하는 데 있다고 가정했다. 그리고 윤리학의 구체적인 내용에 관하여 질문을 받으면 그는 단순히 진실·정의·공동선 등을 우리들의 윤리적 목표라고 말한다. 그러나 공동선 혹은 덕이 항상 인간의 본성과 일치한다는 그의 가정이 수많은 범죄자들 사이에서는 도저히 입증될 수 없는 이야기인 것이다.

더우기 버틀러의 윤리적인 기준인 '양심'이라는 개념은 그 내용이 불충분할 뿐만 아니라 이론적으로 충분히 전개되지 않은 용어라서 그것의 실제적인 기능을 예시하지 못하고 있다. 그의 양심이론은 지극히 공허하다. 때로는 모험적일 정도로 상식적인 용법이 가깝게 사용되기도 하며 때로는 반성의 원리 혹은 승인의 원리 (the principle of approbation)를 의미하기도 한다.

양심이라는 말은 대부분의 사람들에게 익숙한 용어이지만 도덕적 행위의 기준으로서는 약한 개념이다. 왜냐하면 많은 상습적인 범죄자들이 양심의 가책을 느끼지 않을 뿐 아니라 그들의 범죄행위가 은밀히 실행되었을 때 오히려 그런 행위를 찬양하는 가변적인 양심을 보여 주기 때문이다.

더구나 지나치게 양심적인 사람들의 상당수가 심지어는 그들이 저지르지도 않은 범죄를 고백하기도 한다. 그리고 가혹한 양심 때문에 고통을 받고 있는 정신병환자들은 불행한 사태에 직면했을 때 오히려 평온함을 느낀다. 이런 사태에 부딪힐 때 그들은 마치 스스로 죄값을 치르듯이 담담한 모습이 된다. 버틀러의 제자인 마티노까지도 "양심의 은혜를 가장 크게 느껴야 할 때 가장 적게 그 가치를 인정한다"고 주장함으로써 양심을 도덕적 기준으로 설정하기에는 어려움이 있음을 말해 주고 있다.

양심의 가책에 시달리고 있는 사람들을 정신분석학적 용어로는 '자기소위'(ego-alien)된 사람들이라고 부른다. 이런 사람들에게는 양심이 마치 다른 사람들에게 속하는 것처럼, 또 자기자신의 지성(혹은 반성의 원리)이 지시해 주는 것을 거부하는 것처럼 보인다. 그들의 양심은 천부적인 것이 아니라 부모나 선생·교회의 가르침, 그리고 크게는 사회 등과 같은 외적인 근원에서 그들의 마음 속에 들어온 것이다. 따라서 이상적인 상황은 개인이 자신의 도덕적 가치를 그 자신의 오성에 비추어서 판단하여 그 가치에 자연스럽게 그리고 자발적으로 반응함으로써 그의 양심이 그의 가치와 완전히 조화를 이루게 되는 성숙한 상태를 개발하는 것이다.

Ⅱ. 제임스 마티노 : 심리적 성향으로서의 윤리

버틀러의 가장 탁월한 후계자인 제임스 마티노(James Martineau: 1805~1900)는 그의 윤리적 직관주의를 '그 자체로서 실재하는 도덕의식'(moral consciousness as a reality in its own right)을 기초로 해서 확립시킨다.

1. 특수심리학적 윤리학

마티노가 자기의 독특한 윤리이론을 나타내기 위하여 창안한 '특수심리적'(idiopsychological)이라는 용어는 도덕이 각 개인에게 특유한 심리적 혹은 정신적인 인격의 문제라는 것을 뜻한다. 도덕적으로 옳고 그른 것은 겉으로 드러나는 결과와는 상관 없이 도덕적 의식 혹은 도덕적 능력에 의해서 직관된다. 도덕이란 본질적으로 겉으로 드러나는 특수한 행위라기보다는 한 인격의 선한 의도·성향·동기 등이다. 도덕적 의식은 장점·결점·칭찬·비난·유혹·양심의 가책·의무·덕·복종·권위·옳음·그름 및 그 밖의 다른 도덕적 감정 등을 포함한다.

2. 인격적 직관주의

마티노의 직관적 윤리학은 도덕이 인간에 있어서만 의미를 가진다는 전제를 깔고 있다. 옳음과 그름은 인간 속에 그리고 인간을 위하여 존재한다. 사물이 아니라 인간만이 도덕적이다. 그 자체로서 도덕적인 것은 행동(act)의 수행에 있는 것이 아니라 그 행동을 수행하는 인간에 있다. 즉 행위가 아니라 인격이 도덕적이라는 뜻이다. 어떤 인격이 행동을 하기 전까지는 그 행동이 중성적이다. 그리고 어떤 인격이 행동하는 그 때부터 행동은 도덕적 문제가 된다.

도덕의 본질은 '행함'(doing)의 문제가 아니라 '됨'(being)의 문제이다. 우리들이 도덕을 '행하는'(do) 것이 아니라 우리들 자신이 도덕적으로 '된다'(is). "우리가 판단하는 것은 언제나 행동의 외적인 작용과는 구별되는 '내적 동기'(inner spring)이다."[18] 도덕은 인격 속에 그리고 인격 속에서만 존재하는 내적인 것이다. 레슬리 스테펀(Leslie Stephen)에 동조하면서 마티노는 그의 주장을 다음과 같이 인용하고 있다. "'도덕은 내면적이다'라는 말로 간략하게 표현될 수 있다. 도덕법칙은 '이렇게 하라'(Do this)라는 형식으로가 아니라 '이렇게 되라'(Be this)라는 형식으로 표현되어야 한다고 우리는 말할 수 있을 것이다."[19] 만약 규

18) James Martineau, *Types of Ethical Theory*, 3rd ed.(Oxford: Clarendon Press, 1891), bk. 1, chap. 1, sect. 1.
19) *Ibid*.

법이 정확하게 이런 식으로 표현될 수 없다면, 그 규범은 특이한 도덕적 성격을 결여하게 된다고 그는 생각한다.

행동의 윤리 (ethics of action)는 법률 및 다른 규범들에 관계하는 반면에, 동기의 윤리 (ethics of motive)는 도덕법칙에 관련된다. 브래들리 (F. H. Bradley)와 그린 (T. H. Green)이 이 문제를 다음과 같이 잘 설명했다. 브래들리는 "도덕은 직접적으로 의지 (will)의 외적 결과와 관계되지 않으며, 행위들이 선의지 (good will)로부터 나오는 한 그것들은 선하다. 그와 마찬가지로 도덕적 성격으로부터 유래하는 것은 도덕적으로 선함에 틀림없다"[20]고 주장했다. 그리고 그린은 "우리가 도덕적 행위가 무엇인가를 아는 것은 겉으로 드러나는 형식에 의해서가 아니다. 말하자면 우리는 내적인 측면에서 그것을 안다"[21]고 말했다.

방금 논의했던 것으로부터 우리는 도덕성의 영역은 외적인 대상들이나 각 개인이 수행하는 행위들이 아니라 인간 내지는 내면적 인격성에 한정된다는 것을 명백히 알 수 있다. 이렇게 되는 이유는 칭찬받거나 비난받는 것은 사실이 아니라 인격이며, 인격에 대해서만 도덕적 판단이 내려질 수 있기 때문이다." 우리가 시인하거나 비난하는 것은 사실이 아니라 오로지 인격뿐이라는 것은 자명한 것이다."[22] 칭찬을 나타내는 형용어귀가 비인격적 혹은 물리적 대상들에 적용될 수 있는 경우에는 언제나 그 대상들이 어떤 정신(인간의 정신, 혹은 신의 정신)의 표현이라는 것을 뜻하게 된다. 예술의 대상을 칭찬하는 것은 그것을 만든 인격적 존재를 칭찬하는 것이다.

"하늘은 신의 영광을 선언한다"라는 유태인의 찬송가를 놓고 콩트 (Comte)가 하늘이 선언하는 유일한 영광은 뉴톤 (Newton)과 라플라스 (Laplace)의 것이라고 하는 것은 무엇을 의미하겠는가? 장엄

20) *Ibid*.
21) *Ibid*.
22) *Ibid*.

> 하고 무한한 것으로서의 천체(하늘) 그 자체는 우리에게 말할 영광스러운 것을 아무것도 갖고 있지 않다. 그것이 어떤 정신(some mind)에 관계되었을 때 비로소 우리를 감동시키는 의미를 가진다. 그리고 그것이 우리들에게 어떤 내적인 정신(이 정신의 영원한 사상들을 천국에다 매달아 놓는)을 제시하지 않는다면, 그것이 숭고한 어떤 것을 의미할 수 있기 전에 어떤 천재적인 외적 관찰자나 해석자를 기다려야만 한다.[23)]

이와 같은 사실은 행위나 인간행위의 결과에 대해서도 마찬가지이다. 우리가 좋은 결과 혹은 나쁜 결과를 어떤 특수한 인격 혹은 여러 인격들에 관계시킬 수 없다면 칭찬이나 비난은 무의미하게 된다.

> 우리가 인간의 행위에 대해서 느끼는 시인(approbation)이나 비난(disapprobation)은 인격적 현상으로서의 행위에 관한 것이다. 만약 이러한 조건이 충족되지 않는다면, 그러한 감정은 사라질 것이다(비록 그러한 감정이 자연적인 원인이 되어서 여러 가지 선 혹은 악을 낳는 도구가 될 수도 있겠지만). 그러한 행위들의 도덕적 성격은 인격으로부터 그들에게 부여되는 것이지, 그 결과로부터 그들에게 반영되는 것은 아니다. 이익이나 재난은 그 자체로서는 아무런 인격적 특성을 가지지 않는다. 그래서 우리는 금광을 칭찬하지도 않고 무서운 파괴력을 지니는 폭풍을 비난하지도 않는다.[24)]

3. 옳은 행위의 기준

도덕은 내면적이다 혹은 오로지 인격에만 존재한다라는 전제로부터, 옳은 행위는 내적 동기·의지·의도에 관계한다는 귀결이 도출된다. 어떤 행위는 그것이 도덕적 성향(moral disposition)에 의해서 행해졌을 때 옳은 것이다. 그리고 여러 성향들이 서로 충돌할 경우에는 도덕적으로 칭찬할 만한 동기가 우세해야 한다.

23) *Ibid.*
24) *Ibid.*

어떤 인격은 이미 여러 가지 원인으로부터 행위할 성향을 미리 가질 수도 있다. 그러나 옳은 행위는 보다 낮은 차원의 행위(the lower act)를 보다 높은 차원의 행위(the higher act)로 대치시키는 데에 있다. 예를 들어 사랑(love)은 공포(fear)보다도 우월한 경향성이다. 그러므로 어떤 사람이 이들 중의 어느 하나에 따라서 행위해야 할 상황에 직면한다면 보다 높은 동기인 사랑을 선택하는 것이 그 사람에게는 의무가 될 것이다. 그러나 공포만이 동기를 유발하는 유일한 요소인 경우에는 그와 같이 공포에 자극되는 것이 비도덕적인 것은 아니다. 다만 공포가 보다 더 고상한 성향의 지위를 빼앗을 때, 공포에 따라서 행위하는 것은 비도덕적인 것이 된다.

옳은 행위의 기준은 다음과 같이 정의된다. "보다 낮은 원리에 부딪혔을 때 보다 높은 원리에 따르는 모든 행위는 옳다(right). 그리고 보다 높은 원리에 부딪혔을 때 보다 낮은 원리를 따르는 모든 행위는 그르다(wrong)."[25] 가능한 동기 중에서 가장 높은 동기인 '존경'(reverence)은 무조건적으로 모든 행위에 대해서 옳다.

인간에게 동기를 유발시키는 다양한 도덕적 자극들은 마티노의 다음과 같은 '행위의 동기표'(table of springs of action)에서 아래로 내려갈수록 우월성이 커진다."[26]

〈가장 낮음〉

1) 제 2 차적 정념——비판심 · 복수심 · 의심
2) 제 2 차적 · 유기체적 성향——안락과 성적 쾌락에 대한 사랑
3) 제 1 차적 · 유기체적 성향——식욕
4) 제 1 차적 · 동물적 성향——(비선택적인) 자발적 행위
5) (식욕으로부터 파생된 그리고 반성적인) 획득에 대한 사랑
6) 제 2 차적 애정(동정심의 감상적인 방종)

25) *Ibid.*, chap. 6, sect. 15.
26) *Ibid.*, sect. 13.

7) 제 1 차적 정념——혐오·공포·원한
8) 인과적 에너지——권력 혹은 야망에 대한 사랑, 자유에 대한 사랑
9) 제 2 차적 감정——문화에 대한 사랑
10) 경탄과 칭찬에 대한 제 1 차적 감정
11) 부모와 사회에 대한 제 1 차적 애정——관용과 감사
12) 연민에 대한 제 1 차적 애정
13) 존경에 대한 제 1 차적 감정

〈가장 높음〉

4. 마티노의 윤리설에 대한 비판

고전적 직관주의는 마티노가 그것을 이어받음으로써 그 절정에 달했다. 그 이후 이와 같은 양태의 윤리적 사고는 의무론(deontology)의 형식을 직관주의의 세련된 혹은 정교한 형식이라고 생각했다. 마티노가 고전적 직관주의가 영향력을 발휘할 수 있게끔 했음에도 불구하고, 그의 이론은 많은 약점을 내포하고 있다.

다른 어떤 동기가 제시되지 않는다는 조건 하에서 '비판심'도 도덕적 동기로서 인정하는 마티노는 도덕적으로 밑바닥에 있는 타락한 어떤 사람이 행위하는 방식도 도덕적이라고 당연시하고 있다. 왜냐하면 '존경'의 마음을 보여 줄 수 있는 사람이 존경 대신에 '연민'의 정을 보여 주는 경우도 있기 때문이다. 연민은 감정의 고상한 표현일 뿐만 아니라 때에 따라서는 아마도 존경 그 자체보다도 더 고상한 것이기도 한 것이다.

마티노의 이론체계는 히틀러(Hitler)를 존경했던 많은 사람들과 같이 환영해선 안 될 대상 혹은 인격에 대해서 존경을 표현할지도 모르는 사람들을 논의할 때 복잡한 문제가 따른다. 다른 한편으로 집단수용소에서 나치정부의 행위에 대해 비판적인 입장을 취하는 것은 비도덕적인 것이 아니라 옳은 것으로 나타난다.

마티노가 제시했던 행위의 동기표에 나오는 13개의 동기들을 검토해 보면 다음과 같은 의문이 생겨 날 것이다. 동기들이 왜 그렇게 배열

되어 있는가? 즉 어떤 기준에 의해서 자유에 대한 사랑이 문화에 대한 사랑보다 낮은 위치에 배열되어 있는가? 왜냐하면 실로 많은 사람들이 자유가 없는 문화를 보다 더 열등한 문화로 간주하고 있기 때문이다. 더군다나 우리는 성취감, 알려는 욕망, 미적인 태도, 유익한 유대감 등과 같은 많은 성향들이 왜 그 표에서 빠져 있는지에 대해서도 의문을 제기할 수 있을 것이다.

마티노에 대한 가장 신랄한 비난 중의 하나는 아마 칸트주의자들(Kantians)의 입장일 것이다. 인간의 감정은 개인의 의지에 달려 있는 것이 아니라는 근거에서 감정을 도덕적 가치에 포함시키는 데 반대한다. 칸트에 따르면 사랑이 선의지로 해석되지 않는다면 그것은 도덕의 영역 밖으로 쫓겨 나가게 된다고 한다. 사람은 자기가 여태까지 한 번도 만난 적이 없는 사람들을 포함해서 다른 모든 사람에게 선의지를 명령할 수 있지만 사랑은 우리의 의지에 의해서 그렇게 지시될 수 없다.

마지막으로 마티노가 행위의 13 가지 동기에 도덕적 가치를 부여할 수 있는 유일한 방법은 주어진 성향으로부터 정상적으로 귀결되는 결과들을 언급하는 길밖에 없음에도 불구하고 도덕을 결과의 문제로 삼는 것이 아니라 내면적인 문제로 생각했다. 만약 결과들이 그에 앞서는 성향들과 결합되지 않는다면 감정을 도덕적 가치로 보는 것은 사실상 불가능할 것이며 따라서 아래로 내려가는 순서로 감정의 상대적 지위를 정하는 것도 불가능해질 것이다.

Ⅲ. 조시아 로이스 : 성실의 윤리

미국의 가장 으뜸가는 관념론자로 간주되었던 조시아 로이스(Josiah Royce: 1855～1916)는 하바드대학 철학과의 "전성기"에 그의 친구였던 유명한 실용주의자 윌리암 제임스(William James)와 함께 하바드대학에서 강의했다. 로이스는 통상 고전적 직관주의자로 분류되지는 않지만, 도덕이 성실(loyalty)이라고 하는 내적 정신에 근거한다는 그의 주장이 그를 이 범주에 포함시킬 수 있게 만든다.

1. 성실의 지위

'성실'은 로이스의 윤리학에서 핵심적인 개념이다. 덕은 성실에 의해서 정의된다. 의무, 옳은 행위, 최고선 등도 마찬가지이다. "성실이 최고선이라면, 성실성 상호간의 파괴적인 충돌은 일반적으로 최고악이다."[27] 성실만이 도덕적 가치를 지니며 다른 성질들은 그들의 도덕적 가치를 성실로부터 획득한다. "보편적 성실을 위한 성실이야말로 모든 법칙을 충족시키는 것이다."[28] 도덕적 의미를 가지는 것은 우리가 성실한 대상이 아니라 성실, 성실한 정신, 내적 경험 그 자체이다. 따라서 로이스의 직관주의가 성립하는 것이다.

2. 최고선으로서의 성실

성실이 맹세되는 대의명분이 아니라 성실 그 자체가 선이다. 성실은 최고의 도덕적 가치이며 따라서 최고선이다. "성실은 그것이 무엇이든간에 성실한 개인 자신에 대해서 그리고 그가 성실한 대의명분의 가치가 무엇이든간에 세계일반에 대해서 최고선이다."[29] 대의명분 그 자체가 아니라 어떤 사람이 그 명분에 '헌신함'(devotion)이 최고의 도덕적 가치를 지닌다.

참으로 한 인격은 자기의 성실을 헌신할 만한 가치가 있는 대의를 위해서 성실하기를 바랄 것이다. 그러나 한 인격의 도덕적 성질은 그가 헌신했던 대의 그 자체가 아니라 그의 성실한 정신이다. 대의를 선택하는 것은 도덕의 문제가 아니라 지적인 계몽(intelligent enlightenment)의 문제이다. 그러나 성실의 광채는 그것이 성실할 만한 가치가 있는 대

27) Josiah Royce, *The Philosophy of Loyalty*(New York: Macmillan, 1908), p. 116.
28) *Ibid.*, p. 146.
29) *Ibid.*, p. 101.

의를 위해서 바쳐질 때 더욱 빛난다. 오류를 범할 수 없는(infalliable) 사람은 아무도 없다. 그러므로 사람은 성실하게 행할 만한 가치가 없는 대의를 선택하기 쉽다. 그러나 모든 사람은 성실할 수 있고 결단할 수 있으며 그 대의를 위해서 결정적으로 그리고 신념을 갖고 성실을 다할 수 있다. "여러분들이 성실을 바칠 수 있는 대의를 선택하고 그것에 헌신함에 있어 어떠한 경우에도 성실에 성실하라."[30]

3. 성실에 대한 성실

어떤 사람의 성실이 다른 사람의 성실과 가끔 갈등을 일으키는 경우가 있다. 그리고 어떤 사람이 자신의 내면에서 상호 갈등하는 대의들을 경험할 수도 있다. 이런 경우에 우리는 성실을 위해서, 즉 성실의 정신을 위해서 성실해야 한다. "그래서 어떤 대의는 그것이 본질적으로 성실에 대한 성실(loyalty to loyalty)인 한에 있어서, 즉 나의 동료들의 성실을 촉진시키고 도움을 주는 한에 있어서 나에 대해서뿐만 아니라 인류에 대해서 선한 것이다."[31] 성실의 정신 그 자체는 신성하다. 그러므로 선하거나 악하거나 간에 다른 어떤 대의를 위해서 어떤 사람의 성실의 감정을 해치는 것은 죄이다. 그렇게 하는 것은 성실에 대한 성실(원리에 대한 성실)이 아닐 것이다. "지금까지 성실과 충돌되어 온 모든 것 중에서 가장 비통했던 것은, 맹목적으로 동포들의 성실을 상하게 하고 말살시켜 왔던 사람들이 종종 성실한 사람들이었다는 것이다.… 왜냐하면 그런 죄가 바로 성실의 갈등을 의미하는 것이기 때문이다."[32]

선한 대의의 기준은 그것이 우리들과 다른 사람들에게 성실의 정신을 촉진시키는가 혹은 감소시키는 것인가에 달린 것이다. 성실은 우리들의 최고선이다. 그리고 개별적인 성실들은 변화하지만, 성실의 정신은 변화하지 않고 그대로 남아 있어야만 한다. 정의·진리·자비와 같

30) *Ibid.*, p. 121.
31) Royce, *Philposohy of Loyalty*, p. 118.
32) *Ibid.*, pp. 116~117.

은 개별적인 덕목은 단순히 성실의 한 측면들에 불과하다. 왜냐하면 어떤 덕이든간에 성실이 없이는 도덕적인 특성을 상실하기 때문이다. 예를 들어 성실을 결여하고 있는 정의는 좋지 못한 형식주의에 빠지게 되며 성실을 결여한 자비로움은 위험한 감상주의(sentimentalism)로 전락하고 만다.

『종교적 통찰의 원천』(*Sources of Religious Insight*, 1912)이라는 그의 저서 속에서 로이스는 성격상 본질적으로 도덕적인 성실의 종교를 전개하고 있는데, 그 속에서 그는 성실의 근본적인 이중원리를 다음과 같이 예시하고 있다.

> 첫째는 : 성실하라. 둘째는 이렇게 성실하라. 즉, 너 자신의 대의명분을 추구하고 그것을 수용하며 그것에 헌신하라. 그럼으로써 네가 있게 되는 곳은 어디에서나 너의 모범과 너의 영향력을 통해서 그리고 성실에 대한 너 자신의 사랑을 통해서뿐만 아니라 네가 자신의 행위를 통해서 모범을 보이고 있는 그러한 종류의 성실을 통해서 세계 도처에 있는 네 형제들의 성실도 너의 힘이 미치는 한에 이르기까지 촉진되고 조장되며 증대될 것이다.[33]

한 인간은 자기자신의 소신에 성실함으로써 그러는 가운데 보편적인 성실이라는 대의명분을 증진시키는 데 기여하는 것이다.

로이스는 성실을 "사람이 어떤 대의를 위하여 자발적이고 실천적으로 전력을 다하는 것"[34]으로서 정의했다. 성실은 자진해서 실행된 선택과 완전한 헌신과 실천적인 표현을 요구한다. 그것은 또한 자제와 자기희생과 이타주의와 사회적 관심사와 인격적 가치를 소유하는 대의를 요구한다. "나의 명제는 다음과 같다. 우리가 문명인의 기본적인 의무라고 배워서 알고 있는 모든 의무들, 모든 사람이 모든 사람들에 대

33) Josiah Royce, *The Sources of Religious Insight* (New York: Scribner, 1912), p. 202.

34) Royce, *Philosophy of Loyalty*, pp. 16～17.

해서 빚지고 있는 의무들은 성실에 대한 성실의 특수한 실례로 올바르게 해석되어질 수 있다. 바꾸어 말하면 우리들이 알고 있는 모든 덕은 성실이라는 개념에 의해서 정의될 수 있다. 그리고 올바르게 해석되었을 때 그것이 내가 '성실은 인간의 의무 전체'라고 주장하는 이유이다."[35]

4. 로이스의 성실의 철학에 대한 비판

사람들이 성실하게 되고 성실을 촉진시키는 것은 칭찬할 만한 일이다. 그러나 로이스의 성실의 윤리는 문제를 지나치게 단순화시킨 것이다. 맹목적인 애국심에서 히틀러를 신봉했던 나치당원의 경우처럼, 어떤 사람은 아주 성실할 수 있지만 가장 가증스러운 범죄를 저지를 수도 있는 것이다. 그러나 성실이 로이스가 말한 방식대로 도덕적 가치를 소유하는 것이라면 성실은 도덕적 가치로서는 결정적인 결함을 지니거나 혹은 그것을 도덕적인 것으로 만들기 위해서 다른 어떤 것을 요구하게 된다. 성실은 그것의 적절한 방향이 제시되지 않는다면 맹목적이다. 그것은 지성에 의해서 지배될 수도 있고 윤리적 규범에 의해서 지배될 수도 있다.

로이스의 성실의 윤리에 대해서 말할 수 있는 최상의 것은 로이스가 다른 생동적인 도덕적 가치들을 완전히 무시하고 성실을 지나치게 강조했다는 점에서 잘못을 저지르긴 했지만 지금까지 너무나 소홀히 다루어져 왔던 하나의 도덕적 가치를 강조했다는 점이다. 더 나아가서 로이스가 성실의 이론에서 주장했던 성질들은 사실상, 정의와 선 등을 포함한 다른 도덕적 가치에서 주장할 수 있는 것들이다.

35) *Ibid.*, pp. 139~140.

제 8 장

의무론적 직관주의
——의무에 대한 직각

지금 우리가 다루게 될 의무론적 직관주의에는 칸트(Kant, 1724~1804)를 위시해서 다음에 나오는 여섯 명의 현대 의무론자들 중에서 가장 영향력 있는 4명이 포함된다. 즉 조셉(Horace William Brindley Joseph, 1867~1943), 프리차드(Harold Arthur Prichard, 1871~1947), 로스(William David Ross, 1877~1940), 브로드(Charlie Dunbar Broad, 1887~), 이윙(Alfred Cyril Ewing, 1899~) 그리고 캐릿(E. F. Carritt, 1876~1964) 등이 그들이다. 쾨니히스베르크 대학의 독일철학자인 칸트와 캔터브리지 사람인 C. D. 브로드를 제외하면 위의 무리에 속하는 모든 사람은 옥스포드대학인이다.

의무론(deontology), 즉 의무의 윤리는 의무나 도덕적 의무에 대한 이론으로 이루어진다. 의무론이라는 용어는 그 어원이 희랍어의 deon 이라는 말에서 유래한 것으로서 의무 혹은 필연적인 것을 의미하며 따라서 도덕적 필연성을 뜻하는 것이었다. 현대윤리학에 있어서 직관주의는 의무론자들이 지배해 왔는데 이들은 의무를 경험하는 일이 타당함을 받아들이고 그것을 설명해 보고자 했던 철학자들이었다. 의무론자들은 최고선에 대한 인식이 도덕적 의무에 대한 인식을 끌어내는 데 불필요하다고 주장하는데, 왜냐하면 도덕적 의무란 직관에 의해서 주어지는 것이기 때문이다.

제 1 절 칸트의 직관주의 : 의무에의 존중

칸트의 체계는 보편적인 특성을 갖는 도덕법칙에의 존중을 요구한다. 도덕법칙은 우리들에게 반드시 도덕적 의무를 지킬 것을 명한다.

1. 선 의 지

칸트의 윤리설은 '선의지'(good will)라는 개념에 바탕을 두고 있으며 그 밖에 의지와 상관 없는 것은 모두 도덕의 영역 너머에 속하게 된다. "선의지 이외에 무조건적으로 선하다고 할 수 있는 것이라고는 이 세상에서는 물론이고 이 세상 밖에서까지도 도무지 생각해 볼 수가 없다."[1] 인간이 의지에 의해서 좌우할 수 있는 것만이 도덕적 의무가 될 수 있으며 의지로써 어쩔 수 없는 것은 도덕적 책임의 영역 너머에 속하는 것이다. 만일 우리가 어떤 것에 대해 단순히 의지를 통해 의욕함으로써 행복하고 슬기롭고 건강하게 등등으로 되지 않는다면 그러한 것들은 도덕적 의무가 될 수 없으며 따라서 도덕적 의의를 갖지 못하게 된다. 만일 그것들이 단지 의지만의 명령에 의해서가 아니고 지능, 지식, 노

1) Immanuel Kant, "Fundametal Principles of the Metaphysic of Morals," in *Kant's Critique of Practical Reason and Other Works on the Theory of Ethics*, trans. Thomas Kingsmill Abbout, 3d ed. (London: Longmans, Green, & Co., 1883), p. 9.

력을 올바르게 사용함으로써 생겨 날 수 있는 것이라면 그것들을 가져오는 행위는 타산적(prudential) 사려에 의한 행위이지 도덕적(moral) 행동인 것은 아니다.

인간은 자기 행위의 결과나 혹은 어떤 결과에 대해서도 도덕적으로 책임이 없다. 인간은 도덕법칙에 대해서 의무를 갖게 되는데 이는 인간이 책임질 유일한 것으로서 이성적 의지에 의해 자유로이 복종해야 하는 비경험적이고 비사실적인 원칙인 것이다. "의무는 법칙, 다시 말하면 도덕법칙에 대한 존중(respect for the law)으로부터 행위해야 할 필연성이다." 따라서 우리의 동기와 관련된 것이 의무이다. 공리주의자들이 깊은 관심을 가지고 있는 우리 행위의 결과에 대해서 칸트는 "하늘이 무너져도 정의는 실현되어야 한다"고 말할 것이다. 도덕법칙은 생겨 날 결과에 대한 고려 없이 복종되어야 한다. 다시 말하면 결과가 도덕법칙에 비추어서 평가되어야 하는 것이지 법칙이 결과 때문에 복종되어서는 안 된다는 것이다. 결과는 경험적인 자료로 이루어진 물리적이고 자연적인 세계에 속하는 것이지만 도덕적 의무는 초감각적 혹은 초경험적 세계의 비경험적·초감각적 실재인 도덕법칙에 속한다. 행복, 사랑, 쾌락 그리고 다른 자연적 성향은 도덕의 관심사가 될 수 없다. 왜냐하면 그것들은 경험적인 사실의 세계에 속하며 자유의지(실천이성)의 작용에 의해 명령될 수 없기 때문이다. 따라서 그것은 도덕적 의무가 아닌 것이다.

> 우리의 이웃이나 심지어 우리의 적까지도 사랑하라고 우리에게 명령하는 성경의 귀절들을 이러한 방식으로 이해해야 함은 의심할 여지가 없다. 왜냐하면 감정으로서의 사랑(love)은 명령될 수가 없으며 의무로서 사랑을 베푸는 선행(beneficence)만이 명령될 수가 있기 때문이다. 물론 자연적 성향에 의해서 내키지 않을지 모르지만 아니 어쩔 수 없는 자연적 혐오에 의해 반발이 생길지도 모르지만 이는 '실천적인' 사랑이지 '병리적인' 사랑이 아니며 ——즉 의지에 내재하는 사랑이지 감성의 성향에 내재하는 것이 아님—— 행위의 원리에 의한 사랑이지 상냥한 동정심의 원리에 의한 사랑이 아니다.

명령될 수 있는 것은 오직 이러한 사랑인 것이다.[2]

그래서 의무란 의지, 즉 자유롭고 자율적인 의지의 행위이며 외적인 힘에 의해 강요되지 않고 자기 스스로에게 명령을 하는 자기 입법적인 의지의 행위이다. 선의지는 이성적인 도덕법칙이 명령하는 것을 선택한다. 의무는 실천이성이나 의지에 관련된 것이지 경향성과는 상관 없는 것이다.

이성적 존재로서의 인간은 자율적인 의지를 지니고 있다.

> 그래서 도덕은 행위와 의지의 자율과의 관계이다 …… 그 격률이 필연적으로 자율성의 법칙에 일치하게 되는 의지는 절대적으로 선한 '성령의' 의지이다. 책무(obligation)란 절대적으로 선하지는 못한 의지가 자율성의 원칙에 의존하는 것(도덕적 강제)을 말한다. 따라서 책무란 신의 의지에는 적용되지 않는다. 책무에서 오는 행위의 객관적 필연성이 의무(duty)라 불린다.[3]

의무는 동기, 의도, 의지에 속하며 그러지 않을 경우 행위란 도덕적으로 공허한 단지 반복되는 외적인 행동이요 단순한 활동 혹은 칸트가 합법칙성(legality)이라 부른 것에 지나지 않는다. 의무감이나 도덕법칙에의 존중에 의해 유발되지 않고 사람들이 일상적으로 도덕적인 것으로 간주하는 행위를 수행하는 것은 도덕적 내용이나 도덕적 가치가 없는 것이다. 따라서 천국이나 지옥은 도덕적인 동기를 유발하는 적절한 방식이 아니며 신에 의해 지옥에 보내질까 두려워서 악행을 삼가는 것은 도덕적 인격으로서 행위하는 것이 아니고 자동기계와 같이 행위규범을 "합법칙적"으로 준수하는 것에 불과하다. 천국에의 약속이나 지옥에의 위협은 사람을 도덕적 인격으로부터 동물과 같이 도덕과 무관한(amoral) 존재에로 격하시킨다.

2) *Ibid.*, pp. 15~16.
3) *Ibid.*, p. 58.

사실대로 말하자면 강제된 행위는 도덕적 행위가 아니며 도덕 외적이거나 도덕과 무관한 행위이다. 어떤 행위가 도덕적인 것이 되기 위해서는 그것이 외적인 힘에 의해서가 아니라 자율적인 의지에 의해서 유발된 것이어야 한다. 마치 도덕성으로부터 행위하는 것으로 보이는 사람의 단순히 기계적인 외면적 행동은 도덕과 무관한 행위이다. "행위가 유발되는 동기와는 상관 없이 단지 그 행위가 법칙에 부합하는지의 여부는 '합법칙성' (legality)이라 불린다. 그러나 법칙으로부터 유발되는 의무의 관념이 동시에 행위의 동기가 될 경우 그러한 법칙에의 부합은 행위의 '도덕성' (morality)이라 불린다."[4] 따라서 도덕성에서(선의지로부터) 유발된 것이 아니고 도덕성에 부합되기만 하는 행위는 도덕적 의의를 갖지 않는다. 칸트를 해석함에 있어서 이는 결국, 자율적인 선택에 의해서 혈액은행에 헌혈하는 것은 도덕적인 행위를 하는 것이지만 강요되거나 체면을 유지하기 위해 헌혈하는 것은 도덕적으로 가치중립적인 행위를 하는 셈이라는 것을 의미하게 된다. 거꾸로 말해도 역시 타당하게 되는데, 즉 자발적으로가 아니라 강요당해서 악한 행위를 하는 것은 비도덕적인 것이 아니며 자발적으로(동시에 강요를 당했다 할지라도) 악한 행위를 하는 것은 비도덕적인 것이다.

2. 정언명법

도덕적 명령법인 정언명법 (categorical imperative)은 어떤 상황이든, 즉 모든 상황에 있어서 그 자체로서 목적적인 존재인 인간에 대해서 구속력을 갖는 도덕적 명령이며, 특정하게 욕구된 어떤 목적을 추구하는 가정적인 조건에 좌우되지 않는 도덕적 명령이다. 여건에 따른 정상참작으로 인해서 도덕법칙에 대한 의무가 변화하는 것이 아니다. 왜냐하면 정언명법은 절대적이고 무조건적인 것이기 때문이다. 옳은 것은 상황과 무관하게 옳고 따라서 실행되어야 하는 것이다. 왜냐하면 의무란 우리의

4) Kant, "Metaphysic of Morals," *Critique of Practical Reason*, p. 275.

욕구를 충족시키는 어떤 결과를 위해서가 아니라 의무 그 자체를 위해서 수행되는 것이기 때문이다.

반면에 "만일 그것을 원하거든 그렇게 행위하라"는 식의 가언명법(hypothetical imperative)은 어떤 선을 위한 수단(선 그 자체나 본질적 가치이기보다는)이며 그로부터 생겨 나는 행위는 어떤 목적을 위한 선인 것이다. 타산적인 사려의 신조들은 가언적인 것이다. 현대적인 하나의 사례를 들면 "히틀러가 수백만의 무고한 사람을 학살하지 못하게 하기를 원하거든 그를 살해하라"와 같은 것이다.[5] 그러나 이러한 조건부명법을 정언명법으로 바꾸기 위해서는 도덕의 최고원칙이나 도덕적인 옳고 그름에 대한 칸트적 기준에 의거해서 어떤 사람이 관련된 행위의 객관적 원칙을 끌어내어 그것을 보편화할(univeralize) 수 있어야 한다. 관련된 행위의 원칙이 '살인하는 것'이라고 할 경우 그 사람은 정언명법을 구성하기 위해서 다음과 같은 질문을 제기해 보아야 한다. 즉, 나는 모든 사람들이 자기 마음 내키는 대로 살인하기를 바랄 수 있는가? 나는 살인하는 것이 모든 사람이 그러고 싶을 때 누구나 그럴 권리가 있는 보편법칙이 되기를 의욕할 수 있는가? 이러한 질문에 대해서 오직 부정적인 해답만이 주어질 수 있는 이유는 만일 내가 그에 대해서 긍정적인 답을 하게 될 경우에는 내가 다른 사람에게도 나를 죽일 특권을 인정하는 셈이 되는 까닭에 인류의 파멸이라는 모순이 결과하게 되기 때문이다. 따라서 나는 히틀러나 네로라 할지라도 주위여건과 무관하게 그들의 살해를 의욕할 권리를 나 스스로 부인해야 할 의무를 갖게 되는 것이다.

칸트가 서술한 정언명법은 "당신이 동시에 보편법칙이 되기를 바랄 수 있는 준칙에 따라서만 행위하라"(Act only on that maxim whereby thou canst at the same time will that it should become a universal law)[6]이다.

---

5) See Brendan E. A. Liddell, *Kant on the Foundation of Morality: A Modern Version of the Grundlegung* (Bloomington, Ind.: Indiana University Press, 1970), p. 113.

6) Kant, "Fundamental Princi ples," p. 38.

보편적으로 적용될 수 있고 법칙으로 일반화될 수 있는 것만이 의무가 된다. 정언명법이 함축하고 있는 것은 한 사람에게 옳은 일은 모든 사람에게 옳으며 한 사람에게 그른 것은 모든 사람에게 그른 것이라는 점이다. 도덕법칙은 모든 이성적인 존재에 꼭같이 구속력을 가지며 그러한 도덕법칙을 존중하는 것은 인간의 의무인 것이다. 우리의 행위가 보편화되어서 모든 사람이 그러한 행위를 하는 것이 옳다고 할 수 없을 경우(우리의 특수상황과 관련 없이) 우리가 그러한 행위를 하는 것 또한 나쁜 일이다. 도덕법칙은 외적인 여건이나 결과와는 상관이 없으며 내적인 의지나 의무와 관계를 갖는다. 이 점을 칸트는 다음과 같이 주장한다.

> 나는 '나의 준칙이 동시에 보편법칙이 되기를 바랄 수 있는 것'과는 다른 방식으로 결코 행위해서는 안 된다……예를 들어서 다음과 같은 질문을 해 볼 수가 있다. 즉 곤경에 처할 경우 앞으로 지킬 의사도 없으면서 약속을 해도 좋은가? 곧바로 나는 여기에서 이러한 질문이 가질 수 있는 두 가지 의미를 구분하게 되는데 하나는 거짓약속을 하는 것이 타산에 맞는가라는 물음이고 다른 하나는 거짓약속을 하는 것이 옳은가라는 물음이다. 물론 전자는 사실에 부합되는 경우가 흔히 있다. 그런데 의무인 까닭에 신의를 지키는 것과 해로운 결과를 알게 됨으로써 신의를 지키는 것은 전혀 다른 일이다. 첫번째 경우에는 그 행위의 개념 바로 그 속에 이미 나에 대한 법칙이 함축되어 있고 두 번째 경우에는 나는 우선 그 행위와 관련되어 나에게 영향을 미치게 될 결과가 무엇인가를 알기 위해 행위 이외의 것을 살펴보아야 한다. 왜냐하면 의무의 원칙으로부터 벗어나는 것은 의심할 여지 없이 나쁜 일인 반면에 이해타산에 관한 나의 준칙은 그것에 따르는 것이 보다 안전할 것은 물론이나 때로는 그 준칙을 어기는 것이 나에게 매우 이득이 될 수도 있기 때문이다. 하지만 거짓약속이 의무에 부합되는 것인지의 여부에 대한 이러한 질문의 해답을 발견하기 위한 가장 빠르고 어김 없는 방법은 다음과 같이 자문해 보는 일이다. 나는 나의 준칙(거짓약속을 통해 곤경으로부터 벗어난다는)이 다른 사람뿐만 아니라 나 자신에게 보편

법칙으로 적용되어도 좋다고 생각하는가? 그리고 나는 스스로에게 "다른 방도로는 벗어날 수 없는 곤경에 처했을 경우에는 누구나 거짓약속을 해도 좋다"고 말할 수 있는가? 그렇게 물어 볼 경우 나는 곧바로 나 자신은 거짓말을 하고 싶을지 모르나 거짓말하는 것이 보편법칙이 되는 것은 결코 원할 수 없다는 것을 깨닫게 된다. 왜냐하면 그러한 법칙으로써는 약속을 주고 받는 일이 결코 성립할 수 없을 것이기 때문이다. 그 까닭은 나의 주장을 믿어 주지 않을 사람에게 혹은 성급히 믿었다 해도 곧장 앙갚음을 하게 될 사람에게 나의 미래행위에 관한 내 의도를 주장하는 일은 소용 없는 일일 것이기 때문이다. 따라서 나의 준칙은 보편법칙이 되자마자 필연적으로 그 스스로를 파괴하게 될 (자기모순적인) 것이다.[7]

주목해야 할 것은 도덕적인 의사결정이란 결과와 관련해서 이루어지는 것이 아니고 의무에 대한 가장 고차적인 존중으로부터 이루어지는 것이며 또한 그것은 도덕법칙이 명령하는 바 이성의 지도 아래 다른 사람이나 사물이 아니라 바로 자신의 의지에 자유로이 복종하는 이성적인 인간과 관련된 내면적인 행위라는 점이다. 그래서 의무에 대한 정언명법은 : "당신의 행위준칙이 당신의 의지에 의해서 보편적인 자연법칙(Universal Law of Nature)이 되는 것처럼 행위하라"가 된다.[8]

3. 인간의 존엄성과 목적의 왕국

인간은 그 자신이 도덕적 왕국, 즉 도덕적인 세계질서의 한 시민이 됨으로써 무한한 본질적 가치인 '존엄성'(dignity)을 갖는다.

인간의 자율적인 의지는 자기규율적이고 자기입법적이며 자신에 대해서 외재적인 아무런 이유도 없이, 따라서 도덕법칙이 의지에 대해서 제시하는 바 오직 이성에만 자유로이 복종하는 의지이다. 어떤 사람이 강제에 의해 우리에게 복종하게 되었다는 것은 그가 우리에게 자발적으로

---

7) *Ibid.*, pp. 18～19.
8) *Ibid.*, p. 39.

복종한 것으로 해석할 수가 없다. 무장한 도둑(칸트가 제시한 것은 아니나 가상적인 경우를 하나 인용하면)이 우리로 하여금 강제로 우리의 돈을 그에게 전네주도록 할 수는 있으나 그가 우리로 하여금 그 일을 자발적으로 하도록 강제할 수는 없다. 의지는 그것을 소유한 자기자신에게만 복종하며 외재적인 강제에 굴복하지 않고 오직 이성적인 설득에만 복종한다. "이성적인 존재는 목적의 왕국에 한 '구성원'으로서 소속한다 …… 그는 '주권자'로서 그것에 속하며 입법을 할 뿐 어떠한 타자의 의지에도 예속되지 않는다."[9] 이성적인 선의지를 소유하는 존재는 자기 스스로 부여한 객관적인 도덕법칙에 의거해서 자신의 도덕적 목적을 설정하는 그들의 능력으로 인해서 목적의 왕국에 속하게 된다.

"이성적인 자연은 그 자체로서의 목적으로 존재한다." 도덕적 존재로서의 인간은 그 자체로서의 목적인 까닭에 그는 절대적 가치 즉 존엄성을 소유한다. 사물은 그 가치가 언제나 공리적인 데 있는 것인 까닭에 상대적인 가치를 가지며 일단 그 유용성을 잃게 되면 무가치한 것이 된다. 그러나 인간은 그의 존엄성, 그의 무한한 본질적 가치로 인해서 그리고 도덕법칙이나 추구할 목적을 설정하는 도덕적 입법자로서 목적의 왕국에 참여하는 그의 능력으로 인해서 결코 단순한 수단이 되는 일은 없고 그 자체로서의 목적인 것이다. 인간과 관련된 실천적인 명법은: "인간을 그 자신의 인격이나 타인의 인격에 있어서 모든 경우에 단순한 수단으로서가 아니라 목적으로서 대우하게끔 행위하라"는 것이다.[10] 이러한 규칙을 적용할 경우(그 저자에 따르면) 대상이 더 이상 우리에게 소용이 없을 경우에는 무시할 수 있다. 그러나 어떤 인간이 우리에게 유용성을 잃게 될 경우에도 우리는 그를 한 인간으로서 배려해야 하며 적절한 존경과 온당한 배려로 그를 대우해야 한다. 인간의 가치에 대한 존중은 도덕의 기초이며 인간은 물질적인 이득이나 쾌락 등을 위해서가 아니라

9) *Ibid.*, p. 52.
10) *Ibid.*, p. 47.

인간으로서, 도덕적 행위자로서의 '자기자신에의 존경'으로 인해서 의무를 다하게 된다. 도덕법칙에의 존중은 자신에의 존중이며 그 역도 성립한다. 의무 그 자체를 위한 행위는 도덕법칙에 대한 존경에서 비롯되는 행위이다. "도덕법칙은 성스러운 것이다(불가침의 것이다). 사실상 인간은 그다지 성스러운 존재는 아니지만 그는 그 자신의 인격에 있어서 '인간성'을 성스러운 것으로 간주해야만 한다."[11)]

목적의 왕국에 있어서 대상들은 가격(value)이나 존엄성(dignity) 가운데 하나를 갖게 된다. 만일 그것이 교환 불가능하다면 존엄성을 갖게 되며 같은 값을 갖는 것에 의해 교환될 수 있으면 가격을 갖게 된다. 인간은 가격을 매길 수 없으며 무한한 본질적 가치를 갖는 까닭에 존엄성을 누리게 된다. 공리주의적 가치를 갖는 상품은 그들의 이용가치에 따라 가격이 매겨지지만 인간은 모든 가격을 넘어서 존재한다.

> 목적의 왕국에서는 모든 것이 가격이나 존엄성 중 하나를 갖는다. 가격을 갖는 것은 '같은 값'을 갖는 다른 것에 의해 교환될 수 있다. 반면에 모든 가격을 넘어서 존재하며 따라서 그와 같은 값을 갖지 않는 것은 존엄성을 갖는다. 인간의 일반적인 성향이나 욕구에 관련된 것은 무엇이든지 시장가격을 갖는다; ······ 그러나 그 아래에서만 어떤 것이 그 자체로서의 목적이 될 수 있는 조건을 이루는 것, 바로 이것은 단지 상대적인 가치, 즉 가격을 갖는 것이 아니라 본질적 가치, 즉 '존엄성'을 갖는다.[12)]

4. 최고선, 덕과 행복

칸트에 있어 덕의 개념은 용기에 비교될 수 있다. 부정의한 강력한 반대자에게 저항하려는 단호한 의도로 이루어지는 것이 용기라면 그것이 한 인간 내면에 있어서 도덕성에 대립되는 영향에 저항할 경우 덕이

---

11) Kant, *Critique of Practical Reason*, p. 180.
12) Kan t, "Fundamental Principles," p. 53.

된다. "덕은 의무에 복종하고자 하는 인간의 준칙이 갖는 힘이다."[13] 그것은 의무에 복종하고자 하는 의지의 도덕적 힘이며 그 역량이다. 아리스토텔레스의 사상과는 반대로 덕은 습관이 아니다. 특히 그 습관이 도덕법칙이라는 관념을 충족시키는 이성적 의지에 의한 행위로 이루어진 것이 아닌 한 덕은 습관이 아닌 것이다. 자유가 존재하지 않는 한, 다시 말하면 습관, 감정, 정서 등이 어떤 사람의 의지의 명령에 의한 것이 아닌 한 그것은 도덕적 의무라는 자격을 가질 수 없다. 칸트는 습관, 감정, 정서 등을 "병리적인" 상태로 간주하며 따라서 의지에 대해 외재적인 것으로 생각한다.

가장 훌륭한 도덕적 완성은 자신의 의무를 달성함으로써 성취된다. 그래서 사람은 자신을 '완성해야' 할 의무를 지니게 된다. 그러나 사람은 타인을 대신해서 욕구할 수는 없는 까닭에 타인의 완성을 보살피는 것은 우리 자신의 의무는 아니다. 덕을 보완하는 것은 행복(우리의 필요와 성향을 완전히 만족시키는 것으로 이해된)이다. "세계 내에서 모든 것이 그의 욕구와 의지에 따라 이루어지는 이성적 존재의 조건"[14]으로 규정되는 행복이란 인간의 의지와 조화하는 자연세계의 협동을 함축한다. 그러나 인간이 그러한 협동을 욕구할 수는 없는 까닭에 행복하게 되는 것이 의무는 아니다. 우리가 다른 사람의 행복에 기여할 수는 있는만큼 사람은 타인의 행복을 증진시킬 의무를 지니게 된다. 자신을 위해서 행복을 추구하는 것은 허용될 수 있으나 타인의 즐거움을 추구하지 않는 것은 악한 의지이다. 따라서 인간의 의무는 두 가지가 되는데 : 1) 최대의 도덕적 '자기완성', 2) '타인의 행복'을 증진하는 일이 그것이다.

인간의 경향성, 그의 '감각적 의지'는 그 목적으로서 행복을 추구한다. 그러나 그의 '도덕적 의지'는 덕을 그 목표로 갖게 된다. 그러고 이 두 가지가 결합될 경우 '최고선'이 결과된다. 그래서 최고선은 두 가지

13) Kant, "Preface to the Metaphysical Elements," in *Critique of Practical Reason* p. 305.

14) Kant, *Critique of Practical Reason*, p. 221.

요소로 이루어지게 되는데, "덕과 행복이 결합되어 인간에 있어서 최고선을 이룬다."[15] 행복의 최상의 조건은 덕인데, 왜냐하면 덕은 행복을 누릴 만한 가치가 있음이기 때문이다. 의지의 자유에 의해서 최고선을 산출하는 것은 선험적으로 도덕적 필연이기는 하지만 그것을 성취하는 것은 지상에 사는 동안에는 불가능한 까닭에 최고선이 기필코 실현되어야 하는 것이라면 영혼이 불멸이어야 한다고 결론짓는 것은 도덕적 필연이 된다. 그렇지 않을 경우에는 우리의 도덕적 인격을 완성해야 할 의무는 그 의미를 잃게 된다. 영혼불멸이 사실이 아닐 경우 인생은 속임수가 될 것이다. 왜냐하면 영혼의 불멸은 최고선(각자의 덕의 정도에 비례하는 행복을 동반하는 덕)의 필수적인 전제이기 때문이다. 성스러움의 결과인 완전한 행복은 "의지와 도덕법칙의 완전한 합치"에서 생겨 나야 한다. 그러나 현세에 있어서의 완성은 실현 불가능한 일이다. 따라서 우리가 스스로를 완성할 수 있게 되고 그와 더불어 우리가 행복을 마땅히 누릴 자격이 있음으로써 행복을 향유하게 되며 그 두 가지와 함께(덕과 행복이 결합되어) 최고선이 실현되는 내세가 존재해야 하는 것이다. 이러한 모든 것은 도덕적인 세계질서의 "주재자"가 가진 위대하고 훌륭한 계획이며 따라서 신의 존재를 가정해야 할 필연성을 첨가하게 된다.

5. 종교철학

종교도 역시 도덕적 기초 위에 세워진다. 왜냐하면 칸트의 신학은 신의 명령으로서의 도덕법칙으로 이루어지기 때문이다. 여기에서 인간의 본성은 이중적인 것이기 때문에 한가지 문제가 생겨 나게 된다. 인간의 감성적 본성은 악에로의 성향을 갖는 한편 그의 도덕적 본성은 자기완성과 자연적 충동의 극복을 추구한다. 악에로 나아가는 인간의 경향성은 인간이 도덕법칙을 의식하면서도 그로부터 이탈하고 있음을 나타낸다. 따라서 이른바 인간본성의 부패는 본래적 악이 아니고 인간의 나약함이

15) *Ibid.*, p. 206.

라는 의미에서 타락인 것이다. 한편 인간이 선하게 창조되었다고 하는 것은 인간이 선한 행위를 할 수 있게 창조되었고 인간의 본래적 '기질'이 선량하다는 것을 의미한다…… 본래적 선은 자신의 의무를 따라야 한다는 '준칙의 성스러움'이다."[16] 도덕법칙이 그렇게 명령하는 까닭에 우리가 보다 나은 인간이 될 수 있다는 결론이 불가피하게 나온다. 덕과 완성에로의 길은 의무로 인해 재촉받으며, 인간에게 심정의 변화, 새로운 영적인 탄생, 새로운 창조로서 작용하는 신의 권능과 구원의 사랑에 의해 지원을 받게 된다. 그래서 우리는 구원받은 자의 윤리적 공동체로 이루어지는 진정한 교회, 신의 도덕적 왕국의 구성원들이 된다. 우리의 지상의 과제인 사회윤리는 전체의 도덕적 발전이며 이는 무한한 미래 속에서 결국 권리, 법, 입헌정부를 확립함으로써 모든 사람들간에 항구적인 평화를 가져오게 될 것이다.[17]

6. 칸트 윤리학에 대한 비판

칸트 윤리학에 대한 가장 흔한 비판은 그것이 목적론적인 요소를 용납하지 않는다는 그의 형식주의(formalism)에 겨냥되고 있다. 단순히 의무를 위한 의무 이상이 요청되는 것이며, 그것이 시즈위크(Sidgwick)의 이론에서 상론되고 있는 바와 같은 어떤 공리적 가치에 의해 보완될 필요가 있다는 것이다. 이윙[18](Ewing)의 논의에 따르면 상충하는 의무들간에 선택을 하기 위해서는 공리주의적 보충이 필수적이라는 것이다. 폴슨(Paulsen)도 역시 칸트의 윤리를 강화하기 위해서 목적론적인 보완을 권장한다. 그의 지적에 의하면 거짓말이 나쁜 것은 그것이 갖는 자기파괴성 때문이 아니라 그것이 본질적인 선, 즉 모든 사회적 삶의 기본조건인 신뢰를 파괴하기 때문인 것이다.[19] 쉴프(Schilpp)는 칸트가 자신의 극단적인 형

16) Kant, "Philosophical Theory of Religion," *Critique of Practical Reason*, pp. 352, 354.

17) Immanuel Kant, *Perpetual Peace*(New York: Liberal Arts Press, 1957).

18) A.C. Ewing, *Ethics*(London: English Universities Press, 1953), p. 63.

19) Friedrich Paulsen, *Immanuel Kant: His Life and Doctrine*(New York: Frederick

식주의에 대한 의식과 더불어 행위의 결과를 목적론적인 조정을 위한 기초로서 고려할 필요를 의식하고 있었다고 주장하였다.

> 한편 그는 인간의 삶이나 경험의 사실들에 주목하지 않는 도덕적 의무는 불합리하고 소용 없는 추상물이라는 것을 알고 있었고 다른 한편 그는 무조건적인 의무가 아닌 "도덕적 의무"——이미 확립되고 받아들여진 어떤 선에 대한 수단 혹은 방편에 지나지 않는 의무——는 그것이 "실천적인" 방식에 있어서 아무리 유익한 것이라 할지라도 전혀 진정한 도덕적 의무가 될 수 없다는 것을 인식하고 있었다.[20]

머피(Jeffrie G. Murphy)는 행위가 의무에의 존중으로부터 수행되지 않는 한 도덕적 가치가 없다고 주장한 것으로 보는 칸트에 대한 일반적인 해석을 반박하면서 칸트의 윤리학을 옹호했다.[21] 그는 합법칙성을 도덕의 일부로 다루려는 것이 칸트의 의도였다고 생각한다. 그러나 머피 자신도 인정했던 것처럼 다른 사람도 아닌 바로 그 유명한 칸트학자인 파톤(Paton)도 재래의 일반적인 해석을 지지하고 나선다. 셸러(Scheler)도 역시 칸트의 형식주의가 마음에 들지 않은 것으로 보이는데, 왜냐하면 그는 1916년에 간행된, 『윤리학에 있어서 형식주의적인 원리와 실질적인 가치윤리학』(*Formalistic Principle in Ethics and the Material Ethic of Value*)이라는 저서에서 실질적인 가치윤리학을 전개함으로써 형식에 구체적인 내용을 첨가하고자 했기 때문이다.

많은 학자들이 정언명법에 대해서도 공격을 해 왔는데 이들 중에는 칸트의 최고의 도덕원리가 단지 어떤 사람에게만, 즉 그 심리적 본성이 거기에 맞게 조건화된 사람에게만 정언명법이 될 수 있다고 주장한 영

Ungar, 1963), p. 328.

20) Paul A. Schilpp, *Kant's Pre-Critical Ethics* (Evanston, Ill.: Northwestern University Press, 1938), p. 173.

21) Jeffrie G. Murphy, "Kant's Concept of a Right Action," *Kant Studies Today*, ed. Lewis W. Beck (LaSalle, Ill.: Open Court, 1969), pp. 471~495.

국의 철학자들도 포함되어 있다. 브로드(C. D. Broad)는[22] 생각하기를 현재 어떤 사람에게 정언적(절대적)인 힘을 갖는 명령도 한때는 단지 가언적(조건부)인 것에 불과했으며 시간이 흐름에 따라 그것이 성공적으로 이용됨으로써 점차 어떤 사람과 사회에 대해서 정언적인 힘을 갖게 되었다는 것이다. 이러한 해석에 동조하면서 에이어(A. J. Ayer)는 주장하기를 도덕적 신조들이 어떤 사람들에게 정언적 명령의 힘을 갖게 된 까닭은 그 도덕적인 동기가 신의 노여움을 두려워하거나 사회의 적대감을 염려하는 데서 생겨 난 때문이라는 것이다.[23] 이러한 논변들은(칸트에 대한 비판으로서) 양심을 인간의 도덕적·이상적·문화적 성질을 포함하는 인간성의 측면으로서 초자아(super-ego)의 사회적 발전으로 돌린다는 점에서 기본적으로 프로이트주의적이다.

브로드의 반론과 유사한 또 하나의 반론은 칸트의 정언명법이 모두 단지 가언적인 명법에 불과하다는 논박이다. 도덕법칙이란 존재하지 않으며 오직 경험적으로 도출된 법칙만이 존재한다. "만일 누군가 거짓말을 한다면 그는 손해를 끼치게 될 것이다"라는 가언적 진술에 바탕을 둔 조건부명령이 "거짓말은 나쁘다" "거짓말을 말라"와 같은 정언적 명법으로 변하게 된다. "만일 당신이 죽고 싶지 않거든 죽이지 말라"는 것은 "죽이지 말라"는 정언적 명령으로 바뀌게 된다. 이러한 관점에서 어떤 철학자들은 보편적으로 적용된다면 모든 명령이 가언적인 것이라 할지라도 잘못될 것이 없다고 생각한다. 예를 들어서 "만일 내가 배가 고픈데 생존할 수 있는 다른 방법이 없다면 나는 풍족한 재물을 가진 자로부터 빵을 훔쳐야 한다"는 것은 정확히 비슷한 상황에 처하게 될 경우 누구든지 채택해도 좋은 명령인 것이다. 이러한 명령은 보편적으로 적용되기를 바랄 수 있는 것이다. 또 다른 규칙으로서는 "정당방위를

22) C. D. Broad, *Five Types of Ethical Theory*(Paterson, N.J.: Littlefield, Adams, 1959), pp. 123~124.
23) A. J. Ayer, *Language, Truth and Logic*, 2d ed.(London: Victor Gollancz, 1946), pp. 112~113.

위해서는 죽여라"와 같은 것을 들 수 있다. 로스(W. D. Ross)는 다음과 같이 이런 식의 추론방식을 옹호하고 있다.

> 칸트의 보편화가능성(universalizability)이라는 기준을 적용하는 유일하게 안전한 방법은 어떤 행위를 그 구체적인 특수성 전체에 비추어서 바라보는 것인데 즉 "정확히 유사한 여건에 처할 경우 모든 사람이 내가 말하려고 생각하는 것과 정확히 유사한 거짓말을 해도 좋다고 내가 바랄 수 있는가?"와 같이 물어 보는 일이다.[24)]

바이어(Baier)[25)]는 어떤 행위가 옳은 것이 되는 경우는 그것이 가역성(reversability)의 조건을 충족시킬 경우라고 생각하는데, 즉 주는 편에 있는 사람이 받는 편에 있는 사람과 입장이 바뀌어도 좋을 경우라고 생각한다. 이는 결국 우리가 약속을 하게 된 상대방이 약속을 어겨도 좋다는 생각을 받아들일 수 있다면 약속을 어기는 일이 허용될 수 있다는 의미가 될 것이다. 칸트는 이러한 일이 결코 허용될 수 없다고 보는데 그 이유는 우리가 돈을 빌고서 나중에 그것을 갚지 않을 마음을 먹을 수는 없는데, 왜냐하면 어길 수 없는 계약이 이미 성립했다는 사실 때문이다. 그러나 칸트가 잘못 생각한 이유는 계약에 있어서 쌍방이 변경이나 해약을 하기로 합의했을 경우에는 그 계약이 쉽사리 변할 수 있는 것이기 때문이다. 칸트가 말한 도덕원칙의 보편성(정언명법)은 가역성에 기초해서 확립된다. 왜냐하면 칸트에 따르면 내가 약속불이행을 비난하는 이유는 내가 나에게 행해진 약속의 불이행을 당하는 편에 있기를 원치 않기 때문이다. 그러나 만일 나의 편에서 반대의사가 없을 경우에는 나에게 행해진 약속이 어겨져서 안 될 이유가 어디 있겠는가?

이러한 전반적인 추론과정은 에이어나 브로드에 의한 비판과 비교될

---

24) William David Ross, *Kant's Ethical Theory*(New York: Oxford University Press, 1958), p. 34.

25) Kurt Baier, *The Moral Point of View*(Ithaca, N.Y.: Cornell University Press, 1958), p. 202.

만한 또 다른 반론을 제기한다. 하스퍼스(Hospers)는 주장하기를 어떤 사람들의 심리는 정언명법에 비추어 볼 때 그들 이외의 나머지 사람들이 반대할 만한 것을 바랄 수 있게끔 되어 있다는 것이다.[26] 정상적인 사람은 가학적인 행위를 바랄 수가 없지만 가학-피학적인 (sadomasochistic) 사람은 도덕적인 가책 없이 그런 행위를 원할 수가 있다. 왜냐하면 그는 가학적인 행위를 행하는 것도 즐기고 피학자로서 그러한 행위를 당하는 자가 되는 것도 즐길 것이기 때문이다.

휠라이트(Wheelright) 역시 심리적 요인을 중요시하면서 보편적인 것은 "개념이 사용되는 방식과 용어가 규정되는 양식에 따라 상대적이다. 재산의 상속도 도적질의 일종이라 할 수 있지 않겠는가?"[27]라고 주장한다. 이런 식으로 볼 때 공산주의자에게는 자본주의적인 이윤추구도 절도행위일 수 있겠으나 칸트 자신은 돈을 투자하고서도 양심의 가책조차 받지 않았던 사람이었다.

폴슨(Paulsen)을 위시한 몇몇 사람은 정언명법이 비도덕적인 명령으로부터도 생겨 날 수 있음을 보여 주었는데, 예를 들면 이슬람교를 채택하기를 거절했을 때 이교도들의 등에 검을 꽂는 것이 도덕적 명령이라고 믿고 있는 모슬렘의 경우가 그러하다. 모슬렘인은 자신의 영혼을 구원하기 위해서라면 다른 사람이 그에게 검을 들이대도 반대하지 않을 것이다.

심지어는 정언명법이 두 가지 서로 상반되고 모순되는 행위를 우리에게 명령하게 되는 경우도 제시될 수가 있다. 예를 들어서 칸트는 독신생활을 명하는 원리에 대해서 언급하고 있는데 그 원리가 보편화될 경우 인류의 멸종이 결과될 것이라고 말한다. 그러나 이와 같이 반대할 만한 근거가 있는 바로 그 독신생활에의 동일한 명법이 동시에 옹호될

26) John Hospers, *Human Conduct: An Introduction to the Problems of Ethics* (New York: Harcourt, Brace & World, 1961), p. 282.

27) Philip Wheelright, *A Critical Introduction to Ethics*, 3d ed. (New York: Odyssey Press, 1959), p. 126.

수도 있을 것인데, 그 근거는 오늘날 만일 사람들이 무제한하게 현재의 속도로 계속해서 자손을 갖게 될 경우 그 결과는 기아에 의한 인간의 비참과 죽음을 가져올 것이기 때문이다. 아마 이러한 경우에는 칸트의 정언명법보다 아리스토텔레스의 중용이 보다 나은 기준이 될 것이다. 타이터스(Titus)와 키톤(Keeton)은 칸트가 상충하는 의무들을 적절히 설명하지 못한다고 지적한다. 다시 말하면 두 가지 의무가 서로 충돌하는 경우에 우리는 결정을 내릴 아무런 지침도 갖지 못하게 된다는 것이다.[28] 타이터스와 키톤의 견해에는 일리가 있는 것으로 보인다. 그래서 의사는 환자에게 사실 그대로 말함으로써 정서적인 불안 내지는 죽음까지도 유발할지 모르는 경우와, 또한 환자에게 의도적으로 거짓말을 함으로써 진실을 감추는 것 사이에 결정을 해야 하는 딜레머에 직면하게 된다.

아리스토텔레스와 같은 고전철학자들 및 페리(Ralph Barton Perry)나 듀이(John Dewey)와 같은 현대철학자들은 경향성에 의해 동기화된 행위는 도덕적인 가치가 없다는 칸트의 주장에 반론을 제기한다. 그들은 정반대의 견해를 주장하게 되는데, 즉 가장 훌륭한 도덕적 행위는 어떤 사람의 인간성이 그런 식으로 계발되어 있어서 그에게 자연스럽게 여겨지고 그의 개성적인 성품을 표현하게 되는 그러한 행위라는 것이다.

제 2 절 옥스포드 의무론자들

이 장에서 논의될 옥스포드 도덕철학자들 중 두 사람의 의무론적 직관주의자는 프리차드(H. A. Prichard)와 로스(W.D. Ross)인데 이들은 모두 옥스포드의 윌슨(Cook Wilson)의 영향력 있는 가르침과 전통으로부터 정신을 이어받았다. 현대의 의무론자들을 고전적 직관주의자들(칸

28) Harold H. Titus and Morris Keeton, *Ethics for Today*, 4th ed. (New York : American Book Co., 1966), p. 146.

트적 직관주의자들을 포함해서)로부터 구분해 주는 한 가지 기본적인 점은 옳고 그름이 도덕적 원리에서보다는 일차적으로 행위(actions) 속에서 직관된다는 의무론적 이론에 있다. 도덕법칙은 절대적인 것이 아니며 옳음에의 경향성을 갖는 규칙들이다. 의무에의 의도(obligatory intentions)는 의무적인 행위에 대해서 이차적인 지위를 차지하는 것이다. 이러한 구분으로 인해서 이들은 칸트적인 의무론으로부터도 구별될 수 있으며 고전적인 직관주의로부터도 구별될 수 있으므로 신의무론자들 혹은 신직관주의자들이라는 명칭으로 불리게 된다.

Ⅰ. H. A. 프리차드 : 자명한 것으로서의 의무와 직접적으로 지각되는 옳은 행위

직관주의적 의무론에 대한 프리차드의 주요공헌은 의무의 사실(옳은 행위)은 직관적으로 지각되는 것으로 설명되어야 하기 때문에 의무의 사실을 증명하고자 하는 것은 그릇된 일이라는 이론에 있다. "행해야 할 도덕적 의무에의 감각, 특정한 종류의 행위가 옳다는 것에 대한 지각은 절대로 파생적인 것이 아니며 직접적인 것이다."[29] 어떤 행위의 옳음은 그것이 산출할 선에 의해서 정의될 수 없으며 단순개념이나 비자연적 특성처럼 그것은 선을 포함한 모든 다른 것들로부터 구분될 수 있다. 왜냐하면 그것은 그 자체로서 존재하는 특이한 것(sui generis. 독특한 것)이기 때문이다.

1. 오류에 근거한 윤리학

윤리설에 관한 프리차드의 고전적인 논문「도덕철학은 오류에 근거하고 있는가?」(Does Moral Philosophy Rest on a Mistake?)는 그가 현대 도덕철학이 당면하고 있는 근본문제라고 생각한 것을 제시하고 있다.

29) H. A. Prichard, *Moral Obligation* (New York: Oxford University Press, 1949), p. 7.

그는 그 질문에 대해서 긍정적인 해답을 하고서 인식론에서 이 문제와 유사한 관계를 발견했을 뿐만 아니라 수학에서도 그 문제에 대응하는 해결을 발견했다. 도덕철학이 오류에 근거를 두고 있는 이유는 그것이 부적합한 질문에 대답하려는 시도를 하기 때문이다. 인식론은 "지금까지 우리가 지식이라고 생각해 온 것이 정말 지식인가?"라는 사이비질문에 대답하고자 한다. 이러한 질문은 어떤 해답도 받아들일 수 없다. 왜냐하면 그에 대해서는 아무런 해답도 있을 수 없기 때문이다. "부당한 질문에 대해서는 그 질문이 부당하다는 것 이외에 어떤 대답도 있을 수가 없다."[30] 이와 동일한 이야기가 도덕적인 문제에도 그대로 적용되는데 왜냐하면 그것도 부당한 질문에 대한 대답을 찾는 오류에 근거하고 있기 때문이다.

2. 의무의 근거

철학자들은 도덕적 문제를 두 가지 기본적인 방식으로 다루어 왔다. 즉 '어떤' 철학자들은 우리가 이러저러한 행위를 해야 하는 까닭은 우리가 사실들을 완전히 파악한 경우에 알게 되듯이 그렇게 행위하는 것이 우리의 선을 가져올 것이기 때문에, 즉 그렇게 행위하는 것이 우리에게 이득을 가져오기 때문에 혹은 보다 나은 표현이지만, 그렇게 행위하는 것이 우리에게 행복을 가져오기 때문이라고 설명한다. 반면에 '다른' 철학자들은 우리가 이러저러한 행위를 해야 하는 이유는 그 행위를 통해서 혹은 그 행위에 의해서 실현되는 것이 선이기 때문이라고 설명한다. 이 두 가지를 달리 표현하면 "왜"라는 이유가 행위자 자신의 행복에 의해 설명되든가 행위에 내재하는 어떤 것의 선에 의해 설명되든가이다."[31]

30) H. A. Prichard, "Does Moral Philosophy Rest on a Mistake?" *Mind*, 21(1912) : 35; also in *Moral Obligation*(Oxford: Clarendon Press, 1949), Pagination in this section is from the article in *Mind*.
31) *Ibid*., p. 22.

플라톤, 버틀러(Butler), 허치슨(Hutcheson), 팔리(Paley), 밀 등은 앞쪽 견해를 받아들이는 학자들로서 우리가 옳은 일을 행해야 하는 이유는 그것이 우리에게 행복, 이득, 소득 혹은 이익을 가져올 것이기 때문이라고 주장한다. 뒤쪽 견해는 의무의 기초를 행위 그 자체의 선이나 행위에 따르게 될 선에서 찾는다. 도덕적 동기유발에 대한 설명으로서 앞쪽의 견해가 우리의 의무감을 규제하는 데 실패하게 되는 이유는 그것이 욕구에 호소하는 것이긴 하나 욕구란 도덕적인 힘을 결여하고 있기 때문이다. 이러한 관점에서 볼 때 뒤쪽의 견해가 앞쪽에 비해 특별한 장점을 가지며 보다 선택할 만한 것이다. 왜냐하면 이러한 견해는 어떤 행위가 그 자체로서 선이고……그 본래적인 선이 그것이 행해져야 할 이유이기 때문에 그것은 바로 우리의 도덕의식으로 하여금 그러한 행위를 하게끔 명하는 것이기 때문이다. 행위 그 자체가 선이라는 점이 행위의 결과가 그러하다는 것보다 의무에 보다 더 직접적인 관련을 갖는다.

그러나 이 두 견해는 모두 내세울 만한 것이 못 된다. 두 번째 견해가 그릇된 이유는, 어떤 행위가 옳다는 근거를 그 행위의 본래적 선에 둔다는 것은 고려되는 선이 동기가 가진 선임을 함축하는 것인 데 반해 사실상 어떤 행위의 옳음이나 그름은 동기의 문제와 아무런 상관이 없기 때문이다.[32)]

행위는 그것이 비록 다양한 상황에서 서로 다른 동기에 의해 유발된 것이라 할지라도 그 동기와는 서로 구분되어야 한다. "꾼 돈은 갚아야 하나?"라고 묻는 것은 내가 과거의 약속을 이행함으로써 생겨 날 상태를 가져와야 하는가를 묻는 것이다. 그 물음은 사실상 다음과 같은 것을 의미하게 된다. 즉 "나는 내가 분명히 혹은 암암리에 나의 과거행위에 의해 약속한 내용을 나의 상대방이 갖게 되는 결과를 가져와야 하는가?"[33)] 동기에 관해서 말한다면 내가 명백히 그 동기를 함축하고 있

32) *Ibid.*, p. 26.
33) *Ibid.*, p. 27.

는 상태를 유발하게 될 경우 그러한 동기가 존재한다는 사실에 대해서는 의심이 있을 수 없다. 그러나 부채를 갚는다는 전반적인 일이 의무로서 고려될 경우에는 행위 그 자체가 동기와는 상관 없이 고려되는 것이다. 그 행위를 수행하게 된 우리의 동기를 충분히 인지한다 할지라도 우리는 우리의 문제에 대한 해답에 조금도 더 가까이 간 것이 아니다. 우리는 우리를 자극하는 동기에 상관 없이 부채를 갚는다는 의무를 가지고 있다. 비록 그 동기가 법적인 제재에 대한 두려움에서 유발된 것이라 할지라도 마찬가지인데 왜냐하면 "우리는 우리가 행해야 할 방식대로(as) 행위하지는 않게 될지라도 여전히 우리가 행해야 할 내용(what)을 행하게 될 것"[34]이기 때문이다. 동기의 문제를 개입시키는 것은 마치 우리가 "의욕하는 일을 마음대로 의욕할 수 있다," 즉 "마음이 끌리는 일을 마음대로 이끌릴 수 있다"[35]고 가정하는 오류를 내포한다. 의욕한다거나 동기유발된다는 것은 특정한 방식으로 어떤 행위에로 이끌리게 된다는 것이며 지금의 경우에 있어서는 부채를 갚는 일에로 이끌리게 된다는 것이다.

3. 의무감이나 옳음에 대한 지각

의무적인 행위는 과학적인 행위처럼 추론의 결과도 아니며 과학적인 법칙처럼 일반화될 수도 없다. 행위의 옳음은 그 행위가 행위자나 다른 사람들에게 관계되는 방식에 의거해서 주어진 상황에서 일정한 사태를 발생시키는 데 있다. 상황과 그 관계는 모두 행위자, 즉 행위를 시작하는 사람에 의해 고려되어야 한다. 예를 들어서 우리는 어떤 사람이 우리에게 호의적으로 어떤 친절한 행위를 베풀었다는 사실을 알기까지는 그에게 선물을 주겠다는 어떤 의무감을 갖지 않을 수도 있다. 그의 친절한 행위에 관한 자료를 얻는 것은 도덕적인 사고가 아니다. 그러나

34) *Ibid.*
35) *Ibid.*

그 친절을 선물로 보답하는 것이 어떤 관계와 사태를 발생시킨다는 것을 인식하는 것은 도덕적인 사고이다. "그래서 우리는 의무를 곧바로 혹은 직접적으로 지각하게 되는데 그러한 지각은 '도덕적' 사고활동인 것이다."[36] 우리가 이러한 행위를 당연히 '해야 한다'는 것, 즉 베푼 호의에 대한 보답으로 선물을 주어야 한다는 것을 느끼거나 깨닫게 되는 것이다.

> 예를 들어 이 삼각형이 세 개의 변을 가졌기 때문에 세 개의 각을 가졌음을 지각하는 것과 같이 수학적인 지각이 직접적인 것이라는 의미에서 이러한 도덕적인 지각도 직접적이다. 이 두 지각은 모두 주어의 성격을 통찰하게 되면 곧바로 그것이 술어를 소유하고 있다는 것을 인지하게 된다는 의미에서 직접적이다. 그리고 두 경우에 있어서 지각된 사실이 자명하다고 말하는 것은 위의 사실을 다른 측면에서 말하는 것에 지나지 않는다.[37]

의무가 자명한 것이 아니라 증명을 요구한다고 생각하는 과오가 생기는 것은 의무로 지정된 행위들이 불충분하게 진술되었다는 사실에 기인하는 것이며 프리차드는 이를 "의무를 지각하기 위한 예비과정이 불완전하다"고 표현하고 있다. 앞에서 말한 선물의 예를 생각해 보자. 만일 그 선물이 친절한 행위에 대한 보답이라는 점이 언급되지 않았다면 왜 선물을 줘야 하나라고 의문을 제기하는 것은 충분히 합당한 일이 될 것이다. 그러나 행위의 세부사항들이 완전히 진술될 경우에는 증명을 하거나 이유를 제시하는 일이 불필요해진다. 왜냐하면 그 행위가 옳다는 것이 직접적으로 직관되고 따라서 자명하기 때문이다. 우리는 의무를 도덕적 사고를 통해 인식하게 되고 논증에 의해 그것을 지각하는 것은 아니며 행위의 옳음에 대한 우리의 지각이 행위가 갖는 선의 결과로서 생기는 것은 아니다.

36) *Ibid.*, p. 28.
37) *Ibid.*

4. 선으로부터 독립된 것으로서의 옳음

옳음은 선으로부터 파생된 것이 아니고 선과는 독립적이며 어떤 행위가 칸트적인 의미에서 옳은 것이기 때문에 그것이 선이라는 것도 타당하지가 않다. 그렇게 될 경우 행위의 선을 단지 그 행위의 동기에만 제한하는 결과가 된다.

> 옳은 행위의 옳음은 행위가 일어남으로써 비로소 존재하게 되는 한편 행위의 본래적 선은 행위의 동기에만 존재한다. 이것이 의미하는 바는 도덕적으로 선한 행위가 도덕적으로 선한 것인 까닭은 단지 그것이 옳은 행위이기 때문이 아니고 그것이 옳다는 이유에서 행해진, 즉 의무감으로부터 행해진 옳은 행위이기 때문이라는 점이다."[38]

5. 직관되는 것으로서의 도덕

문제의 결론은, 우리가 어떤 일을 행해야 한다는 지각은 우리의 비반성적 의식 속에서 생겨 나는데 이러한 의식은 우리가 처하게 되는 다양한 상황에 의해 유발되는 도덕적 사고활동이다.[39] 도덕이란 수학과 마찬가지로 직접적으로 지각되고 직관된다(intuited). 즉 수학에 있어서 7+7=14라는 결론에 대해 의심이 갈 경우 그에 대한 유일한 수정책은 그 문제가 자명한 것인 까닭에 어떤 다른 형태의 증명을 시도하는 것이 아니라 합산을 다시 해 보는 일인데[40] 도덕에 있어서도 마찬가지이다. 증명을 해 보려는 모든 시도들은 "실패하게 마련인데 왜냐하면 그것들은 오류, 즉 도덕적 사고작용에 의해 직접적으로 지각될 수밖에 없는 것을 증명할 수 있으리라는 가능성을 가정하는 오류에 바탕을 두고 있기 때문이다."[41] 의무를 분별하는 과정은 보통 형태의 추론이나 증명을 통해서가 아니라 의무에 대한 직접적 지각에 의해 이루어진다.

38) *Ibid.*, p. 30.
39) *Ibid.*, p. 36.
40) *Ibid.*
41) *Ibid.*

Ⅱ. W. D. 로스 : '옳음'의 정의 불가능성

W. D. 로스의 의무론적 직관주의는 칸트와 밀 사이의 중간적 입장을 차지한다. 로스의 입장은 프리차드와 무어의 입장에 크게 의존하고 있는데 전자에는 그의 의무와 옳음의 개념에 대해서, 그리고 후자에는 선의 정의 불가능성에 관한 견해에 대해서 의존하고 있다. 그에게 영향을 준 세 번째 원천은 옳음의 의미를 "특이하고 정의 불가능한 방식으로 어떤 상황에 적절한(suitable)[42]으로 규정하는 브로드의 정의이다. 또한 로스는 가치에 대한 페리의 관심설로부터도 배운 바가 있다.

프리차드는 의무가 사실에 대한 우리의 믿음에 의존한다고 주장했으나 로스는 의무가 사실 그 자체에 의거하는 것이라고 주장했다. 로스의 의무론은, 조건부 의무들(*prima facie duties* : 한번 봐서 직관적으로 알 수 있다는 의미에서 직견적 의무 혹은 절대적이고 무조건적인 의무에 대비해서 조건부 의무로 옮길 수 있음 : 역자주)이란 거기에서 생기는 좋은 결과에 의해서 설명될 수 없는 것이라고 주장함으로써 이상적 공리주의에 정면으로 맞서고 있다. "깊이 생각해 보건대 약속은 그 자체만으로서 조건부로(일견해서) 지켜져야만 할 어떤 것임은 자명한 것으로 보인다."[43]

1. 도덕규칙의 권위

로스는 윤리학을 규범과학, 즉 옳은 행위의 규범을 확인하는 연구로 생각했다. 이렇게 규정함으로써 윤리학은 어떤 의미에서 거짓되고 유명무실의 것이 되고 만다. 왜냐하면 "일상인들"은 비록 그들이 철학에 무지함에도 불구하고 그들이 행해야 할 바가 무엇인지를 일반적으로 알고 있기 때문이다.

---

42) William David Ross, *Foundations of Ethics* (Oxford: Oxford University Press, 1936), p. viii.

43) William David Ross, *The Right and the Good* (New York: Oxford University Press, 1930), p. 40.

나아가서 도덕규칙들의 권위가 경우에 따라서 실생활에서 무너지게 되는데 첫째로 한 개인에 있어서 어떤 원칙과 다른 원칙이 대립할 경우이고 둘째로 한 사회의 규범과 다른 사회의 규범이 서로 상충할 경우이다.

첫번째 상충은 우리가 도덕규칙을, 그것이 판정하게 될 행위들의 "옳음을 보장하는" 절대적 원칙으로 간주하지 않고, 한 규칙의 영역에 속하는 어떤 행위의 또 다른 측면이 다른 규칙의 판단에 속하지 않는다는 조건 아래서 그 행위의 옳음을 보장하는 규칙으로 간주할 경우 해결될 수 있다. 이러한 상충의 경우에는 보다 지배적인 규칙이 다른 것들에 우선하게 된다.

두 번째 상충은 권위의 수준이 상승하는 4단계에 따라 규칙의 서열을 매김으로써 해결된다. 최고의 우선성올 누리는 규칙은, 우리가 할 수 있는 한 최대의 선을 행하라고 명하는 것과 같은, 자명하게 참인 규칙들이다. 다음 두 무리의 규칙들은, 그들의 권위를 첫번째 무리의 규칙들로부터 빌어 오는 것들로서, 첫번째 규칙들로부터 도출되고 인간성의 조건에 보편적으로 적용될 수 있는 원칙들과 첫번째 규칙들로부터 도출되기는 하나 인간 일반의 조건보다는 특정한 사회의 조건에 적용될 수 있는 규칙들을 포함한다. 네 번째 무리의 규칙들은 한때 특정한 사회의 조건에 적용될 수 있고 현실성이 있던 것이나 가치가 없어져 무시당하게 된 규칙들을 포함한다.

2. 도덕적 옳음(정당성)과 조건부(혹은 직견적) 의무들

옳은 행위(right act)는 일련의 여건 아래 가능한 최대의 선을 산출하게 될 행위로 정의되며 둘째로 그 전반적인 성격에 비추어서 도덕적으로 적절한 행위로 도덕적 적절성(moral suitability)에 의해 규정되는데, 이는 주어진 일련의 여건 아래서 최대의 적절성을 제시하는 행위라 할 수 있다. 예를 들면 어떤 하나의 약속을 지키게 되면 결과적으로 다른 약속을 어기게 되는 난관에 봉착한 어떤 사람은 둘 중에서 그

여건 아래 보다 적절한 것에 의거해서 행위하리라고 기대되는데, 이 경우 다른 약속을 어기는 것이 옳은 것으로 묵인되는 것은 아니고 어떤 관점에서만 옳은 것으로 간주되는 것이다.

옳음에 대한 이상과 같은 정의가 갖는 첫번째 측면은 자명한 것인데, 즉 도덕적 상황에 직면할 경우 그로부터 결과하는 적절성이 그 상황 아래 취해질 수 있는 다른 어떤 행위 과정의 적절성보다 더 나은 어떤 행위를 명하는 조건부의 의무, 책임, 요구, 구성요소의 적절성 등이 떠오르게 된다. 조건부(직견적) 의무란 그것이 다른 조건부 의무들과 상충하지 않는 한에 있어서(조건부로) 칸트의 절대적 혹은 무조건적 명법과 같은 것이다. 조건부 의무에는 신의, 보상, 보은, 정의, 선행, 자기계발 그리고 타인을 상해하는 행위의 삼가 등이 포함된다. 조건부(직견적) 의무들이 상충할 경우에는 보다 긴박한 '조건부'(직견적) 의무에 부합하는 행위가 우리의 의무가 되거나 혹은 '조건부'(직견적) 그름을 빼고 난 최대의 '조건부'(직견적) 옳음을 갖는 행위가 우리의 의무가 된다.

3. 도덕적 옳음의 정의 불가능성

도덕적 옳음은 그 성격상 '정의 불가능한' 것이다. "도덕적 옳음은 정의할 수 없는 특성이다. 그리고 비록 그것이 적절성과 같이 보다 넓은 관계의 일종이라 할지라도 그 자체의 특수성은 '도덕적으로 옳은'이라는 귀절이나 그 유사어를 되풀이하는 이외에는 설명될 수가 없다.[44]) 이는 마치 '빨강'(red)이라는 색깔이 그것이 빨강이라고 주장하는 것 이외는 다른 색깔과 구분할 길이 없다는 것과 비교될 수 있다.

4. 도덕적 옳음과 의무

'도덕적 옳음'이라는 말은 도덕과 무관한 용어로 환원될 수 없는 용어이며 일차적으로 행위를 가리킨다. 따라서 행위는 그 가장 중요한 술

44) Ross, *Foundations of Ethics*, p. 316.

어로서 옳음이라는 것을 갖는다. '도덕적 적절성'으로 해석되는 옳음은 (어느 정도까지는) 행위의 결과뿐만 아니라 사람의 동기까지도 포함하게 되는데 이는 행위의 결과가 그 사람에게 의무로서 지워진 도덕적 요구의 가능한 최대의 달성으로서 생겨 난 것이라는 의미에서이다. 그러나 직접적인 동기는 의무적인 것이 아닌데, 왜냐하면 행위는 도덕적 상황에서 선택된 것이지만 동기는 그렇지 않기 때문이다. 나아가서 동기는 우리의 의무의 영역 속에 속하는 것이 아닌 까닭에 거기에 속하는 것은 도덕적으로 적절한 '행위'를 우리가 수행하도록 '노력해야' 한다는 의무이다. 다시 말하자면 의무는 진 빚을 갚는 것과 같은 행위 그 자체가 아니라 우리 자신이 그것을 갚게끔 '노력하는' 활동이다. 빚을 갚는 일과 더불어 다른 결과들을 인정하여 받아들이는 일은 우리가 선택하는 일이 아닌 까닭에 의무적인 것이 아니다. 따라서 의무란 전체적으로 봐서 최대의 선을 산출하는 데 가장 '적절한' 행위를 우리가 수행하고자 힘쓰는 것, 즉 그런 행위를 수행하고자 하는 '노력'(exertion)이라 할 수 있다.

5. 조건부 의무의 상대적 우선순위를 정하는 규칙

조건부(직견적) 의무들간의 우선성을 결정해 줄 규칙은 다음의 세 가지이다. 1) 보다 작은 선보다는 보다 큰 선을 산출하는 행위가 보다 큰 의무가 된다. 2) 무심결에 혹은 서투르게 이루어진 행위보다 심사숙고해서 분명하게 행해지는 행위가 보다 우선적인 의무이다. 3) 불확실한 상황에서는 "양심적인 사람들"의 다수견해가 우선해야 한다.

6. 선의 두 가지 중요한 의미

선의 두 가지 주요 의미는 1) 존경할 만한 가치가 있는 대상으로서의 선과, 2) 관심을 기울일 만한 가치가 있는 대상으로서의 선이다. 이 두 가지가 모두 유덕한 활동이나 지적인 활동에 적용될 수 있으나 후자만이 쾌락에 적용될 수 있다. 즉 타인에게 이득을 주는 어떤 쾌락이 우리의 의무가 된다는 것이다. 행위, 감정, 욕구 등등이 관심의 대상이 되는 일정한 조건 아래서 도덕적으로 선한 것이라고 불릴 수 있는 것과 꼭 마찬가지로 의지(will)와 관련을 맺는 활동도 도덕적 활동으로서 도덕적으로 선한 것으로 규정될 수 있다. 이렇게 해서 그것들은 관심거리가 되며 관심들은 그 관심이 기울어지는 대상으로부터 그들의 선을 획득하게 된다.

7. 관심의 강도와 일반성

개인적인 쾌락에의 관심은 도덕적으로 중립적인 것인 반면 타인의 행복에 대해서 갖는 관심은 그것이 선한 활동을 결과할 경우 도덕적 가치를 갖게 된다. 타인에게 고통을 가하는 것과 같은 악한 활동은 비도덕적인 관심이다. 관심들은 그것들이 갖는 '일반성'이나 '강도'에 따라 그들의 도덕적 가치에 관한 등급이 매겨질 수 있다. 이타적인 활동의 범위가 넓을수록 그 관심은 보다 좋은 것이다. 이타심의 강도가 보다 깊을수록 보다 좋은 것이다. 이 두 규칙에 있어서 그 역도 성립한다. 나아가서 양심적인 의무감과 더불어 수행된 행위는 그것이 없는 행위보다 높은 도덕적 가치를 지닌다. 비록 동기는 어떤 행위를 선하거나 악한 것으로 만드는 하나의 요인이기는 하나 그것이 결코 유일한 요인은 될 수 없다. 예를 들어서 기꺼이 희생하고자 하는 의지는 도덕적 가치를 높여 준다.

제 3 절 케임브리지 의무론자들

앞에서 살핀 바와 같이 의무론자들의 공통된 견해는 도덕적 의무의 타당성이 이러한 의무에서 생기는 결과에 의존하지 않는다는 것과, 따라서 어떤 행위는 그 결과에 상관 없이 옳은 행위가 된다는 점이다.

I. C. D. 브로드 : 공리로서 직관되는 도덕적 진리

케임브리지의 트리니티 대학에서 수학했고 그가 은퇴한 1953년까지 그 곳에서 그의 전 직업상의 생애를 실제로 보냈던 C. D. 브로드는 윤리설을 문제중심의 관점에서 접근했다. 그는 주관적 감정에 근거한 전통적인 해결책을 거부했을 뿐만 아니라 주어의 속성을 서술하는 객관적 분석에 기초한 해결책에도 반대했다.

1. 옳은 것으로 만드는 특성과 좋은 것으로 만드는 특성 : 옳은 성향을 갖는 것과 그른 성향을 갖는 것

도덕적 특성은, 그 자체로서는 중립적이고 도덕과 무관한 성질에 의존한다. 도덕과 무관한 이러한 특성은 도덕적 특성에 옳음과 그름을 부여하는만큼 옳은 것으로 만드는 특성 혹은 그른 것으로 만드는 특성(right-making, wrong-making characteristics)이라 불릴 수 있다. 같은 이야기가 좋은 것으로 만드는 특성과 나쁜 것으로 만드는 특성에도 적용될 수 있다. 그러나 "모든 거짓말은 나쁘다"는 것과 같이 옳은 것으로 만드는 단일한 근본특성을 발견할 수 없는 까닭에 옳은 것으로 만드는 특성과 그른 것으로 만드는 특성이라는 말 대신에 옳은 성향을 가진 특성 혹은 그른 성향을 가진(right-tending, wrong-tending) 특성이라는 말이 필요하게 된다. 예를 들어서 속이는 일은 그른 것이 될 성향이 있다.

진술의 형식이건 행태의 형식이건 간에 행위들은 서로 상충할 수 있다. 이러한 여건 아래에서는 옳은 행위란, "행위주체에 대한 다양한 도덕적 요구들 중 각 요구의 상대적 긴박성에 적절한 비중을 줌으로써 그들간에 최선의 조정"을 해 주는 행위이다.[45] 요구들이 갖는 옳은 성향

45) C. D. Broad, "Some of the Main Problems of Ethics," *Philosophy* 21(1946), pp.

을 갖는 특성과 그른 성향을 갖는 특성 모두를 신중히 평가할 경우, 각 무리의 요구는 행위자에게 그 요소의무(component obligation)를 그 자체의 긴박성의 정도에 따라 부과함으로써 결과의무(resultant obligation)를 산출하게 되는데 이는 여러 가지 요소의무들간에 가능한 최선의 조정책이 되는 것이다.

2. 목적론적 의무와 비목적론적인 의무

옳은 성향과 그른 성향의 특성들은 두 개의 집단으로 구분될 수 있는데 '목적론적인' 것과 '비목적론적인' 것이 그것이다. 전자는 최선의 결과를 산출함으로써 어떤 행위를 옳은 것이 되게 하는 성향을 가지며 후자는 나쁜 결과를 산출함으로써 어떤 행위를 그른 것이 되게 하는 성향을 갖는다. 목적론적인 유형 중 옳은 성향의 특성은 '선한'(optimific, 좋은 결과를 산출하는)이라는 성질을 가지며 그 선성이 좋은 목적이나 결과 혹은 그 행위가 가져올 좋은 결과를 가리키는 까닭에 목적론적인 것으로 분류된다. 후자 즉 비목적론적인 것은 결과와는 무관한 것인데, "질문을 받거나 약속을 했다는 단순한 사실로 인해서 그 결과의 선악과 전혀 상관 없이 진실한 대답을 하고 약속한 바를 수행할 긴박한 요소 의무가 우리에게 부과되는 것이다. 따라서 옳은 성향을 갖는 이러한 특성은 분명히 혹은 명시적으로 비목적론적인 것이다."[46)]

3. 의도와 옳음

어떤 행위의 특징과 기대되는 결과가 행위자에게 알려져 있을 경우 그 행위는 의도적인(intentional) 것이라 할 수 있다. 어떤 행위의 옳음은 두 가지 관점으로부터 검토되어야 할 것인데, 즉 행위객체(주체의 행위에 의해 영향을 받는 사람)의 입장과 행위주체의 입장이 그것이다. 행위

99~117.
46) *Ibid.*

객체의 관점에서 어떤 행위가 옳다는 것은 객체가 주체의 의도와는 무관하게 주체 편에 대해서 갖는 요구를 그 행위가 만족시키고 이행하는 것일 경우이다. 행위주체의 책임이라는 관점에서 볼 때 "어떤 행위가 옳은 것이 될 필요충분조건은 그것이 행위객체의 요구를 이행하고 그에게 그 문제에 대한 그의 정당한 권리를 부여하고자 하는 의도를 가지고 그 행위가 행해진다는 것이다."[47]

하나의 행위는 다음과 같이 서술될 수 있다. 1) 그 행위가 실질적으로 옳다(materially right)는 것은 그 행위결과에 대한 행위주체의 의도와는 상관 없이 행위객체가 행위주체에 대해서 갖는 요구를 그 행위가 실제로 충족시킬 경우이다. 2) 그 행위가 형식상 옳다(formally right)는 것은 생겨 난 결과가 좋건 나쁘건 상관 없이 행위주체에 대한 행위객체의 요구를 충족시키고자 하는 행위주체의 의도와 그 행위가 부합할 경우이다. 그리고 3) 그 행위가 완전히 옳다(perfectly right)는 것은 그 행위가 형식상으로나 실질적으로 모두 옳을 경우이다. 앞의 두 가지 경우에 있어서는 실질적인 옳음이 우선권을 갖는데, 왜냐하면 행위객체의 권리가 행위주체의 의도보다 더 중요하기 때문이다.

4. 동기와 그 윤리적 기능

어떤 행위의 특성들과 결과들에 주목할 경우 행위자는 어떤 것에는 마음이 끌리고 어떤 것은 싫어하게 될 것이며 다른 어떤 것에는 무관심하게 될 것이다. 한 개인의 '총체적 동기'(total motive)는 생겨 날 결과에 대한 그의 기대(expectation)와 더불어 행위 그 자체에 대한 그의 소견(belief)을 고려함으로써 도출된다. 이러한 것들은 동기의 첫번째 측면인 인지적(cognitive) 측면을 망라한다. 두 번째 측면인 정의적(conative-emotional) 측면은 그의 소견에 의해 자극되고 그로부터 생겨나는바, 행위를 행하는 것에 마음이 끌리거나 싫어하게 되는 행위자 편에 있어서

47) *Ibid*.

의 태도이다. 행위의 술어가 되는 옳은 혹은 그른이라는 말은 한 개인의 동기가 아니라 그의 의지 (volition)에 의거하는 것들과 관련되어야 한다. 왜냐하면 인간은 그에게 가능한 여러 대안적 행위들 가운데 하나를 선택할 능력은 갖지만 주어진 행위를 수행함에 있어서 그를 매료시키고 혐오하게 하는 특정한 동기를 선정할 수는 없기 때문이다.

심리학적 쾌락주의자들은 쾌락성 (pleasantness)이 도덕적 고려에 있어서 욕구의 유일한 대상이라는 그릇된 결론을 내려 왔다. 그러나 도덕적 의의를 지니는 욕구 혹은 혐오로 분류될 수 있는 다른 의무감도 존재하는 것이며 그것은 "옳은 것 그 자체를 행하고자 하는 욕구"로 불릴 수 있을 것이다. 구체적으로 도덕적인 감정들 가운데 어떤 것은 자기와 관련된 것(자기지향적 감정)도 있고 다른 어떤 것은 자기와 무관한 것(타인지향적 감정)도 있다. 전자는 죄책감, 후회, 자기시인 등으로 이루어지는 한편 후자는 다른 사람의 행위에 행해진 시인 혹은 비난의 감정들이다. 감정적 태도에 대한 이러한 분석에 비추어 볼 때 옳음 혹은 그름은 "도덕적 시인 혹은 비난의 대상"이 된다는 점에 있게 된다.[48]

5. C. D. 브로드의 의무론

윤리적 특성을 독자적인 것으로 받아들임으로써 브로드는 윤리적 자연주의를 그릇된 것이라고 논박하였다. 옳은, 당위, 좋은, 의무 등과 같은 윤리적 언어는 독자적인 것으로서 경험적으로 도출되는 것이 아니라 선험적으로 도출된다. 물론 이러한 도덕적 특성에 대한 개념을 형성하기 위해서 경험이 이성에 적절한 계기(시인 및 비난과 같은 감정적 계기를 포함해서)를 제공하는 것이 사실이기는 하다.

비록 전적인 옳음에 대한 자명한 명제(칸트적 유형의 보편명제)란 있을 수 없지만 특수한 것에 관련된 다음과 같은 형태의 자명한 명제를

48) *Ibid.*

발견할 수는 있다. 즉 "이러저러한 유형의 의도나 감정은 이러저러한 종류의 상황에 반드시 적절(혹은 부적절)할 것이다."[49] 우리의 은인에 대해서 감사한 마음을 경험하는 것은 적절하고 타인의 부당한 고통을 즐기는 것이 부당하다는 것은 자명하다. "이성은 적절하거나 부적절한 의도나 감정들의 구체적인 사례들을 경험할 필요가 있으며 그럼으로써 비로소 직관적 귀납을 통해 이러한 의도나 감정 중 어떤 것이 이와 같은 어떤 상황에 적절하다(혹은 부적절하다)는 통찰에 이를 수가 있다."[50]

모든 본래적 선에 공통된, 윤리와 무관한 단일한 특성은 발견될 수가 없으며 자명한 모든 원리들 가운데 윤리학에 있어서 최고의 단일원칙도 발견될 수가 없다.

옳고 그름은 특수하고 분석할 수 없는 용어이다. 그것에 관해서 주장될 수 있는 것은 기껏해야 적절함(fitting) 혹은 부적절함뿐이다. 다시 말하면 어떤 행위가 옳을 경우 그것은 보다 넓은 전체상황에 '적절히' 관련된 요소를 갖는다고 할 수 있고, 그것이 그를 경우에는 전체상황에 '부적합하거나 부적절하게' 관련되었다고 할 수 있다.

옳은 것과 좋은 것은 정의할 수 없는 것이다. 그러나 "X가 좋다"는 것은 "X는 그것이 갖는 윤리와 무관한 특성에 대한 적절한 관념을 가진 자에게는 누구나 적절한 욕구의 대상이 될 수 있는 그러한 것임을 의미하는 것으로"[51] 정의될 수 있다.

우리의 경험을 성찰하고 분석해 볼 때 우리는 옳은 것이라고 믿는 바를 행하고자 하고 그른 것이라고 믿는 바를 피하고자 하는 지속적인 욕구를 발견하게 될 것이다. 물론 이러한 특정한 욕구가 다른 욕구나 정의적 경향성에 비해 더 강한가 약한가 하는 것은 상관이 없다. 여하튼 기본적인 욕구가 존재한다는 것은 인정할 수 있으며 그것은 옳은 행

49) C. D. Broad, *Five Types of Ethical Theory*(Paterson, N.J.: Littlefield, Adams, 1959), p. 282.
50) *Ibid.*
51) *Ibid.*

위를 지지하는 한편 그른 행위를 보다 어렵게 만든다.

Ⅱ. A. C. 이윙 : '해야 함'(당위)의 정의 불가능성

윤리학이라는 주제를 다루는 현대의 다른 많은 영국의 철학자들처럼 A. C. 이윙도 상식적인(common-sense) 명제들이 참이며 철학자에게 남은 일은 그것을 분석하는 일이 전부라는 견해를 받아들였다. 그가 스스로 다루었던 과제는 '선' '도덕적 의무' 그리고 '적절성'(세 가지 기본적인 윤리적 개념)에 대한 분석 혹은 정의이며 이에 더하여 윤리적 주관주의자와 그 동맹자인 윤리적 자연주의의 사조를 비판하고 저지하는 일이었다. 주관주의와 자연주의는 도덕적 의무로부터 그 합리적 근거를 박탈함으로써 도덕적 의무감을 크게 약화시키게 되었다는 것이다. 이윙은 G. E. 무어의 이상공리주의와 W. D. 로스 및 H. A. 프리차드의 의무론적 직관주의를 종합하고자 했다.

1. 비자연적 특성으로서의 도덕언어

이윙은 '좋다', '해야 한다', 그리고 '옳다'와 같은 도덕언어는 자연주의적으로 분석될 수 없는 비자연주의적 개념이며 자연주의나 윤리적 주관주의의 전제들로 환원될 수 없다는 주장을 단호히 고수하고 있다.

자연주의(naturalism) 즉 모든 윤리적 특성을 특정과학의 사실들로 환원하는 철학의 한 가지 결함은 그것이 '당위'(해야 한다)를 설명할 수 없거나 '당위'를 제거할 수 없는 까닭에 결국 우리의 의무에 대해서 모든 권위를 제거해 버린다는 점에 있다. 그러므로 윤리학은 다른 어떤 학문에서 도출될 수도 그것에로 환원될 수도 없는 독자적인 연구분야이다. '좋다' '옳다' 그리고 '의무'와 같은 도덕적인 술어는 독자적으로 존재하는 특유한 비자연적인 개념이다.

2. "당위(해야 함) 경험"의 특유성

"당위 경험"(ought experience)의 특유성으로 인해 행위들은 도덕적인 것이 된다. 그러므로 모든 윤리적 논의는 당위라는 개념으로부터 시작해야 하든가 아니면 적어도 그것에 기초를 두어야 한다. 그런데 만일 이것이 사실이라면 당위는 모든 다른 윤리적 언어를 설명하는 데 사용되어야 할 궁극적인 언어이고 그 언어 자체는 정의 불가능한 것이다.

무어는 '선'이 정의 불가능하다고 생각했으나 선은 정의될 수 있는 것이다. 왜냐하면 '당위'가 단순하고 궁극적인 언어, 즉 그에 의해서 모든 다른 윤리적 언어들이 설명되는 근본개념이 됨으로써 선은 '당위'에 의해 분석될 수 있기 때문이다. 적어도 한 가지 개념은 분석할 수 없는 것이어야 하며 그 개념은 모든 개념이 궁극적으로 그것에로 환원되는 근본개념이어야 하는데 그것이 바로 '당위'라는 개념이다.

3. 선, 적절성, 그리고 도덕적 의무

도덕경험을 분석해 보면 세 가지 기본개념이 주어지는데 선, 적절성, 그리고 도덕적 의무가 그것이다. 이 세 가지는 모두 '당위'(해야 함)를 통해 해명될 수 있다. 적절성은 한 행위와 그 환경간의 관계이고 도덕적 의무는 행위주체에 대한 명령이며 선은 "찬성하는 태도의 적절한 대상"52)이다.

이윙은 자신의 윤리설을 독자적으로 전개했다는 주장을 하고 있기는 하나 그의 사상은 로스의 것과 아주 유사하다. 그러나 그는 "당연히 행해져야 할 바"라고 해서 반드시 도덕적으로 선한 것은 아니라는 로스의 견해에는 찬동하지 않는다. 적절한 방식으로 행동한다는 것은 도덕적으로 선한 것이다. 그러나 '당위'는 우리들에게 단순한 행위 이상의 것을 요구한다. 그것은 어떤 마음의 상태, 일정한 주목의 방향을 요청한다.

---

52) A. C. Ewing, *The Definition of Good* (New York: Macmillan, 1947), pp. 152, 166, 178.

선성 (goodness)은 적절성과 동의어는 아니지만 그것은 "찬성하는 태도의 대상으로 당연히 되어야 할 것"으로 정의되어야만 한다. 본래적으로 선한 것은 단지 욕구되는 것이 아니고 욕구할 만한 것이고 그 자체로서 가치를 갖는 것이며 다시 말하면 당연히 욕구되어야 하는 것이다. 선이란 당연히 선택되어야 할 바를 넘어서서 당연히 존경받아야 할 것을 의미한다. 어떤 것에 대해서 선이라는 술어를 붙인다는 것은 그것이 존재할 만한 가치가 있는 것임을 주장하는 것이며, 즉 그것이 존재하는 것이 적절하고 당연히 존재해야 할 것임을 주장하는 것이다. 선은 "당연히 찬성하는 태도의 대상이 되어야 하는 것"이다.[53] 따라서 이윙은 선을 '당위'를 통해 정의했던 것이다.

적절성 (fittingness)에 대해서 말하자면, 그것은 도덕적 의무보다 우선적인 지위를 차지하고 있다. 왜냐하면 "도덕적 의무라는 개념은 적절성이라는 개념을 전제하지만 그 역은 성립하지 않기" 때문이다.[54] 따라서 적절성은 윤리학에 있어서 기본적인 도덕적 특성이다. 적절성은 효율적인 수단, 즉 바람직한 목적을 산출하는 수단으로 이해되어서는 안되며 그 자체로서 가치 있는, 목적 그 자체로서 이해되어야 한다. 그렇지 못할 경우 그것은 도덕적 의무가 갖는 힘을 지니지 못할 것이다. 우리가 당연히 행해야 할 바가 선으로부터 파생되는 것이 아니라 거꾸로 '적절성'이 '선'이며 그것은 선을 위해서가 아니라 그 자체로서 선택된다. 나의 도덕적 의무나 선이 모두 적절성에 의해 결정된다. 나의 도덕적 의무는 주어진 일련의 여건 아래서 가장 적절한 행위가 되며 선은 나의 찬성하는 태도의 가장 적절한 대상이다. 따라서 일차적으로 '적절성'으로서 이해되는 '당위'(해야 함)는 기본적인 윤리적 언어 혹은 기본적인 윤리적 특성이 되는 것이다.

53) *Ibid.*, p. 178.
54) *Ibid.*, p. 185.

제 4 절 옥스포드와 케임브리지 의무론자들에 대한 비판

의무론자들은 일반적으로 종족중심적인 조건부(직견적) 의무들을 내세운다는 비판을 받아 왔는데 그러나 특히 로스가, 제시된 의무들이 모든 문화권에 보편적으로 타당하고 그러한 도덕적 가치관이 보편적 가치를 갖는다는 점을 입증함으로써(몇몇 인류학자들이 입증한 바와 같이) 그러한 반론은 논파된 셈이다.

1. W. D. 로스의 윤리적 형식주의에 대한 비판

리차드 브란트(Richard Brandt)에 따르면[55] 로스의 이론은 "결코 완전히 완결될 수 없으며" 형식주의의 완성된 체계는 결코 분명하게 작성될 수가 없다"는 것이다. 로스의 체계가 불완전한 까닭은 조건부(직견적) 의무들이 상충하지 않는 경우들을 제외해 두고서 제시된 원칙들만 가지고는 특정상황에서 우리의 의무를 확인할 수가 없기 때문이다. 또한 브란트는 "기본적인 조건부 의무에 대한 로스의 진술이, 포함되어야 할 모든 조건과 예외를 내포하는지 어떤지에 대해서 그리고 그가 진술한 것 이외에 또 다른 조건부 의무들이 있는지 어떤지에 대해서"[56] 의문을 제기한다. 그러나 브란트도 이미 잘 알고 있듯이 그러한 비난으로 인해서 로스의 체계가 논파되는 것은 아닌데, 왜냐하면 그러한 반론은 대부분의 윤리체계에 모두 해당되는 것이기 때문이다. 그리고 또한 그 체계가 완전할 필요도 없는데, 왜냐하면 우리가 필요로 하는 것은 오직 각자 자기체계의 근본원칙과 그 시행의 사례만을 확립하는 일이기 때문이다.

55) Richard Brandt, *Ethical Theory*(Englewood Cliffs, N.J.: Prentice-Hall, 1959), pp. 363~395.
56) *Ibid.*, p. 394.

그러나 로스의 의무론에 대한 타당한 반론들도 있는데, 즉 그는 조건부 의무들이 상충할 경우 그 상대적 긴박성을 판정할 아무런 지침도 주지 않는다는 비판이 바로 그러한 것이다. 그러나 로스는 우리가 어느 것이 더 긴박한 의무인지를 일상적으로 알 수가 있고 또한 타인에게 상해를 삼갈 의무가 선을 베풀 의무보다 더 긴박하다는 진술과 같이 몇 가지 대체적인 일반화에 합의할 수 있기는 하나 이 점과 관련해서 단순한 일반화가 가능하다고 믿지는 않는다.

2. 프리차드의 이론에 대한 반론

의무론자들은 도덕적 선이 무엇인지 그리고 행위의 의무적 성질이 무엇인가에 대해서 그러한 성질이 정의할 수 없으며 독자적인 것(특유하거나 특이하게 단일한 종류의 것)이라고 선언하는 이외에 우리들에게 알려주는 바가 아무것도 없다. 프리차드는 그가 옳다고 명명하는 것이 독자적인 고로 설명할 수 없고 정의할 수 없으며 따라서 직관될 수밖에 없다는 것을 우리로 하여금 믿게 하는 이외에 그것이 옳은 이유에 대해서 아무런 설명도 제시하지 않았다. 우리가 도덕적 사실을 직관적으로 인지한다고 주장하는 것은 그것이 정의할 수 없고 독자적인 것이라는 말 이외에 윤리적인 논의를 위해서 아무런 여지도 제시하지 않는다.

그런데 만일 도덕적 술어들이 도덕적 성질들을 나타내는 것이라면 윤리적인 정보가 전달되는 셈인 것이다. 그렇다면 그러한 부류의 정보의 진위를 어떻게 검증할 것인가? 나아가서 이러한 의무가 직관적으로 판별된다면 그러한 사실들이 어떤 근거에서 나의 도덕적 선택과 관련을 가질 것인가 등의 문제가 제기된다. 나의 의무에 대해서는 이유가 있을 것이며 도덕적 판단은 정보를 내포하고 있게 마련인데 이 점에 관해서 의무론적 직각론자들은 우리에게 아무런 해명도 하지 못한다.

3. 이윙의 이론에 대한 비판

선을 찬성의 태도로 보는 이윙의 입장에 대한 한 가지 반론은 이미 그 자신에 의해서 정확히 예견되었으나 그는 그것을 적절히 해결하지 못했다. 그의 예견에 따르면 "나에게는 다음과 같은 반론이 제시될 것인데, 즉 그것이 좋다고 우리가 일차적으로 알고 믿기 때문에 좋은 어떤 것을 시인하거나 그것에 대해서 찬성하는 태도를 갖는 것이 적절할 뿐이지 만일 우리가 그것이 좋다고 믿지 않았다면 그러한 태도에 대해서는 아무런 근거도 없게 될 것이며 따라서 그 태도는 적절하지 않게 될 것이라는 반론이 제시될 것"이라는 것이다.[57] 그러나 그는, 그에 대한 대답이 우리가 선이라고 명명하는 사물의 일정한 사실적 특성에 달려 있다고 생각한다. 그래서 무엇이 선인가를 먼저 발견하고 다음에 그것에 대한 적절한 태도(찬성하는 태도)를 습득할 필요가 있다는 결론을 내려야 할 것이다.

나아가서 적절한 태도가 반드시 객관적인 상황에 의해서 필연적으로 수반되는 것은 아니다. 예를 들어서 일반인들은 다음과 같이 말하게 될 것이다. 즉 자기자신의 아이가 당하는 고통은, 북극지방이나 아프리카 오지와 같이 먼 곳에 있는 낯선 사람의 아이들이 당하는 고통보다 (설사 낯선 아이가 더 강한 고통을 당한다 해도) 자기자신에 대해서 더 큰 의무를 요구한다는 것이다. 객관적인 도덕적 상황에서 보면 낯선 사람의 아이에 대해 더 큰 배려를 요청하는 듯이 보이나 대부분 사람들의 의무감은 자기자신의 아이들에게 보다 호의를 느끼게 될 것이다.

4. 의무론자들의 학파에 대한 비판

블랜샤드(Blanshard)는 비난하는 어투로 주장하기를, 의무론자들은 "약속을 지키는 것은, 그럼으로써 실제로 선이라 할 만한 아무것도 생

57) A. C. Ewing, *The Definition of Good* (New York: The Macmillan Co., 1947), p. 172.

겨 나지 않는다 할지라도 우리의 의무이다"라고 말한다는 것이다.[58] 계속해서 그는 말을 덧붙이기를 "우리는 A라는 상태가 B라는 상태에 비해 확정적으로 그리고 일반적으로 더 나쁘다는 것이 인정되고 있을지라도 A라는 상태를 가져오는 것이 여전히 우리의 의무라고 말하는 것을 듣게 된다"는 것이다.[59]

워녹[60](Warnock)에 따르면 의무론자들은 윤리적 문제들 중 어떤 것을 해명하는 데 있어서도 실패했는데 왜냐하면 그들은 어떤 윤리적 문제에 대해서도 아무런 해답을 제시하지 못했기 때문이라는 것이다. 말해져야 할 어떤 것이 있다는 점을 부인함으로써 논점을 무시해 버리고 마는데 이러한 관점에서 의무론자들이 잘못을 범하고 있다. 이러한 사람들의 한 가지 공헌은 "도덕판단이 다른 것과 동일시되거나 그것에로 '환원될' 수 없으며 다른 것으로 분석될 수도 없고 그러한 것들과 다르다는 그들의 주장 속에 존재한다."[61] 아주 중요한 방식에 있어서 도덕판단은 경험적 혹은 사실적 진술과 다르며 미적 판단이나 혹은 심지어 명령이나 취향의 표현과도 다른 것이다.

카이 닐슨(Kai Nielsen)은 주장하기를 의무론자들은 훌륭한 법, 관행, 제도, 규칙들의 합당성을 결정해 줄 적절한 기준을 제시하지 못했다는 것이다. 이러한 관점에서 볼 때 닐슨의 생각은 "정당 근거적 접근방식"의 성격을 띠는 준공리주의적 추론방식의 편에 서 있는 셈이다.

브로드를 비판하는 가운데 프랑케나(Frankena)는 논의하기를, 브로드는 직관주의자들에게는 받아들여질 수 없고 그가 "정서적 반응"이론이라 부른 것을 주장하는 자들에 의해 받아들여질 수 있는바, 우연히 일차적인 의무판단에 나타나게 된 것에 대한 해명을 자기자신의 것인

58) Brand Blanshard, *Reason and Goodness*(London: Goerge Allen & Unwin, 1961), p. 149.
59) *Ibid.*, p. 150.
60) G. J. Warnock, *Contemporary Moral Philosophy*(London: Macmillan, 1967), pp. 12~13.
61) *Ibid.*, p. 13.

양 제시하는 것으로 보인다는 것이다. 그래서 그는 결국에 가서는 비자연주의자들로부터 완전히 결별하는 것으로 보인다는 것이다.[62] 이러한 프랑케나를 반박하면서 브로드는 "나는 아무런 결정적인 견해도 없다"라고 응수하면서 단지 논점을 회피하고 있을 뿐이다.[63]

62) William K. Frankena, "Broad's Analysis of Ethical Terms," *The Philosophy of C. D. Broad*, ed. Paul Arthur Schilpp(New York: Tudor, 1959), p. 555.
63) C. D. Broad, "A Reply to My Critics," *The Philosophy of C. D. Broad*, p. 813.

제 9 장

윤리적 주관주의와 상대성

——주관적 의견으로서의 윤리

주관주의란, 진리는 단지 의견(opinion)의 문제에 불과하다는, 즉 객관성에 아무런 근거도 없는 개인의 주관적 상태의 문제에 불과하다는 이론이다. 윤리적 주관주의는 도덕적 진리를, 감정, 정서, 개인적(주관적) 의견, 그리고 개인적 혹은 사회적 시인(개인의 감정에 바탕을 둔 것이건 혹은 집단적 감정이나 사회적 감정의 합의에 바탕을 둔 것이건) 등과 같은 주관적인 상태에로 환원한다.

윤리적 주관주의는 보통 다음 두 가지 형태 중 하나로 나타난다: 1) 집단의 의견이 결정적인 요인이 된다는 사회적(social) 주관주의, 그리고 2) 개인 자신의 견해가 옳고 그름의 유일한 결정요인이 된다는 개인적(personal) 주관주의. 그런데 이 모든 경우에 있어서 이성이 아니라 감정과 같은 주관적 상태가 도덕의 기준이 된다. 왜냐하면 만일 도덕적 결정에 대한 합리적 혹은 과학적 근거가 있다면 주관성이 배제되고 객관성이 성립할 것이기 때문이다.

이 장에서 논의될 윤리적 주관주의자들에는 도덕적 가치를 집단의 감정과 동일시하는 사회적 주관주의자인 흄(David Hmue, 1711~1776)——그는 X가 좋다는 것은, 우리가 X를 좋아한다, 혹은 우리가 일반적으로 X에 대해서 좋아하는 감정을 갖는다는 것을 의미한다고 말할 것이다; 또 다른 사회적 주관주의자인 섬너(William Graham Sumner, 1840~1910); 그리고 개인적 주관주의자인 웨스터마크(Edward Westermarck, 1862~1939) 등이 있는데 웨스터마크는 X가 옳다는 것은, 나는 X를 좋아한다, 혹은 나는 개인적으로 X에 대한 어떤 호감을 갖고 있다라고 말할 것이다. 주관주의의 극단에 있는 것이 정의주의자들(emotivists)인데, 이들에 있어 X가 옳다는 것은 나는 단지 감정을 나타내고(emoting) 있을 뿐임을 의미하게 된다.

제 1 절 사회적 주관주의: 사회적 의견으로서의 윤리

검토를 위해서 첫번째로 선정된 주관주의자인 흄은 사회적 시인을 도덕적 옳음의 기준으로 간주했는데, 여기에서 시인이란 궁극적으로 사회적 감정에서 생겨 나는 것이다. 두 번째의 사회적 주관주의자인 섬너는 윤리이론과 사회에 있어서의 도덕적 관행을 구분하지 않는다.

Ⅰ. 데이비드 흄: 사회적 시인으로서의 윤리

흄의 윤리설은 주로 그의 『인간본성론』(*Treatise on Human Nature*, 1740)과 『도덕원리론』(*An Enquiry Concerning the Principles of Morals*,

1751)에 제시되고 있다. 그의 도덕철학은 그 당시에 이기주의적 공리주의를 옹호하는 철학적 경향에 대립해서 전개되었다. 이러한 철학에 대한 반동으로서 흄은 윤리적 동기를 동정심(sympathy) 혹은 감정 특히 동료감(fellow feeling), 즉 다른 사람에게 좋고 나쁜 것을 자신의 것처럼 경험할 수 있는 능력에서 찾았다. 그의 주장에 따르면 삶의 복잡한 관계들, 정치적인 문제나 사회윤리의 문제를 처리함에 있어서 사람들은 일차적으로 주관적인 감정에 의거하지만 이러한 감정들은 복잡하게 얽히어 사회적 여건과 필요를 규명하고 평가해 줄 이성(reason)의 도움을 받지 않으면 안 된다. 따라서 철학자는 사회적 칭찬과 비난에 바탕을 둔 행위의 보편적인 원칙을 찾게 되는데——이러한 원칙에는 그 사회적 유용성과 동정적 성질로 인해서 사회적으로 높은 인정을 받는 이타심(benevolence)과 같은 원칙과 그리고 인간다움, 우정, 성실, 정의, 정직 등과 같이 널리 존경받는 덕목들에 가치를 부여해 주는 공리(utility) 혹은 호감(agreeableness)과 같은 원칙들이 있다. 그러나 형이상학이나 과학철학에 있어서와 마찬가지로 윤리학에 있어서도 회의론자였던 흄은 도덕적 가치를 이성 혹은 논리가 아니라 감정 혹은 정서로 환원될 수 있는 주관적인 가치로 간주했던 것이다.

1. 감정에 근거한 도덕적 가치

가치 있는 것은 무엇이든 유용한 것이거나 아니면 사람들에게 호감을 주는 성질을 갖는 것이다. 그렇지 않으면 그것은 아무런 장점도 갖지 않는 셈이다. 독신, 단식, 고행, 금욕 등과 같은 것은 아무런 유용한 목적도 없고 개인에게 아무런 감정(sentiment)도 일깨우지 않는 까닭에 그것들에는 개인적인 가치와 사회적 가치가 없는 것이다. 따라서 그것들은 오히려 악덕의 범주에 속하는 사이비 덕목들인 것이다.

논의의 여지가 없는 유일한 감정은 타인에 대한 배려, 즉 이타심인데 이는 인류에게 크게 도움이 되고 유용한 결과를 가져오는 대단한 사회적 선을 산출하는 것이다.

> 도덕이라는 개념 속에는 모든 인간에게 공통되는 어떤 감정이 함축되어 있는데 이는 일반적인 시인을 받게 될 것과 같은 대상을 권장하고 모든 사람 혹은 대부분의 사람이 그에 대한 동일한 의견이나 결정에 합의할 수 있게 해 준다. 또한 도덕이라는 개념은 모든 인간에게 걸쳐 있을 정도로 보편적이고 포괄적인 어떤 감정을 함축하고 있는데 이로 인해서 행위와 행동이…… 확립된 정당성의 규칙에 일치하거나 불일치하는 데 따라서 칭찬이나 비난의 대상이 된다.[1)]

그래서 도덕이란 감정으로 환원되며 이성이 아니라 정서에로 환원되는데, 이 점에 관한 한 도덕은 이견의 여지가 없는 것이다. 이성에 대해서는 찬반의 논의가 전개될 수 있으나 우리가 어떤 감정을 경험할 경우에는 우리가 그런 감정을 좋아하거나 싫어한다고 말하는 것이 말할 수 있는 전부이다. 이는 마치 우리가 노란 색깔을 좋아하거나 싫어한다고 말할 수 있을 뿐인 것과 마찬가지이다. 즉 어떤 사람이 노란 색깔을 좋아하는 데 대해서 왈가왈부하는 것은 무용하고 무의미한 일인데, 왜냐하면 이러한 선호는 이성의 영역 밖에 속하는 것이기 때문이다. 도덕적 가치에 관해서도 비슷한 이야기가 타당하다. 즉 우리가 호감을 갖는 도덕적 관념이나 기준은 좋다라고 말하며, 우리에게 역겨운 것은 나쁘다고 불린다.

그러나 도덕적 규제력을 갖는 윤리규범을 확립하기 위해 타당한 근거가 되는 것은 특정 개인의 감정이 아니고 한 사회가 공통으로 갖게 되는 감정이다. 개인적인 호오(好惡)가 선악이 되는 것은 아니고 집단이 공유하는 호오만이 선악으로 불릴 수 있다.

2. 이성의 역할

도덕적인 분별이 이성으로부터 나오는 것이 아니라 도덕적 감정으

---

1) David Hume, *An Essay concerning the Principles of Morals*(1977)(LaSalle, Ill.: Open Court, 1953), p. 110.

로부터 나오는 것이기는 하나 이성도 이러한 감정들의 유용성을 판단하고 그것을 평가하며 그들간의 상충을 해결함에 있어 적극적인 역할을 하게 된다. 예를 들어서 정의(justice)는 가치 있는 사회적 감정의 하나이지만 정의에 대해서 생겨 나는 수많은 논란은 이성적 사고에 의해서 해결된다. 그러나 감정이 없이 이성만으로는 우리의 행위를 규제할 능력이 없으며 어떤 행위를 옳은 것으로, 다른 행위를 그른 것으로 만들 능력이 없다. 감정의 도움이 없는 이성은 결코 배은망덕이 나쁘다는 판단을 내릴 수 없다. 오직 비난의 감정을 통해서만이 우리는 이러한 나쁜 성질을 인지하게 된다. 또한 유용성만으로는 우리가 어떤 형태의 행위는 도덕적이고 다른 것은 비도덕적이라는 결정을 내릴 수 없다. 왜냐하면 유용성이란 목적에 대한 수단만을 가리킬 뿐이며 그 목적이 우리들에게 아무런 감정도 일으키지 못할 경우 수단과 목적은 모두 도덕적으로 중립적인 것이 될 것이기 때문이다.

3. 이타심의 감정

오직 감정만이 도덕적인 의미를 갖는다. 따라서 이타심의 감정, 인류의 행복을 위한 감정은 선하고 유덕한 반면 그와 반대되는 감정은 악하고 부덕한 것이다. 우리 자신의 시인과 비난의 감정으로 인해서 우리는 무엇이 도덕적으로 선하며 무엇이 도덕적으로 악한 것인가를 결정할 수 있다. 이러한 이론에 대한 증명은 우리가 자연의 파괴적인 행위와 인간이 저지르는 파괴행위를 비교해 보면 쉽사리 알려진다. 어떤 나무가 쓰러져 그 어미나무를 파괴했어도 그 나무가 부도덕하다고 생각되지는 않지만 같은 방식으로 자신의 부모를 해친 인간은 우리의 도덕감정을 상하게 하고 따라서 비난을 받게 된다. 나무의 행위는 도덕적으로 중립적인 것으로 만들고 동일한 활동과 관련된 인간의 동일한 행위는 도덕적으로 악하게 만드는 것은 바로 우리의 감정인 것이다.

만일 흄의 이론이 옳다면 도덕은 어떤 것은 시인하고 다른 것은 비난함으로써 선악을 구분하는 취향(taste) 혹은 내적 감정의 문제가 된다. 우리가 쾌락과 고통을 구분하게 되는 취향이 우리 행위에 동기를 부여하고 우리의 의지에 힘을 불어넣는다.

4. 도덕적 가치의 기준으로서의 사회적 시인

자신의 사회와 더불어 공유하는 감정, 감정의 일치, 다시 말하면 사회적 시인(social approvation)이, 인간 공공체가 찬양하는 행위형태라 불리는 도덕적 가치의 기준이다. 이와 같이 널리 공유된 감정, 인간애의 감정이 도덕의 기초이며 이를 바탕으로 해서 도덕적 칭찬 혹은 비난이 확립된다. 감정에는 일종의 보편성이 있으며 이로 인해서 한 사람이 좋아하는 것이 집단에 의해서도 애호를 받게 된다. 왜냐하면 "한 사람의 인간애는 모든 사람의 보편적 인간애이기 때문이다."[2)]

이기적인 감정은 집단에 의해 공유되는 것이 아니며 따라서 공동윤리를 확립하는 기초가 될 수 없다. 부도덕함은 근본적으로 사회적이기보다는 개인적인 것이며 전횡적이고 거만하며 야만적인 행태에 의해 나타나는 고립된 개인의 이기적 감정에서 생겨 나며 타인으로 하여금 혐오와 비난의 감정표현을 유발하는 이기적인 감정에서 유래하는 것이다. "나의 인간애를 촉발함으로써 나의 시인을 얻는 행위라면 어떤 것이든 모든 다른 사람에 있어서도 동일한 원리에 영향을 줌으로써 그들 모두의 찬성 또한 확보하게 된다. 그러나 나의 탐욕과 야망에 도움이 되는 것은 나 혼자서 갖는 그러한 열정만을 즐겁게 만들고 다른 사람들의 탐욕과 야망에는 영향을 주지 않는다."[3)] 그래서 도덕적으로 선한 것으로 시인되는 것은 인간애를 촉발하는 감정이지 한 개인만이 자신의 이기적인 목적을 위해서 찬양하는 대상은 아니다. 옳은 행위를 결정하는 것은 개인적인 의견이 아니라 집단의 시인이며 이것은 인류의 일원으로서 인

---

2) *Ibid.*, p. 111.
3) *Ibid.*, p. 112.

간에게 이로운 것은 허락하고 자기 중심적 존재로서의 인간에게 이로운 것은 용납하지 않는다. 결국 사회적 시인(집단의 의견과 시인)은 도덕적 가치의 기준인 것이다.

5. 개인적 가치와 사회적 가치

도덕적 가치는 사회적 가치이다. 개인의 도덕은 "'개인 자신' 혹은 '타인'에게 '유용'하거나 '호감'을 주며 방관자에게 쾌락을 전하고 그의 존경을 받게 되며 덕 혹은 장점이라는 명예로운 이름으로 받아들여지는 그러한 마음의 성질"로 정의된다.[4] 도덕적 덕목이 갖는 사회적 가치에 주목해 보기로 하자. 정직, 정의, 신의, 명예, 충성은 이러한 각 덕목을 가진 개인의 이익과 행복을 증진해 주는 점에 있어 각각 그 가치를 갖는다고 평가된다. 도덕적 가치는 각 덕목이 우리들로부터 유발하는 따뜻한 감정, 따뜻한 시인의 감정으로 인해 각 덕목들에 부여된다. 덕은 미적 취향과 같이 논란의 여지가 없으나 한 개인의 특수한 행동은 논의될 수 있다. 만일 우리가 덕목이 우리에게 불러일으키는 그러한 따뜻한 감정을 무시하거나 없애 버린다면 덕과 악덕은 구분할 수 없게 되고 도덕적 가치는 존재하지 않게 될 것이다.

6. 옳은 행위의 기준으로서 공평한 관망자

흄은 도덕이 감정에 바탕을 두고 있다는 것을 반복해서 말하고 있으며 덕을, "관망자(spectator)에게 시인의 호의적 감정을 일으키는 모든 정신작용 혹은 성질로 규정한다."[5] 의도하는 행위가 주어진 상황에서 도덕적인지 비도덕적인지를 확인하기 위해서는 집단으로부터 우리 스스로가 잠정적으로 이탈해서 (말하자면) 마치 상관 없는 방관자와 같은 입장에서 그 집단의 감정을 검토해 볼 필요가 있다. 각 사회가 시인하는

4) *Ibid.*, p. 116.
5) *Ibid.*, p. 129.

바는 도덕적인 것이고 그 사회가 비난하는 바는 비도덕적인 것이다. 공공의 의견(여론)이 도덕적 분위기를 형성하며 개인의 특수한 행위에 대해서 시인의 보증인(保證印)을 찍는다.

마치 공평한 관찰자인 양 행위함으로써 공공의 감정을 해석하는 관망자로서의 개인은 유덕한 행위와 부덕한 행위, 선행과 악행, 옳은 행위와 그른 행위를 쉽사리 구분할 수 있게 되고 나아가 그에 따른 올바른 행동에로 나아갈 수 있게 된다. 도덕적 행위는 서로 다른 사회를 지배하는 감정에 따라 달라진다. 보다 구체적으로 말하면 어떤 행위의 도덕성은 그 행위가 주어진 사회의 시인 감정에 부합하는지 아닌지에 관한 그 집단의 판단에 의존한다. 동일한 감정이 한 사회에서는 이런 방식의 관행 (practice)이 되고 다른 사회에서는 저런 방식의 관행이 될 수 있다. 예를 들어서 어떤 사회에서는 일부일처제가 시인되고 다른 사회에서는 일부다처제가 시인될 수 있다. 사회적으로 받아들여진 덕목이나 도덕감정을 충족시킬 최선의 수단으로서 어떤 관행이 시인될 것인지를 결정하는 것은 이성이나 판단의 과제이다. 다른 윤리적 주관주의자들처럼 흄에게 있어서도 이성에 의해 선택된 외적인 행위는 그 자체로서는 도덕적으로 중립적이며 그것이 도덕적 가치를 소유하게 되는 것은 집단의 주관적인 감정에 의한 것으로서 단순한 의견의 문제가 되는 것이다.

Ⅱ. 윌리암 그래함 섬너 : 관습으로서의 윤리

이 장에서 논의될 두 번째의 사회적 주관주의자인 섬너는 모든 사회에 있어서 그 윤리설과 도덕적 관행이 불가분의 전통을 이루고 있다고 주장한다. 그는 역사가들이나 심지어 과학자들도 그들의 결론에 이르기까지 그들의 사회에서 섭취한 편견과 편향, 도덕적 신념과 습관의 지배를 받는다는 사실에 주목하면서 윤리적 기준과 도덕적 행위를 명확히 구분하는 데 대해서 반대한다. 한 사회의 모든 성원들은 무의식적으로 그 사회의 전통적 풍습(혹은 습속)과 도덕적 교설(혹은 관습) 중 많은 것을 받아들인다.

1. 관습에 대한 정의

섬너는 관습(mores)을 다음과 같이 정의했다. 즉 관습은 "관례나 전통이 비록 어떤 권위에 의해 조정되지 않는다 할지라도 그것들이 사회복지에 도움이 되는 판단을 내포하고 개인들로 하여금 그것들을 따르도록 강제력을 발휘할 경우의 관례나 전통이다."[6] 관습의 의미를 알아 내기 위해서는 관습이 근본에 있어서 고차원적으로 승화된 습속인만큼 습속의 의의를 이해할 필요가 있다.

2. 습속에 대한 정의

습속(falkways)은 "필요를 충족시키려는 노력으로부터 생겨 나는 개인의 습관이나 사회의 풍습"으로 정의된다.[7] 그것은 귀신숭배나 마귀숭배와 같이 행운에 대한 원시적 관념과 혼융됨으로써 전통적인 권위를 지니게 된다. 권위를 지니게 될 경우 습속은 사회적 힘으로 작용하는 그들 자신의 독자적인 특성을 가짐으로써 연속하는 세대들에 대해서 규제적인 힘을 갖게 된다. 습속이 어떻게 생겨 나고 언제 비롯되었는지는 알려져 있지 않으나 그것이 "내재적인 생명력"에 의해서 성장하며 인간의 노력에 의해서 제한된 수정이 이루어지기도 한다. 습속의 성격은 유기적인 것도 아니고 물질적인 것도 아니나 그것이 사라지거나 변형될 때까지 개인의 행위나 사회적 행위를 통제한다. 습속의 특성은 주로 사회적인 것이며, 따라서 그것은 대인관계, 제도, 관행 등과 더불어 분류된다.

---

6) Willliam G. Sumner, *Folkways*(New York: New American Library, 1960), p. v.
7) *Ibid*., p. v.

3. 습속과 관습간의 관계

습속이 특정 사회에 있어서 진리, 정당성 그리고 사회복지에 대한 교설을 포함하는 고도로 세련된 단계에 이르렀을 때 관습으로 바뀐다. 관습은 종교나 법에 있어서와 같은 새로운 사회사상, 형태, 제도 등을 생기게 하며 그럼으로써 사회의 성격을 형성하게 되는 잠재적인 윤리적 가치이다. "관습은 습속이 성장해 감과 더불어 거기에 암시되어 있고 그 속에 내재된, 사회복지에 대한 철학적·윤리적 일반화를 포함하는 습속이다."[8]

습속과 관습은 철학과 혼합되어 있는데 그러나 우선성이 어디에 놓여 있는지는 의문의 여지가 있다. 일차적으로 철학이 습속을 결정하는가, 아니면 그 반대가 옳은가? 철학이 습속을 규제하기는 하나 그것을 창출한다고는 할 수 없을 것이다. 섬너는 '관습을' "인간의 필요와 욕구를 충족시키기 위해서 어떤 사회에서 통용되는 바 일을 처리하는 방식들, 그리고 이와 더불어 그러한 방식들과 발생적인 관련을 가지면서 그러한 방식들 속에 내재하는 바 복지생활에 대한 신념, 개념, 규범, 기준"으로 정의한다.[9] 어떤 일정한 기간 동안 한 사회는 집단적 행위를 유발하고 지도하는 추상적인 원리를 통해서 그 사회의 관례, 사고, 삶을 규제하고 지배하는 그러한 특성, 즉 관습을 가지는 것으로 간주될 것이다. 관습은 어떤 특정 개인의 의지와는 독립해서 무의식적 수준에서 기능을 발휘하며 사실상 의식적인 반성은 단지 관습의 평면적인 흐름이나 진행을 방해하는 데 불과하다. 관습은 역사적 사건의 방향을 결정할 뿐만 아니라 특정사회의 삶의 형태를 만들어 주는 지배력이다.

4. 도덕적 기준

습속과 관습은 도덕의 기준을 구성하며 어떤 행위가 옳고 어떤 것

8) *Ibid.*, pp. 42~43.
9) *Ibid.*, p. 66.

이 그른가를 결정한다. 그것이 결정적인 영향력을 갖는 이유는 그것이 실제로 갖는 역할이나 그것에 대한 존중이 전통적인 것이 되기 때문이다. 전통적인 것은 모두 옳은 것으로 받아들여진다. 따라서 전통적인 세력, 관습은 도덕을 이론의 면에서나 행위의 면에서 모두 결정한다. 전통은 옳음을 보증한다. 왜냐하면 현실적으로 존재하는 것은 무엇이든지 옳기 때문이다. 그에 대립하는 생각이나 행위는 바로 대립한다는 이유로 그르고 비도덕적이며 금기가 된다.

도덕적으로 선하고 옳은 행위에 대한 공인된 기준이 관습 그 자체의 일부가 되는 까닭에 그러한 기준은 의문의 여지 없이 받아들여지며 따라서 그들의 도덕적 타당성은 어떤 도전도 받지 않는다. 때로는 한 사회의 가치가 다른 관습을 가진 다른 사회에 의해서 나쁜 것으로 생각되지만(종족중심주의) 그 사회 자체의 개인들에 의해서는 그렇게 생각되지 않는다. 그러나 각 사회에 있어서 좋은 관습은 사회적 상황에 적응된 복지생활의 양식으로서 간주되지만 나쁜 관습은 부적절하거나 상충하는 제안으로서 배척된다. 관습이 발전하는 이유는 일반적으로 그것이 사회의 복지에 기여하기 때문이다. 관습은 사회적 안정을 위태롭게 한다기보다는 사회적 안정을 고양시킨다. 공동체의 특정한 관습을 거부하는 소수의 반항자들은 처형과 박해를 당하게 되는데, 왜냐하면 사회는 그 당대의 사람들에게 결코 부도덕하게 생각될 수 없는 그 관습을 예찬할 것이기 때문이다. 나중에 관습이 변했을 때 그 사회도 과거의 관습이나 박해가 악하고 어리석은 것으로 보게 될지도 모르나 당대의 지배적인 관습은 사람들에게 태어날 때부터 뿌리를 내려 윤리적 기준, 편견, 도덕적 관습, 생활습속 등이 의문의 여지 없이 받아들여지는 까닭에 비판적 분석의 대상이 되는 것은 거의 드문 일이다.

제 2 절 개인적 주관주의 : 개인의 의견으로서의 윤리

섬너나 흄과는 달리 에드워드 웨스터마크(Edward Westermarck)는 개인적 주관주의(사회적 주관주의와 대비되는)의 도덕철학을 주장했는데 이는 개인의 의견을 도덕의 유일한 기준으로 보는 입장이다. 도덕적으로 옳다는 것은 그러한 의견을 갖는 개인에 따라서 상대적이라는 것이다.

에드워드 웨스터마크 : 윤리적 상대성

웨스터마크의 견해가 처음으로 나타난 것은 그의 두 권으로 된 저서인 『도덕관념의 기원과 발전』(*The Origin and Development of the Moral Ideas*, 1912)에서였으며 나중에 그의 저서 『윤리적 상대성』(*Ethical Relativity*, 1932)에서 보다 분명하게(그의 비판자들에 대한 반박으로서) 체계화되었다. 그의 기본적인 주장점은 "도덕의식은 결국 감정에 바탕을 두고 있으며 도덕판단은 객관적 타당성이 없고 도덕적 가치는 절대적인 것이 아니라 그것들이 표현하는 감정에 따라 상대적"이라는 것이다.[10] 따라서 웨스터마크가 내세우는 주관주의는 도덕을 관련된 개인의 감정으로 격하시킨다.

처음 웨스터마크가 윤리적 상대성(ethical relativity)이라는 개념이 그럴 듯한 설명이라는 생각이든 것은 그가 도덕에 관한 다른 사람들과의 논의가 일반적으로 불일치로 끝나게 된다는 사실에 주목했을 때이다. 도덕적 문제에 관한 논의의 귀결이 그와 같이 근본적으로 서로 다르게 되

10) Edward Westermarck, *Ethical Relativity*(Paterson, N.J.: Littlefield, Adams, 1960), p. xvi.

는 이유는 무엇인가? 어떤 경우에는 일반적인 합의가 이루어지는데 그 까닭은 무엇인가? 도대체 우리가 어떤 도덕적 관념을 갖게 되는 이유는 무엇인가? 도덕문제에 대한 의견의 불일치는 그릇된 지식으로부터 생겨 나는가, 아니면 지식보다는 감정에서 생겨 나는 도덕관념에서 유래하는 것인가? 그의 초기 저서에서 웨스터마크는 "도덕판단이란 결국 감정에 바탕을 두고 있으며 도덕개념은 감정적 성향의 일반화이다…… 도덕판단이 감정적인 기원을 갖는다는 사실로 인해서 곧바로 우리는 상식이나 규범윤리론에 의해 도덕판단에 부여된 객관적 타당성을 부인하게 되는 것이다"고 결론내리고 있다.[11]

그러나 지성적 심사숙고가 도덕감정에 영향을 미치게 되는 것은 사실인데, 왜냐하면 지식은 이러한 감정의 성격과 영향을 변화시킬 수 있기 때문이다. 사람들이 도덕판단에 있어서 의견이 일치하지 않는 이유는 그들이 감정과 관련되는 서로 다른 정보와 관념을 갖기 때문이다. 예를 들면 거짓말이 행해졌을 때 어떤 사람은 엄청난 분노를 느끼지만 그 거짓말이 무고한 사람의 생명을 구하기 위해 필요한 것이었음을 아는 다른 사람은 거짓말을 용납하거나 찬양할 수도 있는 것이다.

1. 감정에 바탕을 둔 도덕판단

윤리적 주관주의나 혹은 웨스터마크가 그의 윤리체계에서 이름한 대로 '윤리적 상대성'은, 도덕적 진리란 존재하지 않으며 모든 도덕판단의 술어는 결국 감정에 바탕을 두고 있기 때문에 도덕판단의 객관적 타당성은 입증될 수 없다는 그의 결론에서 나오는 논리적 결과이다. 감정으로부터는 객관적 타당성이 도출될 수가 없다. 다시 말하면 감정에 있어서는 특정한 순간에 우리가 어떤 감정을 느끼고 있다는 사실이 참이거나 거짓이라고 말할 수 있는 이외에 어떤 감정에 진위를 부여할 수가 없는 것이다. 결국 도덕적 진리나 객관적인 도덕적 기준은 존재하지 않는 것이다.

11) *Ibid.*, p. xvii.

2. 두 가지 도덕감정 : 시인과 비난

도덕의 객관적 기준이 없고 오직 주관적 기준만이 남는다면 이러한 윤리적 상대성의 성격은 정확히 무엇인가? 웨스터마크는 그것을 감정이나 정서의 주관적 상태, 마음의 상태 혹은 그가 이름한 바 도덕감정이라고 설명하는데, 다시 말해서 그것은 "옳고 그르며 좋고 나쁘다는 개념들 및 모든 다른 도덕개념을 형성하게 하는 특수한 감정"이라는 것이다.[12] 기본적으로 두 가지 도덕감정이 있는데, 도덕적 시인과 도덕적 비난이 바로 그것이다.

도덕판단과 도덕개념은 결국 그 기원이 응보적(retributive) 유형의 감정, 즉 우호적이거나 적대적인 마음의 상태에로 추적해 갈 수 있다. 이러한 응보적 감정으로부터 두 가지 서로 다른 감정들이 발견되는데 원한감정(resentiment, 적대적인 심적 태도)과 보은감정(retributive kindly emotion, 우호적인 심적 태도)이 그것이다. 분노, 보복, 도덕적 비난은 원한 감정 유형의 것이고 감사와 도덕적 시인은 보은감정 유형의 것이다. 그러나 오직 도덕적 시인과 도덕적 비난만이 도덕적 감정이라고 하는 것이 옳으며 다른 것들은 비록 응보적 감정이기는 하나 도덕감정과 더불어 생겨나는바 도덕과 무관한 감정이다. 웨스터마크는 문제되는 감정들을 분류하는 다음과 같은 도식을 제시하고 있다.[13]

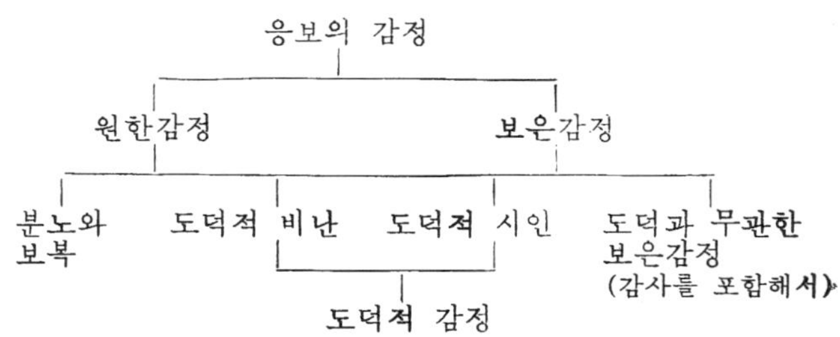

12) *Ibid.*, p. 62.
13) Edward Westermarck, *The Origin and Development of the Moral Ideas*(New York: Macmillan, 1912), 1 : 1.

도덕적 시인(혹은 비난)도 하나의 감정인만큼 도덕은 상대적이고 감정에 따라 상대적이며 따라서 주관적인 심리상태이다. "X가 옳다"고 주장하는 것은 "나는 그것에 대해서 개인적인 시인의 감정을 가지고 있다"는 것을 의미하고 그것이 그르다는 것은 "나는 그것에 대해서 분노의 감정을 느끼고 있다"는 것을 의미한다. 어떤 경우에 있어서나 사회적 시인이 아니라 개인적 시인이 도덕판단의 바탕을 이루고 있다. 물론 도덕적 시인과 비난의 감정이 한 사회에 있어서는 타인과 공유된다는 것도 사실이기는 하다. 웨스터마크는 다음과 같이 개인적 주관주의의 근본전제를 재천명하면서 자신의 논고『윤리적 상대성』을 끝맺고 있다. 즉 "도덕의식은 결국 감정에 바탕을 두고 있으며 도덕판단에는 객관적 타당성이 없고 도덕적 가치는 절대적인 것이 아니라 그것이 나타내는 감정에 따라 상대적이다."[14]

제 3 절 윤리적 주관주의에 대한 비판

윤리적 주관주의는 다음 문단에서 논의될 네 가지 주요 비판을 받게 된다. 이러한 비판은 주관주의적 윤리학의 진영에 있는 철학자들을 딜레머에 처하게 하는데, 왜냐하면 이렇게 해서 그들은 비판을 만족스럽게 논박하기가 더욱 불가능하게 되기 때문이다.

1. 귀류논증에 의한, 윤리적 상대주의 논박

만일 윤리적 상대주의가 옳다면 그것은 합리적 인간들이 받아들일 수 없는 극단적인 결과들을 가져오게 될 것이다. 윤리적 주관주의의 입론은, 로마제국에 있어서 범선 노예의 사용, 독일국민에게 지지를 받은

14) Westermarck, *Ethical Realativity*, p. 289.

히틀러의 대량학살, 그 밖에 역사의 연대기에 나타난 비극적인 부정의와 비도덕적 사건들과 같은 악들도 도덕적으로 시인될 수 있음을 함축한다. 합리적인 사람들은, 인간성에 어긋나는 대규모의 범죄는 비록 그것이 발생한 당대에 용납되거나 시인된다 할지라도 그르다는 점에 의견이 일치할 것이다. 심리학자들은 타락이나 비정상적 행위가 한 사회의 모든 성원이나 거의 모든 성원을 포함하는 집단적인 수준에서 일어날 수 있다는 사실을 알고 있다. 개인적인 의견은 도덕적 선택의 근거로서 언제나 신뢰할 수 있는 것은 아니며 이성이나 인간성의 다른 지속적 속성에 위배되는 것이다.

2. 윤리적 주관주의는 자기모순적이다

플라톤의 테아에테투스(*Theaetetus*)편에서 소크라테스는 프로타고라스의 상대주의를 논의하면서 프로타고라스는 스스로 자기의 적대자인 객관주의자에 합의하지 않을 수 없는 입장에 처하게 된다고 주장했다. 플라톤은 그러한 딜레머를 다음과 같이 설명했다. "무엇보다도 가장 재미있는 일은 그가 그의 의견이 그르다고 믿고 있는 사람들의 의견도 참임을 인정한다는 점이다. 왜냐하면 모든 사람의 의견이 참이라는 것을 받아들임으로써 결국 그는 그의 반대자의 견해도 참이라는 것을 인정하는 셈이 되기 때문이다."[15] 상대주의를 위한 일관된 옹호론을 전개하는 것은 불가능할 뿐만 아니고 그것은 결국 객관주의에로 귀결된다. 나아가서 상대주의에 따르면 어떤 사람이 거의 동일한 시간에 동일한 행위를 수행했을 경우에 그는 도덕적일 수도 있고 비도덕적일 수도 있다. 예를 들면 고의적으로 임신중절을 행하는 의사는 임신중절이 옹호되는 사회에서는 지극히 도덕적이라고 생각될 것이며 그러한 절차에 반대하는 이웃 사회에서는 지극히 비도덕적이라고 간주될 것이다.

---

15) Plato, *Theaetetus*, in *The Dialogues of Plato*(New York: Scribner, 1895), 3 : 373.

3. 윤리는 통계적 계산으로 환원된다

"로마에 가면 로마인처럼 행세하라"는 격언에 나타난 바와 같이 변화하는 일반의 의견(여론)에 바탕을 둔 상대주의적 윤리는 윤리를 단순히 머리수를 세는 일이나 통계적인 열거에 의존하는 것으로 만들어 버린다. 도덕적 인간은, 대부분의 사람들이 우연히 품게 되는 어떤 의견이나 태도에 순응하는 자와 일치된다. 대중이 전쟁을 좋아한다면 전쟁도 도덕적인 것이 되며 그에 대한 양심적 반대자는 비도덕적이다. 상대주의적 윤리는 무분별하고, 개인주의를 용납하지 않으며, 스스로 생각하지 않는 대중을 오도하게 된다. 따라서 그러한 윤리는 자율과 자립적 사고의 이상에 대해서 그리고 개인의 이성이나 논리에 호소하는 데 대해서 적대적이다.

4. 상대주의는 일관성이 없는 윤리이다

모든 개혁가들은 언제나 부도덕하다는 사회적 주관주의자들의 견해는 더욱더 받아들이기 어렵다. 개혁가들은 필연적으로 일반인의 도덕적 견해로부터 이탈하게 마련인데, 왜냐하면 그가 개혁하고자 하는 것이 바로 그러한 견해일 것이기 때문이다. 그런데 그가 기존 관습을 평가하고 개선하고자 할 때는 언제나, 윤리적 주관주의자들은 그를 부도덕하다고 낙인을 찍을 것이다. 결국 그가 일반인의 견해를 개혁하는 데 성공을 거두게 되면 그는 고차적인 도덕적 명성을 되찾게 될 것이다. 그러나 성공을 하지 못할 경우 개혁가는 비도덕적 이단자가 된다. 대부분의 개혁가들이 결코 그들의 도덕적 의도를 달성하지 못하는 까닭에 그들은 그들의 일생을 통해 윤리적 주관주의에 의해 비도덕적이라 경멸을 당할 것인 데 비해 이와 반대로 악행을 하는 자들도 대중의 견해에 의해 사인될 경우 도덕적이라고 옹호될 것은 논리적으로 가능한 일이다. 오직 패배와 죽음만이 독일 사회에 있어서 히틀러의 도덕적 명성을 폐기시켰던 것이다.

플라톤의 반론과 비교될 만한 결정적인 반론이 G. E. 무어에 의해 제시되었는데 그는 주관주의가 옳을 경우 두 사람이 도덕적 문제에 관해서 견해가 서로 상충하는 일이 있을 수 없다는 점에 주목했다.[16] 만일 한 사람은 강탈의 도덕을 옹호하고 다른 사람은 박애를 선택했다면 두 사람 모두가 도덕적으로 그리고 동등하게 옳다고 할 수 있다. 왜냐하면 각자는 진지하게 자신의 개인적인 의견을 표현하고 있기 때문이다. 만일 주관적인 의견이 도덕을 결정하게 된다면 어떤 의견이든지 그것이 개인의 선호를 표현하는 것인 한에서 도덕적으로 옳은 것이 될 것이다.

16) See G. E. Moore, *Ethics*(London: Oxford University Press, 1912), pp. 100~105.

제 10 장

공 리 주 의
──최대다수의 최대행복

공리주의 (utilitarianism)는 옳은 행위란 최소한의 고통과 더불어 최대한의 쾌락 혹은 행복을 얻는 것이라는 공리(utility)의 원리에 기초하고 있다. 이 철학은 존 게이(John Gay, 1699~1745)의 『덕과 도의의 기본원리에 관한 연구』(*Dissertation Concerning the Fundamental Principle of Virtue and Morality*, 1731)와 윌리엄 팔리(William Paley, 1743~1805)의 『도덕 및 정치철학의 원리』(*The Principles of Moral and Political Philosophy*, 1785)라는 두 저술과 함께 영국에서 시작된 이론이다. 이 두 사상가는 위의 저술을 통하여 공리주의를 신학적인 관점에서 논의했다. 공리주의의 대표적인 이론가로는 영국의 철학자 벤담(Jeremy Bentham)과 밀(John Stuart Mill) 그리고 시즈위크(Henry Sidgwick), 라쉬달(Hastings Rashidall), 무어(George Moore) 등이 있다.

제 1 절 고전적인 공리주의

고대 희랍의 에피쿠로스(Epicurus)학파가 사라진 이후 쾌락주의는 거의 2천년 동안 아무런 발전이 없었다. 그러나 영국의 철학자들이 쾌락주의에서 사회적으로 적용가능한 개인윤리를 찾고부터는 쾌락주의의 새로운 장(章)이 열리기 시작했다. 직관주의 철학에 반기를 들고 일어선 공리주의는 윤리적인 행위란 행복을 가져오는 행위로 규정한다. 행복이 크면 클수록 그 행위의 도덕적 가치가 더욱 크다고 보며, 사람들이 더 많은 행복을 얻으면 얻을수록 그들의 행위는 더욱더 칭찬할 가치가 있다고 본다. 그리고 행동의 여건과 결과에 관한 검토는 도덕적인 가치판단의 근거가 된다고 생각한다. 따라서 벤담(Bentham)은 법률을 논하면서 제기했던 "그것은 무슨 소용이 있는가?"(What is the use of it?)라는 질문을 도덕원리에도 똑같이 제기했으며, 행복을 산출하는 정도에 따라 그것을 정당화했던 것이다. 한편 밀(Mill)도 종교에 대한 회의와 무관심이 팽배하던 시기에 살면서, 초자연주의의 공허성을 극복하기 위하여 인간주의적인 철학을 모색하는 새로운 탐구자세로 공리주의 사상체계를 확립하게 된다.

Ⅰ. 벤담 : 양적인 쾌락주의

영국 공리주의자들 중에 가장 큰 영향력을 발휘한 사상가의 한 사람인 벤담(1748～1832)은 특히 사회복지의 증진을 위하여 헌신한 사람으로 유명하다. 그는 법률과 정치에 관한 관심과, 부정의에 대한 혐오, 그리고 사회개혁과 법률개혁을 위한 그의 열망 때문에 윤리이론에 관심을 갖게 되었다. 그는 좋은 법과 나쁜 법을 구별하기 위하여 리차드 컴

벌랜드(Richard Cumberland)의 '최대선'(greatest good) 혹은 '최대행복'(greatest happiness)의 원리에 기초한 새로운 도덕이론을 개진했다.

벤담의 주저인 『도덕과 입법의 원리에 관한 서설』(*An Introduction to the Principles of Morals and Legislation*)은 인간의 모든 행위가 의식적이든 무의식적이든 간에 쾌락(pleasure)과 고통(pain)에 의해 좌우되고 있다는 말로 시작된다. 이것이 바로 벤담 자신이 자기선택의 원리(the principle of self-preference)로 불렀던 심리학적 쾌락주의(psychological hedonism)의 이론적인 근거였던 것이다. 인간은 누구나 쾌락을 추구해야 한다는 그의 윤리학적 쾌락주의(ethical hedonism)는 이 이론에 기초한 것이다.

벤담은 공리의 원리(the principle of utility)를 "우리들의 행복을 증진시키느냐 감소시키느냐에 따라 어떤 행동을 승인하고 거부하는 원리"라고 규정한다.[1] 그는 다시 『도덕과 입법의 원리』의 완성본(이 책은 1780년에 전편만 출판되었으며, 완성본은 그의 사후인 1879년에 출판되었다)에서 공리의 원리를 "최대행복의 원리"(the greatest happiness or greatest felicity principle)라고 불렀다. 이 원리는 "관계되는 모든 사람의 행복이 타당하고 적절한 것이며, 오로지 옳고 타당하며 바람직한 인간행동의 목표임을 선언하는 원리"라고 그는 주장했다.[2]

벤담의 쾌락주의는 쾌락은 한 가지 종류밖에 없으며, 양적으로만 차이가 있을 뿐이지 질적으로는 차이가 없다는 양적인 쾌락주의(quantitative hedonism)이다. 쾌락은 즐거운 것이며, 그것이 베토벤의 음악을 들으며 느끼는 쾌락이든 어린이의 엉덩이를 핀으로 찌르면서 느끼는 쾌락이든 마찬가지의 쾌락이라는 것이다.[3] 각 개인은 자신에게 쾌락을

1) Jeremy Bentham, "An Introduction to the Principles of Morals and Legislation" (1879), in *The Works of Jeremy Bentham*, ed. John Bowring(New York: Russell, & Russell, 1962), 1 : 2.

2) *Ibid.*, 1 : 1, footnote.

3) This widely used quotation is from John Stuart Mill's *Essays of Ethics, Religion and Society*(vol. 10, p. 13 of his *Works*). The nearest quotation to that of Mill's

주는 것이 무엇인지를 가장 잘 판단하는 재판관이다. 따라서 의무와 책임과 도덕적인 명령도 개인적인 행복을 위하여 어떤 결과를 가져오느냐에 따라 결정되는 것이다.

1. 쾌락의 계산법(혹은 행복의 계산법)

벤담은 과학적인 방법에 영향을 받아 그것을 윤리학에 적용하려고 시도했다. 그는 쾌락은 양적인 차이만으로 평가해야 한다고 주장한다. 쾌락의 양을 측정하는 방법에는 1) 강도(intensity), 2) 지속성(duration), 3) 확실성(certainty), 4) 근접성(propinquity), 5) 생산성(fecundity), 6) 순수도(purity), 7) 파급범위(extent) 등 7가지가 있다. 이 방법들은 특정한 쾌락과 고통의 가치와 그것을 산출하는 행동에 관하여 선악을 평가하는 객관적인 기준이 된다. 요컨대, 쾌락의 계산법이요 행복의 계산법인 것이다.

그는 자신의 도덕철학의 기본원리, 즉 쾌락추구의 방법을 누구나 쉽게 기억할 수 있도록 다음과 같이 노랫말처럼 만들어 놓았다.

> 강렬하고, 지속적이며, 확실하고, 근접해 있는 것이며, 생산적이고 순수한 것── 쾌락에도 고통에도 이 같은 성향이 있으니.
> 그 같은 것이 쾌락이라면 추구해야 하는 법.
> 사적이라면 당신의 목표로 삼고, 공적이라면 널리 파급시켜라.
> 당신이 고통이라고 느끼는 것은 무엇이든 간에, 그 같은 고통은 피해야 하는 법.
> 만약 당신에게 고통이 온다면, 그것을 최소한으로 줄이도록 하라.[4]

벤담은 쾌락계산법에 덧붙여, 개인의 이기적인 행위가 공공의 복리

which could be found is: "Prejudice apart, the game of push-pin is of equal value with the arts and sciences of music and poetry," in John Bowring's edition of ***The Works of Jeremy Bentham***. vol. 2(New York: Russell, 1962), p. 253.

4) *Ibid.*, footnote to 4 : 2.

를 해칠 것을 우려하여 4가지의 제재방법을 제시하고 있다. 즉, 1) 신체적 제재 (physical sanction), 2) 정치적 제재 (political sanction), 3) 도덕적 제재 (moral sanction), 4) 종교적 제재 (religious sanction)가 그것이며, 이 같은 제재방법은 행동에 동기를 주고, 쾌락과 고통의 원천이 된다.

벤담에 있어서는 다른 사람을 위하여 희생함이 없이 그 자신의 이익을 추구하는 개인에게 만족을 줄 수 있는 쾌락만이 쾌락다운 유일한 쾌락이었다. 따라서 그의 쾌락주의는 이기적인 쾌락주의(egoistic hedonism)라고 할 수 있다. 윤리학자 에이어 (Alfred J. Ayer)는, 벤담이 자기이익 (self-interest)과 행복을 동일시했지만 그의 인애 (仁愛)의 원리 (principle of benevolence)는 엄격한 의미에서 다른 사람들의 행복을 고려한 것이었다고 주장한다.[5]

벤담의 제자들은 그들의 쾌락추구를 육체적인 것에 한정하고 문화적인 가치를 도외시했다 하여 비난 섞인 이름인 벤담주의자 (Benthamites)로 불려졌으며, 그들의 철학은 배부른 것만 찾는다 하여 (양적인 쾌락만 찾으니까 : 역자주) 돼지의 철학 (pig philosophy)이라 불려지곤 했다. 그들에게 유일한 선이었던 쾌락의 추구는 결국 정신적이고 문화적인 가치를 부정하는 결과를 가져온다는 것이다.

2. 도덕의 기준

그러나 벤담의 철학은 2가지의 민주주의적인 원리를 제공했으니, 1) "최대다수의 최대행복" (the greatest happiness of the greatest number)의 원리와 2) 모든 사람은 하나로 계산되어야 하며 아무도 하나 이상으로 계산되어서는 안 된다" (every body to count for one, nobody for more than one)는 원리가 바로 그것이다. 전자는 공리주의의 정의가 되었으며, 후자는 밀 (Mill)이 벤담의 격언 (dictum)으로 명명한 것으로 공리의 원리를

5) A. J. Ayer, "The Principle of Utility," *Philosophical Essays* (London: Macmillan, 1963), p. 250.

설명하는 중요한 원리가 되고 있다. 첫번째 원리는 벤담에 의해 "어떤 정치경제적인 정책에 있어서도, 정사의 타당하고 적절한 목표가 모든 개인의 최대행복을 추구하는 데 있어야 한다"는 원칙에 적용되었다.[6] 사실상 최대다수의 최대행복의 원리는 이미 1725년에 허치슨(Francis Hutcheson)에 의하여 주장된 바 있다.[7] 아뭏든 이 원리는 진술(statement) 그 자체를 검토해 보면, 최대다수라는 숫자를 강조하는 것인지 아니면 행복을 강조하는 것인지 판단하기 어려운 난점이 있다. 어느 쪽을 강조하느냐에 따라 그 의미가 달라지기 때문이다. 이를테면 우리들이 숫자를 강조한다면 소수의 행복이 다수의 행복에 희생될 가능성이 있고, 행복을 강조한다면 소수의 행복이 다수의 행복을 희생시킬 염려가 있기 때문이다.

이런 점을 고려하여 벤담은 다른 사람의 행복에 대하여 관심을 갖는 인애 혹은 이타심의 원리(principle of benevolence)를 제기하고 있다. 그러나 그는 사회란 가공적인 개념이기 때문에 공동체의 이익은 "단지 그것을 구성하는 성원들의 이익을 합한 데 불과하다"고 말한다. 에이어는 벤담의 공리주의를 개인적인 공리주의가 아니라 사회적인 공리주의로 이해되어야 한다고 주장한다. 왜냐하면 벤담은 그의 『의무론』(*Deontology*)에서 사회적인 행복의 증진에 기여할 수 있는 행동은 개인적인 행복을 증진시키는 행위와 일치한다고 말하기 때문이다.

그의 두 번째 원리인 공리주의의 사회화(socialization of utilitarianism)는 밀에 의하여 "행복추구를 위한 모든 사람들의 동등한 권리"로 해석되고 있다. 그것은 각 개인의 쾌락이 자신에게 중요하듯이 다른 사람들에게도 중요하다는 것을 의미한다. 따라서 이 원리는 공정의 원리(principle of fairness)인 동시에 개인의 권리를 존중하는 평등의 원리

---

6) Jeremy Bentham, "Introduction to the Constitutional Code," in *The Works of Jeremy Bentham*, ed. John Bowring(New York: Russell & Russell, 1962), 2 : 2.
7) Francis Hutcheson, *An Inquiry concerning Moral Good and Evil*(London, 1725), Steph. 121.

(principle of equality)인 것이다.

3. 벤담의 윤리사상에 대한 비판

공리(utility)라는 말은 일반적으로 유용성(usefulness)으로 이해되고 있지만 상당히 애매한 말이다. 왜냐하면 벤담에 있어서의 공리는 행복을 가져오는 행동의 성향 혹은 성질(property)을 말하기 때문이다. 그는 공리로부터 행복을 도출하기 위하여 지극히 우회적인 방법을 사용하고 있다. 그의 공리주의에 의하면 유용한 것은 선한 것이요, 선한 것은 행동의 가장 좋은 결과로 이루어진다. 그리고 가장 좋은 결과는 행복이요, 행복은 쾌락과 고통이라는 관점에서 이해되어야 한다.

벤담이 주장한 쾌락은 질적인 쾌락도 아니요, 일반적으로 가치라고 생각하는 그런 쾌락도 아니다. 그는 『헌법입문』(*Introduction to the Constitutional Code*)에서 국회의원들이 선거구민들의 행복을 증진시키는 일에서 그들 자신의 최대행복을 찾을 수 있으리라고 기대했다. 그러나 자기자신의 이익만 추구하는 사람이 있다면 어떻게 그런 기대를 할 수 있겠는가? 그는 교육과 다른 방법의 교화활동을 통하여 그런 성과를 거둘 수 있다고 믿었다. 하지만 이기주의에서 이상주의적 이타주의(altruism)에로의 비약은 윤리학적 이상주의자들(ethical idealists)에게조차 용납되지 않는 비약이다. 벤담이 기대할 수 있었던 최대의 것은 개인들이 자기자신의 행복을 추구하면서도 타인의 행복을 방해하지 않게 되는 것이었다.

어떤 학자들은 공리, 즉 최대행복의 원리에 관한 벤담의 정의가 규정적이고, 설득적이며, 충고적인 것에 불과하다고 비판한다. 따라서 그의 정의가 서술적인 것(descriptive)이 아니기 때문에 그것이 참(true)인지 거짓(false)인지 단언할 수 없다. 아뭏든 벤담은 그의 윤리학적 전제를 설명할 방법이 없다.

벤담의 이론에 관한 보다 일반적인 비판의 하나는 그의 이론이 그릇된 심리학(false psychology)에 기초하고 있다는 사실이다. 그는 우리들의 모든 행동이 목적적(purposive)이라고 가정한다. 그러나 이 가정은 행동이 충동적으로 이루어질 때는 성립되지 않으며, 어떤 행동이 예측했던 행복을 가져오지 못할 때도 성립되지 않는다. 가끔은 행복을 가져오리라고 믿었던 선택이 재앙으로 끝나는 때도 있다. 예를 들면 맛있는 음식을 많이 먹으면 병을 앓는 수도 있기 때문이다. 모우러(O.H. Mowrer)나 밀러(Neal Miller), 그리고 돌라드(John Dollard) 같은 심리학자들은 가끔씩 그릇된 판단이 병적인 행동의 원인이 된다고 밝히고 있다.[8] 한편, 프랭클(Viktor Frankl)을 비롯한 많은 정신병리학자들은 행복이 직접적인 선택(행복 그 자체를 목적으로 하는)의 결과로 얻어지는 것이 아니라 의미 있는 생활을 추구하는 행위와 같이 다른 목적을 위한 행동의 부수적인 성과로 얻어진다고 주장한다.[9] 요컨대 행복이 그 자체로서 행복이라고 할 수 없는 다른 행위의 부산물(by-product)로 얻어지는 한, 행복 그 자체를 추구하여 얻을 수 없다는 쾌락의 역설(hedonistic paradox)에 부딪히게 된다. 더구나 모든 사람들에게 똑같이 행복을 준다고 말할 수 있는 그런 대상이 없다는 데도 문제가 있다.

공리의 원리를 자세히 검토해 보면 순환논법을 발견할 수 있다. 그것은 우리가 어떤 일을 하는 이유가 그것이 행복을 가져다 주는 데 있으므로 우리가 하는 일은 무엇이든지 행복을 가져다 준다는 논리에 근거하고 있다. 설사 어떤 행동이 불행을 가져온다 하더라도 사람은 누구나 행복을 가져오는 것만 추구한다는 가정 때문에 불행도 행복인 것으로 설명되어야 한다. 결과적으로 엄청난 재난의 결과는 매조키즘(masochism, 자학행위)으로 설명되어야 하는데, 매조키즘도 일종의 행복으로 설명되는 것이다. 에이어는 이 논법이 "사람들은 누구나 자기

8) See John Dollard and Neal Miller, *Personality and Psychotherapy*(New York: McGraw-Hill, 1950), chap. 2.
9) See Viktor Frankl, *The Will to Meaning*(New York: World, 1969), pp. 33~38.

가 하는 것을 한다는 말에 불과하다"고 말한다[10)][즉 동어반복의 논리(tautology)에 불과하다는 것이다 : 역자주]. 어떤 사람이 원하는 것은 바로 그 사람 자신의 최대행복이라고 말하는 것과 같다. 그렇다면 금욕주의자도 그의 생활에서 쾌락주의자만큼의 쾌락을 얻을 수 있다는 말이 된다. 따라서 이 진술은 거짓이든가 아니면 쾌락이라는 말이 무의미하든가 둘 중의 하나가 되는 것이다.

우리들은 금욕주의자들의 인고의 생활도 쾌락주의자들의 생활만큼 만족스러운 것이며 오히려 더 가치 있는 생활이라고 주장할 수 있다. 벤담에 의하면 쾌락은 무엇이든 인간이 원하는 것이요, 인간이 원하는 것은 무엇이든 즐거운 것(쾌락)이다. 그러나 이같은 결론은 격분한 사람이 스스로를 해치는 경우에서와 같이 절대적인 거짓이 되고 만다. 시즈위크(Sidgwick)는 만약 각 개인이 자신의 심리적인 성향 때문에 최대행복을 추구하는 것이 사실이라면, 벤담은 구태여 자기의 윤리이론을 다른 사람들에게 설득시킬 필요가 없을 것이라고 말한다.[11)]

"모든 사람은 하나로 계산되어야 하고 누구나 한 사람 이상으로 계산되어서는 안 된다"는 그의 격언도 비판의 대상이 되고 있다. 라쉬달(Rashdall)은 "만약 게으름뱅이를 부지런한 사람과 똑같이 대우한다면 그를 한 사람이 아니라 여러 사람으로 계산하는 것이 된다. 왜냐하면 그에 대한 원조가 공동체의 부지런한 성원들에게 추가노동을 강요하기 때문이다"고 지적했다.[12)]

Ⅱ. 카알라일 : 이타적인 공리주의

벤담의 이기적인 쾌락주의는 공리주의에 이타적인 내용을 부여하면

10) A. J. Ayer, *Philosophical Essays*, p. 265.
11) Henry Sidgwick, *The Method of Ethics*(New York: Dover, 1966), pp. 84~85.
12) Hastings Rashdall, *The Theory of Good and Evil*(London: Oxford University Press, 1907), 1 : 230.

서 그것을 옹호하려는 영국의 다른 철학자들로부터 도전을 받았다. 벤담주의를 돼지의 철학으로 매도했던 토마스 카알라일(Thomas Carlyle, 1795~1881)은 그의 최대행복의 원리를 최대고결의 원리(the greatest nobleness principle)로 대체시켰는데, 이 원리는 우리들에게 각자의 행복을 스스로의 일에서 찾도록 지시하는 원리였다. 그는 정신적인 쾌락이 육체적인 쾌락보다 우월하며, 교양이 관능적인 탐욕보다 우월한 것이라고 말한다. "구두닦이 소년도 육체적인 욕망과는 다른 높은 차원의 영혼을 갖고 있으며, 영원한 만족을 찾기 위하여 신의 무한한 세계를 추구할 것이다." 카알라일에 의하면 벤담의 쾌락주의는 이기적인 동기 때문에 타락한 시대를 만들고 건달패와 비겁자들의 수만 증가시키는 이론으로 규정된다.

Ⅲ. 밀 : 질적인 쾌락주의

공리주의가 천박한 돼지의 철학으로 타락하는 것을 막기 위하여 그것을 이상주의적인 것으로 변용시킨 사람은 벤담의 제자요 그의 지적인 계승자인 존 스튜어트 밀(John Stuart Mill, 1806~1873)이었다. 벤담의 기본전제는 최대의 유일한 선은 쾌락이요, 쾌락은 질적인 차이로 구별하는 것이 아니라 오로지 양으로만 계산할 수 있는 "단일한 성질"(a single quality)의 것이라는 데 있다. 밀은 만약 이 같은 벤담의 주장이 사실이라면 쾌락을 즐기고 있는 감각적인 주체가 사람이든 동물이든 상관하지 않는다는 중대한 문제점이 있음을 발견했다. 즉 그 주체가 불쌍한 사람이라면 오히려 배부른 돼지의 행복을 추구할 것이라는 사실 이외에는 최대한의 쾌락을 즐기는 한 그가 누구든 문제가 되지 않는다는 것이다.

그러나 밀은 돼지의 쾌락과 운명을 같이하기를 거부했다. 그는 만족한 돼지가 되기보다는 불쌍한 사람이 되기를 원했다. 그리고 그는 돼지가 되기를 원하지 않는 이유를 쾌락은 양적으로만 구별되는 것이 아니라 질적으로 구별된다는 질적인 쾌락주의(qualitative hedonism)로 설명했다. 요컨대 질적으로 높은 쾌락은 소량이라 하더라도 질적으로 낮은 다량의 쾌락보다 더 바람직하다는 것이다. 이 점은 1톤의 석탄과 1온스의 다이아몬드를 놓고 볼 때, 두 물질이 모두 탄소원자로 구성되어 있음에도 우리들은 다량의 석탄을 택하지 않고 극히 자그마한 다이아몬드를 택한다는 사실로 입증이 된다.[13] "단 하나의 명확한 행동의 준칙, 혹은 도덕의 기준(standard of morality)은 최대행복이다. 그러나 무엇보다 먼저 행복의 철학적인 평가가 요청된다. 행복의 양 못지 않게 질의 문제가 고려되어야 하며, 질적으로 높은 소량의 쾌락이 질적으로 낮은 다량의 쾌락보다 더 바람직하기 때문이다. 질에 관한 평가는 두 가지의 쾌락에 모두 익숙한 사람들이 할 수 있는 일이다. 소크라테스는 만족한 돼지가 되기보다는 불만 있는 소크라테스가 되고자 할 것이다. 그러나 돼지는 아마 불만 있는 소크라테스가 되기를 원치 않을 것이다. 왜냐하면 돼지는 쾌락의 한 가지 측면, 즉 양적인 차이밖에 모르지만 소크라테스는 두 가지 측면을 다 알기 때문이다."[14]

1. 도덕의 기준

만약 바보나 돼지가 그들 자신의 의견도 똑같이 타당하다고 주장하면서 위와 같은 결론에 반기를 든다면, 그들은 한번도 경험해 보지 못한 사실에 대하여 가치판단을 할 수 없는 입장이기 때문에 스스로가 잘못임을 발견하게 될 것이다. 그러나 인간은 돼지의 욕망과 똑같은 신체적 욕망을 충족시킨 경험이 있기 때문에 돼지의 쾌락이 어떤 것인지 알 수 있다. 같은 방법으로, 지적인 사람은 누구나 무지한 상태를 경험해 보았기 때문에 무지한 사람들의 마음상태를 이해할 수 있다. 그리고 그는 무지에서 깨어나는 것이 얼마나 더 바람직한 것인가를 알 수 있다.

13) This illustration is the author's.
14) John Stuart Mill, "Mill's Journal," in *Mill's Ethical Writings*, ed. J. B. Schneewind(New York: Collier, 1965), p. 343.

어떤 쾌락이 더 바람직한가라는 결정은 질적으로 낮은 쾌락과 높은 쾌락을 다 경험해 보았고 또 평가할 줄 아는 쾌락의 전문가(hedonistic expert)들에 의하여 이루어져야 한다. 행복에 도취된 백치는 분명히 그 자신이 더 행복하다고 생각하기 때문에 지적인 사람이 되기를 원하지 않을 것이다. 그러나 지적인 사람은 자신의 생활이 백치로 사는 것보다 더 가치 있는 생활임을 알고 있기 때문에 설사 백치가 더 행복하다고 양보한다 하더라도 결코 백치가 되기를 원하지는 않을 것이다. 이 같은 추론은 가난하고 불행한 사람들과 살찌고 행복한 저급동물들과의 비교에도 적용할 수 있다. 쾌락의 전문가는 역시 만족한 저급동물이 되기보다는 인간이 되는 것이 더 바람직하다는 것을 알 것이다. 왜냐하면 인간의 생활에는 동물에게 주어진 모든 신체적 쾌락보다 더욱 중요한 질적인 쾌락이 있기 때문이다. "그 자신을 더욱 행복하게 만들려는 수준 높은 동물은 저급한 동물과는 달리 보다 심각한 고뇌를 지닐 수 있으며 보다 다양한 방법으로 그 고뇌를 해결할 수 있을 것이다. 그는 결코 낮은 수준의 동물이라고 생각하는 그런 존재가 되기를 원하지 않을 것이다."[15] 보다 수준높은 동물은 저급한 동물보다 더 큰 가치와 존엄성을 지닌다.

2. 밀의 두 가지 제재

밀은 벤담의 4가지 제재를 내적인 제재(internal sanction)와 외적인 제재(external sanction)의 두 가지로 줄였는데, 이 중 내적인 제재를 더 중요시했다. 외적인 제재란 자신에 불리한 여론(public opinion)이나 신의 응징(divine retribution)에 대한 두려움과 같이 개인의 행동을 제약하는 외적인 힘을 말하며, 내적인 제재란 내적인 의무감 혹은 의무의 요청을 말한다.

밀은 그의 이론을 증명하기 위하여 어떤 근거를 제시하고 있는가?

15) John Stuart Mill, *Utilitarianism*, 12th ed. (London, 1895), chap. 2.

"대상물이 보인다는 것을 입증할 수 있는 유일한 증거는 사람들이 실제로 그것을 보고 있다는 사실이며, 소리가 들린다는 것을 입증할 수 있는 유일한 증거는 사람들이 실제로 그 소리를 듣고 있다는 사실이다. 우리의 다른 모든 경험도 이 같은 근거에 의하여 입증되는 것이다. 같은 방법으로 어떤 것이 바람직하다는(desirable) 것을 입증할 수 있는 유일한 증거는 사람들이 실제로 그것을 욕구하고 있다(desired)는 사실"이라고 말한다.[16] 공리주의 이론에 대한 밀의 증명은 "한 개인이 어떤 쾌락을 즐기고 있다는 사실은 그가 그것을 좋아한다는 것을 부정할 수 없음을 뜻한다"고 말하는 벤담의 주장과 비슷하다. 즉 어떤 쾌락을 즐기고 있는 한 그 사람은 스스로가 그것을 좋아하고 있다는 사실을 인정해야 한다는 논리인 것이다.

밀에 의하면 어떤 것을 바란다는 것은 단지 그것이 욕구를 충족시킬 수 있기 때문이라고 한다. 논리학자들은 이 같은 밀의 논증이 비유의 오류 혹은 비유적 표현의 오류(a figure of speech pallacy)를 범하고 있다고 규정한다. 그들의 주장에 의하면 'visible'(보이는, 볼 수 있는), 'audible'(들리는, 들을 수 있는), 'desirable'(바람직한) 등의 단어에 붙은 접미어 '-ble'은 각각 다른 뜻을 지니고 있다. 요컨대 'visible'과 'audible'에서는 '-ble'의 뜻이 '……할 수 있는' 혹은 실제로 '들리는' 그리고 '보이는'의 의미를 지니고 있지만 'desirable'의 경우는 '욕구되어야 한다'(ought to be desired)는 뜻을 지닌다. 브리타니카 대백과사전(*Encyclopedia Britannica*)을 열심히 읽는다는 것은 크게 바람직한 일이다. 그러나 실제로 그것을 읽고 있는 사람은 전혀 그것을 읽고 싶은 욕구를 갖고 있지 않을 수도 있는 것이다. 그리고 당신의 심장을 진찰한 의사가 당신에게 대수술을 하는 것이 '바람직하다'(desirable)고 통보할 경우 당신은 기뻐서 환호작약하기보다는 오히려 거부감을 느끼게 될 것이다.

---

16) *Ibid.*, chap. 4.

3. 벤담의 격언

밀은 "모든 사람은 하나로 계산되어야 하며, 아무도 하나 이상으로 계산되어서는 안 된다"는 벤담의 격언을 받아들인 것은 물론 그 격언을 적절히 활용했다. 더우기 그는 어떤 개인이 그 자신의 행복을 추구하고 있는 한 다른 사람의 행복도 고려해야 한다고 느꼈다.

4. 밀의 윤리이론에 대한 비판

밀은 벤담과 마찬가지로 심리학적 쾌락주의를 주장했다. 그러나 심리학적 쾌락주의의 유용성은 높이 평가할 수 있다 하더라도 그것이 반드시 윤리학적 쾌락주의와 일치하는 것은 아니다. 어떤 사람이든 자기 자신의 최대행복만을 추구하려 할 것이다. 그러나 그것이 꼭 "그렇게 해야만 한다"(ought to)는 것을 의미하지는 않는다. 왜냐하면 그 같은 논리는 어떤 개인이 내면에 사람을 죽이려는 의도를 품고 있기 때문에 사람을 죽여야 한다고 말하는 것과 같기 때문이다. 이 같은 모순은 쾌락을 선과 동일시하는 잘못된 관점에서 비롯되는 것이다.

옳은 행동(right action)은 최대선을 산출하는 행동이라고 주장하는 행위공리주의(act-utilitarianism)는 항상 예측가능한 행동의 결과문제를 놓고 고심한다. 만약 어떤 행동을 그 결과에 따라 선 혹은 악으로 규정한다고 한다면, 물 위에 조약돌이 던져졌을 때 일어나는 잔물결처럼 행동의 결과가 끝없이 파급되기 때문에 좀처럼 그 행동이 도덕적인지 여부를 결론지을 수 없다. 밀은 이 같은 관점을 인식했기 때문에 "결과의 예측(foresight of consequences)에 기초한 사려 깊은 행동의 격률(maxims)에 따라 생활해야 한다"[17]는 규칙공리주의(rule-utilitarianism)에 호감을 가졌다. 그러나 규칙도 위에 말한 난점을 해소하는 데 도움이 된다고는 하지만 그러한 문제를 완전히 해결해 줄 수는 없다.

17) John Stuart Mill, "Professor Sedwick's Discourse on the Studies of the University of Cambridge," in *London Review*(1835), Reprinted in *Mill's Ethical Writings*, ed. J. B. Schneewind(New York: Collier, 1965), p. 93.

스펜서(Hebert Spencer, 1820~1903)의 『사회 정체론』(*Social Statics*)[18]에서 이미 지적되었듯이 밀과 벤담은 공리의 원리에 대한 증명을 결여하고 있다. 이 두 사상가는 도덕감(moral sense)을 도덕적인 옳음(moral right)의 기준으로 삼는 윤리학적 직관주의자들에게 반기를 들면서도 그들 스스로의 공리의 원리는 도덕감 혹은 직관에 의존하고 있다.

Ⅳ. 시즈위크 : 보편적인 쾌락주의

헨리 시즈위크(Henry Sidgwick, 1830~1900)는 개인적인 행복추구와 사회전체의 행복 사이에 야기되는 문제점을 해결하는 데 혼신의 노력을 기울인 사상가였다. 그는 우선 행복이란 한 개인에 의하여 주관적으로 경험하는 것인데 왜 인류전체의 행복달성이 개인에게 의무로 부과되어야 하는가? 그리고 개인이 경험할 수 있는 유일한 행복은 자기자신의 행복인데 왜 다른 사람들의 행복을 걱정해야 하는가 등의 질문을 제기한다.

이상과 같은 질문은 사람들의 유일한 자기의무가 행복을 얻는 데 있고 그들의 유일한 덕이 그것을 획득하는 능력인 한 행복은 의무나 덕이 아니라 유일한 선이라는 공리주의의 기본전제에 따라 답변되어야 한다. 시즈위크의 최종적인 결론은 칸트적인 '직관주의'[19]를 직관주의적인 공리주의'를 창출한 밀의 공리주의와 결합시킴으로써 얻어진다. 시즈위크는 밀의 윤리학적 쾌락주의의 타당성(validity)에 확신을 가지고 행복은 의문의 여지 없이 인간의 윤리적 목표라고 주장했으며, 동시에 칸트의 정언명법(categorical imperative)의 진실성에 설득되어 인간은 누구나 보편적인 행복(universal happiness)을 증진시킬 의무가 있다고 주장했다. 그는 "행동의 자연스런 목표는 개인적인 행복이며 의무의 목표는 보편

18) Herbert Spencer, *Social Statics*, rev. ed.(New York: D. Appleton, 1896), pp. 17~19.

19) See the section on Kant's intuitionism in chapter 8.

적인 행복"이라고 말한다.[20]

1. 상식의 계산과 정의의 원리

시즈위크는 자신의 이론적인 입장을 설명하기 위하여 결점이 많고 이기적인 쾌락주의에나 적절하다고 생각한 쾌락계산법 대신에, 이성 혹은 상식의 계산법(calculus of common sense)을 제시했다. 그는 "만약 나의 행복이 바람직하고 좋은 것이라면 다른 사람들의 행복도 똑같이 바람직한 것이어야 한다"고 주장한다.[21] 여기서 우리는 "한 사람에게 옳은 것은 모든 사람에게 옳다"(What is right for one is right for all)는 칸트적인 원리에 대한 시즈위크의 해석을 발견할 수 있다. 시즈위크의 정의(正義)의 원리는 다음과 같이 표현되고 있다. 즉 "A와 B가 단지 두 사람의 서로 다른 개인이라는 사실만으로는 서로 달리 취급해도 좋은 합리적인 근거로서 두 사람의 본성이나 생활환경 그리고 사고방법에 확실한 차이가 발견되지 않는 한, B가 A에게 취한 옳지 않은 행동은 A가 B에게 취해도 옳을 수 없다"는 것이다.[22]

이러한 문제의 해결에는 공리주의와 직관주의의 결합이 요청되었으며, 의무의 개념이 도덕적인 세계정부와 그 통치자를 필요로 하기 때문에 필연적으로 유신론을 수반하게 되었다.

2. 최고선으로서의 행복

시즈위크는 자신의 이론체계를 보편주의적인 쾌락주의(universalistic hedonism)라고 이름 붙이면서 최고선(혹은 그 자신의 용어로는 '궁극적인 선'- ultimate good)이 인간의 공통된 목표인 행복의 증진에 있다고 주장했다. 그에 의하면 옳은 행위는 궁극적인 선인 행복에 의하여 결정되며 덕은

---

20) Henry Sidgwick, *The Methods of Ethics*, 6th ed. (London: Macmillan, 1901), bk. 3, chap. 14.

21) *Ibid.*

22) *Ibid.*, chap. 5.

이 궁극적인 선에 따라 정의되어야 한다. 그는 옳은 행위를 다음과 같이 정의한다. 즉 "어떤 주어진 여건 하에서 객관적으로 옳은 행위는 사회전체로 볼 때 최대량의 행복을 산출하게 되며, 이와 같은 행위는 그 행위에 의해 그들의 행복의 영향을 받는 모든 사람들을 고려하게 된다."[23] 옳은 행위는 어떤 개인이 정당하게 향유할 수 있는 사적인 행복을 추구하는 것이지만 의무는 이성의 명령이 있을 때 가끔은 자기희생을 요구하는 사회전체의 행복증진에 있다. "각 개인은 다른 사람들의 보다 큰 행복을 위하여 자기자신의 개인적인 선 혹은 행복을 희생하는 것이 더욱 합리적인 것일지 모른다."[24]

제 2 절 이상적인 공리주의 : 결과의 윤리

이상적인 공리주의 (ideal utilitarianism)는 공리주의의 단점을 버리고 장점을 취한 새로운 발전형태의 하나이다. 그러나 그것은 초기 공리주의의 관점에서 엄격히 논한다면 공리주의라고 말하기 어려우며, 그린 (Thomas H. Green)의 이상주의 (제 4 장에서 이미 논한 바 있다)와 시즈위크 (Henry Sidgwick)의 공리주의를 종합한 새로운 형태의 공리주의인 것이다. 그것은 주로 쾌락주의의 문제와 관련해서 다른 공리주의와 구분되는데, 즉 그것은 목적론적이긴 하나 쾌락주의적인 방향으로 나아가지는 않는다. 그리고 이 이상적 공리주의라는 용어는 이 학파의 중심인물인 라쉬달 (Hastings Rashdall, 1859~1924)에 의하여 처음 쓰여진 말이다.

23) *Ibid.*, chap. 14.
24) *Ibid.*

I. 라쉬달 : 좋은 결과의 최대한 산출로서의 윤리

라쉬달은 윤리학의 기본적인 관심은 어떤 행동이 옳고 어떤 행동이 나쁘다는 것을 명확히 결정하기 위하여 '옳음'(right)과 '그름'(wrong)이라는 낱말의 의미를 규정하고 평가하는 데 있다고 주장한다. 이러한 의미를 규명함에 있어서는 흔히 연구자가 선입관을 배제하지 않는 한, 모든 인간이 행위를 쾌락추구욕이라는 단 하나의 동기에서 비롯된 것으로 규명하는 쾌락주의 이론의 희생물이 되기 쉽다. 즉 쾌락을 가져오는 행위는 도덕적으로 옳은 행위이며, 고통을 가져오거나 쾌락을 감소시키는 행위는 도덕적으로 나쁜 행위라는 식으로 옳은 행위의 본질을 미리 규정하는 모순을 범하기 쉽다. 이 같은 관점은 인간이란 누구나 자연적인 성정(性情)에 따라 쾌락을 추구하고 고통을 회피하게 되어 있다는 심리학적 쾌락주의에 근거하는 것이다.

1. 결과의 계산법

윤리학 이론가들이 직면하고 있는 가장 큰 과제의 하나는 아마도 어떤 행동이 도덕적인지 아닌지를 정확하게 지시할 수 있는 도덕적인 기준(moral criterion)을 결정하는 문제일 것이다. 이상적인 공리주의자들에게는 옳은 행위란 가장 좋은 결과(the best consenquences)를 가져오는 행위를 말한다. 악이란 비록 쾌락 혹은 행복과 완전히 분리시킬 수는 없지만 행위의 결과를 전체로 파악하여 계산할 수 있다는 것이다. 쾌락을 단순히 양적으로 구분하기 위하여 고십한 벤담의 쾌락계산법(hedonistic calculus)이나 쾌락전문가(hedonic expert)의 판단에 의존하는 밀의 방법도 적절한 계산법은 아니다. 그러나 결과의 계산법(calculus of conseqences)이라 불려지는 라쉬달의 방법은 쾌락뿐만이 아니라 관련된 개인의 행복은 물론이고 상황을 전체적으로 다루는 것이다. "옳은 행동은 항상 전체적인 관점에서 볼 때 최대량의 선을 산출하는 것이다. 이 관점은 모든 선과 선의 요소들이 어떤 의미에서는 그리고 어떤 목적을 위해서는 서로 비교 계량 가능하다는 것을 함축한다……이 같은 윤리학적 관점은 윤리학이 목적론적이어야 한다는 공리주의적인 원리와 윤리적 목적에 관한 비쾌락주의적인 관점을 결합시킨 것으로, 나는 이상적 공리주의(ideal utilitarianism)로 부를 것을 제안한다. 이 관점에 따른다면 우리들의 행동이 인류를 위하여 쾌락을 포함한 이상적인 목적과 선을 산출하는 경향이 있느냐 없느냐에 따라 선 혹은 악으로 규정되는 것이다"[25]라고 라쉬달은 말한다. 따라서 라쉬달의 이상적 공리주의에 의하면 선한 것이 옳은 행동을 결정하는 기준이 된다.

2. 라쉬달의 공평의 원리

라쉬달에 의하면 어떤 행동이 옳은지 여부를 알기 위해서는 우리들이 그 행동과 바람직한 것으로 여겨지는 행동목표와의 관계를 생각해야 한다. 의무가 의무 그 자체로서 선이 아니듯이 옳은 행동도 그 자체로서는 선한 것이 아니다. 그러나 옳은 행동은 선으로 간주할 수 있는 결과를 산출하기 때문에 선한 것이다. 그리고 쾌락이 선한 것에 포함된다 하더라도 선으로 간주할 수 있는 결과를 쾌락에 한정해서는 안 된다. 아뭏든 개인적인 선은 타인의 희생을 통해서 얻어져서는 안 된다. 이타주의(altruism)는, 타인의 선이 나 자신의 자그마한 당장의 선을 희생할 수 있을 만큼 나에게 중요할 때 나타나며, 특히 그 사람의 선이 인류전체의 선에 크게 기여할 때 나타나는 것이다. 그러나 만약 모든 사람이 평등하고 나 자신의 선의 추구가 다른 사람의 선의 추구를 방해하지 않는다고 한다면 개인적인 선의 추구가 극대화될 것이다. 라쉬달의 공평의 원리는 다음과 같이 말한다. "내가 나 자신의 최대선을 증가시키려고 한다는 것은 자명한 것이다. 그리고 내가 전체적으로 볼 때 보다 작은 선보다 큰 선을 택해야 한다는 것도 자명한 것이며, 한 사람의 선은 다

25) Rashdall, *Theory of Good and Evil*, 1 : 2.

른 어떤 사람의 선과 마찬가지로 평등한 본질적 가치로 인정해야 한다는 것도 자명한 것이다."[26] 여기서 '다른 어떤 사람' (any one else)이라는 말은 나 자신도 묵시적으로 포함시키는 말이다. 그리고 나 자신의 쾌락을 다른 사람의 개인적인 쾌락에 이타적으로 희생시켜야 할 경우도 있다.

3. 정의, 덕, 인애(이타심) 그리고 이상적인 생활

이상적 공리주의란 "우리들의 모든 행동이 선을 가져오는 경향이 있느냐 없느냐에 따라 선 혹은 악으로 규정하는 관점"[27]이라고 정의한 다음 라슈달은 그의 이론의 정의 (justice)에 대한 관계, 덕 (virtue)과 인애 (benevolence)에 대한 관계를 차례대로 설명한다. 그에 의하면 정의란 기존의 분배의 체제에 준하여 각 개인을 차별 없이 대우하는 것이며, 궁극적인 정의 (ultimate justice)란 한 사람의 선은 다른 사람의 선과 마찬가지로 똑같은 본질적 가치를 지닌다는 원칙에 따라 진정한 선을 분배하는 것을 뜻한다.[28]

이상과 같은 주장에 비추어 볼 때 덕이란 정의에 의하여 규정된 합리적인 인애 혹은 정의와 일치하는 인애로 정의할 수 있을 것이다. 쾌락주의적인 공리주의자들의 주장에도 불구하고 이타적인 덕을 포함한 모든 덕은 단순한 쾌락의 가치를 능가하는 그 자체의 가치를 지닌다. "자애로운 사람들이 추구하는 목표는 쾌락 이외의 제반가치, 즉 다른 어떤 선을 위한 단순한 수단으로서가 아니라 그 자체로서 가치 있는 여러 가지 내적 성향, 정서, 활동력, 자각적인 태도 등을 포함한다."[29]

덕이란 정직, 근면, 가족애, 친절, 동정, 충성, 질서, 용기 등의 사회적인 선에 기여하는 제반 인격적 요소들을 말한다. 도덕률, 쾌락,

26) *Ibid.*, p. 185.
27) *Ibid.*, p. xvii.
28) *Ibid.*
29) *Ibid.*, p. 188.

덕, 그리고 선한 것이라 불리는 다른 여러 가지 것들은 이상적인 훌륭한 삶의 구성요소들이며, 각 개인은 이러한 이상적인 삶을 모든 사람이 누리도록 해야 할 의무를 가진다.

가치와 쾌락, 그리고 행복은 이상적인 생활의 세 가지 기본범주(category)이다. 가치란 각 개인의 인격에서 발견되는 것이지만 그 객관적인 원리는 신에 근거하는 것이다. 말하자면 도덕률은 개인적인 것에서 출발하지만 궁극적으로는 신과 영혼의 불멸성에 귀착되는 것이다. 그러나 이 세상에는 궁극적이고 본래적인 악(surd evil or intrinsic evil)이 존재하기 때문에 신의 권능은 제한되어야 하며, 전능한 신에 의존하는 절대주의자들의 낙관론도 인간세계는 절대적으로 선한 것이 아니라 점차적으로 선해지는 것이라는 세계개량주의(meliorism)로 대체되어야 하며 신의 권능에 한계가 있다는 신권유한론(theistic finitism)으로 대체되어야만 한다. 따라서 리쉬달은 그의 윤리학이 필연적으로 형이상학에 기초해야 함을 인식하면서 지고의 인격(supreme person)인 신의 개념을 통하여 인격적인 이상주의 철학을 전개했다.

Ⅱ. 무어 : 정의 불가능한 실재로서의 선

무어(George Edward Moore, 1873~1958)가 영국철학과 미국철학에 미친 영향은 금세기 전반기를 살았던 다른 어떤 영국철학자들보다 큰 것이었다. 그는 1920년에서 1947년 사이에 영국의 가장 중요한 철학잡지였던 *Mind* 지를 편집했으며, 1925년부터 1939년까지는 케임브리지대학 철학과의 주임교수를 역임했다. 무어의 윤리사상은 그의 여러 가지 저서를 통하여 전개되고 있으나 특히 『윤리학 원리』(*Principia Ethica*, 1903)와 『윤리학』(*Ethics*, 1912)에 집약적으로 표현되어 있다.

무어는 리쉬달보다 먼저 그의 윤리학적 저술을 출판한 이래 영국의 신실재론(neo-realism)과 최근까지 영국철학계와 미국의 철학계를 지배해 온 분석학파(analytic school), 그리고 이상적인 공리주의 등 여러 갈래의 철학학파의 형성에 계기를 주었다. 때에 따라서 무어의 윤리학은 쾌락이 유일한 본래적 선이라고 보는 쾌락적인 공리주의와 구분하기 위해서 선적(善的) 공리주의(agathistic utilitarianism)라 불린다.

1. 윤리학적 질문의 본질

무어에 의하면 윤리학은 1) 어떤 것이 그 자체를 목적으로 하여 존재해야 하는가(즉, 선이란 무엇인가?)라는 질문과 2) 우리들은 어떤 행동을 해야만 하는가(즉, 선한 행동이란 무엇인가?)라는 두 가지 질문에 관련된다. 첫번째 질문은 진정한 선의 본질과 정의(定義)에 관한 질문인 데 반해, 두 번째의 질문은 도덕적인 기준을 요청하는 질문이다.

무어에 있어서 윤리학의 가장 기본적인 질문은 '선'이란 어떻게 정의되는가이다. 어떤 것이 선인가가 문제인 것이 아니라 선 그 자체의 정의문제가 가장 중요한 과제인 것이다. 그러나 그의 연구결과는 비관적인 결론에 이르게 된다. 왜냐하면, "만약 내가 '선이란 무엇인가'라는 질문을 받는다면 나의 대답은 '선은 선이다'라는 것이며 그것이 대답의 전부이다. 그리고 '내가 선이란 어떻게 정의되는가'라는 질문을 받는다면 나는 '선이란 정의될 수 없다'고 대답할 것이요 그것이 내가 말해야만 할 전부라고 대답할 것이다."[30)]

무어에 의하면 선한 것(the good)에 관한 제반 진술들은 분석적인 것이 아니라 종합적인 것이다. 따라서 이 같은 진술들은 여러 가지 구성요소로 세분화할 수 있다. 그러나 선(good)그 자체는 더 이상 세분화될 수 없는 궁극적인 단순관념(simple idea)이다. "나의 관점은 '노랑'(yellow)이 하나의 단순관념이듯이 선도 하나의 단순관념이라는 것이다. 노란 것이 무엇인지를 모르는 사람에게 어떤 방법으로도 그것을 설명할 수 없듯이

30) G. E. Moore, *Principia Ethica*(Cambridge: Cambridge University Press, 1903), p. 6.

선이 무엇인가를 알지 못하는 사람에게는 그것을 설명할 수 없는 것이다."[31] 만약 어떤 사람이 한 번도 노란 것을 본 경험이 없다면 우리들은 그 사람에게 노란 것에 관하여 인식시킬 수가 없다. 그러나 말(馬)은 복합적인 대상물이기 때문에 그와 같은 범주에 속하지 않는다. 왜냐하면 말은 더 이상 정의할 수 없는 가장 단순한 요소들로 세분화하면서 말의 고유한 특징과 속성에 관하여 다양한 형태로 정의할 수 있기 때문이다.

단순관념들은 그들의 궁극적인 본질 때문에 그것들을 경험해 보았고 또 생각할 수 있는 사람들에 의해서만 사고되어지고 지각되어진다. 그것들을 상상할 수 없고 지각할 수 없는 사람들에게는 설명되어지지 않으며 어떤 정의에 의해서도 그것들의 본질을 이해시킬 수 없다. 그러나 복합적인 대상물(complex object)은 그것을 전혀 경험해 본 적이 없는 사람에게도 그것을 부분적인 요소로 세분화하여 정의함으로써 이해시킬 수 있다.

> 그리고 이미 알고 있는 대상물이 아니라 하더라도 우리들이 정의할 수 있는 모든 대상물은 복합적인 대상물이다. 그리고 이 같은 대상물은 부분적인 요소로 구성되어 있고, 더 이상 정의할 수 없는 가장 단순한 요소들로 세분화할 수 있다. 그러나 노랑과 선은 복합관념이 아니다. 이 두 가지 관념은 단순관념이며 더 이상 정의할 수 없는 관념들이다.[32]

무어는 이와 같이 주장한 다음, 선한 것(the good)은 정의할 수 있다고 말한다. 선한 것은 '선한'이라는 형용사가 붙은 구체적인 대상물을 가리킨다. 쾌락, 집 혹은 교육과 같은 것도 선한 것이라고 말할 수 있다. "나는 선한 것에 대해서는 정의할 수 있지만 선 그 자체에 대해서는 정의할 수 없다고 믿는다."[33] 왜냐하면 사물에 속하는 하나의 성질을 표

31) *Ibid.*, p. 7.
32) *Ibid.*, pp. 7~8.
33) *Ibid.*, p. 9.

시하는 선은 단순관념이며 더 이상 분석 불가능하고 정의 불가능하기 때문이라고 그는 주장한다. 그에 의하면 비록 선 그 자체는 정의 불가능하지만 의무, 덕, 옳은 것, 그리고 다른 윤리학적 용어는 선에 의해서 정의할 수 있다.

2. 자연주의적 오류

선은 정의될 수 없고 어떤 사람이 그것을 경험할 수 없다면 그는 도저히 선을 알 수가 없다. '노랑'이라는 말도 그와 비교할 만한 궁극적인 낱말이다. 만약에 어떤 사람이 노란 색깔을 한 번도 본적이 없다면 그에게 노란 색깔을 설명해 줄 방법이 없다. 노랑은 지각의 원인이 되는 빛의 진동(혹은 파장)으로 정의할 수 있다. 그러나 노랑에 대한 실제적인 경험을 노란 색깔의 파장과 동일시한다면 자연주의적 오류(naturalistic fallacy)를 범하게 된다.

선은 쾌락성이나 욕구의 대상이 되는 성질과 같은 자연적인 특성(natural property)이 아니다. 그것은 단순히 선일 뿐이다. 선을 어떤 종류의 자연적인 성질이라고 주장한다든가 혹은 그런 성질들의 복합체라고 주장한다면, 자연주의적인 오류를 범하게 된다. "그러나 너무나 많은 철학자들이 다른 성질을 지칭하면서 선을 실제로 정의하고 있다고 생각하고 있으며. 사실상 이러한 성질들은 '다른' 성질이 아니라 절대적으로 그리고 완전히 선과 동일한 것이라고 생각한다."[34] 선이란 단지 욕구의 대상에 불과하다고 말하거나 다른 어떤 형태의 윤리학적 자연주의를 제창하는 것도 자연주의적 오류를 범하는 것이다. 우리들이 결정해야 할 것은 선이란 '무엇인가?'라는 문제이지, 선이란 말이 일반적으로 어떻게 쓰여지고 있으며 어떤 행동이 선한 행동으로 인정되고 있는지의 문제는 아니다. '쾌락은 선'이라고 주장하는 것은 단지 '쾌락은 쾌락'이라고 말하는 것과 같으며 결코 선에 접근하는 것이 아니다.

---

34) *Ibid.*, p. 10.

3. 무어의 이상적인 공리주의

윤리학자들이 직면하고 있는 두 번째의 질문은 "선한 행동이란 무엇인가?" 혹은 우리들은 "어떤 행동을 해야 하는가?"라는 것이다. 이 질문에 대한 무어의 답변은 옳은 행위란 가장 좋은 결과를 산출하는 것이라고 말하는 이상적인 공리주의(ideal utilitarianism)의 관점에 따른다. 무어는 다음과 같은 두 가지의 전제를 통하여 이 문제에 대한 그의 이론을 체계화한다.

> 1) 어떤 행동이 옳은지 그른지에 관한 질문은 항상 그 전체적인 결과에 달려 있으며, 2) 만약 B라는 한 집합의 전체적인 결과 대신에 A라는 한 집합의 결과를 택하는 것이 옳다고 한다면, 분명하게 B에 가까운 한 집합의 결과 대신에 분명하게 A에 가까운 한 집합의 결과를 택하는 것도 항상 옳은 것이다.[35)]

옳은 행동이란 기대되는 가장 좋은 결과에 달렸거나 예측할 수 있는 가장 좋은 결과 혹은 가능성이 있는 가장 좋은 결과에 달린 것이 아니라, 신제로 나타난(actual) 가장 좋은 결과에 달린 것이다. 어떤 사람이 자신의 행동을 통하여 기대했던 결과가 실제로 나타나는 결과와 일치하지 않을 수 있다. 그러나 어떤 행동의 옳고 그른 것을 결정하는 것은 실제로 나타난 결과인 것이다. 비록 어떤 사람이 가장 좋은 의도를 가졌다 하더라도 만약 그 행동이 실제로 가장 좋은 결과를 가져오지 못했다면 그것은 잘못 행해진 행동인 것이다. "달리 행동할 경우보다 실제로 그리고 진정으로 세계를 전체적으로 더 나쁘게 만들게 될 행위인 줄 알고서 행하는 것은 언제나 반드시 나쁘다는 것이 자명한 것으로 보인다."[36)] 칸트의 정언명법(categorical imperative)과 같이 보편적인 구속력을 갖는 의무도 만약 그 결과가 나쁘게 나타난다면 결코 도덕적으로 타당하거나

---

35) G. E. Moore, *Ethics*(London: Oxford University Press, 1912), p. 106.
36) *Ibid.*, p. 112.

선한 것이 아니다. 칸트적인 의미의 도덕법칙은 없다. 도덕법칙은 특정한 행동이 좋은 결과를 가져올 것이라는 진술에 불과하다.

어떤 행동을 선한 것으로 판단한다는 것은 그 가치를 수단으로 생각하는 것이다. 그 행동이 최대의 가능한 선을 보장한다면 그것은 수단으로서 선한 것이며 수단으로서 옳은 것이다. "바꾸어 말하면 한 행동을 선에 이르는 수단으로 판단한다는 것은 그 행동이 일반적으로 '어떤' 종류의 선을 가져온다고 판단하는 것이 되는 동시에, 여건이 허락하는 한 최대의 선을 가져온다고 판단하는 것이 된다."[37]

어떤 행동이 절대적으로 옳으며 의무라고 판단하기 위해서는 "반드시 그 행동이 해야 할 최선의 것임을 결정해야 한다. 그렇게 함으로써 달성 가능한 모든 선이 실제로 보장될 것이다……어떤 행동이 해야 할 최선의 행동임을 주장한다는 것은 그 행동의 결과가 선택 가능한 다른 어떤 행동보다 더 많은 본질적 가치를 가져온다는 것을 주장하는 것이다……한 마디로 어떤 행동이 주어진 시간에 절대적으로 옳으며 반드시 그렇게 해야 할 것이라고 주장하는 것은 분명히 보다 적은 악과 보다 많은 선을 결과할 것이라고 주장하는 것이다."[38]

우리들이 이 같은 원칙에 따라 판단하기 위해서는 논의의 대상이 되고 있는 한 행동의 결과뿐만 아니라 그 행동 이외에 선택할 수 있는 다른 가능한 행동의 결과까지 평가해 보아야 한다. 따라서 의무란 다른 방법의 행동보다 더 많은 선을 이 세상에 가져올 수 있는 행동을 해야 하는 것으로 정의될 수 있다.[39]

4. 무어의 이론에 대한 비판적 평가

여러 명의 대가들이 선이란 정의 불가능하다는 무어의 주장에 불만을 표시해 왔다. 페리(Ralph B. Perry)는 선이란 정의할 수 있는 것이라

37) Moore, *Principia Ethica*, p. 23.
38) *Ibid*., pp. 24～25.
39) *Ibid*., p. 148.

고 주장하는데, 선을 관심의 대상(the object of interest)이라고 정의함으로써 그것을 입증했다고 생각한다.[40] 그러나 그의 철학적 입장에서 쉽게 확인할 수 있듯이 무어는 페리가 그렇게 주장한다면 자연주의적 오류를 범하는 것이라고 반격할 것이다. 이윙(A. C. Ewing) 역시 무어의 이론에 대하여 신랄한 비판을 가한다. 그는 만약 윤리학의 기본적인 어떤 용어가 정의 불가능하다고 한다면 그것을 알 수 있는 방법이 없을 것이라고 주장한다.[41] 그러나 그는 우리들이 어떤 것에 관한 경험을 정의할 수 없다고 하더라고 경험을 통하여 그것을 알 수는 있다고 말한다. 선과 당위(ought)는 경험을 통하여 알 수 있는 범주에 속한다. 철학자에 따라서는 진리는 실재하는 개념으로 정의하면서, 만약 선이 정의할 수 없는 것이라면 그것은 실재하는 것이 아니라고 생각할 것이다.

프랑케나(William K. Frankena)는 선이 정의 불가능하다고 주장하는 것은 "선결문제 요구의 오류"[42](the fallacy of begging the question)를 범하는 것이라고 주장한다. 그는 무어가 선이 하나의 단순관념이며 정의 불가능한 성질의 것임을 증명하는 데 실패했으며 선이 비자연적 특성임을 증명하는 데도 역시 실패했다고 주장한다. 더우기 자연주의 윤리학설에 대한 대단한 반론자인 무어는 대상의 선성과 그 대상의 자연적 특성에 대한 서술적 분석을 혼동해서는 안 된다고 주장한 것 이외에는 자연적인 속성(natural property)이라는 개념에 대해서도 분명한 설명을 하지 않고 있다. 아이러니칼하게도 무어와 같은 직관주의자들과 에이어(Alfred J. Ayer), 스티븐슨(Chales Stevenson) 같은 비인지론자들(혹은 정의주의자들)은 윤리학적 비판이 일반적인 형태의 검증 대상이 된다는 관점에 대해서는 서로 연합하여 반론을 제기하고 있다.

휠라이트(Wheelright)에 의하면 선과 노랑을 비교하는 것은 불완전

40) Ralph Barton Perry, *General Theory of Value*(Cambridge, Mass.: Harvard University Press, 1926), p. 183.
41) A. C. Ewing, *Ethics*(London: English Universities Press, 1953), p. 13.
42) William K. Frankena, "The Naturalistic Fallacy," *Mind* 48(1939) pp. 468, 471.

한 유비추론이다. 왜냐하면 노랑은 감각적인 지각(sense perception)에 의하여 감지되는 것이지만 선은 색깔이라는 감각적 성질을 결여하고 있기 때문이다.[43] 그러나 휠라이트의 비판점은 정당화되기 어렵다. 왜냐하면 현상학자 무어는 주관적 현상(subjective phenomena)(최근에는 현상학적 경험으로 불려지고 있다)을 본격적으로 탐구하여 선과 노랑도 경험적인 수준에서 똑같이 주관적으로 경험되는 것이라고 보기 때문이다. 무어의 윤리이론을 성공적으로 적용할 수 있으려면 신과 같이 전지전능해야 한다. 유한한 인간의 지혜로는 그 자신의 끝없는 행동 결과를 추적할 수 없으며, 자신이 선택한 행동의 최종적인 결과를 정확히 예측하기도 어렵다. 무어의 이론체계에 따른다면 우리들이 옳은 행동을 하고 있는지 어떤지조차도 알 수 없는 것이다.

Ⅲ. 행위공리주의와 규칙공리주의

그렇다면 도덕적인 결정을 내리는 기준은 무엇인가? 행위인가? 아니면 그 행위에 적용되고 있는 규칙인가? 행위공리주의자(act-utilitarian)들은 개인의 행동을 그 행동의 결과에 따라 판단해야 한다고 말할 것이다. 그들은 만약에 '정직이 가장 좋은 정책이다'라는 어떤 규칙이 중요시될 경우에도 그 규칙의 가치는 주먹구구식의 규칙에 지나지 않는다고 주장한다. 그러나 규칙공리주의자(rule-utilitarian)들은 윤리학적 원리가 최대다수의 최대행복을 가져올 행동이 어떤 행동인가를 결정하는 근거라고 생각한다. 요컨대 "어떤 행동(which action)이 최대의 공리를 갖는가라는 문제가 아니라, 어떤 행동의 규칙(which rule)이 최대의 공리를 갖는가라는 문제이다."[44] 두 가지 형태의 공리주의가 모두 공리의

43) Philip Wheelright, *A Critical Introduction to Ethics*, 3d ed.(New York: Odyssey, 1959), pp. 302~303.

44) William K. Frankena, *Ethics*(Englewood Cliffs, N.J.: Prentice-Hall, 1963), p. 30.

원리를 제시하고 있지만, 행위공리주의는 행위의 결과를 옳은 행위의 결정기준으로 삼는 데 반해 규칙공리주의는 행위의 규칙을 그 결정기준으로 삼는다.

벤담은 기본적으로 행위공리주의자였으며, 행위공리주의와 규칙공리주의라는 용어를 최초로 도입한 브란트(Richard B. Brandt)는 규칙공리주의자로 분류된다. 왜냐하면 브란트는 「신뢰할 만한 형태의 공리주의를 향하여」(Toward a Credible Form of Utilitarianism)라는 논문에서 다음과 같이 말하고 있기 때문이다.

> 만약 어떤 행동이 당시 사회의 모든 사람들에 의하여 도덕적인 구속력을 갖는 것으로 인정되는 일련의 '규칙과 일치한다면'(그리고 일치하는 한) '그 행동은 옳은 행동'이 되며 진정한 가치를 극대화할 것이다.[45]

프랑케나는 두 가지의 기본적인(그러나 서로 독립된) 윤리학적 원리를 포함하는 일종의 '절충적 의무론'(a mixed deontological theory)을 제창했다. 1) 그 하나의 원리는 공리 혹은 선행(beneficence)으로서 사람들로 하여금 이 세상 전체의 선을 극대화하게 하는 원리이며, 2) 다른 하나의 원리는 정의(justice)로서 특정한 상황 하에서 옳고 그른 것을 판별하기 위하여 규칙에 호소하는 원리이다. 그리고 이 원리는 우리들이 어떤 규칙에 따라 생활해야 공리와 정의라는 이중의 요청이 충족될 수 있는가를 결정하는 원리이다.

1. 관행으로서의 규칙개념

존 롤즈(John Rawls)는 규칙의 요약개념(summary conception of rules)과 규칙의 관행개념(practice conception of rules)을 상호 구분하여 논한

45) Richard B, Brandt. "Toward a Credible Form of Utilitarianism," in *Morality and the Language of Conduct*, H. Castaneda and G. Nakhnikian, eds. (Detroit: Wayne State University Press, 1963), p. 139.

다.[46] 요약개념이란 "규칙은 과거 의사결정들의 요약"으로 보며 그것이 앞으로의 행동에 지침이 된다고 보는 관점이며, 관행개념이란 "어떤 사람이 관행에 의해 규정된 직책을 맡고 있다면 이러한 그의 직책상의 행동에 관련되는 제반 문제는 그 관행을 규정하는 규칙에 의거해서 해결된다"는 것을 뜻한다. 그 같은 규칙에 대하여 의문을 제기하고 그것을 바꾼다는 것은 개혁자의 역할을 담당하는 것이 된다. 롤즈는 「공정으로서의 정의」(Justice as Fairness)라는 다른 논문에서 "만약 우리들의 행동이 한 개인에게 불행을 가져온다면 사회 전체의 행복을 증진시킬 목적이라도 그 행동은 하지 않아야 한다"고 주장한다.[47]

2. 비판적인 평가

행위공리주의에 관한 주된 비판점은 선의 명확한 분배문제를 해결할 수 없다는 점이다. 싱어(Marcus Singer)는 이 문제를 놓고 벤담의 최대행복의 원리를 공격한다. 그러나 이 문제는 모든 행위공리주의자들이 공통적으로 안고 있는 문제점이다. 우리들의 행동결과는 알 수 없는 것인가? 그 결과는 예측할 수도 없는가? 그런데도 선은 반드시 우리들의 행동에서 강조되어야 하는가? 그리고 선을 공유하는 최대다수를 고려해야만 하는가 등의 질문이 계속하여 제기된다.

행위공리주의에 대한 보다 일반적인 비판점은 도덕적인 규칙(moral rules)의 도움 없이 어떤 행위의 선악을 판단한다는 것은 그 때마다의 상황을 일일이 분석해야 하기 때문에 시간낭비요 비실용적인 방법이라는 것이다.

행위공리주의는 결국 비도덕적인 결론에 이르고 만다는 비판을 받는다. 죄를 저지른 자에게 벌을 주는 것은 그렇게 함으로써 새로운 범죄행위를 막을 수 있다고 믿기 때문이다. 때로는 죄 없는 사람에게 벌

46) John Rawls, "Two Concepts of Rules," *Philosophical Review* 64(1955), pp. 3~32.

47) John Rawls, "Justice as Fairness," *Philosophical Review* 67(1958), pp. 164~194.

을 주어도 그런 성과를 거둘 수가 있다. 그러나 죄 없는 사람에게 벌을 주는 것은 바람직한 결과를 가져올 수 있다 하더라도 의문의 여지 없이 불의요 부도덕한 행위이다. 밀 (Mill)은 이와 같이 행위공리주의가 우리들이 가장 보편적으로 받아들이고 있는 도덕적인 관념들과 충돌함을 인식하고 그의 『공리주의』(*Utilitarianism*)에서 다음과 같이 말하고 있다.

> 특수한 경우에는 이로운 결과가 나온다 하더라도 사람들이 도덕적인 고려 때문에 삼가하는 행동에 대해서, 그 행동이 일반적으로는 유해하며 그렇기 때문에 그 행동을 피할 책임이 있다는 사실을 의식적으로 모른 체한다는 것은 지적인 사람이 할 노릇이 아니다.[48]

행위공리주의는 윤리이론을 편리한 대로 주장하고 있다는 비판을 받는가 하면, 행동을 위한 충분한 근거를 제공하는 데 실패했다는 비판을 받아 왔다. 어떤 사람이 약속을 지킨다면 그 행동이 가능한 최선의 결과를 얻을 수 없으며, 다른 행동이 더 좋은 결과를 얻을 수 있다고 주장함으로써 그의 책임과 약속을 면제받을 수가 있게 된다.

규칙공리주의자들이 직면한 문제점은 적용할 가치가 있는 유효한 원칙을 발견하는 것으로 끝나지 않는다. 일부 행위공리주의자들이 주장하듯이 원칙이란 일정한 상황에서는 적용될 수 있다 하더라도 다른 특수한 상황에서는 적용되지 않는 경우가 있기 때문이다. 여기서 제기되는 문제는 결국 규칙의 설정과 적용의 문제인 것이다. 그리고 최대선에 이를 수 있는 규칙이 그 선의 분배를 위한 다른 도덕적인 규칙과 충돌하는 경우도 있을 수 있다.

---

48) John Stuart Mill, *Utilitarianism*, vol. 3, *Dissertations and Discussions* (Boston: William V. Spencer, 1865), p. 326.

제 11 장

진화론적 자연주의
——진화의 산물로서의 윤리

진화론적 자연주의 철학자들은 저마다 모두 고차적 인간, 즉 도덕적으로 중대한 의의를 갖는 보다 발전된 인간 존재를 상정한다. 니체는 이와 같은 우월한 존재를 초인이라 불렀으며, 한편 진화론적 철학의 또 다른 대표자인 베르그송은 세계를 "신들을 만들어 내기 위한 기계"로 보았다. 이 장에서 살펴볼 진화론적 자연주의 윤리학의 대표적인 인물들은 다윈(Charles Darwin, 1809~1882), 스펜서(Herbert Spencer, 1820~1903), 니체(Friedrich Wilhelm Nietzsche, 1844~1900), 그리고 헉슬리(Thomas Henry Huxley, 1825~1895) 등이다.

Ⅰ. 다윈 : 인간의 도덕감(양심)의 제 1 원리로서의 사회적 본능

다윈의 윤리설은 그의 진화론의 부산물이다. 그것은 사회적 본능의 산물로서의 인간의 도덕감, 즉 양심에 근거하여 세워진 이론이다. 다윈의 진화는 생물학적 진화이다. 따라서 그는 기계론적 법칙에 의해 설명되는 인간의 신체적 본성을 토대로 하여 도덕원리와 도덕의식에 대한 설명을 하고자 하였다. 인간과 인간의 행위는 그의 동물 조상과의 연장선상에서 설명되며, 인간은 이 동물 조상과 정도의 차이가 있을 뿐이지 질적으로는 차이가 없다.

1. 도덕감과 양심

다윈은 '도덕감'(moral sense) 혹은 '양심'(conscience)을 인간과 하등동물간의 가장 중요한 차이점으로 보았다. 전통적 직관주의가 다윈에 끼친 영향은 주목할 만하다. 다윈은 "인간은 자주 충동적으로, 말하자면 쾌락에 대한 아무런 의식 없이 본능이나 오랜 습관에 의해 행동하는 것으로 보인다"[1]는 이유를 들어 "최대행복의 원리"(the greatest happiness principle)를 토대로 하여 인간의 도덕적 행위를 설명하고자 한 공리주의자들의 입장을 거부하였다. 인간은 동료를 구하기 위하여 불속에 뛰어들거나 극단적인 위험을 무릅쓰기도 하며, 심지어는 다른 사람을 위해 죽음까지도 불사한다. 이와 같은 행위가 쾌락을 목적으로 한 것이라고 한다면 말에 어폐가 있다. 인간의 동기는 쾌락이 아니라 충동적인 힘, 본능적 행위, 뿌리 깊은 사회적 본능이다. 사회적 본능은 "종족 전체의 행복을 위해서라기보다는 종족의 전체적인 선을 위해서 발전되어 왔다."[2] 전체의 선은 일반적인 여건 아래 "활력과 건강이 넘치고 자신의 모든 능력이 완전히 발휘된 최대다수의 개체들을 양육하는 것"[3]을 의미한다.

2. 덕의 획득

인간이 고귀한 행동을 하도록 유발하는 덕은 사회적 본능과 마찬

1) Charles Darwin, *The Descent of Man*(London, 1871), chap. 4.
2) *Ibid.*
3) *Ibid.*

가지로 자연도태에 의하여 획득되어 왔을 것이다. 보다 오래 지속하는 사회적 본능들은 덜 지속적인 본능들을 지배한다. 바로 이러한 이유 때문에 다른 어느 욕망보다도 어느 특정의 본능적 욕구에 따라야 할 의무를 느끼게 되거나, 다른 사람을 구하는 데 있어 자신의 목숨을 걸지 않음으로써 자기보존의 유혹에 굴복한 데 대하여 심각하게 후회를 느끼게 되며, 혹은 기아를 면하기 위해 음식물을 훔친 데 대해서까지 후회감을 갖게 되는 것이다. "인간은 바로 이러한 점에서 하등동물과 철저하게 다르다."[4]

양심의 가책으로 괴로와하는 인간은 자신의 사회적 본능으로 인한 피해자이며, 이와 같은 사회적 본능들은 자기보존이나 육체적인 욕구, 복수 등을 위해 반사회적으로 자기 욕구를 표현한 데 대한 후회의 감정을 불러일으킨다.

> 행동의 순간에 있어 인간은 의심할 여지 없이 보다 강한 충동을 따르는 경향이 있다. 그리고 이와 같은 보다 강한 충동은 비록 때때로 그로 하여금 가장 고귀한 행위를 하도록 자극하기도 하지만 보다 일반적으로는 그로 하여금 다른 사람을 희생시키고서라도 자신의 욕구를 충족시키도록 인도한다. 자신의 욕구가 충족된 후에, 과거의 보다 약한 인상들(impressions)을 언제나 지속하는 사회적 본능에 의해 평가하고, 동료들의 정당한 견해에 대한 그의 깊은 존중에 의해 평가할 때에는 응분의 보복(retribution)이 반드시 있게 된다. 즉 그는 양심의 가책을 느끼거나, 후회, 유감 혹은 부끄러움 등을 느끼게 된다…… 그리하여 그는 앞으로는 그런 행동을 하지 않겠다고 한동안 굳게 결심하게 된다. 바로 이것이 양심이다. 왜냐하면 양심은 과거를 되돌아보고 또 미래의 지침으로서 역할하기 때문이다."[5]

4) *Ibid.*
5) *Ibid.*

죄책감과 양심에 대한 이상의 설명과 프로이트의 설명을 비교해 보면 현저한 유사점이 발견된다. 프로이트는 사회적 본능을 초자아(super-ego)로, 그리고 이기적 본능은 이드(id)로 대치한다. 이러한 것들은 인간의 보다 높은 정신적 과정, 즉 반성하고 추론하는 인간의 능력(프로이트의 ego)을 통하여 발산된다. 또한 이기적 본능들이 더 강하긴 하지만 그것들은 결국 사회적 본능에 의해 정복될 가능성도 있다는 것을 주목해야 한다. 인간의 발전에 대한 이와 같은 매우 낙관적인 설명에 따르면, 미덕(good vitues) 혹은 이타적 본능들(altruistic instincts)이 언젠가는 이기적 본능들을 결정적으로 지배하게 된다. 타인의 복리에 관련되는 사회적 본능 위에 세워진 인간의 보다 고차적인 도덕원리들은 사회적인 인정을 통하여 고양되며, 나아가 이성(reason)에 의해 지지된다. 이성은 이와 같은 도덕원리들을 보다 좋은 행동지침으로 간주하는 것이다. 동정, 즉 자신이 이전에 직접 경험한 바를 회고함으로써 타인들의 고통스러운 경험을 함께 나누는 것은 다윈이 인간애(humanity)라고 불렀던 미덕과 성질이 된다. 이러한 인간애로 인하여 인간존재는 심지어 하등동물에 대해서까지도 연민의 감정을 가지게 된다.

더 나아가 도덕적 성향은 유전에 의하여, 즉 다윈이 생각했던 "도덕적 성향의 유전원리"[6] (the principle of transmission of moral tendencies)를 통하여 후손들에게 전달된다. 다윈과 스펜서는 둘 다 라마르크의 '획득형질의 유전'(inherited acquired characteristics) 이론을 믿었으며, 이 이론을 도덕적 유전에까지 적용하였다. 유덕한 경향성들은 일단 성격에 습관으로 깊이 새겨질 때까지 계속 행해져 여러 세대에 걸쳐 전해지게 되면 결국 다음 세대에는 선천적인 덕들로 나타나게 된다는 것이다. "먼 앞으로의 세대를 바라볼 때 사회적 본능이 점차 약화될까 두려워할 이유는 없으며, 또한 우리는 유덕한 습관들이 더 강하게 되며, 유전에 의해서 고정적인 것으로 되리라고 기대해도 좋을 것이다. 그럴 경우 우리

6) *Ibid.*

의 보다 고차적 충동과 저열한 충동간의 투쟁은 덜 격렬해질 것이며, 미덕이 승리하게 될 것이다."[7)]

3. 자연도태와 도덕

아마도 한 마디 조건의 말을 덧붙이는 것이 좋을 것이다. 다윈은 현 문화에 있어 전개되고 있는 고차적 수준의 도덕이 단순히 사회적 본능이나 자연도태에 의해 설명된다고는 믿지 않는다. 왜냐하면 그는 다른 원인들도 작용한다고 보기 때문이다. 나아가 다윈은 성실과 동정을 진화적 진보를 위해 바람직한 것으로 설명하고자 함에 있어 논리적 난점에 부딪혔다. 특히 성실과 동정이 사회의 부적격자(the unfit of society), 즉 종족에 불필요한 짐이 되는 정신적·사회적 및 신체적으로 병든 자를 보존케 하는 원인이 될 경우에 그러하였다. 이와 같은 부적격자들을 기생충으로 부양하지 않고 오히려 제거하게 되면 종족에게 이익이 될 것은 당연하다. 이성과 자연도태는 그와 같은 제거를 명령할 것이지만, 그러나 그렇게 되면 다윈이 "우리의 본성 가운데 가장 고귀한 부분"이라고 불렀던 동정과 인간의 도덕성을 저버리게 될 것이다. 물론 다윈은 "우리의 본성 가운데 가장 고귀한 부분"에 충실한 것으로 보이지만, 문제는 여전히 미해결인 채로 남는다.

4. 다윈의 윤리이론에 대한 비판적 논평

다윈의 적자생존이론에 의하면, 힘에 의한 자연도태가 진보를 가능하게 한다. 이는 헉슬리가 그의 진화론적 윤리설에서 비난하였다시피 "힘이 정의다"라는 철학이 된다. 양심, 사회적 본능, 그리고 동정이 어떻게 자연도태의 과정 동안에 도달된 진화의 최고 성취의 산물이 되는가에 대한 이유를 알기 어렵다.

윤리의 문제는, 인간이 그의 충동에 복종하는가 아닌가의 문제가

7) *Ibid.*

아니라, 인간의 충동 가운데 어떤 충동이 표현되도록 허용되어야 하며 어떤 충동이 쇠퇴하도록 억압되어야 하는가에 대한 문제이다. 다윈은 이 과정이 자연적 과정이며, 따라서 자연에 의해 섭리되어질 과정이라고 생각한 것으로 보인다. 그러나 헉슬리는 이에 동의하지 않고 인간은 그의 도덕적 본성의 어떤 측면이 우위를 차지해야 하며 어떤 측면이 발전되도록 허용되어야 하는지를 판단함에 있어 적극적인 자세를 가져야 한다고 일리 있는 주장을 한다.

진화론은 진화란 진보의 과정이며, 진화된 것은 진화과정에 있어서 그들의 선조들보다 더 바람직하다는 가정을 하고 있다. 이 점에 관하여 다음과 같은 의문이 제기된다. 진화과정의 모든 결과는 다 좋은 것인가? 그 과정의 각각의 단계는 모두가 완전성으로 향하는 움직임인가? 그리고 생물학적인 진보는 필연적으로 도덕적 진보인가? 진화론자들은 이와 같은 의문들이 진화론을 지탱해 줄 수 있는 방향으로 풀려야만 진화론에 대한 보증을 기대할 수 있을 것이다. 그러나 진화론적 사상가들 사이에 있어서조차도 이들 문제에 대해 의견의 일치를 보지 못하고 있다.

Ⅱ. 스펜서 : 진화론적 공리주의 윤리

스펜서가 제안한 생존의 윤리 (the ethics of survival)는 사회적 · 물리적 및 생물학적 환경에 적응하는 적절한 방법을 발견함으로써 모든 인류가 보다 더 오래 생존하고, 또 보다 더 충만한 삶을 살게 하는 윤리이다.

1. 최고선 : 생명의 연장

생명은 근본적 가치를 가지며, 생명의 연장 (elongation of life)은 최고선이다. 연장된 삶이란 길이와 폭, 양과 질, 충만성 혹은 풍부성 그리고 날짜 수로 따져서 얼마나 오래 사는가 등에 있어서 확장된 삶을 말한다. 실제로 더 나은 삶, 즉 적절한 목적에 잘 조정된 삶은 필연적으로 더 오래 사는 삶이 될 것이다. "더욱 수많은 목적을 추구함으로써 삶이 보다 더 훌륭하게 다듬어진다면 최고선인 삶의 연장도 함께 이루어질 것이다."[8)]

2. 도덕으로서의 적응

삶에의 적응(adjustment), 혹은 삶에 이익이 되는 행위들은 도덕적인 행위로 불리며, 삶에 해로운 행위는 부도덕한 행위이다. 삶이란 "내적 관계를 외적 관계에 부단히 적응시키는 것"[9)]으로 규정된다. 삶을 적응을 통해서 이해했기 때문에 스펜서는 더 잘 적응된 삶일수록 더 도덕적인 삶이 된다고 주장한다. "행위는, 그 세부적인 특정 행동들이 특정한 목적들에 맞추어 잘 조정되거나 잘못 조정되거나 해서 전체의 목적을 진전시키느냐 아니냐에 따라 옳거나 그른 행위가 된다."[10)]

3. 보다 진화된 행위로서의 도덕적 선

이상의 주장 속에는 선한 행위란 진보된 행위라는 관념이 암암리에 내재해 있다. 즉 발전이나 진보, 또는 진화가 관련되는 한, 보다 고등한 유형의 행위라는 것이다. 스펜서의 말을 빌자면, "우리가 '좋은'이라는 말을 적용하는 행위는 비교적 보다 진화된 행위이다. 그리고 '나쁜'이라는 말은 비교적 덜 진화된 행위에 붙이는 말이다."[11)] 진화된 행위는 자기보존을 추구하게 되며, 개인의 삶이 최대의 길이와 폭을 획득할 때 그 정점에 이른다. 따라서 "우리는 자기보존을 증진하는 행위를 선하다고 간주하며, 자기파괴를 향하는 행위를 나쁘다고 간주한다."[12)]

---

8) Herbert Spencer, *The Data of Ethics*(London, 1879), chap. 2, sect. 4; also found as Part I of his *The Principles of Ethics*(London, 1892). The former work was incorporated into the latter.

9) *Ibid.*, chap. 2, sect. 7.

10) *Ibid.*, chap. 2, sect. 8.

11) *Ibid.*

12) *Ibid.*

4. 사회개량론

올바른 행위는 삶에 이바지하거나 삶을 증진하는 행위라는 주장은 삶이 살 만한 가치가 있다는 것을 함축한다. 그러나 삶이 살 만한 가치가 있다는 것은 보장되는가? 이와 같은 철학은 낙관론을 함축하는가? 스펜서의 대답은 낙관론도 비관론도 아니고 그가 '제한적 낙관론'(qualified optimism)이라고 부른 '사회개량론'(meliorism)이다. 사회개량론에 따르면 세계는 개선되어 가는 경향이 있다. 따라서 우리의 임무는 단순한 생존 이상의 것이다. 그것은 삶이 가져다 주는 유쾌한 하사품인 좋은 유머, 좋은 음악 등등으로써 삶을 풍부하게 만드는 것이다. 그리고 인간의 즐거움의 원천인 이와 같은 것들은 본래적 선으로 규정된다.

즐거운 경험과 그 경험의 대상은 삶에 이바지하며, 삶의 길이와 폭을 증대시킨다. "만약 우리가 자기보존을 증진하고, 자기보존을 바람직한 것이게끔 해 주는 즐거움을 더욱 증진시키는 목적에 잘 맞도록 조정된 모든 행위를 본래적으로 선하다고 생각한다면 ——만약 우리가 타인들의 삶에 기여하는 모든 종류의 행위를 선하다고 간주한다면, 그리고 산다는 것이 비참보다는 행복을 더 많이 가져다 준다는 믿음에서 그렇게 한다면—— 모든 사람에게 미치는 당장의 효과와 먼 훗날의 효과를 모두 고려해 볼 경우 '좋은 것'(the good)은 일반적으로 '쾌락을 주는 것'(the pleasurable)이란 점을 부인할 수 없게 된다."[13] 삶에 이바지하는 행위는 또한 자신의 행복을 증진시키는 행위이기도 한 것이다.

5. 스펜서의 공리주의

스펜서의 윤리이론에 있어서 강한 공리주의적 경향이 있다고 해서 그가 벤담이나 밀의 입장을 받아들였다는 것을 의미하지는 않는다. 왜냐하면 그는 자연을 민주적인 (democratic) 것이 아니라 계층적인 (aristocratic)

13) *Ibid.*, chap. 3, sect. 10.

것으로 보았기 때문이다. 벤담의 "최대행복의 원리"와 "각자는 똑같은 하나로 간주되어야지 어느 누구도 그 이상으로 간주되어선 안 된다"는 주장은, 그것들이 선한 인간에게 이타적 행위를 할 수 있는 권리를 허용하는 것만큼이나 도둑에게도 그의 사악한 활동을 할 수 있는 권리를 허용하는 까닭에 만족스럽지 못하다. 스펜서의 윤리학은 벤담이나 홉스의 윤리학만큼 이기주의적 윤리학이 아니며, 이기주의와 이타주의가 통합된 종합적인 입장이다. 사람은 그 자신의 쾌락을 추구하고 그 자신의 생명을 보전하고자 한다는 것은 사실이지만, 이는 흔히 타인을 도움으로써 달성되는 것이며, 이타적이지 못할 경우엔 자신의 행복 또한 위태롭게 된다. 그리하여 우리는 우리 자신을 위해서뿐만 아니라 타인을 위해서도 살아야 한다는 타협안이 나오게 된다. 이 두 가지는 서로 모순되지 않는다. 왜냐하면 자신의 행복은 어느 정도 타인의 행복을 도모함으로써 증진되기 때문이다. "우리는 다음과 같이 결론지어야 할 것이다. 전체의 행복은 개인들이 각기 그들 자신의 행복을 철저히 추구함으로써 달성되며, 한편 각 개인들의 행복은 상보적(相補的)인 까닭에 부분적으로는 그들이 전체의 행복을 추구함으로써 달성되게 된다."[14]

따라서 올바른 행위의 규칙이란 모든 사람에 의해 채택될 수 있는 규칙일 것이다. 그리고 "선한 행위라는 개념을 분석해 보면, 그것은 …… 언제나 더욱더 많은 쾌락을 산출하는 행위임이 판명된다."[15] 이와 반대로 나쁜 행위는 더욱더 많은 고통을 가져온다. 이로부터 "순수쾌락 —— 전혀 고통이 섞이지 않은 쾌락 —— 을 산출하는 행위만이 절대적으로 선하고 절대적으로 옳은 행위가 될 수 있다"는 결론이 나온다.[16] 완전한 행위에는 고통이 존재하지 않는다. 왜냐하면 고통이 가해져 있는 한 이미 악이 경험되었기 때문이다. 악은 절대적 선이 존재하는 곳에서는 전

14) *Ibid.*, chap. 13, sect. 91.
15) *Ibid.*, chap. 15, sect. 101.
16) *Ibid.*

혀 존재하지 않는다.

6. 절대적 윤리와 상대적 윤리

절대적 선으로 인해 우리는 절대적 윤리와 상대적 윤리의 문제, 즉 이상과 현실, 최고로 진화했을 경우의 행위와 현재 진화가 진행중인 상태 그대로서의 행위, 완벽하게 옳은 것과 최소한의 악의 문제로 나아가게 된다. 완벽하게 혹은 절대적으로 옳은 것이 실현될 수 없을 경우 사람은 상대적으로 올바른 것을, 즉 최소한의 악을 행하게 된다.

절대적으로 옳은 것은 누구에게나 완전한 즐거움을 주는데, 이는 진화에 있어서 고도로 발전된 상태로서 이타주의가 동기를 지배하고, 주는 데나 받는 데 있어서 똑같은 쾌락이 경험된다. '동정심'을 통하여 인간은, 그에게 타인의 권리에 대한 관심을 일깨워 주는 "이타적 정의감"(altruistic sentiment of justice)을 계발하게 된다. 그러므로 이타주의는 삶의 자연스러운 상태가 되며, 진화의 최고상태 ――인간의 궁극목적―― 인 이상적인 인간성에 합치하는 이상적인 행위가 된다.

7. 스펜서의 윤리학에 대한 논평

스펜서는 오래 살면서 폭 넓게 사는 삶이 행복한 삶이라고 주장함으로써 그의 진화론적 윤리학을 공리주의와 조화시키고자 하였다. 그렇지만 그의 이론이 비록 이와 같은 시도에 의거한 것이었으나 그는 적절한 증명을 통해서 양자를 종합하는 데 끝내 실패하였다. 그는 진화가 인간의 행복에로 나아가는 경향을 가진다고 단순히 가정한 것에 지나지 않았던 것이다. 더 나아가 그는 "진화법칙에 의해 설명되는 역사적 과정과 그것이 행위에 대하여 갖는 권위의 근거"를 끝내 명확히 구별하지 못하였다.[17] 그리고 이는 스펜서 시대에 뒤이어 나타난 진화론적 윤리

17) W. R. Sorley, *A History of British Philosophy to 1900*(Cambridge: At the University Press, 1965), p. 271.

학의 모든 대표적 인물들에 공통적으로 보이는 하나의 결함이다.

만일 라마르크의 획득형질 유전이론이 참이라고 한다면, 스펜서의 진화론적 윤리학은 그 성립근거를 가질 수 있지만, 그러나 라마르크의 이론은 오늘날 과학자들 사이에 별다른 지지를 얻지 못하고 있다. 그리고 그 이론은 지나친 가정이며, 이러한 가정이 전제되지 않을 경우 스펜서의 윤리학은 무너지고 만다.

힐(Thomas E. Hill)에 의하면 스펜서의 잘못은 옳음(right)을 복잡성과 통합성의 증대, 즉 보다 고차적인 진화형식들로 생각한 데 있다. 왜냐하면 일단 지적 능력과 사회조직이 생겨나면 파괴적인 힘들이 분열과 파괴를 일으키는 전쟁의 형식으로 계속 나타나기 때문이다.[18] 인간의 도덕에 의해 인간의 발전과 진보가 좌우되는 것이지, 인간의 발전과 진보에 의해 인간의 도덕이 좌우되는 것은 아니다. 아마도 스펜서는 비교적 평화로운 시대에 살았기 때문에 이 점을 간과했을 것이다. 그러나 무뢰한들(신에게 버림 받은 무리)이 인류와 인류의 진보를 끝장내어 버릴 수도 있는 현대와 같은 상황에서 사람들은 진화의 힘들이 과연 파멸로 향하는 인간의 경향을 좋은 방향으로 몰아 갈 수 있을 것인가에 대한 심각한 의혹을 갖지 않을 수 없는 것이다.

Ⅲ. 니체 : 힘의 윤리

니체 윤리학에 있어 다원주의를 나타내는 한 가지 뚜렷한 징표는 우월성에의 충동에서 나오는 '초인'(superman)에 대한 그의 탐구에서 발견된다. 니체의 '힘에의 의지'는 문화의 비도덕화(demoralizaiton) 또는 문화의 탈도덕화(amoralization)를 요구한다. 말하자면 "모든 가치의 가치전도"(transvaluation of all values), 즉 개인주의적 윤리에 기초한 인

18) Thomas B. Hill, *Ethics in Theory and Practice*(New York: Crowell, 1956), pp. 109~111.

간의 존엄성 회복으로서의 도덕적 선이라는 개념에 복귀함으로써 문화로부터 그 유태-기독교적 도덕 내용을 씻어 내는 것을 요구한다. 힘과 힘에의 의지의 찬미가 그의 윤리학의 핵심이 되었던 것이다.

이와 같은 힘에의 충동 혹은 '힘에의 의지'(단순히 생물학적인 힘이나 생존에의 의지가 아님)라는 전제를 니체는 합당한 변호도 없이 제시하였다. 『반그리스도자』(*The Antichrist*)에서 니체는 다음과 같이 말하고 있다.

> 선이란 무엇인가? —— 인간에게 있어서 힘의 감정과 힘에의 의지 및 힘 그 자체를 증대하는 모든 것.
>
> 악이란 무엇인가? —— 나약함에서 생기는 모든 것.
>
> 행복이란 무엇인가? —— 힘이 '증대하고 있다'는 감정 —— 저항이 극복되었다는 감정.
>
> 만족이 아니라 더 많은 힘 ; 어떤 댓가를 치러서라도 얻어야 하는 평화가 아니라 오히려 전쟁 ; 미덕이 아니라 효율성(르네상스적 의미에서의 덕〈virtu〉, 도덕적 시련에서 벗어나는 덕).
>
> 약자와 실패자는 소멸되어야 한다 : 이것이 '우리의' 자비의 제 1 원리이다. 그리고 사람들은 이들이 소멸되도록 도와 주어야 한다.
>
> 어떠한 악보다 더 해로운 것은 무엇인가? —— 실패자와 약자에 대한 동정 —— 기독교.[19)]

니체는 동정 등과 같은, 사회적 본능으로부터 생기는 이차적 감정들을 거부하고 그 대신 본능들의 이기적 표현, 특히 힘에의 의지를 끌어들인다. 그는 비록 다윈을 공격하였지만, 그러나 여기서 그가 특별히 보다 더 공격목표로 삼은 것은 쇼펜하우어와 기독교이다.

1. 힘에의 의지

인간은 행복을 추구하지 않지만, 힘의 창조적 실현으로부터 행복이

19) F. W. Nietzsche, *The Antichrist*(New York: Knopf, 1918), pp. 42∼43.

생긴다. 그는 영국의 공리주의적 쾌락주의에 대하여 다음과 같이 비양거리면서 통렬한 비난을 퍼부었다. "인간은 행복을 갈망하지 않는다. 다만 영국인만이 그럴 뿐이다."[20]

> 나의 이론은 다음과 같이 진술될 수 있을 것이다 : —— 힘에의 의지 (the will to power)는 정서 (affect)의 근본적 형태이며, 모든 다른 정서들은 단지 그것의 발전에 지나지 않는다.
>
> 개인의 "행복"(살아 있는 모든 것들이 추구한다고 생각되는) 대신에 "힘"을 그 자리에 놓는다는 것은 지극히 현명한 일이다. "힘에의 추구, 힘의 증대에의 추구가 존재할 뿐이다." : —— 쾌락은 획득된 힘의 감정, 힘의 차등에 대한 의식에 지나지 않는다(——쾌락의 추구는 존재하지 않는다. 그러나 쾌락은 추구하는 것이 획득될 때 수반한다. 쾌락은 결과이지 동기가 아니다——).
>
> 모든 추진력은 힘에의 의지이며, 그것을 제외한 어떤 물리적, 역동적, 혹은 정신적인 힘도 존재하지 않는다.[21]

힘은 정의의 유일한 기준이 된다. 힘의 윤리는 도덕원리에 의해 속박되지 않고 단지 그 자체의 강도에 의해서만 구속된다. 도덕적으로 옳은 것은 힘의 발휘이며, 그 반대인 나약함은 악이다.

2. 주인도덕과 노예도덕

니체에게는 두 가지 도덕규범이 존재한다. 즉 강자의 윤리인 주인도덕 (master morality)과 약자의 윤리인 노예도덕 (slave morality)이 그것이다. 역사적으로는 이 두 가지 유형의 가치평가의 명백한 사례가 지배자였던 로마인의 도덕과 노예였던 유태인의 도덕에서 발견된다. 니체의 '주인도덕'의 특성을 살펴보자.

20) Friedrich Nietzsche, "The Twilight of the Idols: Or, How to Philosophise with the Hammer," in *Complete Works of Friedrich Nietzsche*, ed. Oscar Levy(New York: Russell & Russell, 1964), p. 2, maxim no. 12.
21) Friedrich Nietzsche, *The Will to Power*(New York: Random House, 1967), p. 366.

> 고귀한 유형의 인간은 그 자신을 가치를 결정하는 존재로 경험한다. 그는 타인의 승인을 필요로 하지 않는다. 그는 "나에게 해로운 것은 '그 자체'로서 본질적으로 해로운 것이다"라고 판정한다. 그는 자기자신이 최초로 사물에 영광을 부여하는 자임을 안다. 그는 '가치의 창조자'이다. 그는 자기자신의 일부로 인식하는 모든 것을 찬양한다. 이와 같은 도덕은 자기찬미이다. 그 특징들 가운데 가장 돋보이는 것으로 충만의 느낌, 흘러 넘치고자 하는 힘에 대한 느낌, 고도로 팽만한 행복감, 그리고 이상의 것들을 가져다 줄 부유함에 대한 의식 등이 있다. 고귀한 인간존재 역시 불행한 자를 돕기는 하지만, 그러나 이는 동정에서라기보다는 힘의 과잉에서 생긴 충동에 의해 유발되는 것이다.[22]

주인종족(the master race)의 가치평가는 "좋음/나쁨," 혹은 "고귀한 것/비열한 것"의 이분법이다. 반면에 노예의 가치평가는 "선/악"의 이분법으로 "선"은 "도덕적임"을 나타내며, "악"은 "부도덕함"을 나타낸다. 귀족들이나 지배자는, 힘이 그들의 우월한 권리를 결정해 주기 때문에 도덕을 가지지 않으며, 그들 스스로가 자신에 대한 율법이 된다. 반면에 노예는, 그들의 주인인 강자를 굴복시키기 위하여 주도면밀하게 계산된 도덕체계를 고안해야 한다. 지배계급의 도덕은 지배계급 내의 동료들에 대한 의무만을 수행한다는 원리를 고수한다. 하위계급은 그들에게 있어 이방인들이기 때문에 이들에 대해서는 의무를 갖지 않는다. "그들은 어느 경우에서건 '선악을 초월하며' 자기가 좋을 대로 혹은 '마음이 동하는 대로' 행위해도 좋다."[23] 노예도덕의 특징에 대해서 니체는 다음과 같이 말한다.

---

22) Friedrich Nietzsche, "*Beyond Good and Evil: Prelude to a Philosophy of the Future*," in *Basic Writings of Nietzsche*, ed. Walter Kaufmann(New York: Modern Library, 1966), p. 395.

23) *Ibid.*, p. 396.

자신에 대해 확신을 갖지 못하고 피곤에 지친 유린된 자, 억눌린 자, 고통받는 자, 부자유스런 자들이 도덕적 설교를 한다고 상상해 보라. 이들의 도덕적 가치평가는 어떤 공통점을 가질 것인가? 아마도 인간의 모든 조건에 대한 비관적인 의혹이 표현되어 있을 것이며, 인간의 조건뿐만 아니라 인간 자신에 대한 비난이 나타나 있을 것이다. 노예의 눈은 강자의 미덕들을 호의적으로 보지 않는다. 그는 거기서 찬미되는 모든 좋은 것들에 대해 회의적이며 미묘한 의혹을 나타낸다. 그는 강자의 행복까지도 진정한 행복이 아니라고 자기자신을 설득하고 싶어한다. 이와는 달리, 고통받는 자들의 생존을 수월하게 해 주는 데 도움이 되는 성질들이 각광과 갈채를 받게 된다. 여기서는 동정, 친절하고 자상한 손길, 따스한 마음, 인내, 근면, 겸손, 그리고 우정이 찬미된다. —— 왜냐하면 여기서는 이러한 것들이 가장 유용한 성질들이며, 또 생존의 압박을 견디는 데 필요한 거의 유일한 수단이기 때문이다. 노예도덕은 본질적으로 공리의 도덕이다.[24]

3. 원 한

따라서 약자는 분노의 감정과 폐색된 공격심의 억제로 말미암아 가슴 깊숙이 응어리진 원한(ressentiment)에서 나온 노예의 윤리로써 정당성의 전도를 일으켰다. 이와 같이 약자에게 원한의 감정이 생기는 것은 강자가 우월한 힘으로 약자인 자기를 해칠까 두려워 약자가 자신의 분노와 공격심을 직접 강자(처음에 그러한 감정을 불러일으킨 자)에게 표출하지 못하기 때문이다. "원한에 찬 인간은……성실하지도, 순박하지도 않으며, 그 자신에 대하여 솔직하지도 않다. 그의 영혼은 흘끔흘끔 사팔눈으로 눈치를 살피며, 그의 마음은 숨을 곳, 샛길, 뒷문을 좋아한다. 은폐된 모든 것은 그에게 그 자신의 세계, 그의 은신처, 그의 위안으로서 마음을 끌게 된다. 그는 침묵을 지키고, 무엇이든 망각하지 않으며 기다리고, 잠정적으로 자기를 비하시키며 자기를 비판하는 기술에 있어

24) *Ibid.*, p. 397.

대가이다."[25]

주인들은 원한의 감정을 품지 않는다. 왜냐하면 그들은 직접 적과 싸움으로서 그들의 공격심을 표출하기 때문이다. 따라서 그들은 결코 악의를 품지 않기 때문에 서로를 용서해 줄 필요가 없다. "우월한 자의 분노는 일어나는 즉시 표출되며 바로 뒤따르는 반작용 속에서 완전히 소멸되는 고로 그것은 독을 품지 않는다."[26] 그러나 약자는 격렬한 악의를 품는다. 왜냐하면 그들은 강자와의 공개적 전투에서 감히 그들의 분노를 자유로이 표출하지 못하기 때문이다.

4. 민주적 도덕과 유태-기독교의 윤리

약자는 그들의 원한으로부터 하나의 도덕체계, 즉 힘에의 의지에서 나온 진정으로 자연스런 윤리를 대신하는 도덕체계를 발전시킨다. 그것은 생명의 활력을 불어넣는 모든 본능을 죽이고 왜곡하는 도덕이다. 그것은 약자가 강자를 타도하고 노예가 그의 주인을 정복하고 열등한 종족이 우월한 종족을 복종시키게끔 성(性)과 공격성 및 힘을 부도덕한 것으로 해석하며, 그 대신 순결, 겸손, 복종으로 대체하여 전도시킨다. 보복할 능력이 없는 자들이 무력함을 친절로, 비겁을 겸손으로, 굴복을 순종이라는 미덕으로 바꾸어 놓음에 따라 나약함 또한 "장점으로 전도된다."

모든 가치를 재평가하고 도덕(노예도덕)을 철폐할, 말하자면 우리의 문화, 즉 기독교문화를 지배하는 모든 가치를 전도시킬 시기가 도래하였다. 우리는 노예도덕을 일단의 새로운 가치, 새로운 문화, 새로운 문명으로 대체하여야 하며 노예인간을 새로운 인간, 즉 모든 가치를 스스로 재평가하는 초인으로 대체하여야 한다.

---

25) Friedrich Nietzsche, *Genealogy of Morals*(New York: Doubleday, 1956), p. 38.
26) *Ibid.*

5. 초 인

니체는 초인(superman or overman)이라는 이상적 인간 개념을 제안하였다. 초인은 모든 가치를 직접 자기가 재평가함으로써, 그리고 유태-기독교적 문화의 전통적 가치를 청산함으로써 보다 우월한 일단의 가치, 즉 생을 긍정하는 가치를 지닌 문명을 선도하게 될 자이다. 왜냐하면 엄격한 개인주의로부터 발산되는 가치들은 인간종족 내에서의 보다 고등한 유형을 예시하기 때문이다.

다윈은 무리 동물이 고독한 삶과 끊임없이 싸워나가는 동물보다 더 나약하다고 주장하였는데, 니체는 이 가정 위에서 초인은 범용한 무리와 독립된 그리고 그들 위에 우뚝 솟은 자유로운 정신으로서의 '개인'이어야 한다고 결론지었다. 개인주의자로서, 초인은 '원한'에 바탕을 둔 노예도덕 위로 높이 솟아 심지어 주인도덕도 넘어서서 더 높이 올라간다. 왜냐하면 주인도덕 역시 계급도덕이지, 그 자신의 입법자요 무리로부터 이탈한 자유로운 정신으로서의 개인의 도덕이 아니기 때문이다.

6. 인간적인 너무나 인간적인

니체는 자신의 초인을 때로는 현재 실현된 인물로, 때로는 미래에 도래할 존재로 보았다. 그는 "너무나 흔한" 범용한 무리로부터 여러 세기 만에 출현한 자기자신을 초인이라고 믿기도 하였다. 실제로, 평범한 보통 무리의 유일한 존재목적은, 예수나 시저 혹은 그들과 비견될 수 있는 존경할 만한 인물들이 범용한 무리 속에서 탄생되었던 것처럼 미래의 어떤 희귀한 순간에 그들 무리를 통하여 초인을 탄생시키는 데 있다. 니체는 그의 이상을 "그리스도의 영혼을 지닌 로마의 시저"라고 불렀다.

그러나 되돌아보면, 그는 초인을 미래의 종족을 위해 예비했던 것이다. 그는 우리가 너무나 흔한 무라 속에 갇혀 있음으로 해서 '인간적인 너무나 인간적인'(all-too-human) 존재들이라고 보았기 때문이다. 그렇지만 니체는 초인이 역사적 진보 혹은 다윈적 진화의 산물로 나타나는

지 어떤지에 대해 뚜렷한 입장을 취하지 않았다. 그리고 그가 말하는 초인이 철학적 발전의 도움에 의거해 조성된 현조건에 의해 뛰어나게 된 인간존재가 바로 천재라고 생각하는 독일낭만주의 철학자들의 이상인지, 아니면 진화를 통하여 인간종족의 유형보다 더 고차적인 유형으로 나타날 존재인지 하는 문제에 대해서도 끝내 대답하지 않았다.

7. 니체의 윤리학에 대한 비판

니체에게 특별히 호의적이지도 부정적이지도 않은 철학자인 버트란트 러셀은, 기독교의 사랑에 대한 니체의 비난은 그 자신의 공포와 두려움의 자기투사에서 나타난 것이라고 주장하였다. 러셀은 논하기를, 니체가 깨닫지 못한 것은 인간이 보편적 사랑을 진정으로 느낄 수도 있으나 반면 니체 자신은 "거의 보편적이라고 할 수 있을 증오와 공포를 실제로 느끼고" 있을 가능성이다. 니체의 "고귀한" 인간이란 그 자신의 나약함에 대한 보상으로서 그의 백일몽 속의 사람에 지나지 않는다.

카우프만(Walter Kaufman)은 니체의 영향이 "빈번히 해로운 방향으로"[27] 작용해 왔으며 또한 니체는 중증의 과장벽이 있었다고 주장하였다. 그러나 카우프만은, 니체가 끼친 불건전한 영향들은 니체의 진정한 의도를 오해한 데서 기인한다고 생각하였다. 니체가 지나치게 과장에 탐닉했다는 카우프만의 말은 옳다. 그는 자신의 입장을 뒷받침하기 위해서라면 모순되는 사실들은 무시한 채 특정한 사실들만 분리해서 보았는데, 이는 "특수한 변론"(special pleading)으로 알려진 오류이다. 예컨대 그는 삶을 긍정하는 본능들이 본질적 선(goodness)이라는 생각을 품었지만 다윈과 현대심리학자들이 진정한 본능이라고 본 사회적 충동들에 대해서는 그 지위를 인정하지 않고 단지 이기적 본능들만을 받아들였다. 사람은 우월성과 성(性)에 대한 충동도 가지지만 사랑에 대한 근본적 욕구

27) Walter Kaufmann, "Nietzsche," in Frank Thilly and Ledger Wood, *A History of Philosophy*(New York: Henry Holt, 1957), pp. 506~507.

와 자신을 필요로 해 주기를 바라는 욕구(a need to be wanted) 그리고 여타의 인도적인 사회적 충동도 갖는다.

니체 자신은 개인주의자였으나 집단들이 그의 철학을 채택하여 인류에게 비참한 결과를 가져다 주었다. 물론 나치스와 같은 이들 집단은 그를 잘못 해석했다고 할지라도 그들에게는 니체가 그러한 의도를 가졌다고 생각되었다. 정확한 이해이든 오해이든 간에 니체는 힘의 윤리를 공표하였던 것이 사실이며, 이와 같은 윤리는 어떤 사람들에게 영향을 주어 그들로 하여금 밀림의 금수처럼 행동하게 하고 힘에 의한 실력행사를 통해 서로를 파멸시키는 결과를 가져왔던 것이다.

힘에의 의지가 인간의 근본적 충동이라는 주장은 논쟁의 여지가 다분히 있으며, 유능한 학자들에 의해 많은 도전을 받아 왔다. 그 중 빅터 프랭클(Viktor Frankl)은 인간은 근본적으로 의미 있는 삶(의미에의 의지)에 의해 동기를 부여받는다고 주장하였다.[28] 그리고 막스 베버[29](Max Weber)와 데이빗 맥클랜드(David McClelland)[30]는 "성취동기"가 인간의 근본동기라고 가정하며, 반면에 에이브러햄 매슬로(Abraham Maslow)[31]와 커트 골드슈타인(Kurt Goldstein)[32]은 "자기실현"을 인간의 근본동기로 보았다. 세상에서 가장 강한 사람조차도 존경, 우정, 사랑, 의미 있는 삶, 자기실현의 삶 등과 같은 근본적인 기본욕구를 박탈당할 경우에는 만족을 느낄 수 없을 것이다. (물론 니체는 그렇게 보지 않지만)

힐(Thomas E. Hill)은 초인의 성격과 니체의 가치규정에 대하여 다음과 같이 말하고 있다.

---

28) Viktor B. Frankl, *The Will to Meaning*(New York: World, 1969), pp. 34~35.
29) Max Weber, *The Protestant Ethic and the Spirit of Capitalism*(New York, Scribner, 1958), pp. 35~61.
30) David C. McClelland, *The Achieving Society*(Princeton: Van Nostrand, 1961), pp. 36~62.
31) Abraham H. Maslow, *Motivation and Personality*, 2d ed.(New York: Harper & Row, 1970).
32) Kurt Goldstein, *The Organism*(Boston: Beacon, 1963), pp. 197~198.

난점은 오히려 다음과 같은 점에 있다. 즉 니체가 추천하는 행위양식들은 "도덕적으로 선한," "옳은" 등과 같은 용어들로서 의미하고자 하는 바에 정반대되는 일이 종종 있기 때문에 이와 같은 행위양식들에 바르게 적용될 수 있을 어떠한 칭찬의 용어들이든 그것들은 "도덕적으로 선한" 혹은 "옳은" 등의 용어들과는 동일한 의미를 가질 수 없다는 점이다.

"옳은"의 의미는, 그것이 무엇이든 간에, 진리에 대한 일반적 무관심을 권하거나 아니면 약자에 대한 강자의 무자비한 억압을 권하거나 하는 그러한 의미가 결코 될 수 없다. 니체의 초인은 기껏해야 비인간적인 자멸적 괴물, 즉 그의 제물들을 짓밟아 버린 후 결국에는 멸망하게 될 괴물일 따름이다. 그리고 초인을 칭찬하는 용어들이 윤리적 담화의 용어가 아님은 물론이려니와 여러 가지 점에서 윤리적 담화와 명백히 상반되기도 한다.[33]

그럼에도 불구하고, 니체의 중요한 몇 가지 기여를 꼽을 때는 다른 것들과 함께 다음과 같은 점들을 빠뜨려서는 안 될 것이다. 1) 그의 도덕적 거인인 초인, 2) 뒤에 프로이트에 의해 이용된 원한에 대한 이론, 3) 인간이 만약 삶의 이유를 가지고 있을 경우 그는 삶의 어떠한 홍망성쇠도 이겨 낼 수 있게 될 것이라는 니체의 믿음 등이다.

Ⅳ. 헉슬리 : 도덕적으로 가치 있는 생존으로서의 윤리

헉슬리는 니체의 자기도취적(narcissistic) 자기주장을 거부하고서 다윈과 스펜서의 진화론 계열의 맥을 다시 이었다. 그러나 그는 참으로 우월한 인간은 도덕적으로 뛰어난 인간이라고 주장함으로써 앞서의 모든 주장들을 수정하였다. 헉슬리에 있어, 도덕적 우월성은 윤리적 진보의 견지에서 이해된 인간의 진화에 유리하게끔 우주적 진화에 거스르는 것을 의미한다.

---

33) Thomas E. Hill, *Ethics in Theory and Practice*(New York: Crowell, 1956), p. 117.

니체는 우월성에 대한 자신의 충동을 보편적이고 자연적인 힘에의 의지의 통상적 부수물로 이용하는 초인을 추구하였다. 그러나 헉슬리는 이와 같은 소박한 개인주의를 인간이 사회적 존재로 살아간다는 근거에서 거부하였다. 사회적 존재가 인간의 본질이기 때문에, 그리고 인간의 상향적 발전은 혼자 살 때보다 사회가 주는 이득을 통하여 보다 쉽사리 보장되기 때문에 인간은 사회적 존재로 살아간다. "도덕은 사회와 더불어 시작되었다."[34)]

1. 이원적 진화과정 : 우주적인 것과 윤리적인 것

헉슬리는 "도덕적으로 가치 있는 사람들은 정당하게 살 가치가 있는 사람들이다"는 원리를 받아들임으로써 자연에는 두 가지 과정, 즉 우주적 과정 (cosmic process)과 윤리적 과정 (ethical process)이 진행되고 있다고 보았다. 우주적 과정은 악한 것이고 윤리적 과정은 선한 것으로 이 두 과정은 서로 모순된다. 보다 저열한 과정인 우주적 과정은 적자생존의 원리에 근거하고 있으며, 도덕과 무관한 과정이다. 보다 높은 과정인 윤리적 과정은 최적자 (the fittest)가 필연적으로 최고로 선한 존재 (the best)이며, 따라서 생존의 가치가 있는 존재라는 관념을 거부한다. 왜냐하면 만약 최적자가 최고로 선한 존재라고 한다면, 지구의 기온이 지독히 떨어질 경우에는 이끼류와 규조류 및 미생물 등이 생존능력으로 볼 땐 최적자가 될 것이며, 따라서 이들이 최고로 선한 존재가 될 것이기 때문이다. 이기적 본능이나 적자생존이 도덕의 전제가 되어서는 아니 되며 인간의 보다 고차적인 도덕적 이상이 도덕의 전제가 되어야 한다.

직관에 의해 아름다운 것과 추한 것을 구별하듯이 사람은 그와 마찬가지 방식으로 선과 악을 구분한다. 진화의 과정은 무엇이 도덕적이고, 선하며, 바람직한 것인가를 평가함이 없이 단지 이것들의 출현경위

34) T. H. Huxley, *Collected Essays*(New York: D. Appleton, 1898), 5 : 52.

에만 관련된다. 도덕적으로 바람직한 것은 인간의 영역으로 남는다. 우주적 진화의 한 요소인 이기적 본능들은 인간지성의 지도 아래 충족되어야 하며, 윤리적 과정이 우주적 과정을 대신해야 한다. 도덕적 존재로서 인간은 적자생존의 원리를 신봉하지 않고, 다만 "가능할 경우 모든 인류를 생존할 수 있고 생존할 가치가 있는 존재가 되는 데 적합하게끔 만든다"는 규범을 신봉한다.

> 이미 내가 역설한 바와 같이, 윤리적으로 최선의 것 ——우리가 선 혹은 미덕이라고 부르는 것—— 의 실천은 생존을 위한 우주적 투쟁에 있어서의 성공으로 이끄는 행동방향과는 모든 측면에서 반대되는 행동방향을 내포한다. 무자비한 자기주장 대신에 그것은 자기억제를 요구한다. 모든 경쟁자를 밀어제치거나 짓밟는 대신에 그것은 각 개인으로 하여금 그들의 동료를 존경하도록 요구할 뿐만 아니라 도와 줄 것을 요구한다. 그것의 영향력은 적자생존을 위해 발휘되기보다는 가능한 한 많은 사람이 생존하기에 적합하도록 만드는 데 발휘된다. 그것은 생존경쟁의 이론을 거부한다 …… 법과 도덕적 계율은 우주적 과정을 억제하고 개인으로 하여금 공동체에 대한 그의 의무를 상기시키는 목적을 지향한다. 개인은 이 공동체로부터의 보호와 영향의 덕분으로 설사 생존 그 자체가 가능하게 되는 것은 아니라고 하더라도 최소한 짐승 같은 야만인보다 더 나은 삶이 가능하게 되는 것이다.[35)]

2. 윤리적 진보

광신적 개인주의, 자연을 따르라는 스토아주의적 명령, 그리고 이기적 자기주장 등은 모두가 우주적 자연에 위엄을 부여하고, 그것을 정당화하며, 우주적 자연을 악용하고자 하는 시도들이다. 말하자면 그것들은 진화론을 사회에다 오용하는 것이라 할 수 있다. 여기에는 우주적

35) T. H. Huxley, "Evolution and Ethics"(1893), in *Selections from the Essays of Thomas Henry Huxley,* ed. Albury Castell(New York: Appleton-Century-Crofts, 1948), p. 108.

자연에 있어서의 생존경쟁이 윤리적 영역에서도 똑같이 작용한다고 가정하는 오류가 내포되어 있다. 사회는 우주적 과정을 흉내냄으로써가 아니라 그 과정과 싸움으로써 윤리적 발전을 이룩한다. "사회적 진보는 매 단계마다 우주적 과정을 방해하는 것을 의미하며, 이 과정을 윤리적 과정으로 대체한다는 것을 의미한다. 윤리적 과정의 목표는 우연히 최적자가 되는 자들의 생존이 아니라 윤리적으로 가장 선한 자들의 생존이다."[36)]

인간은 자신을 보다 고등한 존재가 되도록, 즉 야만적 본능을 문명화된 인류의 도덕적 본능들로 바꾼 윤리적인 인격이 되도록 자신을 향상시킬 수 있다. (그는 늑대과에 속하던 한 동물의 본능들을 교정시켜 그 동물이 충직한 양치기 노릇을 할 수 있도록 만들어 온 것이다.) 인간의 도덕적 진보는 사회적 진보이며, "사회적 유대의 점진적 강화"[37)]이다. 이와 같은 윤리적 진보를 우리는 문명사를 통하여 찾아볼 수 있다. 사회의 윤리적 혹은 정치적 과제는, 정력적이고 근면하며, 지적인 능력과 굳은 의지를 지녔으며, "동료의 감정을 이해하기에 충분할 정도의 동정심을 지닌"[38)] 사람들을 공직자로 뽑아 "만족의 수단 쟁취"[39)]에 총력을 경주하는 데 있다. 사회의 법률이 바보와 악당과 무능력자들이 사회의 통치자가 되지 못하도록 제정되지 않는 한, '행정상의 허무주의'("무능력의 감소를 촉진하기 위한 기구가 사회적으로 부재한다는 것")[40)]가 발생할 것이다.

3. 헉슬리의 이론에 대한 논평

헉슬리의 가장 중요하고 가치 있는 기여는 다윈의 진화론의 대중화하였다는 데 있다. 그렇지만 그것은 양자의 상호협동적 노력의 산물이

36) *Ibid.*
37) Huxley, "Prolegomena to Evolution and Ethics" (1894), in *Essays of Thomas Henry Huxley*, p. 113.
38) *Ibid.*, p. 116.
39) *Ibid.*
40) *Ibid.*

다. 다윈은 헉슬리로부터 "불가지론"(agnosticism)——신의 존재에 대한 무지의 고백——이라는 용어를 빌었으며, 이 신조어는 헉슬리가 만들어 낸 말이었다. 다윈이 진화과정에 있어서 점진적 적응을 믿었던 반면에, 헉슬리는 돌연한 진화라는 갑작스런 사건이 일어남으로써 "변이는 점진적인 변화 없이 일어날 수도 있다"[41]고 주장하였다.

41) Leonard Huxley, *Life and Letters of Thomas Henry Huxley*(1900), 1 : 173.

제 12 장

윤리학적 염세주의와 실존주의

──철학적 비합리주의의 윤리학

염세주의와 실존주의에 대한 세 명의 유력한 지지자는 쇼펜하우어(Arthur Schopenhauer, 1788～1860), 키에르케고르(Søren Kierkegaard, 1813～1855), 그리고 사르트르(Jean-Paul Sartre, 1965～1980)이다. 물론 이들 각자는 매우 상이한 견해를 나타내고 있다. 이를테면 쇼펜하우어가 가장 체계적인 염세주의자라면, 키에르케고르는 실존주의의 이념적 창시자이자 실존주의에 관한 열렬한 종교적 대변자로 간주된다. 반면에 사르트르는 무신론적 실존주의에 관한 현대의 상습적인 선전가이다.

한편 염세주의와 실존주의를 하나로 묶는 데에 대해서 이견을 제시하는 사람들이 있는가 하면, 어떤 철학자를 실존주의자로 분류하는 기준에 대하여 이견을 제기하는 사람도 있다. 심지어 어떤 학자들은 소크라테스와 예수를 실존주의자로 간주하는 데 반해, 그 밖의 다른 학자들은 실존주의를 키에르케고르와 그의 지적 계승자들에게만 한정시키고 있으며, 나아가서 어떤 이들은 쇼펜하우어와 니체도 의심할 여지 없이 그 부류에 속한다고 주장하기도 한다.

실존주의자들의 특성은 무엇인가? 이에 대해서 월터 카우프만(Walter Kaufmann)은 "실존주의자들은 극심한 개인주의자들이다"[1]라고 대답하는 반면 사르트르는 "실존은 본질에 앞선다"라는 것이 실존주의자들의 신념이라고 대답하고 또한 키에르케고르는 아마도 "실존은 본질에 앞선다"라는 명제와 더불어 "주체성이 진리이다"라고 대답하려 할 것이다. 이러한 대답들은 서로 관련되어 있거나 중복되어 있으며, 따라서 개인적 주체의 우위라는 다소 동일한 관념을 내포하고 있다. 만약 우리가 이러한 관념에 대해 도덕적 자유와 책임을 덧붙이고, 나아가 비합리주의 철학과 함께 거기에 수반하는 염세주의를 첨가한다면, 우리는 실존주의 철학의 기본적 특성을 구성하는 개념들을 지니게 될 것이다.

I. 쇼펜하우어 : 철학적 염세주의와 동정심의 윤리학

쇼펜하우어에 의하면 궁극적 실재인 의지(will)는 외적 물질계의 질서인 '현상'(phenomenon) 혹은 '관념'(idea)을 창조한다. 시간과 공간 속에서 인과의 법칙에 의해 연결된 세계로 나타나는 관념은 지성을 통해서 표상(representation)으로서 알려진다. 관념, 즉 현상계는 확실히 지성을 통해 알려질 수 있지만, 그 본질이 비합리적 의지인 궁극적 실재의 세계는 지성에 의해 알려질 수 없다. '이성'이 실재의 궁극적 근거라는 관점에 기초를 두고 있는 헤겔의 철학적 견해가 낙관주의로 귀착되는 데 반해, '의지'를 실재의 궁극적 근거로 보는 쇼펜하우어의 관점은 철학적 염세주의로 귀착된다.

쇼펜하우어에 있어서, 의지의 비합리적인 힘은 본능적인 충동·욕

1) Walter Kaufmann, *Existentialism from Dostoevsky to Sartre*(New York: Meridian, 1956), p. 11.

망·욕구의 형태로 인간에게 나타나는 데 반해, 쾌락은 단지 그러한 것들의 빈약하고 일시적인 만족에 불과하며 따라서 소극적인 것이다. 즉 쾌락은 생의 실체이자 진정한 실재인 이러한 욕망의 단순한 결여 혹은 정지에 불과한 것이다. 욕망 내지 비합리적이고 맹목적인 욕구가 생의 고뇌를 산출한다. 그리고 이러한 고뇌로부터의 구원은 의지의 소멸 내지 완전한 금욕적인 부정, 즉 해탈(Nirvana)을 통하여 이루어진다. 혹은 이 고뇌는 명상에 잠김으로써, 아니면 음악·예술·플라톤적인 이데아에 관한 생각에 잠김으로써 일시적으로 가라앉기도 한다. 인간 고뇌의 이러한 조건 아래서 제시될 수 있는 유일한 윤리적 행위의 지침은 연민의 표출, 즉 우리가(고통 가운데에 있는 인간으로서) 서로 한 몸이라는 친족관계로부터 우러나는 동정(compassion or sympathy)의 감정이다.

1. 염세주의 철학

쇼펜하우어는 인간의 상황을 관찰하면서, 삶이란 의지(깊고 충동적인 욕망)와 의지의 불충분한 만족 사이의 끊임없는 투쟁이라는 것을 깨달았다. 그는 이와 같이 의지하고 욕구하며 욕망을 갖고 만족을 열망하는 것을 진정 '괴로운 것'으로, 따라서 악으로 간주하였다. "고통은 단지 만족되지 못하고 좌절된 욕구이다."[2] 인생이 만족을 열망하는 지속적이고 끊임없는 욕망의 상태인 한, 고통은 삶의 본질, 즉 인간본성의 적극적이고 실재적인 측면이며, 반면 만족의 순간은 무상하고 일시적이며 덧없는 것으로서 인생의 소극적인 측면이다. 따라서 쾌락은 단지 고통의 제거 내지 욕망의 완화에 불과한 것이다. 인생은, 너무나도 순식간에 지나가 버리는(욕망이 충족되어질 때의) 쾌락의 순간과 더불어 지배적이고 우세한 고통으로 인해, 살 만한 가치가 없다. 인간의 요구(wants)와 그 요구의 충족은 불균형하게 유지되고 있으며, 부단한 고통을 가져

2) Arthur Schopenhauer, *The World as Will and Idea*, trans., R. B. Haldane and J. Kemp(London: K. Paul, Trench, Trübner, 1896), bk. 4, chap. 65.

다 주는 성취되지 않은 욕망으로 압도당하고 있다. 그러므로 인간은 차라리 태어나지 않는 것이 더 좋았을지도 모른다. "인간의 가장 큰 죄악은 그가 일단 태어났다는 것이다"[3]라고 쇼펜하우어는 칼드롱(Calderón)을 인용하여 서술하고 있으며, 다른 곳에선 "인생은 일종의 실수임에 틀림없다"[4]라고 덧붙이고 있다.

모든 자연에 있어서 의지의 물리적인 표현은 의지의 현상적 외현이요 의지의 외적 표현인 것이다. 의지의 이러한 현상적·물리적 표현을 쇼펜하우어는 '개체화의 원리'(pricipium individuationis)라고 불렀다. 생식기를 가진 인간은 이러한 의지가 현상적으로 표현된 한 예이다. 육체적 성은 만족할 줄 모른다. 왜냐하면 성적인 충동(의지)은 만족할 줄 모르기 때문이다. 육체적 성의 끊임없는 재발, 반복, 그리고 강압이 그러한 사실의 증거이다. 나아가서 의지는 단지 종족에 관련된 것이지, 결코 개인에 관련되는 것은 아니다. 개인의 고통은 종족의 이익을 위한 것이다. 개인적으로 보면 때로는 소멸되는 것이 더 좋을지도 모르나 그러한 개인적인 선호와는 상관 없이, 자기보존의 충동에 있어서 작용하는 의지는, 그것이 아무리 비합리적이라 할지라도 인류생존이라는 충동의 요구에 부응하게끔, 개인으로 하여금 어떠한 수를 써서라도 그의 현존을 계속해 나가도록 강요한다.

> 대부분의 사람들의 삶은, 그 생존이 결국은 상실된다는 확신을 가진, 살기 위한 끊임없는 싸움 그 자체이다. 그러나 사람들로 하여금 이러한 지루한 싸움을 참고 견디어 나가게 할 수 있는 것은 삶에 대한 애정이라기보다는 여전히, 배후에서 피할 수 없는 것으로 머물러 있다가 어느 순간 갑자기 그들에게 나타날지 모르는 죽음에 대한 공포이다. 삶 자체는 인간이 매우 조심스럽고 걱정스럽게 피하여 가는 암초와 소용돌이로 가득찬 바다이다. 물론 인간은 그의

3) *Ibid.*, bk. 4, chap. 63.
4) Arthur Schopenhauer, "The Vanity of Existence," in *Studies in Pessimism*, in *The Essays of Arthur Schopenhauer*(New York: Wiley, n.d.), p. 23.

> 노력과 기술을 가지고 이 바다를 성공적으로 헤쳐 나간다 할지라도 결국 그는 한 발짝씩 점점 최대의, 절대적인, 피할 수 없는, 그리고 돌이킬 수 없는 난파, 즉 죽음에 이르는 것임을 알고 있다.[5)]

인간은 자기의식과 지성에 의하여 더욱더 비참해진다. 즉 인간은 자신이 비참하다는 것을 의식함에 따라 더욱더 비참해지는 것이다. 따라서 "인간은 지성적이면 지성적일수록 더 많은 고통을 갖는다." 이러한 결론은 개개의 인간이 지니고 있는 충동력 내지 충동의 강도에 따라 변화한다. 그러한 충동의 강도 혹은 욕구가 크면 클수록 엄청난 좌절감 때문에 고통은 더욱 심해진다. "어떠한 만족도 영속적이지 않는 한, 오히려 만족은 단지 새로운 욕구의 출발점에 불과하다." 따라서 "욕구의 어떠한 최종적 한계란 없으며, 고통의 어떠한 한계 내지 한도도 존재하지 않는다."

무한하고 헛된 추구가 일생을 통하여, 나아가 그것을 넘어서까지 계속된다. 왜냐하면 의지는 불멸의 것이기 때문이다. 따라서 자살은 문제를 해결하는 것이 아니라, 단지 "서투른 실험을 하는 것이다. 왜냐하면 자살은 문제를 제기하고 해답을 기다리는 바로 그러한 의식을 파괴하는 것이기 때문이다."[6)] 그 해답은 무서운 실수일지도 모른다. 즉 전멸(annihilation)을 경험하는 실수가 아니라, 다가오는 인생 역시 현재의 인생과 마찬가지로 나쁘거나 아니면 현재의 인생보다 더욱 나쁘다는 것을 발견하게 되는 실수일지도 모른다.

개인은 두 개의 불행한 인간조건, 즉 욕구와 권태(욕망과 싫증) 사이에서 갈팡질팡한다. 그는 인생에서 영원한 만족을 발견하기 위해 불행하게도 헛되이 노력하기도 하며, 혹은 이와는 달리 그의 욕구를 충족시키게 되면 완전히 권태에 빠지기도 한다. "성취된 어떠한 욕망의 대상도 영원한 만족을 줄 수 없으며, 단지 순간적인 만족을 줄 수 있다.

5) Schopenhauer, *World as Will and Idea*, bk. 4, chap. 57.
6) Schopenhauer, "On Suicide," *Studies in Pessimism*, p. 31.

따라서 그것은 거지로 하여금 내일까지 그의 고뇌를 지연시키면서, 오늘도 그를 살아 있게 하는 동냥과 같은 것이다."[7]

2. 동정심의 윤리학

궁극적으로는, 어느 곳이라도 스며들며, 어느 것에라도 침투해 들어가는, 여러 개의 의지가 아닌 단지 하나의 의지가 존재한다. 따라서 다른 사람이 지닌 욕망과 고통의 감각이 똑같이 우리에게도 있다. 다른 사람의 고뇌가 우리의 고뇌이며, 우리의 고뇌가 다른 사람의 고뇌이다. 이러한 상황 아래서 이루어질 수 있는 최선의 것은 동정하는 일이고 서로를 불쌍히 여기는 것이다. 고뇌 혹은 고통은 이기주의적 충동에 근거한다. 단지 동정심(sympathy)만이 이타적인 동기를 갖는 것이다. 쇼펜하우어는 "모든 인간에게 있어서 생득적이고 불멸적이며, 또한 비이기적 행위의 유일한 원천이라고 알려져 왔던 저 자연적 동정심"에 관하여, "이러한 동정심만이 진정으로 가치 있는 것이다"[8]라고 말하고 있다. 부도덕성은 이기주의와 무관심으로부터 유래하며, 반면 도덕성은 다른 사람의 고통을 우리 자신의 고통으로 여기는, 즉 우리로 하여금 다른 사람의 고통스러운 상태를 덜어 주게끔 하는 동정심에 근거하는 것이다. 비난이 아닌 연민이 죄인에 대하여 취해야 할 진정한 태도이다. 왜냐하면 그의 죄는 곧 우리의 죄이며, 그의 의지는 곧 우리에게서 발견되는 의지와 동일한 것이고, 따라서 그의 고민은 곧 우리의 고민이기 때문이다. 우리는 죄인의 고뇌를 직시할 수 있어야 하며, 우리 자신에게 "죄인은 바로 우리 자신이다"라고 말할 수 있어야 한다.

3. 윤리적인 구원

동정심은 고뇌의 문제를 해결하는 것이 아니라 단지 그 고뇌가 상승

---

7) Arthur Schopenhauer, *World as Will and Idea*, bk. 3, chap. 38.
8) Arthur Schopenhauer, *The Basis of Morality* (London: Swan Sonnenschein, 1903), p. 264.

하는 흐름을 약화시키며 그 흐름에 저항할 뿐이다. 그 문제의 완전한 해결은 확실히 의지의 완전한 파멸에서만 가능한 일이거니와 의지의 완전한 파멸이란 불행의 상태와 동일한 것이다. 의지가 존속하는 한 고뇌 역시 존속한다. 물론 그 고뇌의 형태는 다르겠지만, 그 고뇌의 불쾌한 내용은 동일한 것이다. 완전한 극기, 금욕주의, 자기 고행, 그리고 삶과 쾌락의 부인 이외에는 정신(soul)의 평화를 발견하는 다른 어떠한 방도도 있을 수 없다. 살고자 하는 의지의 부정, 즉 신성함과 축복이 결합되어진 상태를 의미하는 부정은 인간이라는 유한한 존재의 본성이 무(nothingness)임을 깨달음으로써 정신에 있어서 최고의 평화와 실재의 상태인 열반(Nirvana)에 이르게 되는 것이다.

충동적 의지로부터의 부분적인 해방은 동정의 경험에서뿐만 아니라 그 밖에 지적인 상태, 즉 예술·음악 내지는 플라톤적인 이데아에 대한 명상에 잠김으로써도 이루어질 수 있다. 왜냐하면 인간이 그러한 상태에서는 욕망의 흐름을 넘어서기 때문이다. 그러나 여기에서도 결국에 가서는 불행하게도 의지와 욕망의 격렬한 소용돌이로 떨어지지 않을 수 없다. 이러한 지적 상태는 일시적인 것이다. 그러나 열반, 무의 영원한 상태, 의지의 완전한 거부 내지 부정이야말로 인간의 유일한 구원인 것이다.

4. 쇼펜하우어의 도덕철학에 대한 비판

많은 쇼펜하우어의 비판가들, 특히 심리학자와 정신과 의사들은 쇼펜하우어의 염세주의를 그의 신경증과 불행한 삶의 탓으로 돌려 버렸다. 사실 쇼펜하우어의 철학이 불행한 실존의 산물이라는 것은 옳을지 모른다. 그러나 그러한 가정을 근거로 하여 쇼펜하우어가 주장한 것들이 필연적으로 거짓이라고 결론을 내리는 것은 오류이다.

그러나 정당한 비판이 한 가지 있는데, 즉 그것은 쇼펜하우어가 사실에 관하여 한 측면만을 보았다는 것이다. 쇼펜하우어는 마치 행복이라는 사실이 결코 존재하는 것이 아니라는 듯이, 오로지 삶의 고뇌와 흥망성쇠에만 그의 주의를 집중시키는 잘못을 저질렀거니와 그것은 또한 대부분의 실존철학자들이 저지르는 잘못이기도 하다. 인생은 암울한 면이 있는가 하면 또한 아름다운 순간도 있는 것이다.

하스퍼스(Hospers)는 쇼펜하우어의 염세주의에 대하여 세 가지의 평범한 반론을 분석하면서 그것들을 다음과 같이 제시한다. 1) 욕망의 상태가 필연적으로 고통스럽거나 혹은 심지어 불쾌한 것은 아니다. 2) 욕망을 충족시키는 과정은 그 자체가 쾌락일 수도 있다. 3) 사람들은 흔히 그들의 목표를 '성취하며,' 그렇게 하면서 커다란 행복을 경험한다.[9]

아마도 쇼펜하우어는 그 자신의 욕망이 끊임없이 자기를 괴롭히는 것을 경험하였는지 모른다. 그러나 대부분의 사람들은 욕망이란 일반적으로 삶에 다양한 색채와 열정을 더해 주며, 마찬가지로 인생으로 하여금 무기력한 대신에 의미심장하게 하는 동기를 유발시키는 유쾌한 경험이라는 것을 알고 있다. 일반적으로 욕망을 경험한다는 사실이 매력적일 뿐만 아니라 그것의 충족으로 향하는 활동 그 자체가 즐거운 것일 수도 있다. 예를 들면, 그림을 그리려는 강한 욕망을 가지고 있는 화가는, 성공적인 결과(완성된 예술작품)와 그 작품을 실현하는 데에 내포된 활동이 동시에 만족을 주는 경우를 종종 발견하게 될 것이다. 쇼펜하우어가 주장하는 것처럼, 인간은 그의 목표가 달성되자마자 그 일을 수행하는 데서 일어나는 행복과 그 완성에서 기대되었던 행복은 사라지고 더 이상 행복을 경험할 수 없다는 것은 '그릇된 것이다.' 쇼펜하우어가 이러한 종류의 기쁨을 알지 못했다면 슬픈 일이다. 왜냐하면 대부분의 사람들은 직무를 잘 수행함으로써, 그리고 가족들을 잘 부양함으로써, 혹은 자비로운 행위를 함으로써 지속적인 만족을 맛보기 때문이다.

---

9) John Hospers, *Human Conduct: An Introduction to the Problems of Ethics*(New York: Harcourt, Brace & World, 1961), p. 69.

그럼에도 불구하고 우리는 쇼펜하우어에게 돌아갈 응분의 정당한 평가를 해 주지 않으면 안 된다. 왜냐하면 그의 철학은 여러 사상가들, 특히 프로이트, 키에르케고르, 니체, 슈바이쩌, 그리고 훗설을 포함한 많은 저명한 사상가들에게 큰 영향을 미쳤기 때문이다. 더구나 쇼펜하우어의 기여, 특히 음악·예술·철학이 해방하고 정화시켜 주는 효과를 지각함에 있어서의 그의 통찰력에는 긍정적인 면도 있다. 한편 파커(DeWitt H. Parker)는 쇼펜하우어의 이러한 기여조차도 비판하였거니와 그는 쇼펜하우어가 "예술이 우리로 하여금 욕망을 지거함으로써 우리를 해방시킨다고 함은 잘못이다. 왜냐하면 예술은 욕망에 대하여 오히려 상상력이 풍부한 새로운 형식을 제공함으로써 욕망 그 자체로부터의 해방이 아니라 그 욕망의 피로움으로부터 우리를 해방시키는 것이기 때문이다"[10]라고 주장하였다.

Ⅱ. 키에르케고르 : 질적 변증법의 윤리학

질적 변증법, 즉 양립할 수 없는 안티테제가 키에르케고르의 실존주의를 지배하고 있는데, 그러한 변증법의 도입은 그의 유명한 저작 가운데 하나인 『이것이냐 저것이냐』(*Eithor/Or*)라는 책의 제목에 의하여 명백해진다. 인생은 그 자체가 여러 가지 다양한 국면을 가질 뿐만 아니라, '선언적 연결'(disjunctive conjunction), 즉 이것이냐 저것이냐의 양자택일이며, 따라서 헤겔의 변증법을 포함한 어떠한 논리학을 다 동원해도 그것을 종합하여 통일시킬 수는 없다.

키에르케고르 역시 쇼펜하우어와 마찬가지로 비합리주의의 철학을 제창하였지만, 비합리적 의지의 개념에 바탕을 두고 있진 않다. 오히려 그의 철학은 사유의 본성이 실재와 화합되지 못함으로써 결국엔 진리의 역설적 성격을 결과하는 질적 변증법의 문제상황에 바탕을 두고 있다.

10) DeWitt H. Parker, *Schopenhauer Selections*(New York: Scribner, 1928), p. xxv.

이성을 가지고 인생을 파악하고, 규정지으며, 설명하고, 이해할 수는 없다. 왜냐하면 "앞을 바라보면서 살아가는 것이 인생인 데 반해서, 이해라는 것은 뒤를 돌아볼 때라야 가능하기 때문이다."[11] 이성은 "결과를 보고 나서 뒤늦게 남을 비판하는 사람처럼" 과거를 회고하면서 인간에게 정보를 주는 것 이외에는, 인간의 삶에 대한 결단에 아무런 도움도 줄 수 없다. 선택 그 자체나 자유의지의 결단은 합리적인 설명을 넘어서는 것이다. 즉 그것은 논리의 비약이요, 논리적 간격이며, 논리적 약동 내지는 논리적 파열이요, 더 나아가 과학적 연속성의 갈라진 틈이기도 하다.

1. 선택과, 윤리적인 것에 대한 목적론적 판단중지

인간의 최고의 과제는 주체적으로 되는 것이다. 따라서 인간의 가장 결정적인 행위는 선택 자체에서 발견된다. "인간은 선택하도록 허용되어 있다……인간은 단지 선택할 수 있을 뿐만 아니라……인간은 마땅히 선택해야 한다."[12] 나중에 이러한 사상에 영향을 받은 사르트르는 그것을 '인간은 운명적으로 자유이다'라는 의미로 해석하였다. 윤리적인 것에 대한 목적론적 판단중지(teleological suspension)란 도덕의 보편적 격률에 대한 판단중지 내지는 신의 계시 신앙에의 도약에 대한 정당근거에의 판단중지이다. 키에르케고르는 이에 대한 한 사례로서 아브라함에게 그의 아들 이삭을 죽이라고 명령하는 신의 명령을 들고 있다. 아브라함의 합리적 정신은 그의 아들의 희생을 요구하는 신의 요청이 비합리적이고, 비도덕적이며 살인적이라고 생각했지만, 윤리적 가치에 대한 목적론적 판단중지와 신앙에로의 비약은 그와는 달리 행위하도록 지시하였다. 아브라함은 신이 자신의 신앙에 대한 이러한 증명을 요구하

11) Søren Kierkegaard, *The Journals*(New York: Harper, 1958), p. 23.
12) Søren Kierkegaard, "What We Learn from the Lilies of the Field and the Birds of the Air," in *The Gospel of Suffering*(Minneapolis, Minn.: Augsburg, 1948), p. 228.

였기 때문에 자기 아들을 희생시키는 데 동의하였던 것이다. "일상적으로 인간을 유혹하는 것은 인간으로 하여금 그의 의무를 이행하지 못하도록 하는 것이다. 그러나 이 경우에는 인간으로 하여금 신의 의지를 따르지 못하도록 하는…… 유혹 자체가 오히려 윤리적인 것이다."[13]

객관성은 합리적인 것을 추구하지만 이와는 달리, "주체성은 진리이다."[14] 진리는 비합리적이다. 예를 들면 기독교의 구원은 비합리적인 교설로서 "영원한 진리가 시간 속에서 구체적 존재로서 나타났다, 즉 신이 인간존재로서 나타났다"[15]는 것이다. 이러한 비합리성을 파악하기 위해서는 신앙의 비약에 의해서, 즉 "내면성에서의 신앙의 강도"에 의해서 목적론적 사유를 판단중지하는 것이 필요하다. 진리에 대한 정의와 신앙에 대한 정의는 동일한 것이다. "주체성, 즉 내면성이 진리인 경우, 그 진리는 객관적으로는 역설이 된다."[16]

2. 인생의 세 단계, 혹은 세 가지 인생철학

키에르케고르는 삶의 방식에 따른 세 단계 내지는 인생에 대한 세 가지 철학적 견해를 이야기했는데, 1) 심미적 단계 (the aesthetic), 2) 윤리적 단계 (the ethical), 3) 종교적 단계 (the religious)가 그것이다. 이 셋은 개인적 실존의 수준 내지는 서로 다른 인생관들이다. 요컨대 그 각각은 하나의 '세계관' (Weltanschauung)이자 인간이 이 세상에서 그 자신의 구원을 얻고자 노력하는 하나의 인생철학인 것이다.

3. 심미적 단계 : 쾌락의 삶과 지성의 삶

심미주의자들은 순간을 위해 살아가면서 그가 할 수 있는 모든 것

13) Søren Kierkegaard, *Fear and Trembling*(Garden City, N.Y.: Doubleday, 1955), p. 70.
14) Søren Kierkegaard, *Concluding Unscientific Postscript*(Princeton, N.J.: Princeton University Press, 1941), p. 191.
15) *Ibid.*, p. 188.
16) *Ibid.*, p. 183.

들을 그것이 끝나기 전에, 즉 그것이 너무 늦기 전에 인생으로부터 끌어내고자 하면서 살아간다. 그러나 인생의 아이러니는, 심미주의자들에겐 즐거운 것처럼 여겨졌던 것이 결국은 가장된 절망임이 판명된다는 점이다. 왜냐하면 그가 추구한 쾌락은 존재하지 않기 때문이다. 즉 그것은 단지 상상적이고 공상적인 덧없는 것에 불과하다. 아름다움은 시들고 쾌락 뒤에는 권태가 재빨리 잇따른다. 쾌락의 공허함은 절망을 야기시키게 되고 절망 속에서 인간은 윤리적 단계 혹은 윤리적 삶의 방식으로 나아가게 된다. "윤리적 자아는 절망 속에서 내재적으로 발견되는 것처럼 생각되며, 그러므로 개별자는 그의 절망을 견디어 냄으로써 마침내 그 자신을 획득하게 되는 것이다."[17] 이 같은 결단의 순간이 윤리적 단계를 특징지우며 인간으로 하여금 "종교적인 것 내지 비약"을 깨닫게 할 열정과 내면성에 관한 실존적 경험을 특징지우는 것이다.[18]

4. 윤리적 단계

심미적 생활양식이 허망함으로 인한 절망 속에서, 자아는 결단과 선택에 의하여 다른 단계, 즉 윤리적 단계로 나아가게 된다. 윤리적 단계에서 자아는 그 자신을 선택함으로써, 즉 자아를 소크라테스적 의미에 있어서 진정으로 깨닫게 됨으로써 그의 본래적 자아를 발견하게 된다. 그 자신을 선택함으로써(그 자신을 깨닫게 됨으로써) 인간은 이 단계에서 완전한 선택과 내면성 및 열정을 가지고 결연히 행위하게 된다. 반면 심미주의자들은 우유부단한 상태 속에서 일생을 통하여 방황하게 된다. 선택을 통해서 인간은 그 자신을 선택하게 된다. 다시 말하면 인간은 그 자신의 본래적(authentic) 자아가 되는 것이다.

17) *Ibid.*, p. 230.
18) *Ibid.*, p. 231.

5. 종교적 단계

개별자가 인생의 세 번째 단계인 종교적 단계로 나아갈 경우 그는 자기자신을 신에게 내맡기게 된다. 즉 의무를 위한 의무가 아니라 신에 대한 복종에 자신을 맡기는 것이다. 자신의 죄를 스스로 인정함으로써 인간은 자신을 신에게 내맡겨야 함을 깨닫게 되며 자신을 신에게 내맡기는 결단의 순간에 그의 삶은 결정적으로 변화하는 것이다. 따라서 세 단계의 두드러진 실존적인 특징은 각각 향락-파멸, 행위-승리, 그리고 고통이다.

결국 키에르케고르는 세 단계를 두 단계, 즉 심미적 단계와 윤리-종교적 단계(윤리적인 것이 종교적인 것속에 결합되어 있음)로 간단히 요약함로써, 쾌락의 선택과 고통의 선택이라는 양자택일만이 남게 된 것이다. "심미적 영웅은 '정복한다'는 사실로 위대하고, 종교적 영웅은 '고통을 당한다'는 사실로 위대하다."[19] 주체성의 최고의 표현은, 즉 그의 가장 강렬하고 완전한 내면성의 표현은 고통이다. "심미적 실존이 본질적으로 향락인 데 반해서, 윤리적 실존은 본질적으로 노력과 승리요, 종교적 실존은 본질적으로 고통이다"[20] 고통 속에서 경험되는 내면성보다도 더 강렬한 내면성은 없다.

6. 단 독 자

'주체적 단독자' (subjective individual)라는 개념이야말로 이해되어야 할 가장 중요한 범주이다. 이 범주에 대한 키에르케고르의 강조는 "만약 내가 나의 무덤 위에 묘비명을 새기고자 한다면, 나는 '단독자'라는 말 이외에 다른 어떤 것도 원치 않을 것이다"[31]라는 그의 소망에 의하여 암시되고 있다. 심지어 『마음의 순결』(*Purity of Heart*)이라는 그

19) Søren Kierkegaard, *Stages on Life's Way*(Princeton University Press, 1940), p. 411.
20) Kierkegaard, *Concluding Unscientific Postsrcript*, p. 256.
21) Kierkegaard, *Journals*, 1847 entry.

의 책도 "그 고독한 단독자"에게 헌정되었던 것이다. 실재하는 모든 것은 단독적인 것이다. 인간도 단독자이고, 문명의 역사도 단독적인 것이다. 실존 그 자체가 단독자를 가리키는 것과 마찬가지로, 도덕성도 단독자를 가리킨다. 인간일반(humanity)이란 존재하지 않으며, 여러 유형의 개별적 인간만이 존재한다. 군중은 허위이다. 왜냐하면 군중에 의해서 우리는 타락되고, 책임을 전가하고 우리의 정체(identity)와 우리의 개성(individuality), 우리의 의지(will) 등을 상실하게 되기 때문이다. "단독자이며——그렇지——나의 경청자인 당신과, 단독자로서의 나는 영원에 있어서 각자가 단지 단독자로서의 자기자신에 관하여 그리고 자기의 인생 가운데 있는 개별적인 세목들에 관하여 질문받을 것이다."[22] 영원에 있어서는 수효를 세어야 할 어떤 것도 없다. 왜냐하면 거기에는 단지 하나의 단독자, 즉 군중을 이루는 인간들이 아니라, 양심을 가지고 신과 더불어 홀로 존재하는 단독자만이 있기 때문이다.

인간은 군중 가운데에서는 진실할 수 없다. 윤리적 단독자는 홀로 존재한다. 그는 주체적 단독자로서 참이요 실재이다. "주체성이 곧 진리요, 주체성이 곧 실재이다."[23] 진리는 내면성이요, 주체성이며, "내면의 열정"인 신앙도 내면성이요, 주체성이다. 이성은 신앙의 반대이다. 즉 이성은 객관적이고자 하며 일관된 설명 속에서 안정을 찾고자 하는데 비해, 신앙은 내면성이요 주체성이며 모험의 상태이다. 단독자는 이성을 통하여 객관적인 안정을 추구한다. 그러나 그 객관적 세계가 단지 역설로 가득차 있다는 것을 알게 될 때 ——왜냐하면 본질적 진리는 역설이기 때문에—— 그 자신 불안과 죄악으로 고통당하는 실존의 상태에 있음을 깨달으면서 신앙, 즉 내면적 열정을 받아들이는 것이다. 신앙의 반대는 죄악이다. 죄로 인도하는 것은 인간 가운데 있는 신앙의 결핍 내지 확신의 결핍이다.

22) Søren Kierkegaard, *Purity of Heart Is to Will One Thing* (New York: Harper, 1938), p. 212.
23) Kierkegaard, *Concluding Unscientific Postscript*, p. 306.

7. 키에르케고르의 윤리학에 대한 비판

블랜샤드(Blanshard)는, 키에르케고르로부터 "명확하게 진술된 주장을 기대한다는 것은 소용 없는 일이며, 하물며 그 주장을 옹호하는 데에 있어 조리 있는 논증을 기대한다는 것은 더욱 소용 없는 일이다"[24]라고 말하고 있다. 그러나 이러한 비판은 사실상 모든 실존주의자들에게 적용될 수 있는 것이다. 블랜샤드는 또한 키에르케고르의 "사유가 실존을 다룰 수 없다고 하는 주장은 매우 불명료하게 표현되어 있어서 그 주장으로부터 반박하기에 충분히 명확한 의미를 추출하는 데에는 어려움이 따른다. 더구나 그는 결정적 순간에 이성을 파기시킴으로써——즉 윤리학에 있어서는 윤리학의 가장 명백한 규칙에 대해서 판단을 중지시킴으로써, 그리고 논리학에 있어서는 보다 상위의 진리상태에 대해서 모순을 받아들임으로써—— 이성의 정상적인 활용과 관련된 것을 결코 규명해 본 적이 없는 것처럼 보인다"[25]라고 덧붙이고 있다. 뿐만 아니라 키에르케고르는 합리적 윤리학을 대신할 만한 어떤 건설적이고 개선된 도덕이론을 제시함이 없이 합리적 윤리학을 거부하였던 것이다.

해롤드 드월프(L. Harold Dewolf)도 블랜샤드와 마찬가지로 가혹하게 키에르케고르를 비판하였거니와 그 비판 가운데는 다음과 같은 것들이 있다. 즉 1) 비합리주의의 자기파괴성, 2) "의사소통의 가능성 바로 그것마저 위협하는"[26] 키에르케고르의 역설의 사용, 3) 이성을 사용하지 않고서는 "실존에 관한 신념 체계의 내적 의미"[27]를 주장할 수 없다는 점, 4) 예컨대 신과 같은 대상들이 이성을 초월해 있다는 것을 주장하기 위해서도 그러한 결론에 도달하기 위한 필연적 근거로서 이성이 요구된다는 사실, 5) 계시를 포함해서, 허위로부터 진리를 구별하는 데

24) Brand Blanshard, "Kierkegaard on Religious Knowledge," address delivered at the American Philosophical Association, New York, N.Y., 1969.

25) *Ibid.*

26) L. Harold DeWolf, *The Religious Revolt against Reason*(New York: Harper & Row, 1949), p. 141.

27) *Ibid.*, p. 142.

있어서의 이성 사용의 필연성, 그리고 6) 이성에 의해서 신앙의 가치를 천명한다는 점 등이다.

키에르케고르가 "신앙에의 비약" 혹은 "윤리의 목적론적 판단중지"에 관하여 언급할 경우 그는 신앙을 위하여 이성을 포기할 것을 제창하는 것이었다. 그리고 이러한 제창은 위에서 말한 이성의 충실한 지지자들인 블랜샤드와 드월프가 왜 그렇게 키에르케고르를 비난하는 데 있어서 열성적이었는가 하는 이유를 설명해 준다. 이 사람들이 주장하는 것은 비합리주의야말로 귀류법에 의해 논파당하게 될 자기파괴적 철학이라는 것이다. 본질적으로 키에르케고르적인 비합리주의자가 이성은 진리에 도달할 수 없다고 할 경우, 그것이 함축하는 바는 이성 이외에 다른 어떤 것(맹목적인 신앙 혹은 계시와 같은 비이성적이거나 불합리한 과정)을 통해서라야만 진리에 도달할 수 있다는 것이다. 그러나 그러한 주장을 구체적으로 입증하기 위해서는 이성의 사용이 요구되며, 따라서 이성에 대한 암암리의 승인이 요구되는 것이다.

키에르케고르에 대한 지금까지의 비판들과 더불어 추가되어야 할 주목할 만한 또 하나의 비판은 매킨타이어(Alasdair MacIntyre)가 행한 날카로운 논평이 있다. 그는 키에르케고르가 두 가지의 중요한 물음, 즉 첫째로 기준 없는 선택이 있는가 없는가 하는 물음과 둘째로 우리가 타당한 신념의 기준에 도달하는 것은 기준 없는 선택에 의한 것인가 어떤가 하는 물음에 대해 답변을 하지 않은 상태로 내버려 두었다고 주장하였다.[28] 또한 매킨타이어는 키에르케고르가 논리학을 서투르게 남용한 것에 관하여, 키에르케고르는 모순의 논리에 있어서의 역설(paradox)과 모순(inconsistency)을 구별하기 위해 시간을 할애하지 않을 정도로 거의 경박하였으며, 따라서 이러한 구별을 하지 못함으로써 역설에 기초를 둔 키에르케고르의 전체 철학은 "숙명적으로 애매모호"하게 될 수밖에 없

28) Alasdair MacIntyre, "Kierkegaard, Søren Aabye," in *The Encyclopedia of Philosophy*, ed. Paul Edwards(New York: Macmillan & Free Press, 1967), 4 : 340.

다고 주장하기도 한다.

Ⅲ. 사르트르 : 비합리적 자유의 윤리학

사르트르의 실존주의는 "실존이 본질에 앞선다"(existence precedes essence) 혹은 동일한 생각을 나타내는 것이겠지만 "주체성이 시발점이 되어야 한다"(subjectivity must be the starting point)라고 규정되는 철학이다. 그리고 인간은 "실존이 본질에 앞서는 존재"[29]로서 정의되고 있다.

실존주의의 근본적 의미는 정의보다는 예증에 의해 보다 쉽게 설명된다. 예를 들어 종이 절단기를 생각해 보자. 모든 사물의 경우엔 그것의 '본질이 실존에 앞선다'고 하는 것이 참이지만, 인간의 경우에는 그의 '실존이 본질에 앞선다.' 절단기는 미리 작성된 명세서에 따라 특별한 목적을 위하여 기술자에 의하여 만들어진 것이다. 절단기의 본질은 그것이 실존하기 전에 이미 결정되어져 있다. 따라서 그것의 본성 내지 본질이 그것의 실존에 앞서는 것이다. 실존주의자가 아닌 사람들은 똑같은 방식으로 탁월한 장인으로서의 신이 마음 속에 인간에 관한 개념을 간직하고서 인간을 창조한다고 믿는다. 따라서 인간은 신의 마음 속에 있는 개념 내지 본질적 본성의 실현이다. 말하자면 유신론자(theist)들은 인간의 본질이 실존에 앞선다는 신념을 갖고 있는 것이다. 왜냐하면 그들의 신념에 따르면 인간은 모든 인간에게 공통적으로 있는 본성, 즉 인간의 본성을 소유하고 있기 때문이다.

한편 사르트르가 제시하는 무신론적 실존주의(atheistic existentialism)에 따르면, 인간은 그의 실존이 본질에 앞서는 존재라고 주장한다. 왜냐하면 인간에게 어떠한 본성을 부여하며, 어떠한 설계, 개념, 본질에 따라서 인간을 만드는 신은 존재하지 않기 때문이다. 인간실재, 즉 인간

29) Jean-Paul Sartre, *Existentialism*(New York: Philosophical Library, 1947), pp. 15, 54. This book is the English translation of Sartre's *L'existentialisme est un humanisme*.

은 그의 실존이 본질에 앞서는 존재라고 주장하는 것은 인간이 우연히 존재하게 되며 우연히 나타나게 되고 갑자기 장막 위로 모습을 드러낸다는 것을 의미한다. 따라서 정의를 내릴 수 있는 어떤 본질을 인간에게 부여하도록 인간을 만드는 틀(mold)이 미리 있는 것은 아니다. 단지 실존의 세계로 들어온 다음 그 자신의 자유에 의하여 어떠한 선택을 한 후에야 인간은 그 자신, 즉 현실적 인간으로서 선택되어진 그 자신을, 형성하게 되는 것이다. 인간에 관하여 생각하는 신, 즉 인간에게 어떠한 본성을 부여하고, 인간을 어떠한 용도에 이용할 것인가에 관하여 생각하는 신이 존재하지 않는 한, 인간은 단지 그 스스로 자기자신이고자 '의욕'하는 존재이며 나아가 그 스스로 자기자신을 창조하는 존재이다. 우리는 사실상 자유이거니와, 그 자유는 선택의 자유인 것이다. 그러나 우리가 자유 그 자체를 선택하는 것은 아니다. 우리는 운명적으로 자유인 것이다.[30] 따라서 근본적인 도덕법칙은 '그대 자신을 선택하라'는 것으로 된다. 어떤 특수한 단독자의 현재상태 내지 앞으로 그가 어떻게 될 것인가 하는 것의 온전한 비중과 책임은 정말이지 오직 그 자신의 어깨에 달려 있는 것이다. 인간은 그 스스로 자기자신을 형성해 가는 존재 이외에 다른 아무것도 아니다.

1. 불 성 실

만약 인간이 자신의 행위는 결정론적 원인에 기인한 것이기 때문에 자신의 행위 내지 그 자신에 관하여 책임이 없다는 주장을 내세워서 그의 가증스런 행위, 성격, 본성에 대해 스스로 변명하고자 한다면, 그는 "비겁한 사람"(coward)이다. 또한 만약 그가 자기는 처음 이 세상에 태어나기 위한 아무런 선택도 하지 않았다는 이유로써 자신을 변명한다면, 그는 "역겨운 사람"(stinker)이다. 인간은 자기자신에게 거짓말을 한다

---

30) Jean-Paul Sartre, *Being and Nothingness*(New York: Philosophical Library, 1956), pp. 484~485.

든가 자기자신을 기만할 수가 없다. 왜냐하면 자기기만은 '불성실' (bad faith)이기 때문이다. "자기자신에 대해서 거짓말하는 것은 나쁘다…… 불성실로 인해서 나는 나 자신으로부터 진실을 감추게 된다."[31] 지적 부정직, 의식으로부터 사유를 배제하는 것, 마음에 안 드는 사실들을 직시하지 않는 것 등이 불성실의 사례이다. 그러한 행위는 주체를 객체에로 환원시킴으로써 단독자에게서 그의 책임을 제거해 버리는 것이며 그로 인해 그 단독자는 자기자신을 책임을 수반하는 자유로운 인간으로 인정하지 않게 되는 것이다.

2. 가치 창조자로서의 인간

단독자의 선택은 광범위한 결과를 가져온다. 즉 그는 자기자신에 대해서뿐만 아니라, 다른 사람에 대해서도 책임이 있게 된다. 왜냐하면 그는 자신의 선택을 통해서 모든 사람들을 선택하는 것이기 때문이다. 즉 자신의 선택을 통해서 그는 자기가 마땅히 그래야 된다고 스스로 생각하는 인간상에 따라서뿐만 아니라 다른 모든 단독자에 있어서도 타당한 타인들의 모범으로서의 인간상에 따라서 자신을 형성하게 되는 것이다. "지옥이란 바로 타인이다."[32] 이러한 점에서 보면 사르트르는 매우 칸트적이다. 즉 인간의 의지는 정언명령을 생기게 한다. 예를 들면, 어떤 사람이 일부일처제의 결혼을 선택할 경우 그는 인간이 마땅히 그래야 한다는 일정한 심상을 만들어 냄으로써 단지 그 자신의 선택에 의하여 사실상 인류 전체를 연루시키고 있는 것이다. "나는 나 자신을 선택함으로써 인류를 선택하는 것이다."[33] 나 자신을 선택함에 있어 사실상 나는 모든 사람들이 준수해야 하는 보편적인 어떤 것을 내세우고 있는 것이다.

단독자는 자기자신을 형성하는 것 이상으로 자기의 인생과 자기의

31) *Ibid.*, pp. 48~49.
32) Jean-Paul Sartre, *No Exit*(New York: Vintage, 1958), p. 47.
33) Sartre, *Existentialism*, p. 21.

상황도 형성한다. 즉 그는 자신의 '가치'를 형성하는 것이다. "인간이 실재함으로 인해 비로소 가치가 이 세계에 나타나게 되는 것이다."[34] 인간이 실존하기 이전에는 인생은 무이다. 그 인생에 의미를 부여하는 것은 바로 인간 자신이다. 마찬가지로 가치는 인간의 선택에 의해서만 의미를 지니게 된다. 그렇지 않다면, "가치는 존재를 넘어서 있게 되는 것이다."[35] 단독자의 선택에 의하여 개인적 가치 내지 공동적 가치가 창조된다. 인간 자신이 끊임없이 형성 도중에 있는 것과 마찬가지로 가치도 끊임없이 형성 도중에 있다. '실존적 휴머니즘'(existential humanism)이 의미하는 바는 정확히 "인본적"(human) 세계이거니와 그 속에서는 단지 단독자만이 극히 외롭게 입법자로서의 자기자신에 의하여 모든 것을 결정하는 것이다.

3. 내던져져 있음

인간에게 지시를 내릴 신은 존재하지 않는다. 따라서 인간의 본성은 자유이고 완전히 비결정적인 까닭에, 인간은 영원한 법칙에 얽매이거나 자신을 변명함이 없이, 그렇지만 자기가 행한 모든 것에 대해서는 책임을 지닌 채 스스로가 결단을 내려야 한다. "인간은 자유롭다. 인간은 곧 자유이다…… 인간은 자유롭도록 운명지워졌다."[36] 인간은 이제 신에 의지해서는 안 되고, 자기자신에게 의지해야 한다. 왜냐하면 "신은 시대착오적인 가정"[37](God is an outdated hypothesis)이기 때문이다. 인간은 도움을 받기 위한 신도 없이 이러한 내던져진(abandoned) 실존의 상태 속에서 공포와 고독과 절망을 경험하게 된다. 인간에게 무의 상태로 느껴지는 자유 자체인 인간의 자아의식은 두려운 것이며, 자유가 피할 수 없는 것인 한, 인간은 그 자신이 두려워하는 상태에 있는 것이

34) Sartre, *Being and Nothingness*, p. 93.
35) *Ibid*.
36) Sartre, *Existentialism*, p. 27.
37) *Ibid*., p. 26.

다. 강렬한 책임의식은 우리의 현존에 불안을 야기시킨다. 불안을 떨쳐 버리려는 사람들은 모두 그 불안으로부터 숨어 버리거나 변장하고 도망치게 되는데, 이것이 곧 '불성실'(bad faith)이다. 심지어 불안이 감추어질 경우에도 그 불안은 명백히 드러난다. 불안은 고독감에 의하여, 즉 신에 의해 버림받았다는 마음 때문에 강화된다. 신은 존재하지 않기 때문에 인간은 신에 의지함이 없이 그 스스로가 행위해야만 한다. 이러한 두려운 상황 아래서 불안에 시달리는 삶에 직면하게 될 때, 단독자는 의식적으로 그의 절대적 자유를 깨닫게 되고, 그런 다음 구토와 절망이 결과되는 것이다.

4. 사르트르의 염세주의 : 인간, 헛된 열정

사르트르의 체계는 근본적으로 자유(인간의 본성)를 부조리, 구토 내지 무의미로 환원시키는 '염세주의'(pessimism)의 체계이다. 사르트르는 그의 작품 『구토』와 『파리떼』에서 인간의 본성을 자유라고 특징지울 뿐만 아니라 선택의 자유에 대해서는 합리적인 어떠한 것도 존재하지 않는다고 주장한다. "나는 자유롭다. 더 이상 살아야 할 아무런 이유도 없다…… 나의 과거는 죽은 것이며 …… 외롭고 자유롭다. 그러나 이 자유는 죽음과 마찬가지이다."[38] 실제로 자유는 인간을 구속하게 되며 인간이 선택해야만 한다는 것도 이미 결정되어 있는 것이다. 그는 선택한다는 것 이외에 어떠한 선택도 할 수가 없다. 그는 선택해야만 한다. 선택은 필연적인 것이다. 즉 인간은 자유에 예속되어 있다. "따라서 자유의 부조리가 생겨 난다."

인간은 자유롭도록 운명지워진 하나의 비극이다. 따라서 인간의 잔인한 운명과 현실적인 불안은 그에 대한 아무런 이유도 없이 인생에 있어서 무의미한 역할, 즉 고통스러운 범행을 강요당하는 데 있거니와 그 범행의 결말, 즉 죽음도 마찬가지로 무의미한 것이다. 인간의 자유는

38) Jean-Paul Sartre, *Nausea*(Norfolk, Conn.: New Directions, 1959), p. 209.

무를 위해 존재하는 가운데, 즉 아무 목적도 없이 현존하는 가운데에 있는 것이다. 하지만 그럼에도 불구하고 본질적으로 자유롭고 자유롭도록 운명지워진 인간은 무의미한 부조리를 선택하는 것 이외에는 아무런 선택도 갖지 못한다. 이것이 인간의 상황이다. 인간은 그 자신 하나의 상황 내지 공허 즉 공허의 상황 내지 자유의 공허'이다'. 인간의 운명, 선택으로 저주받은 형벌, 무의미한 선택, 비합리적인 실존 등이 인간을 불안하고 구토하는 비극적 존재로 만드는 것이다.

5. 사르트르의 윤리설에 대한 논평

맨저(Manser)가 말한 바와 같이, 사르트르는 로크나 그 이전의 다른 사람들과 마찬가지로 '백지'(tabula rasa)로부터 시작하였다. 그러나 사르트르의 경우에 있어서 백지는 윤리적 백지이다. 인간의 도덕성이 나중에야 획득되는 것인 한, 태어나는 순간에는 인간에게 어떠한 도덕적 성질도 없다.

> 의심할 여지 없이 사르트르의 몇몇 비평가들은, 심지어 사르트르 자신조차도 자기의 윤리적 논의의 대상이 아무것도 쓰여지지 않은 석판 즉 윤리적 '백지'로부터 출발한 것이라고 가정하였으며, 따라서 일련의 도덕규칙을 제시할 수 없다는 것은 결국 그러한 것을 제시하고자 하는 계획 전체의 실패를 드러내는 것이라고 생각하였다. 사르트르가 이렇게 생각하는 한 그는 다른 사상가들이 빠졌다고 자기가 비판한 함정 중의 하나에, 즉 도덕을 일련의 규칙이라고 간주하는 함정에 빠진 것이다.[39]

맨저가 가한 보다 날카로운 비판은 인간본성에 대한 사르트르의 개념에 관련된 것이다. 인간본성에 대한 사르트르의 입장은 도덕의 산출을 불가능하게 하는 것인데, 왜냐하면 "그와 같은 일이 가능하다면 그

39) Anthony Manser, *Sartre: A Philosophic Study*(New York: Oxford University Press, 1966), p. 162.

것은 사르트르의 전 저작이 근거하고 있는 사실을 부정하는 것이 되기 때문이다.[40] 가치가 세계의 구성요소라는 신념을 제거하기 위해서 사르트르는 인간을 공격하여 그로부터 인간본성을 박탈하였고, 인간을 "현재의 자기가 아니면서" 동시에 "현재의 자기 아닌 것이기도 한" 존재 (a being who is both "not what he is and is what he is not")로 보았으며 이로 인해서 어떤 단일한 방식의 도덕적 행위도 있을 수 없다는 결과가 나타난다. 맨저는 다음과 같이 주장한다. 사르트르는 그의 과격하고자 하는 욕망으로 인해서

> 도덕적 행위를 임의적인 결단의 수준으로 끌어 내렸다. 이 경우 우리가 결단이라는 말을 할 수 있을지조차 의문이다. 왜냐하면 결단은 단지 의미 있는 생활방식의 맥락 속에서만 행해질 수 있기 때문이다. 사르트르에 있어서 의미는 결단에 의해서 생겨 나는 것으로 여겨지거니와 그 경우 무엇을 결단하는가 하는 것을 아는 것은 불가능하다. 마찬가지로 도덕이 단순한 결단으로부터 생겨 나는 것이라면 어떤 의미에서 그것이 도덕이라고 불릴 수 있는지를 알기도 어려운 일이다…… 위험천만한 일은, 우리에게 주어진 것은 모두가 도덕이 아니라 우리 마음대로 할 수 있는 것들뿐이라는 점이다.[41]

사르트르는 인간에게 "마땅히 해야 할 바를 결단하기 위한" 어떠한 공식도 남기지 않았다. "따라서 그러한 결단이 어떠한 형식을 취할 것인가를 생각하는 것조차도 어려운 일이다."[42] 워녹(Warnock)은 또 다른 비판을 제기한다. "우리는 사르트르가 쓴 소설 내지는 그가 서술한 모든 것으로부터, 자유가 그의 견해에 있어서 최고의 가치라는 것을 알고 있다. 그러나 우리는 인간이 자유를 선택할 경우, 그가 어떤 입장을 택하게 되는가 혹은 그의 대안들이 무엇인가 하는 것이 전혀 명확치 않다

---

40) *Ibid.*, p. 164.

41) *Ibid.*, pp. 164~165.

42) Mary Warnock, *Ethics Since 1900*, 2d ed.(London: Oxford University Press, 1966), p. 138.

는 것을 인정하지 않으면 안 된다."[43)]

워녹은 사르트르의 윤리설이 극단적인 주관주의와 자유 지상주의 (libertarianism)로 빠짐으로써 결국 모순에 이르게 된다고 결론지었다. 왜냐하면 인간은 그가 느끼는 바를 정확히 선택하기 위해서 언제나 택하게 될 기대치가 있기 때문이다. 윤리를 "내면화하는" 것도 하나의 중요한 일이다. "그러나 객관적인 '어떠한' 요소가 없이는, 즉 어떤 가치체계가 다른 가치체계보다 인간에게 가장 매력적이라고 생각되는 것에 관한 기준은 고사하더라도 더 좋다고 하는 데에 대한 '어떠한' 기준이 없이는, 사실상 전혀 어떠한 도덕도 있을 수 없으며, 따라서 도덕이론은 단지 어떠한 도덕도 없다고 하는 주장으로서만 존재하는 것이다."[44)]

사르트르에 의해 해결되지 않은 채 남겨진 곤란한 문제 가운데 하나는 인간에 의한 가치들의 창조에 관련된 것인데, 왜냐하면 그러한 가치는 객관성을 결여할 것이기 때문이다. 그 문제는 다음과 같은 것이다. 즉 만약 인간 각자가 순전히 주관적인 기초에 근거하여 그 자신의 개별적이고 사적인 독특한 일련의 가치들을 창조한다면 가치관에 있어서 상당한 일치가 있다는 것은 이상하지 않은가 하는 점이다. 많은 가치들이 대부분의 사람들에 의해 공유되고 있는데, 만일 각자가 그 자신의 독특한 가치들을 창조한다면 그 결과는 어떤 두 개의 가치조차도 결코 서로 같지 않을 것이기 때문이다.

---

43) *Ibid.*
44) Mary Warnock, *Existentialist Ethics*(London: Macmillan, 1967), p. 56.

제 13 장

현상학적 가치이론

——의식의 실재하는 대상으로서의 도덕적 가치들

훗설(Edmund Husserl, 1859~1938)을 그 창시자로 하는 현대철학의 학파 가운데 하나인 현상학은 '본질의 철학' 즉 현상 속에서 '이해 가능한 이념적 구조'를 탐구하는 학파이다. 현상학은 또한 '주관적 의식과정'에 대한 '기술적 분석'(descriptive analysis)이라고 정의되는 철학이거니와, 말하자면 현상학은 설명 혹은 평가와 상관 없이, 즉 그러한 것으로부터 완전히 벗어난 순수현상의 형식·구조·본질을 파악하고자 하는 철학적 사조이다. 이 장에서 논의되는 이 학파의 중요한 이론가는 셸러(Max Ferdinand Scheler, 1874~1928)와 하르트만(Nicolai Hartmann, 1882~1950)이다. 이들 두 사람은 현상학을 도덕적 가치에 적용시킴에 있어서 이 학파 가운데에서 가장 뛰어난 사람들이다.

Ⅰ. 셸러 : 가치의 정서적 직관과 가치선천설

셸러는 "심정은 정신이 알지 못하는 그 자신의 이유를 가지고 있다"라는 파스칼의 금언을 자기 자신의 윤리체계에 응용하였다. 셸러는 파스칼의 '심정의 질서'(order of the heart) 혹은 '심정의 논리'(logic of the heart)로부터, 심정은 지성이 논리를 이해하는 것과 유사한 방법으로 그 자신의 영역을 소유하고 있거니와 그 영역에서 심정은 지성이 논리적 가치를 이해하고 있는 것과 마찬가지로 도덕적 가치를 깨닫는다라는 결론을 내리고 있다. 가치의 세계는 사람들이 지성의 도움 없이, 즉 비이성적으로 내지는 지성으로부터 독립하여 판단을 내릴 수 있는 실재이다. 가치판단은 객관성, 보편성, 필연성, 그리고 직관적 내용(構造)을 갖는다.

1. 가치의 선천적 직관

현상학적 가치이론에 따르면, 지식은 과학적 방법이나 혹은 단순한 감각지각에 제한되는 것이 아니며, 인간은 직관을 통해서 감각과 이성을 초월한 현상을 기술할 수 있다. 실재의 '소여'(the given of reality) 내지 이해 가능한 본질적 대상들은 현상학적 방법에 의하여, 즉 셸러가 '본질 통찰'(essential insight)이라고 불렀던 작용에 의하여 직관될 수 있다. 이해 가능한 본질적 構造들은 선천적 작용(an a priori act)에 의하여, 즉 소여된 객관적 현상 내지 도덕적 가치의 실질적 내용을 직각적으로 확인하는 인간의 능력에 의하여 직관된다.

셸러는 가치실재론자이기 때문에 과학적 사실 이외에, 가치사실 역시 실재한다고 주장하였다. 평가작용은 정신 가운데에 존재하며 한편, 가치의 구체성 혹은 실질적 내용(wertmaterie)은 존재론적으로 실재하는 대상으로서 정신의 밖에 존재하며, 그러면서도 그것은 정신에 내재하는 주관적 내용에 대응하는 것이다. 인간은 가치를 그 가치에 관한 '정서적 직관'(직접적 통찰력)에 의하여, 즉 감정 내지 순수한 정서의 지향작용(intentional act)에 의하여 파악하지만, 그럼에도 불구하고 그 가치는 감정의 주관적 상태와는 완전히 다른 객관적 실재들이다. 가치는 인간의 주관적인 정서적 상태와는 독립적으로 존재하는 것이다.

2. 도덕적 가치들의 객관적 위계질서

가치의 왕국은 다양한 위계적 배열을 통해서 즉 계통적 질서를 갖추고 인간에게 나타난다. 그리고 그 가치의 위계적 질서는 객관적이지만, 그 가치는 이성에 의해서라기보다는 직관적인 가치선호적 정서(value preferential sentiment)에 의하여 직접적으로 파악된다. 가치들간의 다양한 차이들은 두 가지의 중요한 유형으로 구분될 수 있는데, 1) '정도'에 있어서의 차이와 2) '양태' 혹은 질에 있어서의 차이가 바로 그것이다.

3. 정도 : 가치들의 상대적 값의 기준

가치는 그들의 양적 차이에 기초하여 다음과 같은 기준에 따라 낮은 것으로부터 높은 것에로의 상승적 등급질서로 분류된다. 그 기준이란 1) '지속성' : 지속적인 가치가 사라지기 쉽고 덧없는 가치보다 더 나은 가치이다, 2) '광범성'과 '불가분성' : 보다 많은 개별자들이 어떤 특정한 가치를 그들 가운데서 분할할 필요 없이 함께 공유하면 할수록 그 값은 더욱더 크다, 3) 기본적 가치 : 다른 가치의 부산물인 가치는 그것을 낳은 다른 가치보다 그 값이 작다, 4) 만족의 강도 : 어떤 가치가 만족을 더 많이 가져다 주면 줄수록 그 가치의 값은 더욱더 증대된다. 위의 논의에서 다루어진 여러 가치들은 종류에 있어서 다른 것이 아니라 단지 정도에 있어서 다른 것이다.

4. 가치의 양태들

두 번째의 가치질서는 '가치의 양태'(value modalities)에 의한 질서이다. 여기에서는 가치가 그들의 '질적' 차이에 근거하여 다음과 같은 상승적 위계질서로 분류된다. 그것은 1) '감각적 가치' 또는 개인적 쾌락을 나타내는 가치, 즉 즐거운 혹은 비위에 거슬리는 가치 내지는 쾌·불쾌의 가치, 2) '생명적 가치' 또는 인간의 번영, 생명, 건강, 복지, 활력, 그리고 힘 등에 중요한 가치, 3) '정신적 가치' 즉 과학과 철학, 미, 도덕, 진리, 정의 등의 가치와 문화적 내지 심미적 가치를 포함하는 가치, 4) '종교적 가치', 즉 신성한 가치, 성스러운 가치 내지는 예배나 경배와 관련된 가치 등이다. 이러한 부류의 가치는 사랑에 의하여 식별되며, 무한한 인격적 정신이요 가치 중의 가치인 신에 바탕을 두고 있다.

5. 윤리적 상대성과 관점주의

도덕적 가치들은 원래 절대적인 것이지만, 그 도덕적 가치들이 어떤 의미에선 상대적인 것이라고 생각되어질 수도 있다. 다시 말하면 도덕적 가치는 다양한 윤리를 실천하는 상이한 사회에 따라서 상대적이라고 생각될 수도 있으며, 아니면 동일한 사회라고 하더라도 그 사회의 현재의 윤리가 그 이전 세대에 있어서의 윤리와 현저하게 다르다는 점과 관련해서 상대적이라고 생각될 수 있다. 셸러에 의하면, 가치는 영원하고 불변적이며, 따라서 변화하거나 변동될 수 없는 것이다. 상이한 집단이 상이한 도덕적 관행을 갖는다고 하는 사실은, 가치가 일정한 사회에 대해서 상대적일 뿐이라는 점에서 상이하다는 의미가 아니고, 오히려 각각의 사회는 그 자신의 다양한 관점으로부터 절대적인 가치를 바라볼 뿐이라고 하는 의미에서 상이하다는 것이다. 즉 그것은 각자가 별개의 창문을 통하여 절대자를 바라보고 있다는 헤겔의 말과 같은 의미에서 그러하다는 것이다. 따라서 도덕적 가치가 상대적인 것이 아니라 우리의 지식이 상대적인 것이며 따라서 가치상대주의가 아니라 '가치관점주의' (value perspectivism)라 함이 옳을 것이다. 인간이 신의 입장에서 가치를 바라볼 수 있다면, 그는 가치를 올바른 관점에서 그리고 온전하게 절대적 가치로서 깨달을 것이다.

6. 사랑과 동정

셸러는 사랑이 윤리적 통찰을 끌어내는 중요한 수단일 뿐만 아니라 인간의 도덕적 장점 내지 성격의 질과 정도를 입증해 주는 것이라고 생각하였다. 사랑과 동정이 없다면 인간은 도덕적 실재와 접촉하는 데 필요한 직관적 통찰을 할 수 없을 것이다. 사랑의 행위와 동정의 표현에 의하여 사람들은 다른 사람들을 곧바로 '행위의 구체적 통일체'(셸러의 인간에 관한 정의이다) 혹은 인격적 전체로서 알게 되는 것이다. 다른 사람들의 본질은 사랑의 행위를 통해서 우리에게 나타나게 된다. 인간의 정서적 삶의 극치를 이루는 동정은 사람들이 인격적 자기 동일성을 상실함이 없이 둘 혹은 그 이상의 사람들간에 서로의 존재를 확인하고 서로 의사소통을 하게 해 주며 그들 사이에 정서적 공동체를 확립시켜 준다.

동정은 도덕적 가치에 있어서 중립적이긴 하지만, 동정이 도덕적인 것을 가치로 변형시키고, 따라서 활성화될 경우엔 그 자체가 근본적인 도덕적 행위인 사랑에로 변형된다. 사랑이 자발적인 행위인 데 반해, 동정은 단지 반작용 내지 반응에 불과하다. 온전히 자율적인 사랑은 그 사랑의 대상을 실현시키며, 그 대상을 현존케 하고, 그 대상의 가치를 증대시키는 창조적인 것이다.

자아에 대한 사랑과 다른 사람들에 대한 사랑은, 사랑의 최고대상이요, 가치 중의 가치이며, 사랑 중의 사랑, 모든 가치의 원천인, 신에 대한 사랑의 모형 (model)이다. 따라서 모든 가치는 신, 즉 '최고의 선' (*summum bonum*)에게로 수렴된다.

사랑은 유신론적인데, 그 이유는 사랑의 방향과 최고의 대상이 모든 가치의 원천인 신이기 때문이다. 따라서 인간이 질서정연하고 일관성 있는 체계적인 전체로서의 가치들을 추구하는 것은 종교적 행위이며 또한 바로 이 행위에 의해서 신의 존재가 증명된다. 종교적 행위(정신적 사랑)는 그 행위의 대상인 무한한 인격적 신을, 즉 그 종교적 행위의 본질적 구조를 '지향하고 있다.' 따라서 숭고한 사랑은 직접적 직관에 의해서 신의 존재를 현실태로서 입증한다. 종교적 행위는 신의 객관적 실재성을 확증해 준다. "왜냐하면 사랑하고 봉사하고 복종하고자 하는 이러한 강렬한 충동은 바로 신 자신의 본질이기 때문이다."[1]

7. 우주에 있어서의 인간의 위치

인생의 후반기에 이르러 셸러는 다윈주의와 프로이트주의, 그리고 베르그송주의에 근거한 진화론적 범신론을 위하여 초기의 보다 고차적인 가치관을 포기함으로써 삶과 사상에 있어서 심각한 분열을 보이게 된다. 이러한 사상은 이 세계가 신을 창조하기 위한 하나의 기계장치라는 베르그송의 개념 ——"인간은 신의 창조에 협력한다"[2]—— 을 포함하고 있으며 따라서 신은 미완성이고 생성의 과정 내지는 형성 도상에 있다고 가정하고 있다. 셸러는, 인간의 낮은 생물학적 측면은 보다 높은 정신적 측면에 대하여 기반을 제공한다는 생각을 다윈과 프로이트로부터 발전시켰다. 인간의 정신적인 여러 특징은 낮은 본능으로부터 그들에게 공급되는 힘이 없이는 무력할 것이다. 인간의 정신적 삶은 단지 그의 동물적 유기체를 승화시킨 것이다.

인간은 순수한 무에 직면하자 허무주의에 대한 방어로서 종교를 통해 안식처를 구한다. 그러나 이 경우 인간은 인격적 존재로서의 신이 아니라 '존재의' 근거로서의 신을 발견한다. 인간은 신을 완전히 실현시키는 데 있어 존재의 근거로서의 신과 협력하지 않으면 안 된다. 인

1) Max Scheler, *Ressentiment*(New York: Free Press, 1961), p. 89.
2) Max Scheler, *Man's Place in Nature*(Boston: Beacon Press, 1961), p. 93.

간의 '자아실현'이란 사실상 자기신격화인 것이다. 진화란 미완성의 신이 완전한 자기실현을 향하여 점진적으로 움직여 나가는 역사적 과정이다. 최고의 존재인 신은 그의 결정과 성취를 위하여 인간의 협력에 의존하지 않으면 안 된다.

8. 셸러 이론에 대한 평가

셸러의 이론은 철학적 현상학이라기보다는 오히려 기술적 현상학이다. 따라서, 현상학적 자료를 기술하는 데 있어 셸러의 태도는 그 자신 자기의 입장을 변호할 필요가 없게 된다. 왜냐하면 그는 단지 경험의 사실만을 제시하고 있기 때문이다. 최근에 뛰어난 현상학자인 파버(Marvin Farber)는 셸러의 이론을 "선별된 신앙 조항에 대한 독단적 변호"(dogmatic defense of selected articles of faith)라고 이름하였다.

Ⅱ. 하르트만 : 가치에 대한 정서적인 선험적 파악

하르트만은 현상학의 방법, 가치절대론, 비합리적인 것으로서의(가치의 본질은 인간의 이성이 아닌 다른 방도에 의해 직관되어야 한다는 의미에 있어서의) 가치의 본질 등과 같은 세 가지 기본적인 논점에 있어서는 셸러와 의견이 일치했지만, 유신론(theism)과 인격주의(personalism)와 같은 그 밖의 다른 점에 있어서는 셸러와 대립된다. 하르트만은 집단이 아닌 단지 개체만이 인격이라고 하는 아리스토텔레스의 개체주의에 찬성하여 셸러의 인격주의와 집단적 인격이론을 거부하였다. 나아가 인간의 가치추구의 목적론적 원리로서의 셸러의 신 개념도 하르트만에 의해 거부되거니와 하르트만은 인간의 자율성을 절대적이며, 인간의 의지는 신에 의해서가 아니라 도덕법칙에 의하여 제약받는다 ——결정된다는 것은 아니나—— 라고 주장하였다.

1. 객관적이며 직관되는 것으로서의 가치

플라톤적 관념론, 즉 가치는 객관적이며, 인간에 의하여 선험적으로 식별되는 영원한 본질의 절대적 영역에 속한다는 견해를 옹호하기 위하여, 하르트만은 수학과 논리학의 본질과 비교될 수 있는 가치의 본질은 이성으로부터 나오지 않고 직접적인 선험적 통찰에 의하여 직관적으로 확인된다고 하는 주장에로 나아갔다. "감정에 대응해서, 직접적으로, 직관을 통해 우리의 실천적 의식 내지 우리의 전체적 인생관 속으로 침투해 들어가 우리의 시야 내에 있는 모든 것에 대해 가치 혹은 반가치 (anti-value)의 표시를 부여하는 순수한 선천적인 어떤 가치가 존재한다."[3]

2. 가치실재론

우리가 도덕적 지식에 관하여 말할 경우, 가치가 독자적으로 존재하는(그 자신의 권리로서 실재하는) 것인만큼 도덕적 지식 또한 합리적 지식과 별개의 것으로서 간주되어야 하는 것이다. "그러므로 현실의 도덕에 함축적으로 내포되어 있는 가치의 선천적 요소는 사실상 …… 주어진 현상에, 복합적 상황 속에, 윤리적 실재의 사실에 속하는 것이다.[4] 가치는 덕을 포함한 실재적인 내용을 갖는다. 하르트만의 선험설 (apriorism)은 그의 체계를 직관주의와 연결시키고 있으며, 그의 '사실'로서의 가치라는 개념은 그를 '윤리적 실재론자'로 만들고 있다.

3. 도덕적 가치 : 가치론적 도덕

가치들은 통합된 복합적 전체를 이룬다. 그러나 인간의 불완전한 지식 때문에 체계적 전체로서의 가치들은 인간에 있어서 단편적으로 주어진다. 고차적 가치(도덕)가 실현되기 위한 전제조건은 보다 저급한 가치, 즉 도덕과 무관한 가치와 요소적인 도덕적 가치들이 실현되어야 한

3) Nicolai Hartmann, *Ethics*(New York: Macmillan, 1932), 1 : 177.
4) *Ibid.*, p. 178.

다는 것이다. 따라서 셸러의 견해와는 반대로 낮은 가치가 개체에게는 우선적으로 요구된다. 기본적인 정언적 윤리법칙은 다음과 같다 : "낮은 범주에 있는 것일수록 더욱 강하고 더욱 독자적인 데 반해, 더 약하고 더 조건적인 것일수록 더욱 고차적이고 더욱 복잡한 것이다."[5]

유일한 절대적 가치의 척도는 확립될 수 없지만, 가치의 상대적 값은 다차원적으로(multidimensionally) 배열될 수 있다. 가치의 값을 매김에 있어서 등급의 상대적 우선성은 선택의 사실을 통해 암시되고 있거니와, 가치들은 내용, 강도, 높이에 따라서 등급이 매겨질 수 있다. "어떤 가치가 보다 고차적이라는 의식은 매우 단정적이다. 도덕적으로 선별적인 모든 가치의식은 필연적으로 가치의 등급에 관한 의식이다."[6] 하나의 가치는 그 자신의 독특한 성질로 인하여 그 높이와 강도의 요소에 의해 다른 가치와 구별될 수 있다. 한 가치의 질이 높으면 높을수록 그 강도는 낮아지고, 낮은 가치에 대한 의존도는 커진다.

"강도와 높이의 반비례 법칙"은 다음과 같은 방식으로 적용된다. 즉 "보다 낮은 가치에 대하여 죄를 짓는 것은 보다 높은 가치에 대하여 죄를 짓는 것보다 일반적으로 죄가 더 무겁다. 그러나 보다 높은 가치의 성취는 보다 낮은 가치의 성취보다 도덕적으로 더욱 가치가 있다."[7] 예를 들어 설명하면, 가장 비통한 행위로서의 살인은 흉악한 행위의 등급에 있어서는 낮지만, 그 반대인 다른 사람의 생명에 대한 존중(우정, 사랑, 신뢰 등과 혼동되지 않는)은 도덕적 가치의 등급에 있어서는 비례적으로 높다고 할 수 없다.

4. 네 가지 근본적인 도덕적 가치들 : 선, 고결, 경험의 풍부성, 순결

네 가지의 근본적인 도덕적 가치들이 있다. 1) 선은 정의 불가능할 뿐만 아니라 그것이 갖는 매우 복잡한 질료로 인해서 부분적으로는 비

5) *Ibid.*, 2 : 53.
6) *Ibid.*, p. 47.
7) *Ibid.*, p. 53.

합리적인데, 이는 라이프니쯔의 완전(perfection)의 개념과 매우 비슷하다. 모든 가치는 그 말의 엄밀한 의미에서 정의 불가능하다. 선은 도덕적으로 가치 있는 것과 동일한 것이며, 따라서 선은 바로 근본적인 도덕적 가치이다. "선은 관념적으로만 존재하거나 가치의 개념만도 아니고, 또한 단순히 그것들의 현실적 존재도 아니며, 오로지 현실세계에 있어서 가치를 목적으로 추구하는 일이다."[8] 따라서 선은 목적으로서의 가치추구 활동이라고 정의되며, 이 추구활동 자체가 가치 있는 것이라는 사실을 알 수 있다. 2) 일반적인 태도와 반대되는 숭고한 도덕적 가치인 '고결'은, 가치의 타협을 경멸하며, 담대하고(기사도적인 덕), 자신감과 큰 도량이 요구되는 일에 자유롭게 헌신하는 개인들에 의하여 예시된다. 3) '경험의 풍부성'이란 새롭고, 충만되고, 값진 경험을 추구하는 것이요, 나아가 그러한 경험을 종합하여 통일하는 것이다. 삶의 충만성과 관련된 원리는 "최대의 다양성의 최대의 통일"(the greatest unity of the greatest diversity)이라고 표현될 수 있을 것이다.[9] 4) 성실과 솔직과 담백성의 근거인 '순결'은 심정의 순수한 성질이다. 순결을 다스리는 하나의 법칙이 있는데, 그 법칙이란 일단 상실하고 나면 결코 회복할 수 없음을 언명하는 법칙이다.

5. 도덕적 자유

만약 이 세계가 인간성에 있어서 그리고 물리적인 외적 영역에 있어서 인과율에 지배되지 않는다면 도덕도 불가능하다. 그러나 자연적 인과법칙이 인간적 자유를 배제하는 것은 아니다. 기계적 법칙은 유기적 생명을 설명할 수 없으며 심리학적·생리학적 과정에 대한 법칙도 도덕생활을 설명할 수 없다. 책임감과 자기결정, 그리고 죄책감(이것들이, 인간은 달리 선택할 수도 있었다는 것을 암시하는 한)과 더불어 도덕의식

8) *Ibid.*, p. 179.
9) *Ibid.*, p. 207.

은 인간의 자유를 함축한다. 인간의 도덕의식이 실재한다는 것, 즉 그의 책임감과 죄책감이 실재한다는 것을 부정하기 위해서는, 그것들이 단지 환상이라고 간단히 처리해 버리는 것만으로는 불충분하다. 그것들이 실재하지 않는다는 것이 증명되어야 하거니와, 그 증명의 부담은 그 스스로도 그릇된 환상 때문에 피로와하는 회의론자에게 있는 것이다.

6. 하르트만의 가치론에 대한 논평

하르트만은 현상학적 운동과 특별한 제휴관계는 없었지만 셸러와 훗설에 의하여 직접적으로 영향을 받았으며, 따라서 그의 가치론은 성격상 결정적으로 현상학적이다. 셸러와는 달리 하르트만은 신 혹은 종교를 그의 체계 속으로 끌어들일 필요를 결코 느끼지 않았다. 하르트만은 비록 윤리에 대한 그의 대저 『윤리학』은 쉽고 명료하기 때문에 널리 호평을 받았고, 또한 그것은 그의 지적 완전성을 반영하기도 하였지만, 셸러의 영향력에는 미치지 못하였다. 셸러의 독단적인 태도와는 대조적으로 하르트만은 때때로 어떠한 입장도 취하지 않았으며, 항상 편견 없이 허심탄회하였고, 대부분의 경우 그 자신의 결론을 개선하려고 부단히 노력하였다.

베르크마이스터 (Werkmeister)는 "우리가 원초적 가치감정 (a primal value-feeling)이라는 관념에 대해 아무리 공감한다 할지라도, 그러한 감정에서 드러난 가치가 독자적으로 존재하는 본질이라는 그 이상의 주장은 단지 맹목적인 믿음 속에서만 지지될 수 있을 뿐이다"[10]라는 근거로써 하르트만의 도덕가치 이론을 비판하였다. 셸러의 견해에 대해서도 마찬가지의 반론을 제기할 수 있는데, 왜냐하면 하르트만과 마찬가지로 셸러 역시 이런 특수한 난점에 대해 적절히 대처하지 못했기 때문이다.

더우기 베르크마이스터에 의하면 플라톤적인 본질의 세계에 대한 하르트만의 의존은 정당하다고 인정될 수 없을 뿐만 아니라 또한 불필

10) William Werkmeister, *Theories of Ethics*(Lincoln, Nebr.: Johnsen, 1961), p. 269.

요하다는 것이다. 베르크마이스터는 예술가의 창조는 선천적으로 존재하는 가치의 파악에 근거해서 그것을 그의 예술작품 속에 구현하게 된다는 하르트만의 견해에 반대하였다. "하지만 우리는 가치가 창조적인 것이 아니라 인간이 창조적이며, 인간의 창조적인 행위를 통하여 가치는 이전에는 실재하지 않던 존재를 갖추게 된다는 것을——나는 충분한 이유를 가지고 믿으며—— 주장할 수 있는 것이다."[11] 베르크마이스터의 인간주의적 성향이 그로 하여금 그러한 반대를 역설하도록 하였던 것이다. 하르트만은, 가치본질(value essences)은 개인의 창조적 행위를 통하여 인간의 세계에 있어서 사실로서 구현되지만, 그럼에도 불구하고 그것은 여전히 가치가 거주하는 플라톤적 세계 안에 있는 본질로서의 가치의 실재를 받아들일 여지가 있다고 답변할 수 있을 것이다. 그러나 이러한 반박이 문제되고 있는 논쟁점을 완전히 해결하는 것은 아닐 것이다.

11) *Ibid.*, p. 273.

제 14 장

비폭력의 철학

이 장의 목적은 그 공통명칭을 비폭력(nonviolence)이라 할 수 있는 도덕철학을 검토하는 일이다. 앞서 논의된 윤리설과 마찬가지로 비폭력의 철학도 역시 계보를 가지고 있어 그 뿌리는 이 경우에 있어 예수의 윤리적 가르침에서 유래한다고 볼 수 있는데 특히 산상수훈에 나타난 예수의 사상이 그 기원을 이룬다 할 것이다. "칼을 쓰는 사람은 칼로 망하리라"[1]고 한 예수의 말은 이러한 철학의 저변에 깔린 중심사상을 요약하고 있는데, 즉 폭력은 인간문제를 항구적으로·해결해 줄 수 없으며, 그 해결을 위해서는 보다 고차적인 형태의 행위가 요구된다는 입론이 바로 그것이다.

비폭력의 철학자로서 가장 두드러진 몇몇 위대한 사상가들은 또한 두 번째의 특성을 가지고 있는데, 이는 그들이 자신의 사상을 그대로 산

1) Matt. 26 : 52. Biblical quotations throughout this section, unless specified otherwise, are from *The New English Bible*(Oxford University Press, Cambridge University Press, 1970).

본보기였다는 점이며 철학의 사변적 세계에 있어서 특이하고 유일한 하나의 공헌이라 할 수 있다. 이러한 세 사람의 대표자를 선정해서 검토하게 될 것인데 그들은 예수(Jesus, ca. 4 B.C.～A.D. ca. 29), 간디(Mohandas Karamchand Gandhi, 1869～1948) 그리고 슈바이쩌(Albert Schweitzer, 1875～1965)이다. 이 밖에도 다른 많은 사람들이 있는데 예를 들어서 두 사람만 언급하자면 톨스토이(Leo Tolstoy, 1828～1910)와 마틴 루터 킹(Martin Luther King, Jr., 1929～1968)을 들 수 있다.

I. 예수 : 기독교 윤리(내면의 윤리)

나사렛 예수가 품었던 윤리의 유형은 비록 체계화되거나 통일성을 갖는 것은 아니나 대체로 윤리적 직관주의자의 그것에 가깝다. 그 이유는 도덕이란 내적인 경험이며, 외적인 행위가 아니라 존재의 상태라는 그의 주장 때문이다. 도덕은 선을 행하는(doing good) 문제이기보다는 선하게 되는(being good) 것이다.

1. 무한한 본래적 가치를 갖는 자로서의 인간

예수의 윤리는 인간 개개인이 갖는 무한한 본래적 가치(intrinsic-value)에 대한 존중에 바탕을 두고 있다. 한 개인은 우주에 있어서 그 어떤 것보다 더 가치가 있으며, 심지어 세계 전체보다 더 가치가 있다. 인간은 가치에 있어서 그와 대등한 대상이 없는 가격을 매길 수 없는 영원한 영혼으로 간주된다. "사람이 온 세상을 얻고도 자기 생명을 잃으면 무슨 유익이 있겠느냐? 사람이 자기 생명을 무엇과 바꿀 수 있겠느냐?"[2)]

그 존엄성 혹은 무한한 가치를 지니는 한 개인은 도덕적 가치에 있어서 백 사람의 그것과 동등하다. 왜냐하면 저울 눈금에 있어서 무한과 무한은 평행을 이루듯이(혹은 무한의 100배는 여전히 무한과 동등한 것이듯이)

2) Matt. 16 : 26.

한 사람의 저울 눈금과 100 사람의 저울 눈금도 평행을 이룰 것이기 때문이다.[3] 나아가서 단일한 한 개인에 대한 배려는 그 특정 개인이 궁지에 처한 사람일 경우 100 사람에 대한 배려보다 우선적인 것일 수가 있다. 이러한 가치의 원리는 100 마리의 양에 대한 우화에서 예수가 분명히 말하고 있으며, 포도원에서 일군을 쓰는 지주의 이야기에도 함축되어 있다.

2. 인간의 형제애

신이 아버지가 된다는 예수의 생각은 인간이 서로 형제임 (brotherhood)을 함축한다. 신의 자녀로서 모든 인간은 서로 동등한 가치를 지니는 자들로서 무한한 가치를 지니게 된다. 예수는 인생에 있어서 각자의 지위에 상관 없이 모든 인간과 완전한 일체감을 느꼈으며, 예수는 고통받는 자의 어떤 상태도 공감적 감응을 통해서 개인적으로 체험함으로써 "나는 분명히 말한다. 너희가 여기 있는 형제 중에 가장 보잘것 없는 사람 하나에게 해 준 것이 바로 나에게 해 준 것이다"라고 말했던 것이다.[4] 인간들 중 가장 비천한 자도 사회가 그들에게 부여한 바람직하지 못한 사회적 지위에도 불구하고 그와 일체가 되는 것이다. 예수에게 있어서는 사회적 차별이 신의 구별과 반드시 일치하는 것이 아니었다. 왜냐하면 사회는 흔히 "인간의 명령"을 신의 교설로 해석하기 때문이다.

모든 인류를 지고의 가치를 가진 지위에로 고양시키는 그의 교설은 사회에서 버림받은 자뿐만 아니라 그의 당대에 남자보다 아주 열등한 존재로 간주되었던 계층으로서 여성과 어린아이에게도 적용되는 것이다. 그에게 있어서 어린아이는 성인들의 행위에 대한 모범으로서 복잡하지 않고 순진무구한 인간성과 행동에 있어서의 단순함으로 나타난다. "여러분이 생각을 바꾸어 어린이와 같이 되지 않으면 결코 하늘나

3) This illustration is the author's.
4) Matt. 25 : 40.

라에 들어가지 못한다."[5)]

3. 사랑 : 최고의 덕

인간존재와 신에 대한 이러한 태도에 비추어 볼 때 그에게 있어서 일차적인 덕이 사랑이라는 것은 놀라운 일이 아니다. 그것은 성적인 의미의 사랑도, 다정다감도 단순한 우정도 아니고, 아가페(agapé) 즉 신이 인간을 사랑하는 것과 유사한 사랑이다. 따라서 예수가 기본적인 중대성을 갖는 것으로 간주한 계명은 몸과 마음을 다하여(가슴, 혼, 힘, 그리고 마음으로) 신을 사랑하고 자신과 같이 이웃을 사랑하는 일이다. 이러한 사랑은 앞에서 말한 다양한 형태들로 나타날 수도 있으나 아가페는 열거된 다른 것들보다 더 고귀한 사랑이다. 왜냐하면 그것은 인간으로 하여금 가장 고상한 행위를 수행하도록 하는 능력을 갖고 있기 때문이다. "벗을 위하여 제 목숨을 바치는 것보다 더 큰 사랑은 없다."[6)]

사랑이 최고의 덕목인 것은 비단 예수의 윤리적 가르침에 있어서뿐만이 아니고 사도 바울의 윤리에 있어서도 마찬가지이다. 이러한 최고의 덕을 찬양하면서 사도 바울은 "사랑은 친절합니다. 사랑은 시기하지 않습니다. 사랑은 자랑하지 않습니다. 사랑은 교만하지 않습니다. 사랑은 무례하지 않습니다. 사랑은 사욕을 품지 않습니다. 사랑은 성을 내지 않습니다. 사랑은 앙심을 품지 않습니다. 사랑은 불의를 보고 기뻐하지 아니하고, 진리를 보고 기뻐합니다. 사랑은 모든 것을 덮어 주고, 모든 것을 믿고, 모든 것을 바라고, 모든 것을 견디어 냅니다…… 믿음과 소망과 사랑 이 세 가지는 언제나 남아 있을 것입니다. 이 중에서 가장 위대한 것은 사랑입니다."[7)] 사랑에 대한 이와 같은 초기 기독교의 개념으로부터 성 아우구스티누스(St. Augustine)과 성 토마스 아퀴나스(St. Thomas Aquinas)는 그들의 윤리체계를 도출해 내었던 것이다.

5) Matt. 18 : 3.
6) John 15 : 13.
7) I Cor. 13 : 4～7, 13.

4. 도덕의 기준으로서의 사랑

예수에 있어서 사랑이란 도덕의 기준일 뿐만 아니라 인간의 도덕적 지위에 대한 기준이다. 다시 말하면 사랑이란 인간이 지닌 도덕적 가치의 척도이다. 우리에게 사랑을 주는 사람에게만 사랑을 베푸는 것과 같은 일상적인 사랑의 사례는 그다지 칭찬할 만한 것이 못 되며, 형법상의 행위규범보다 더 높은 윤리적 수준에 있는 도덕적 기준은 인간들에게 그들의 적마저도 사랑할 것을 요구한다. "너희가 자기를 사랑하는 사람들만 사랑한다면 무슨 상을 받겠느냐? 세리들(부당한 이익을 취하는 것으로 간주되는 사람들)도 그만큼은 하지 않느냐? 또 너희가 자기 형제들에게만 인사를 한다면 남보다 나을 것이 무엇이냐? 이방인들도 그만큼은 하지 않느냐?"[8]

기독교적인 계명이 서로를 사랑하는 것이라면 사랑은 기독교인임을 증거하는 의미 있는 징표가 된다. 예수가 우리들에게 실천하기를 명한 사랑은 우리 자신의 국적이나 종교집단의 사람들에게만 해당되는 것이 아니라 우리의 적들도 포함하는 모든 인류에게 적용된다. 선량한 사마리아인에 대한 예수의 비유는 이 점을 명료하게 말해 주는 대목이다. 인류의 보편적인 형제애에 관한 예수의 가르침 이전에 행해진 윤리적 지침은 오직 같은 종교를 가진 자나 신앙을 가진 형제들간의 한정되고 제한된 사랑만을 받아들이는 것이었다. 예수는 종족이나 계층과 조건에 상관 없이 모든 인간은 신의 자녀들로서 도움이 필요한 경우에는 사랑과 동정을 받을 권한을 갖는다고 가르쳤다.

인간이 태어날 때 갖는 자기중심적인 동물성으로부터 도덕적으로 훌륭한 상태에로 전환하는 일은 정신적인 중생의 과정, "다시 태어남"의 경험을 통해서 이루어지게 된다. 도덕적인 재탄생, 모든 가치관의 전도는 지극히 필수적인 도덕적 전생이다. 세속적인 가치관은 천상의 가치관으로 바뀌어진다.

---

8) Matt. 6 : 46～47.

사랑은 베푸는 것을 함축하는 자선(charity)의 의미를 갖게 되는데 왜냐하면 흔히 다른 사람에게 사랑을 베푸는 사람은 사랑을 받을 자가 동정과 협력에 대한 절실한 필요에 처해 있을 때 베풀게 되기 때문이다. 그러나 예수가 가르친 바와 같이 자선은 소리를 요란하게 내면서 이루어져서는 안 되며 눈에 뜨이게 혹은 위선적으로 행해서도 안 되고 받는 자가 베푸는 자가 누구인가를 의식하지도 못할 정도로 비밀리에 이루어져야 한다는 것이다. 즉 "오른 손이 하는 일을 왼 손이 모르게 하라"[9]는 것이다. 나아가서 예수는 말하기를 만일 우리가 궁핍한 자에게 돈을 빌려 주고서 높은 도덕적 기준을 지키고자 한다면 우리는 그 돈을 되받을 것을 기대해서는 안 된다는 것이다.

5. 이상적인 도덕적 인격의 특성

예수는 이상적인 성격을 산상수훈의 팔복(八福, Beatitudes)으로 설명하고 있는데 이는 축복받고 지복의 상태에 있는 자 혹은 진정으로 행복한 사람의 특성을 열거한 것이다. 이상적인 인격에 대한 예수의 묘사는 지배적인 기존 가치관의 전도, 당시에 존재했던(지금까지도 존재하는) 부르즈와의 윤리규범의 역전이라 할 수 있는데 왜냐하면 그는 최고의 행복이 가난하고 슬퍼하며, 온유하고 자비로우며, 마음이 깨끗하고 화평하며, 의에 대한 굶주림에 젖어 있는 사람과 함께 할 것으로 보았기 때문이다. 행복과 도덕적 성품을 이루는 특정한 자세는 다음과 같이 팔복의 가르침 속에 설명되고 있다.

마음이 가난한 사람은 행복하다.
　　하늘 나라가 그들의 것이다.
슬퍼하는 사람은 행복하다.
　　그들은 위로를 받을 것이다.
온유한 사람은 행복하다.

9) Matt. 6 : 4.

그들은 땅을 차지할 것이다.
옳은 일에 주리고 목마른 사람은 행복하다.
그들은 만족할 것이다.
자비를 베푸는 사람은 행복하다.
그들은 자비를 입을 것이다.
마음이 깨끗한 사람은 행복하다.
그들은 하느님을 뵙게 될 것이다.
평화를 위하여 일하는 사람은 행복하다.
그들은 하느님의 아들이 될 것이다.
옳은 일을 하다가 박해를 받는 사람은 행복하다.
하늘 나라가 그들의 것이다.[10]

6. 십계명에 대한 수정

예수는 "십계명"이나 모세의 다른 계명을 재고하면서 이러한 계명들이 과거의 세대들에는 제대로 역할을 해 왔으나 그 이후의 도덕적 진보는 이에 대한 보충과 수정을 요구한다고 주장한다. 따라서 그는 모세가 구성한 도덕적 사다리에 더 높은 단계를 추가하리라고 믿는 교설을 소개했다. 신명기의 율법 속에서 모세는 "살인하지 말라"라고 명령한 데 비해서 이에 대한 예수의 수정은 "자기의 형제에 대해서 원한을 품는 자"도 살인하는 사람과 비교될 만한 도덕적 지위에 있게 된다고 선언하고 있는데, 왜냐하면 악행은 악한 마음에서 생겨 나기 때문이라는 것이다. 저지른 외적인 죄악이 아니라 인간성 깊은 곳에 감추어져 있는 동기, 의도, 의지, 성품 등이 악의 뿌리이다. "마음에서 나오는 것은 살인, 간음, 음란, 도둑질, 거짓 증언, 모독과 같은 여러 가지 악한 생각들이다. 이러한 것들이 사람을 더럽히는 것이다."[11] 악은 단순한 행위 이상의 것이다. 그것은 존재의 상태이고 성격의 특질이다. 따라서 살인 행위는 타인을 악용하려는 의도에서 나온다. 이것은 지옥불의 형벌을 받

10) Matt. 5 : 3∼10.
11) Matt. 15 : 19.

아 마땅한 타인에 대한 능멸의 태도이다.

성 윤리에 대한 예수의 선언 역시 외적인 행위를 넘어서 의도와 태도를 강조하고 있다. 간음하는 행위가 나쁜 것일 뿐만 아니라, 음탕한 행위를 유도하는 탐욕적인 마음과 상상도 마찬가지로 비도덕적인 것이다. 왜냐하면 "누구든지 여자를 보고 음란한 생각을 품는 사람은 벌써 마음으로 그 여자를 간음한 것"이기 때문이다.[12)]

물론 착한 사람은 그들의 약속을 지킬 것으로 기대되고 그렇게 행할 의도를 갖겠지만 예수는 약속을 하지 않으면 어길 리가 없으며 나아가서 미래에 일어날 일은 신의 손에만 달려 있다고 하면서 어떤 약속을 하는 것도 금하고 있다. 그는 오직 신만이 약속을 하고 그것을 수행할 수 있다는 것을 암시하고 있다. 인간에 대해서는 맹세하는 일을 금하고 있는데 왜냐하면 정직한 사람은 자신의 내적인 성실성에 비추어 단지 긍정하고 부정하는 것만으로 충분한 까닭에 맹세를 할 필요가 없을 것이기 때문이다.

7. 탈리오의 법(보복의 법)에 대한 개조

보복은 예수의 윤리적 입장에 어긋난다. 즉 보복의 법은 지양되어야 한다. "눈에는 눈, 이에는 이를"이라는 모세의 규범은 폭력에는 폭력으로 갚을 것을 명한다. 왜냐하면 그것이 바로 모세의 규범이 갖는 정의의 핵심이었기 때문이다. 그러나 예수의 개조된 규범은 "앙갚음하지 말아라. 누가 오른 빰을 치거든 왼 빰마저 돌려 대라"는 것이다.[13)]

간디는 예수의 이러한 가르침이 맞았을 때 되받아치는 것은 인간의 존엄성에 위배되는 것임을 의미하는 것으로 해석했다. 폭력이란 농물왕국에 있어서의 행위규범일 수는 있으나 인간존재들간에 있어서는 부적합한 것이다. 비폭력의 철학자들은 폭력이란 결코 문제를 어떤 항구적인 방식으로 해결하는 것이 아니며 진정한 힘으로서 사랑의 권능이 보다

12) Matt. 5 : 28.
13) Matt. 5 : 39.

효과적이고 지속적이라고 믿는다.

8. 도덕적 문제로서의 불안감(걱정)

예수에게 있어서는 불안감(anxiety)마저도 도덕적인 문제가 된다. 신은, 인간이 자기자신에 대해 염려하는 것 이상으로 큰 배려를 한다. 이는 다음과 같은 사실에 비추어서 알 수 있다. 즉 신은 들꽃까지도 잘 돌보는 까닭에 그것은 자신에 대한 걱정이나 불안을 갖지 않아도 훌륭하게 자라난다. 따라서 사람이 삶에 필요한 것에 대해서 지나치게 걱정하는 것은 신의 섭리를 불신하는 것이며, 그것은 비도덕적인 것이다. 기독교의 계명에 따라서 사는 삶은 그 자체가 진리임이 입증될 것이다. "따라서 여러분은 무엇보다 하느님의 나라와 하느님께서 의롭게 여기시는 것을 구하여라. 그러면 그 밖의 모든 것도 곁들여 받게 될 것이다."[14)]

나아가서 예수는 말하기를 그 누구도 한평생의 문제를 단 하루에 살아 내야 하는 것처럼 행위해서는 안 된다. 즉 한평생을 살아가면서 점차 처리해야 할 미래의 문제들까지 끌어와서 그 모든 것을 한순간에 해결할 듯이 골몰해서는 안 된다는 것이다. 그와 반대로 하루를 하루로서 살아간다면 결국 우리는 평생의 문제를 하나하나 해결하게 되는 힘이 생겨 나게 되는 것이다. 매일매일은 그날로서 충분한 고통거리를 갖는다. 우리는 그것들을 그 자체로서 일어나는 순서대로 처리해 가야만 한다. "내일을 걱정하지 말아라. 내일 걱정은 내일에 맡겨라. 하루의 괴로움은 그 날에 겪는 것만으로 족하다."[15)] 지나친 걱정을 한다고 해서 우리의 생명의 길이가 연장될 수는 없고 오히려 그것을 단축시키게 될 것이며, 이에 비해서 사려 깊은 삶은 때때로 삶을 연장시킬 수도 있는 것이다.

---

14) Matt. 6 : 33.
15) Matt. 6 : 34.

9. 타인에 대한 비판적 판단

비방은 결국 자신을 파멸시키는 일이며, 혹심한 비난을 받아 마땅하다. 다른 사람을 비방하는 사람은 그럼으로써 결국 자기자신을 비난하는 셈이다. "남을 판단하지 말아라. 그러면 너희도 판단받지 않을 것이다. 남을 판단하는 대로 너희도 하느님의 심판을 받을 것이고 남을 저울질하는 대로 너희도 저울질을 당할 것이다."[16] 다른 사람을 경멸하는 것은 자기투사라는 심리적 방어기제의 증거이다. 타인을 감정적으로 비난하는 것은 비판의 대상이 되는 결점이 자기자신 속에도 마찬가지로 존재하며 보다 더 큰 정도로 존재한다는 것을 나타낸다. "어찌하여 너는 형제의 눈 속에 있는 티는 보면서 제 눈 속에 들어 있는 들보는 깨닫지 못하느냐? 제 눈 속에 있는 들보도 보지 못하면서 어떻게 형제에게 '네 눈의 티를 빼내어 주겠다'고 하겠느냐? 이 위선자야! 먼저 네 눈에서 들보를 빼내어라. 그래야 눈이 잘 보여 형제의 눈에서 티를 빼낼 수 있지 않겠느냐?"[17]

예수의 계명은 "너희는 남에게서 바라는 대로 남에게 해 주어라"[18]라는 황금률(Golden Rule)에 전형적으로 나타난 바와 같이 결코 부정적인 것이 아니고 언제나 긍정적인 것이다. 공자(Confucius)와 같은 다른 위대한 사상가들은 동일한 규칙을 부정적인 형태로 제시했는데, 부정적인 형태로 나타난 그 규칙은 때때로 은백률(Silver Rule)로 불리어진다. 이러한 규칙의 전신이라고 할 만한 것으로서 부정적이고 불완전한 형태로 나타난 것은 구약의 외경 토비트(Tobit) 4장 15절과 세계의 많은 현존종교들에 있어서뿐만 아니라 플라톤, 아리스토텔레스, 그리고 힐렐(Hillel, 예수보다 대략 20년 선배인 유태 지도자)의 저작에도 나타나 있다. 그러한 규칙이 갖는 보편성으로 인해 그것이 인간정신에 깃들이어 있는 천부적인 도덕원칙이라고 생각하는 사람들도 있다.

16) Matt. 6 : 1~2.
17) Matt. 7 : 3~5.
18) Matt. 7 : 12.

10. 예수의 윤리에 대한 논평

예수의 윤리는 그의 전형적인 계명인 "하늘에 계신 아버지께서 완전하신 것같이 너희도 완전한 사람이 되어라"[19]에 있어서와 같이 복잡하고 여러 가지 해석상의 어려움을 갖는다. 누가복음은 이러한 명령을 온건하게 표현하여 "너희 아버지께서 자비로운 것같이 너희도 자비로운 사람이 되어라"[20]라고 적고 있다. 예수의 윤리는 억지로 하나의 체계로 정식화하려는 것으로서 의도된 것도 아니었고, 사실상 그렇게 될 수도 없었다. 그것은 주로 그때 그때마다 예수가 당면한 상황에 관련되는 임의적인 주제에 대한 평가들로 구성되어 있다. 그것은 통일성을 결하고 있을 뿐만 아니라 행해진 도덕판단에 대한 언어상의 입증도 없다. 물론 예수는 자신의 입장을 지지하기 위한 실제적인 논증을 제시하고 있기는 하다. "하느님의 뜻을 실천하려는 사람이면 이것이 하느님으로부터 온 가르침인지를 알게 될 것이다."[21] 모범적인 삶을 살아가는 동안에 그 자신이나 타인에 의해서 자신의 도덕적인 사상이 수행되는 가운데 그 정당성이 입증되는 것이다. 존 스튜어트 밀이 주장했듯이 "그리스도는 덕에 대해서 논증했던 것이 아니라 그것을 명령했던 것이다."[22]

나아가서 성경은 우리들에게 예수의 도덕철학의 단편을 제시하고 있으며 그가 말하고 행한 많은 부분을 생략했을 뿐만 아니라, 그가 한 말의 일부를 편집한 것이다. 그러나 이로 인해서 보편적 사랑이라는 그의 원리적인 가르침이 손상되는 것도 아니요, 그것을 의심하는 것도 아니다.

일부 신약성서 학자들은 예수의 가르침을 일상적인 행동규범으로 의도된 것이 아니라 이상적인 규범이나 일반적인 지침으로서 의도된 것이

19) Matt. 5 : 48; King James version.
20) Luke 6 : 36.
21) John 7 : 17.
22) John Stuart Mill, "Comment on Plato's *Gorgias*," in *Mill's Ethical Writings* (New York: Collier, 1965), p. 77.

라고 주장한다. 왜냐하면 그 도덕적인 요구사항이 너무나 엄중한 것이어서 개인이 그의 일상적인 활동 속에서 그것을 모방할 수 없기 때문이다. 예수의 도덕규범을 비상시의 윤리라고 말하면서 슈바이쩌는 논평하기를, 그것은 신약시대가 끝나기 바로 직전에 소수의 사람들만이 그대로 따를 수 있는 것일 뿐 그 이후의 장기적인 적용은 영감을 준다는 목적에 도움이 된다는 것이다.

Ⅱ. 모헨다스 간디 : 비폭력의 윤리

자기자신의 생애를 "진리에의 실험"으로 묘사하는 간디가 특히 영향을 받은 사람은 예수, 소로우, 톨스토이, 그리고 힌두성전이었으며, 보다 구체적으로 말하면 예수의 산상수훈, 톨스토이의 『신의 왕국은 그대 속에』(1894), 힌두교의 『바가바드 기타』, 그리고 소로우(Henry David Thoreau)의 『시민불복종』(1849)이었다. 이보다 작은 규모이긴 하나 러스킨(Ruskin) 역시 간디의 견해에 영향을 미쳤다. 간디로 하여금 깊이 그리고 지속적으로 귀의하게 한 사상, 즉 아힘사(*Ahimsa*)는 '비폭력'의 교설로서 생의 보존과 불살생인 것이며, 이것과 짝을 이루는 것으로서 사티아그라하(*satya graha*)는 진리의 힘, 혹은 혼의 힘으로서 '수동적인 저항'으로서의 관행으로 번역되는 것이었다.

1. 아힘사(비폭력)의 교설

자신의 자서전 속에서 간디는 아힘사의 교설을 다음과 같이 간결하게 진술하고 있다.

> 아힘사(*ahimsa*)는 포괄적인 원칙이다. 우리는 힘사(*himsa*)의 소용돌이 속에 사로잡혀 있는 무력한 유한자들이다. 생명은 생명을 먹고 살아간다는 말은 그 속에 깊은 의미를 간직하고 있다. 인간은 의

식적이거나 무의식적이거나 간에 잠시라도 외적인 힘사를 범하지 않고는 살아갈 수 없다. 먹고 마시며 활동한다는 자신의 생존 바로 그 사실 자체가 그것이 아무리 미세한 것일지라도 생명의 상해, 즉 어떤 힘사를 내포하게 된다. 따라서 아힘사의 숭배자는 자신의 신념에 충실함으로써 동정심이 그의 모든 행위의 원천이 될 것이며, 그는 자신의 전력을 투구해서 가장 미세한 생물의 살생도 피하고 그것을 구제하고자 하며 따라서 끊임없이 힘사의 사생결단적 소용돌이로부터 벗어나고자 한다. 그는 자제력과 동정심이 있어 부단히 성장해 갈 것이나 그는 결코 외적인 힘사로부터 완전히 자유롭지는 못하게 될 것이다.[23]

아힘사는 여러 가지 방식으로 나타나게 되는데, 예를 들면 그것을 따르는 자는 각기 호전적인 전쟁국들간의 적개심을 종식시키는 데 최선의 노력을 기울여야 하고 모든 살아 있는 존재들간의 일체성을 도모해야 하며 삶의 모든 활동 속에서 아힘사를 실천해야만 한다. 그에게 있어서는 "개별인간이 고려되어야 할 최고의 것이며"[24] 반면에 국가는 폭력으로부터 해방되지 않는 한에서 "혼이 없는 기계"에 불과한 것이다.

물론 아힘사는 글자 그대로 불살생을 의미하는 것이지만 그것을 간디가 적용함에 있어서는 가능한 가장 광범위한 의미와 폭 넓은 표현에 있어서의 비폭력의 교설에 바탕을 두고 있다. 왜냐하면 그것은 각 신봉자들로 하여금 타자를 상해하는 일을 삼가할 것을 요구하고 심지어 소위 자신의 적수에게 겨냥된 것이라 할지라도 어떤 자비롭지 못한 생각을 억제할 것을 내세운다. 그것은(바로 예수가 가르친 바와 같이) 폭력을 당한 자에 의한 보복을 금지할 뿐만 아니라, 타인에 대한 원한의 감정이나 복수심마저 금하고 있다.

그래서 아힘사는 각자의 적을 포함하여 모든 인간에 대한 사랑의 표

23) M. K. Gandhi, *The Story of My Experiments with Truth*(Washington, D.C.: Public Affairs Press, 1948), pp. 427~428.
24) M. K. Gandhi, *Young India*(November 13, 1924).

현이다. 침략자의 공격에 대한 보복을 삼가하는 것은 되받아 치는 행위보다 더 큰 용기를 요구하는 것이다. 반복해서 덤비는 우리의 적을 계속해서 사랑하고 폭력에 대해 사랑으로 보답하는 것은 결국 적으로 하여금 승복을 하게 만든다. 왜냐하면 정상적인 정신상태에 있는 인간이라면 그 본성상 자신에게 선행을 베푸는 자를 계속해서 칠 수가 없기 때문이며 자기자신을 피조물 중 가장 비천한 존재로 격하시키는 일을 피하기 위해서 그의 공격적인 태도를 철회하지 않으면 안 될 것이기 때문이다.

완전한 사랑의 실천은 인간의 의무이며 이러한 목적을 위해서 인간은 필요한 경우에는 자신의 육체를 완전히 희생하거나 심지어는 육체로부터 초탈하는 마음가짐을 가져야 한다. 다시 말하면 그는 인류에 봉사하기 위해서 기꺼이 죽을 수 있어야 한다. 인간의 희열은 타인에게 고통을 가함으로써 나오는 것이 아니라 자신의 십자가를 자발적으로 받아 짊어지고 그 고통을 기꺼이 감내함으로써 주어진다. 진리가 가치를 지니는 까닭은 진리가 그것을 위해 기꺼이 죽을 수 있는 인간의 내면적 원천이기 때문이다. 인간의 자유는 인간의 나약함을 통하지 않고는 결코 상실되지 않으며 공포로부터의 해방은 죽음을 불사할 수 있는 자에게만 주어지는 것이다.

2. 사티아그라하(진리의 힘 혹은 혼의 힘)에 대한 교설

사티아그라하는 산다그라하(*Sandagraha* : 진리의 견실성)로부터 만들어진 말로서 처음에는 수동적 저항의 교설에 적용되었고 드디어는 간디와 그의 동포들이 인도의 해방을 위해서 행한 모든 투쟁을 가리키는 말로 사용되었다. 그 배경은 여러 원천으로부터 연유된 것인데 예수의 산상수훈, 바가바드 기타의 카르마요가(사심 없는 의무적 봉사) 등이다. 소로우의 시민불복종의 원리와 러스킨의 사상 등이 포함되어 있다. 간디의 교설은 소로우의 "시민불복종"(civil disobedience)의 사상과 동일한 것은 아닌데, 왜냐하면 간디는 시민불복종(시민적 저항 혹은 수동적 저항)이 실제로 가끔 그러하듯이 폭력과 증오를 내포할 수 있다고 생각했기 때문이다. 나아가서 시민불복종은 흔히 약자의 손에 주어진 마지막으로 의거하게 될 무기로 간주되고 있으며, 따라서 그는 시민불복종이 자신의 관점과 합치하는 특정한 의미가 부여되지 않는 한 그러한 용어의 사용에 반대했던 것이다.

사티아그라하(문자 그대로 진리에의 고수)는 신에게 바쳐진 생활을 가리킨다. 이러한 교설에 몸을 바친 인간은 비폭력, 진리, 두려워하지 않음, 절제, 단식, 가난 혹은 무소유, 종교적 평등, 천민대우에 대한 반대, 생계만을 위한 노동, 구매를 지방산물에 제한함 등의 원리에 따라서 살아가게 된다. 간디는 그 용어의 "근본의미는 진리에의 고수, 따라서 진리의 힘이다. 또한 나는 그것을 사랑의 힘 혹은 혼의 힘이라고도 불러 왔다"고 설명하였다.[25] 이러한 교설에 충실할 경우 그 수호자는 부정의, 착취, 잔인, 억압 등의 악에 저항하지 않을 수 없다. 악에 저항하는 권능과 힘은 그 개인 자신의 내면적 원천(진리나 그 동격인 신)으로부터 솟아나며 그는 이러한 노력에 성공함으로써 타인에 대한 사랑의 봉사와 비폭력을 완수하게 된다. 사티아그라하는 악을 극복하기 위한 무기로서 이용되는 혼의 힘이다. 혼의 힘을 효율적으로 이용하기 위해서 요구되는 것들은 다음과 같다. 즉 자제의 단순한 삶을 영위할 수 있게 하는 자기단련, 증오나 공포 없이 고통을 감수하는 능력, 타인에 대한 사심 없는(그러나 진심으로 하는) 봉사의 삶, 모든 생명체들간에 존재하는 일체성에 대한 이해 등이다. 비폭력이론의 근거는 우리가 자신을 고통 속에 둠으로써 적수의 양심이나 이성에 직접 호소할 수 있고, 이를 통해 그를 개과천선시킬 수 있다는 점이라 할 수 있다. 폭력이라는 무기보다 더 효율적인 것은 양심이나 심정에 인간적으로 호소하는 것이다. 폭력이 항구적인 방편이 될 수 없는 까닭은 그것이 악을 극복하기 보다는 기껏해야 잠정적으로 악을 억압할 수 있을 뿐이며, 결국에는

25) M. K. Gandhi, *Non-Violent Resitance*(New York: Schocken, 1961), p. 6.

보다 강한 반발을 자아내기 때문이다. 이에 반해서 비폭력적인 방편은 악을 우정으로 변환시킴으로써 그것을 영원히 소멸시켜 버리는 것이다.

확실히 비폭력적 투쟁자는 용기 있는 정신적 존재인데 왜냐하면 사티아그라하는 내적인 강인성, 불굴의 정신, 자기단련, 확고한 헌신, 사심이 없음, 미소짓는 표정, 증오심이 없는 심정 등을 요구하기 때문이다. 단순히 수동적인 저항자와 비폭력적인 저항자간에는 엄청난 차이가 있다. 전자는 단지 편리한 방편으로서 수동적 저항에 의거하는 자로서 때를 봐서 재빨리 폭력적인 수단으로 옮겨 갈 수 있는 태세가 되어 있는 자이다.

3. 사회윤리로서의 사티아그라하

비폭력이나 사티아그라하는 다양한 형태로 나타날 수 있는데 그 중에는 비협력, 단식, 시민불복종 등이 있다. 비협력의 대상이 되는 것은 악을 행하는 사람 자체가 아니라, 그의 행위인데, 왜냐하면 사람에 대한 증오는 피해야 하기 때문이다. 단식은 그 동기가 의무에 대한 고차적 헌신과 적대자에 대한 사랑에 의해 주어져야 하며, 그 목적은 자신의 순화와 적에게 주는 이로운 영향에 있다. 단식은 자기의 명분의 정당성에 대해 충분한 확신을 가진 자가 마지막으로 의거할 방편으로서만 사용되어야 한다. 시민불복종은 정치적 목적으로 이루어지는 집단적인 비폭력적 저항으로서 비생산적·비도덕적인 법이나 혹은 유해한 법에 반대하는 행위 및 저항 같은 것이다. 그것은 점잖게 신사적으로 애정을 가지고 수행되는 것인 까닭에 적대자를 궁지로 몰아 넣으려는 시도를 하지 않는다. 시민불복종의 사례는 정부 부서의 직위를 사직하거나 명예로운 칭호를 거절하거나 재판정 출두의 거부, 세금 내는 일을 거부하는 것 등이 포함된다.

폭력은 파멸시킴으로써 승리함을 목표로 한다. 비폭력은 파멸에 의거하지 않고서 진리와 자기순화를 통해서 승리함을 목적으로 삼는다. 간

더는 진리란 그 속에 영원한 잠재력을 갖는 데 비해 폭력은 아무런 항구적인 결과도 성취하지 못한다고 확신했다. 폭력의 힘은 단지 물리적인 것이나 진리의 힘은 정신적인 것이다.

4. 간디의 입장에 대한 평가

간디의 도덕사상은 숭고한 것이긴 하나 시민불복종에 의거한 그의 비폭력적 캠페인으로 인해 일어난 시민적 혼란기 동안 100여 만의 사람이 죽었다는 것과 같은 결과에 비추어 볼 때 정당화되기 어려운 점이 있다. 그러나 폭력적 저항과 같은 대안을 택했을 경우 한층 더 심각한 재난을 결과했을지도 모른다. 예수와 마찬가지로 간디는 1948년 자기가 죽는 순간까지도 자신의 도덕적 이상에 따라서 살았으며, 죽을 때는 치명적인 것으로 판명된 상처를 입힌 저격범을 용서하고 변호했던 것이다. 간디의 교설에 대해서 먼 안목에서 본 실용적 검토는 아직 끝나지 않았다. 버트란드 러셀은 쓰기를, 행복으로 가득찬 세계를 창조하는 일은 인간의 힘을 넘어서는 것이다. 실제적인 장애물은 인간의 마음 속에 존재하며 그에 대한 치유책은 사상에 의해 계몽되고 강화되는 굳건한 희망인 것이다.[26]

Ⅲ. 알버트 슈바이쩌 : 생에의 외경

슈바이쩌는 자신의 도덕철학의 중심사상이 비폭력이라는 이유에서 생에의 외경(reverence for life)이라 불렀는데, 이는 그 연원이 예수의 윤리에로까지 소급하는 것이다. 그의 기본개념들 중 어떤 것에 있어서는 쇼펜하우어나 니체의 저작들에 영향을 받았다. 그의 철학은 '자기보존' 충동에 대한 쇼펜하우어의 강조를 반영하고 있으며, '생에의 긍정' 본능

26) Bertrand Russell, *Roads to Freedom*, 4th ed. (London: Allen & Unwin, 1966), p. 111.

이 중요함에 대한 니체의 주장을 나타내고 있다. "세계 속에서 생에의 무한한 의지가 우리들에게는 창조에의 의지로 나타나고 있으며, 이는 다시 우리들에게 있어서 어둡고 고통에 찬 수수께끼들로 가득 차 있다. 나아가서 그것은 우리 자신에 있어서 사랑에의 의지로 나타나는데 이는 우리들을 통해서 생에의 의지가 갖는 딜레머를 제거하고자 한다."[27] 슈바이쩌는 아주 어린 시절부터 "너희는 죽이지 말라"는 모세의 율법이 갖는 근본적인 윤리적 계명을 존중하게끔 배운 것과 자기 어머니로부터 다음과 같은 생에의 외경 원리와 유사한 침묵의 기도를 배우게 되었다고 회상하고 있다. 즉 "오 하느님 아버지, 살아서 숨쉬는 모든 존재를 보호하고 축복하소서. 그들을 모든 악으로부터 지켜 주시고 그들로 하여금 평안하게 잠들게 하소서."[28]

1. 생에의 외경

따라서 모든 살아 있는 존재에 대한 존중은 슈바이쩌 정신 속에 깊이 뿌리를 내리고 있었으며, 그것은 박테리아에 이르기까지 실로 살아있는 모든 것을 포함하는 것이었다. 그는 고차적인 생명형태와 저급한 생명형태를 임의적으로 구분하게 될 경우 인간존재도 그것이 갖는 원시적인 상태로 인해 저급한 범주 속에 속하게 될지도 모른다고 주장했다.

> 다른 종류의 생명들이 갖는 가치들간에 보편적으로 타당한 구분을 내세우게 될 경우, 결국 그러한 생명들이 우리 인간들로부터 어느 정도 멀리 떨어진 곳에 있다고 생각되는가에 따라서, 즉 우리 인간이 어떻게 판단하는가에 따라서 그들에 대한 평가가 이루어지게 된다. 그러나 그러한 것은 순전히 주관적인 기준이다. 우리 인간들 가운데 어느 누가 다른 종류의 생명이 그 자체로서 그리고 우

27) Albert Schweitzer, *Out of My Life and Thought* (New York: New American Library, 1953), p. 182.

28) Albert Schweitzer, *Memoirs of Childhood and Youth* (New York: Macmillan, 1963), p. 47.

> 주의 일부로서 어떤 의미를 갖는지 알 수 있겠는가? 이러한 구분에 따르게 될 경우, 가치 없는 생명도 있을 수 있으며, 그것을 상해하거나 살생하는 것은 아무런 문제가 되지 않는다는 견해가 뒤따르게 될 것이다. 그럴 경우 무가치한 생명의 범주 속에 우리는 여건에 따라서는 상이한 종류의 곤충을 비롯하여 심지어 원시인들조차 포함시키게 될 것이다.[29]

생에의 외경은 생명을 상해하거나 살생하는 것이 아니라 생명을 돕고 고양시키는 것을 의미한다.

생에의 외경 원리는 임의적인 살생을 거부한다.

> 살아 있는 생명체의 전체 무리와 더불어 생에의 의지에 내재한 이러한 딜레머의 법칙에 실제로 처해 있으면서 인간은 다른 생명을 희생함으로써만이 자신의 생명과 생명일반을 보존할 수 있는 지경에 거듭 처하게 된다. 만일 인간이 생에의 외경 윤리에 의해 감동을 받게 되면 그는 자신이 피할 수 없는 궁지에 이를 경우에만 생명을 죽이거나 해치게 된다.[30]

동물의 생명도 불가피할 경우에는 살생해야 하나 무차별적인 살상은 죄악인 것이다. 그것은 두 가지 의미에서 죄악이 되는데 첫째로 생명은 그 자체로서 고귀한 것인 까닭에 살생을 하는 것은 나쁜 일이다. 둘째로 살생은 그것이 살생하는 자의 정신적 타락을 유발함으로 인해 비난받아 마땅한 것이다.

살인은 희생자뿐만 아니라, 살인자 자신에게도 해를 입히는 반면에 친절은 그 반대의 효능을 갖는다. "모든 일상적인 폭력은 그 자체의 한계를 낳게 되는데 왜냐하면 그것은 조만간에 그것과 대등하게 되거나 더 우세하게 될 보복하는 폭력을 낳게 된다. 그러나 친절은…… 그 행위

---

29) Schweitzer, *My Life and Thought*, p. 180.
30) *Ibid.*, p. 181.

를 저해할 긴장관계를 만들지 않으며, 오히려 이미 존재하면 긴장관계를 그것이 이완시켜 버리는 것이다. 그것은 불신과 오해를 떨쳐 버리며 친절은 다시 그에 보답하는 친절을 유발함으로써 스스로를 강화시키는 것이다."[31]

도덕의 기준은 생에의 외경이다. 슈바이쩌의 해석에 따르면 이것은 다음과 같은 의미를 갖는다. 즉 "생명을 보존하고 촉진하는 것은 좋은 일이며 그것을 파괴하고 억제하는 것은 나쁜 일이다."[32] 황금률을 그 나름으로 해석함으로써 슈바이쩌는 윤리란 "내가 나 자신에게 보이고 있는 바와 동일한 외경을 다른 모든 생에의 의지에 대해서도 보이고자 하는 의무감을 스스로 체험하는 데" 존재한다고 생각한다.[33] 따라서 윤리란 생의 긍정이며 이는 우리로 하여금 자신의 생존을 지속하는 일뿐만 아니라 낙관적인 열정으로 생을 향유할 것까지도 요구한다.

이런 관점에서 볼 때 생에의 외경철학은 현세긍정의 세계관(혹은 생의 철학)이며, 살아 있는 존재에 대한 건실한 애정, 삶에 대한 건전한 열망인 것이다. 살아 있는 생명체를 돕고 그들의 생명을 보존하려는 시도는 두 가지 바람직한 결과를 갖게 되는데, 즉 그러한 일은 생명을 보존할 뿐만 아니라 생명을 구하기 위해서 자신을 희생하는 사람의 정신을 다시 소생시킨다. 그것이 인간이든 아니든 간에 다른 존재의 생명을 증대시키는 자는 누구나 그 자신의 정신적 존재를 그 최고의 가치에로 고양시키게 된다. "생에의 외경으로 인해서 나는 나 자신의 존재를 그 최고의 가치에로 끌어올리게 되고 그것을 세계에 제공하게 된다."[34] 따라서 생에의 외경은 자기완성의 윤리이다.

31) Schweitzer, *Memoirs of Childhood and Youth*, pp. 123~124.
32) Albert Schweitzer, *The Philosophy of Civilization*(New York: Macmillan, 1951), p. 309.
33) *Ibid*.
34) Albert Schweitzer, *The Light within Us*(New York: Philosophical Library, 1959), p. 47.

2. 선에 대한 정의

생의 전반적인 보존이 바로 선에 대한 정의이며 진정으로 윤리적인 인간은 생명을 돕고자 하거나 아니면 적어도 살아 있는 어떤 것도 해치는 것을 삼가하려는 깊은 의무감을 가진 사람이다. "그에게 있어서 생명은 그 자체로서 신성한 것이다. 그는 나무로부터 잎사귀 하나 다치지 않고 함부로 꽃도 꺾지 않으며 한 마리의 곤충이라도 밟아 죽일까 주의한다."[35] 그러한 생각을 하는 데 대해서 대다수의 사람들이 동의하지 않거나 조롱한다 할지라도 다수자가 도덕적으로 옳은 길의 표본이 아님을 염두에 두는 일이 현명하다. "진정으로 윤리적인 사람에게는 모든 생명이 신성한 것이며, 인간의 관점에서 볼 때 그 단계에 있어서 비천한 것으로 생각되는 존재일지라도 마찬가지이다."[36] 만일 우리가 양심의 가책을 느끼지 않는다는 단순한 이유로 해서 어떤 것을 죽일 권리를 갖는다고 생각한다면 "그러한 선량한 양심도 악마의 고안물임을 기억해야 하며"[37] 최고의 법정은 생에의 외경임을 명심해야 한다.

3. 생에의 외경철학의 다양한 표현

생에의 외경 윤리는 여러 가지 측면을 통해서 드러난다. 그것은 고통, 희열, 노력에 있어서 함께하는 우정을 포함하여 사랑을 통해서 나타난다. 그것은 "생에의 외경에 의해 고무된 생명에의 헌신 속에 분명히 나타나며 자비, 희생, 동정, 용서 속에 틀림없이 볼 수가 있다. 여기에서의 용서는 단지 자기 헌신에 대한 달콤한 승리감에 찬 일상적인 용서가 아니라 용서받는 이를 면목 없게 만들 의도가 없는 용서이다.

생에의 외경은 자기실현의 철학이며, 이는 "자기자신의 생에 대한 외경으로부터 솟아나는 영적인 자아실현이다."[38] 그것은 진정한 힘의 다

35) Schweitzer, *Philosophy of Civilization*, p. 310.
36) Schweitzer, *My Life and Thought*, p. 181.
37) Schweitzer, *Philosophy of Civilization*, p. 318.
38) *Ibid.*, p. 315.

른 원천들과 마찬가지로 은연중에 나타나는 것이며, 요란한 소리를 내지 않는다. "내가 유순하고 온화하며 인내하고 우정어린 존재임은 타인에게 베푼 친절로 인한 것이 아니고, 이러한 행위를 통해서 나는 나 자신의 가장 심오한 자기실현이 진실된 것임을 입증하게 된다."[39]

다른 존재를 위해 자기자신의 생명을 희생하는 자는 그로 인해서 자신의 생명을 잃는 것이 아니라, 자신의 생명을 발견하게 되는데 왜냐하면 그렇게 함으로써 그는 생명의 진정한 가치를 성취하게 되기 때문이다. 생의 외경 철학에 있어서 윤리적인 가치는 그것이 그 개인을 인간적인 존재로 만듦으로써 인간화한다는 주장과 나아가서 그 개인을 영적인 존재로 만듦으로써 정신화시킨다는 주장에 의거해 있다. 모든 생명이 성스럽다고 주장하는 사람은 자신 속에 영적인 중생을 체험하는 까닭에 생에의 외경은 내면의 철학인 것이다.

4. 사회윤리와 철학적 세계관

사회에 있어서의 인간에 대한 슈바이쩌의 견해에 따르면 인류문명은 그 딜레머에 대한 효과적인 해결책을 발견하지 못하는 한 그 종말, 즉 그 자멸에 직면하게 된다. 그 해결책이란 생에의 외경으로 이루어진 적절한 '세계관'과 우주에 대한 훌륭한 이론과 낙관주의적 철학이다. 철학자들은 플라톤이 권유한 '철인왕'이 되어서는 안 되고 칸트와 헤겔이 행한 바와 같이 통치자에게 지침을 제시해야 하며, 그럼으로써 통치자는 이들 두 철학자의 이름을 들은 적은 없으나 그 이후에 그들의 철학이 영향을 미치게 될 많은 사람들을 통치하게 되는 것이다. 현대의 통치철학은 인간의 진정한 인격성의 계발을 인간의 목적이 되게 하는 낙관적이고 윤리적인 철학이어야 할 것인데, 그러한 인격은 경외와 존엄으로서 생명을 존중하고 인간의 병고를 덜어 주고 인간주의적 과업에 참여함으로써 생명이 본래적인 가치를 갖는 것으로 내세우게 된다. 이런 식으로

39) *Ibid.*

해서 윤리는 우리 인격을 내면적으로 완성하는 일이 된다. 사회와 세계의 목표는 윤리적인 것인데 세계의 실패는 그것이 윤리적인 발전을 이루지 못하고 낙관적인 희망을 갖지 못한 데서 기인한다. 결국 문명화된 사회는 생에의 외경의 결과요 산물로서 주어지는 상태이다.

> 나의 생명은 그 자체 내에 그 스스로의 의미를 지니고 있다. 이러한 의미는 나의 생에의 의지에 나타나는 최고의 관념, 즉 생에의 외경의 관념을 실행하는 나의 삶 속에 내재해 있다. 그것을 시발점으로 해서 나 자신의 삶에 가치를 부여하고 나를 에워싼 모든 생에의 의지에 대해서 가치를 부여하며 참을성 있게 활동하고 또한 가치들을 산출하게 된다.[40]

이것은 슈바이쩌의 도덕철학에 있어서 단지 시발점일 뿐만 아니라 대단원을 이룬다. 그가 인간은 최고의 가치를 지닌 존재일 뿐만 아니라 그 자신 가치를 산출한다고 주장하고 있음을 안다는 것은 얼마나 흥미로운 일인가!

5. 결론적 논평

슈바이쩌가 그의 생에의 외경 원리를 극단적으로 끌고간 경우들은 이성이 받아들일 수 있는 정도를 넘어간다. 인간생명에의 외경은 합리적으로 견지될 수 있는 태도이나 말라리아 모기의 생명에 대한 외경은 그대로 믿어 주기가 어렵다. (하지만 슈바이쩌에게 공정한 말을 한다면 그는 비록 동물의 무분별한 살생을 정당하게 보지는 않았으나 모기의 살생은 정당화하고 있다는 점에 주목해야 한다.) 인간생명에의 외경 문제에 있어서도 존중되어야 할 것은 생명 그 자체가 아니라, 인간의 인격성인 것이다. 우연히 인간존재의 일부가 된 살아 있는 세포에 대한 외경이 아니라(신체의 세포는 부단히 파괴되고 있다) 그 생명이 보호되어야 할 개인의 전인격(entire personality)에 대한 외경이 있을 뿐이다.

40) *Ibid.*, p. 79.

제 15 장

메타윤리학
——윤리적 술어의 분석

현대의 영국 철학은 종래의 철학의 주요 관심사였던 윤리의 여러 특수문제 및 이론들을 다루는 대신 '언어분석'(linguistic analysis), 즉 "일반인들"(보통 사람들)이 이해하고 있는 바로서의 윤리언어에 대한 조사연구에 관심을 집중하여 왔다. 영국의 철학자들은 종래의 철학과 결별하였으며, 윤리이론의 전통적 영역을 벗어나 윤리적 언어의 분석 —— 규범적 정의라는 전통적 의미에서가 아니라 윤리적 용어의 실제적 용법의 관점에서 —— 을 강조하였다. 언어분석에 입각한 윤리에 대한 이와 같은 새로운 접근은 '메타윤리학'(metaethics)으로 알려져 있다.

1. 윤리학과 메타윤리학

메타윤리학이라는 용어는 1949년에 에이어(A.J. Ayer)가 윤리적 회의주의로서의 자신의 철학이, 사람들의 도덕적 가치관과 도덕적 기준에

별로 영향을 주지 못한다는 비난에 맞서 자기 철학을 옹호하기 위하여 집필한 논문인 「도덕판단의 분석에 관하여」(On the Analysis of Moral Judgement)에서 처음 만들어져 쓰인 말이다. 에이어는 모든 윤리이론들(직관주의, 자연주의, 정의주의 등과 같은 문제의 학파들을 포함하여)은 전문적으로 볼 때 윤리학에 속하는 것이 아니라 메타윤리학에 속한다고 주장하였다. 그의 주장에 따르게 될 경우 윤리적 관념들이 언어적 진술의 지위로 떨어져 언어분석에 회부됨으로써 윤리학은 도덕적 개혁활동에 한정될 것이다. 그렇지만 이 책에서는 '윤리학'(ethics)이라는 용어는 도덕이론을 가리키는 말로 사용될 것이며, '도덕'(morals)은 윤리적 관행을 의미하는 말로 쓰일 것이고, '메타윤리학'은 윤리적 규범이나 윤리적 결론 혹은 윤리적 원리를 제시하는 것이 아니라 전통적 의미에서의 윤리이론을 거부하고 다만 다양한 여러 이론에서 공통적으로 사용되는 윤리적 진술들을 분석하는 일만 하는 "비철학적인" 철학(a "nonphilosophical" philosophy), 다시 말하면 평가와는 무관한 철학(a nonevaluative philosophy)을 제시하는 도덕철학의 학파들을 지칭하는 말로 쓰이게 될 것이다.

2. 분석철학과 언어분석

현대 영국철학에 있어 전통적 의미에서의 윤리학은 급속히 사양과목이 되어 가고 있으며, 위에서 지적한 바와 같이 '언어분석'을 제 1 의 도구로 삼는 '분석철학'의 막강한 영향으로 인해 메타윤리학에 밀려나고 있다. 분석철학자들은 윤리에 대한 자신들의 철학적 견해를 직접 제시하기를 거부하고 다만 도덕적 담화의 논리적 분석에만 만족함으로써 윤리학을 보잘것 없는 시시한 과목으로 만들었다는 비난을 받아 왔다. 파톤(H. J. Paton) 같은 사람은 이 학파에 대하여 "비판가들은 이 학파가 옹졸하고 비인간적임을 발견하였다"[1]고 말하였다. 옥스포드 대학의 워

1) H. J. Paton, "Fifty Years of Philosophy," *Contemporary British Philosophy*, ed. J. B. Baille et al.(London: George Allen & Unwin, 1956).

녹(M. Warnock)은, "가장 따분했던 시대는 끝났다."[2] "과일 등급 매기기"[3] 혹은 "가상시합 장비 고르기"에 대한 논의에로의 윤리학의 타락은 이제 그 막을 내리고 있다고 말하면서 영국 윤리학의 신기원이, 즉 옳음과 좋음에 대한 오래 되고 낡아 빠진 개념 대신 진정한 윤리적 결론을 갖추고 더욱 흥미 있는 개념들을 지닌 새로운 윤리학의 시대가 펼쳐지고 있다고 믿었다.

철학자들 사이에 '논리실증주의'라는 말을 분석철학까지도 그 속에 포괄하여 사용하는 경향이 있긴 하지만, 언어철학자들은 논리실증주의, 특히 그것의 '검증가능성 원리'를 속물적인 것이라 하여 거부하고 실증주의로부터 결별하고자 한다. 분석철학자의 한 사람인 앤토니 플루(Antony Flew)는 논리실증주의를 그것이 내건 슬로건, 즉 "철학적 문제들은 대답되어질 성질의 문제가 아니라 해소되어야 할 혼란(혹은 사이비 문제)이다"에서 보는 바처럼 철학에 대한 배반으로 간주한다.[4] 다른 한편으로 논리실증주의자들은 언어분석 철학자들을 "혼란 덩어리의 말을 위해 자신들의 진리에의 권리(truth right)를 파는 "말만 좋아하는 사람"(verbosophers)이라고 혹독하게 비판하였다.[5]

이러한 구분과 상호비난에도 불구하고 이 장에서는 이들 두 철학학파 모두를 차례로 검토할 것이다. 그러나 양자간의 구분이 어려울 때가 간혹 있다. 왜냐하면 스티븐슨(Charles L. Stevenson)처럼 두 학파의 중간범주로 쉽게 분류될 수 있는 사람들이 있기 때문이다. 스티븐슨은 종종 분석철학자들에 의해 호의적으로 인용되기도 하지만, 일반적으로는 정의주의자(emotivist)로 분류된다. 나아가 두 학파는 모두 공통적으로

---

2) See M. Warnock, *Ethics Since 1900*(London: Oxford University Press, 1960), pp. 204～207.

3) Warnock is here referring to J. O. Urmson, "On Grading," Urmson compared ethical evaluations with grading *apples.*

4) Antony Flew, *Logic and Language*, 2d series(Oxford: Basill Blackwell Mott, 1953), p. 5.

5) *Ibid*.

비트겐슈타인에 그 철학적 뿌리를 두고 있다. 현재에 있어서 정의주의(혹은 가치회의주의)는 급속히 사라져 가고 있는 철학인데, 이는 실질적으로 현대의 모든 이론가들이 정의주의적 윤리설(the emotive theory of ethics)을 거부하기 때문이다. 그럼에도 불구하고 정의주의자들은 그들의 역사적 역할로 해서 주의 깊게 살펴볼 만한 가치가 있다. 따라서 이 장에서는 가치회의주의와 언어분석이라는 두 개의 제목으로 각기 정의주의와 윤리적 언어의 용법을 다루고자 한다.

3. 논리실증주의와 언어분석학파의 차이

논리실증주의자들(논리실증주의는 정의주의의 모태가 된 학파이다)은 도덕적 가치를 포함하여 형이상학을 경멸한다. 반면에 언어분석학파는 형이상학과 도덕적 가치에 대하여 중립적 입장을 취하며, 윤리적 언어 및 "일반인들"(plain man)이 그것을 일상적으로 쓸 때의 용법을 분석하는 것을 자신들의 주된 과업으로 생각한다. 언어분석학자들은 그들의 비평가적 입장으로 인해서 비철학적 철학학파(the school of nonphilosophical philosophy)로 불리어 왔으며, 이 학파가 논리실증주의와 다른 것은 바로 이러한 비평가적 입장이라는 점이다. 논리실증주의자들은 정의주의적 윤리설(윤리를 감정의 표현으로 평가함)을 제안하여, 타당한 판단이란 사실에 관한 판단이며, 반면에 감정의 표출은 전혀 판단이 아닐뿐더러 심지어 감정에 대한 판단도 아니라는 근거에서 윤리적 진술들을 타당한 판단이 못 되는 것으로 간주한다. 두 학파는 어떠한 규범윤리도 제시하기를 거부한다는 점에서 동일하지만, 그들이 거부하는 이유는 제각기 다르다. 즉 논리실증주의자들은 윤리적 규범의 존재를 인정하지 않기 때문이고, 반면에 언어분석철학자들은 규범문제에 관한 일체의 논쟁을 무시하고서 언어를 분석하는 일과 또 그것이 윤리적 이론에 대해서 가지는 함축을 추적하는 일에 전력하고자 하기 때문이다.

논리실증주의자들의 검증원리(감각적 관찰에 의해서 입증될 수 있는 명제만이 유의미한 명제라는 것)를 그들의 철학적 기초로 삼는 반면에, 분석철학자들은 이 원리를 형이상학적인 것이라 하여 거부하는 경향을 보이며 "의미를 찾지 말고 용법을 탐구하라"는 것을 그들의 금과옥조로 굳게 지킨다. 이러한 각기 엇갈린 견해들은 각기 비트겐슈타인의 전기이론과 후기이론의 근본적인 차이점들에 상응한다. 논리실증주의자들은 자연과학의 명제에만 의미를 인정하는 비트겐슈타인의 초기철학을 따르며, 반면에 분석철학자들은 의미란 용법이므로 의미의 과학적 검증을 무시하고 언어의 용법을 살필 것을 주장하는 비트겐슈타인의 후기이론을 지지한다. 실제로, 1935년에 이미 영국의 철학자 바네스(W.H. Barnes)는 가치판단이란 단지 "시인의 외침"(exclamations of approval)에 지나지 않는다고 규정하였던 것이다. 그는, "따라서 다른 사람들에게 어떤 가치판단이 참임을 설득하려는 모든 시도는 실제로는 우리가 시인하는 것들을 타인으로 하여금 시인하게끔 하는 시도이다"라고 말하면서 도덕적 논쟁이 합리적 대화로써 해결될 순 없다고 결론지었다.[6]

제 1 절　가치회의주의 : 정의주의적 윤리설

본 절에서는 정의주의적 윤리설의 옹호자인 C. K. 오그덴, I. A. 리차드, B. 러셀, A.J. 에이어 및 C.L. 스티븐슨을 살펴보기로 한다.

I. 오그덴과 리차드 : 언어의 정의적 기능

오그덴과 리차드는 그들의 공저 『의미의 의미』(*The Meaning of Meaning*, 1923)에서 문학비평의 관점에 입각한, 그러나 철학적 강조가 명백

6) W.H.F. Barnes, "A Suggestion about Value," *Analysis* 1(1934), p. 46.

히 실린 '정의주의적 윤리설'을 제시하였다. 그러나 리치드는 『문학비평의 원리』(*Principles of Literary Criticism*, 1924) 등과 같은 그의 다른 저서에서 선을 쾌락으로 환원하고 악은 "자기를 망치는 것" 혹은 "자멸적 충돌에 이바지하는 것"[7]으로 보는 윤리적 자연주의 혹은 윤리적 쾌락주의를 옹호하였다. 충동을 방해하는 것은 무엇이든지 악이며, 그것을 충족시키는 것은 무엇이든지 가치가 있다는 것이다.

1. 언어의 이중적 기능

정의주의적 윤리설은 언어의 이중적 기능, 즉 상징적(symbolic) 기능과 정의적(emotive) 기능의 발견에서 비롯되었다. 상징적 기능은 인식적 진술을 통하여 사실문제를 기술하는 것이며(과학의 경우에서처럼), 반면에 정의적 기능은 인식적 진술을 하는 것이 아니라 감정을 표현하는 기능이다. 보다 덜 세련되거나 원시적인 언어는 "거의 순전히 정의적인" 언어였다.[8]

언어의 정의적 기능은 윤리, 종교, 시 등과 같이 사실에 대한 과학적 서술보다는 일반적으로 정서의 표현에 관련되는 영역에서 발견된다. 서술적 진술들에 있어서 상징들은 사실적 실재들을 지시하며 인식적 가치를 갖는다. 반면에 정의적 진술들은 태도, 기분, 관심, 의향, 욕구 등의 언어적 기호들이다. 상징적 언어는 그 객관적인 의미 혹은 공통의 의미로 인해서 사실적 내용을 가지며, 따라서 상징어로 된 진술은 지시의 매개물을 통해 진·위 판단이 가능하다. 에펠탑의 높이는 900피트라는 주장은 이론적으로 검증 가능한 진술이다. 왜냐하면 그 진술 속의 상징들이 사실에 대한 언급을 하고 있기 때문이다.

7) Ivor Armstrong Richards, *Science and Poetry*(London: Kegan Paul, Trench, Trubner, 1935), p. 42.
8) C. K. Ogden, *Practical Criticism*(New York: Harcourt, Brace, 1930), p. 353.

2. 언어의 정의적 가치

정의적인 말들은 객관적 대상물을 갖지 않는다. 이와 같은 말들은 사실적 내용을 결여하고 있으므로 참이나 거짓이라고 주장할 수 있는 진술이 아니다. 사실상 그것들은 진술이라고 할 수조차 없는 것들이며 다만 감정이나 기분을 표명하거나 남에게 어떤 태도를 취하도록 청하는 말일 뿐이다. "우리가 '만세'라고 하거나 '시는 정신이다' 혹은 '인간은 벌레다'라고 말할 경우, 그것은 진술이라고 할 수 없으며, 심지어 거짓된 진술이라고도 말할 수 없다. 그것은 단지 어떤 태도를 유발하기 위하여 말을 사용하고 있다고 보는 것이 가장 가까울 것이다."[9] 정의적 언어들은 그것들의 애매성에도 불구하고 분명 하나의 기능을, 즉 감정을 유발하거나 태도를 자극하는 기능을 가지고 있다. 오그덴과 리치드는 벤담의 저서 『허구론』(*Theory of Fictions*)에 나오는 다음과 같은 주장에 동의한다. "'옳음'(right)이라는 말은 어떤 허구적 존재를 가리키는 이름이다. 그것은 대화의 목적상 존재한다고 가장된, 즉 허구에 의하여 꾸며진 것들 가운데 하나이다. 이와 같은 허구는 그것이 없으면 대화가 이루어지지 않을 정도로 필수적이다. 그러한 말은 비록 허구적이긴 하지만 기만적인 말이라고 부를 수는 없다."[10] 정의적 진술은 비록 옳은 진술도 그릇된 진술도 아니지만 정의적 효과(emotive efficiency) ―― 정의적 가치 ―― 를 지닌다.

3. 가치허무주의

도덕적 진술은 존재하지 않는다. 즉 도덕적 진술이란 "정의적 권고" (emotive suasions)가 그릇된 형태를 취한 것이다. '좋은'(good)이라는 용어는 그 속에 상징적 의미가 없기 때문에 분석 불가능하며, 그 말의 의

9) C. K. Ogden and I. A. Richards, *The Meaning of Meaning*(New York: Harcout, Brace, 1946), pp. 149~151.

10) C. K. Ogden, *Bentham's Theory of Fictions*(New York: Littlefield, Adams, 1959), p. 118.

의는 그것의 정의적 가치에 있다. 즉 "당신은 선하다(좋다)" 등과 같은 표현은 "당신은 우리의 충동을 만족시켜 주고 있다" 등과 같은 표현보다 더 큰 만족을 우리에게 주는 표현이다. 오그덴과 리차드는 선은 정의할 수 없다는 무어(G.E. Moore)의 학설을 거부한다.

> 선(good)은 분석 불가능한 특이한 개념이라고 주장되고 있다. 또한 이 개념은 윤리학의 주제라고도 말해지고 있다. '선'이라는 말의 이와 같은 특이한 용법을 우리는 순전히 정의적 용법이라고 생각한다. 이 말이 그와 같이 사용될 때는 그 어떤 것도 지시하지 않으며 아무런 상징적 기능도 갖지 않는다. 따라서 우리가 '이것은 좋다'라는 문장에서처럼 한 문장 속에서 그 말을 사용할 경우, 우리는 단지 '이것'을 지시하고 있을 따름이며, '좋다'라는 부가어는 우리의 지시에 아무런 차이도 가져오지 않는다. 반면에 '이것은 붉다'라고 말할 때는 '이것'에 붙여진 '붉다'라는 부가어는 우리의 지시 내용의 확대를 나타낸다. 그러나 '좋다'라는 말은 이에 필적하는 아무런 상징기능도 가지지 않는다. 그것은 단지 '이것'에 대한 우리의 태도를 표현하는, 또는 다른 사람들로 하여금 그와 유사한 태도나 어떤 종류의 행동을 유발시키는 정의적 기호로서 기능할 따름이다……정의 불가능한 '선'은……순전히 정의적 기호라고 생각한다. '선'에 대한 어떠한 정의(定義)도 감당할 수 없다고 말해지는 '그 이상의 어떤 것' 또는 '다른 어떤 것'은 그 말이 풍기는 정서적인 향기이다.[11]

리치드는 논리실증주의자들과 마찬가지로 모든 형이상학적 주장들을 혼란의 덩어리로, 그리고 태도를 유발하는 발언에 지나지 않는 것으로 처리해 버림으로써 그것들을 감정의 영역으로 넘겨 버렸다. 그리고 그와 같은 문제들은 단지 "정의적 만족에의 요구"로서 제기된다고 주장하였다.[12]

---

11) Ogden and Richards, *Meaning of Meaning*, p. 125.
12) I. A. Richards, *Principles of Literary Criticism*(New York: Harcourt, Brace, 1926), p. 84.

4. 오그덴과 리차드 윤리이론에 대한 비판

오그덴과 리차드는, 말은 오직 정보적인 것과 정의적인 것 두 가지 종류밖에 없다고 주장하면서, 정보적인(혹은 상징적인) 말만이 의미가 있고, 정의적인 말은 단지 감정을 표현할 뿐임을 입증하고자 하였다. 그들은 이 두 가지 종류의 말이 비록 동일한 종류의 의미는 아닐지언정 모두가 의미를 지닌다는 것을 깨닫지 못했다. 그들은 그들 자신의 언어의 포로가 되었던 것으로 보인다. 오스본(H. Osborne)은 오그덴과 리차드를 비판하면서 다음과 같은 논평을 하였다. "어떤 철학자들은 언어의 문법을 실재의 문법으로 오해하게끔 체계적으로 훈련되어 있다."[13]

정의적인 말이 감정을 명령할 뿐만 아니라 실제로 의미를 전달하는 것이 사실이 아니라면 언어의 정의적인 용법은 감정에 아무런 영향도 미치지 못할 것이다. 더우기 전달되는 의미는 아주 구체적인데, 그 이유는 정의적인 말이 유발하는 감정은 결코 동떨어진 어떤 반응이 아니고 특정한 성격의 것이기 때문이다. 말하자면 어떤 정의적인 말은 특정한 어떤 감정을 유발하고 다른 어떤 정의적인 말은 또 그것대로 다른 어떤 특정한 감정을 불러일으킨다. 감정에 영향을 주는 것은 말하는 이의 정의적인 말 그 자체가 아니라 오히려 듣는 이에 대하여 갖는 그 말의 의미이다.

마지막으로, 많은 단어들이 정보적인 기능과 정의적인 기능을 모두 수행할 수 있다. 상징적 언어는 종종 정보를 전달할 뿐만 아니라 감정도 유발하며, 강한 정의적인 말 역시 정보적일 수 있다. 오그덴과 리차드는 단어가 감정을 유발하는 데 사용될 때에는 감정을 유발하는 이러한 기능만이 그 단어의 유일한 기능과 의미라고 봄으로써 이른바 각각의 단어는 제각기 단 하나만의 기능을 가진다고 보는 오류를 범하였던 것이다.

13) H. Osborne, *Foundations of the Philosophy of Value*(Cambridge: Cambridge University Press, 1933), p. 84.

Ⅱ. 버트란트 러셀 : 윤리학적 회의주의와 욕구의 윤리학

윤리학에 있어서 러셀의 관점은 주관주의와 자연주의를 반영하고 있으며, 특히 자신의 '과학주의'(scientism)의 부산물인 '윤리학적 회의주의'에 근거한 정의주의를 반영하고 있다. '과학주의'란 "과학의 방법들만이 타당한 지식을 제공한다"거나 혹은 "과학 이외의 지식은 타당한 지식이 아니다"라고 주장하는 이론이다.[14] 이와 같이 과학주의는 지식의 범위를 엄밀하게 제한한다. 과학주의는 종교를 방불케 한다. 과학주의의 지지자들은 과학주의만을 신봉하고 또 오로지 그것에만 투신한다.

1. 과학주의와 도덕적 가치

과학주의는 규범윤리학과 모든 가치를 배제한다. 왜냐하면 가치는 과학의 기술이 다룰 수 없는 것이기 때문이다. 예컨대 가치는 시험관에 넣거나 현미경으로 관찰하거나 그 높이나 무게를 측정하는 일이 불가능하다. 따라서 도덕적 가치는 과학의 영역에서 배제되며, 또한 바로 이 사실로 해서 러셀이 강조한 바 인간지식의 한계를 벗어난다.

> 하지만 전통적으로 철학에 속하는 광대한 하나의 영역이 남는데, 여기에선 과학적 방법들은 부적합하다. 가치에 대한 궁극적 물음들이 이 영역에 속한다. 예컨대 과학만으로써는 잔혹한 가학행위를 즐기는 것이 나쁘다는 것을 증명할 수 없다. 알려질 수 있는 것은 무엇이든지 과학에 의해 알려질 수 있다. 그렇지만 감정의 문제라고 정당하게 볼 수 있는 것들은 과학의 영역 밖에 속한다.[15]

윤리학은 과학의 차원에서는 다루어질 수 없으므로 그것은 인식적

---

14) William S. Sahakian and Mabel Lewis Sahakian, *Realms of Philosophy*(Cambridge, Mass.: Schenkman, 1965), p. 481.

15) Bertrand Russell, *A History of Western Philosophy*(New York: Simon and Schuster, 1945), p. 834.

의미를 가지지 못하며, 따라서 참도 거짓도 아니다.

2. 가치회의주의

러셀의 정의주의적 윤리설은 여러 곳에서 발견된다. 그의 가장 최근의 견해는 『종교와 과학』(*Religion and Science*, 1935)에서 간결하게 개진되고 있으며, 이 책에 나타난 그의 윤리학적 입장은 이보다 30년 전의 그의 입장과는 "아주 다르게" 서술되고 있다. 그는 과학이 '가치'에 대해서는 침묵할 수밖에 없기 때문에 "과학의 불충분성"을 주장하는 철학자들의 견해에 동의하면서도 다음과 같은 말을 덧붙이고 있다. "그러나 윤리학이 과학에 의해 입증될 수 없거나 반증될 수 없는 진리들을 내포한다는 추론에 나는 반대한다."[16] 그는 또한 자신의 윤리이론을 "과학의 언명"(dictum of science)이 아니라 그 자신의 사견임을 밝히고 있다.

러셀의 윤리학적 회의주의는 『과학과 종교』라는 책의 "과학과 윤리"라는 장의 마지막 단락에서 분명하게 개진되고 있다. "나의 결론은, 과학이 가치의 문제를 해결할 수 없다는 것이 참이라고 한다면, 이는 가치의 문제가 전혀 지적으로 결정될 수 없고, 또 진·위의 영역 밖에 있기 때문이라는 것이다. 획득될 수 있는 지식은 어떤 것이든 과학적 방법에 의해 획득되는 것이 틀림없으며, 과학이 발견할 수 없는 것을 인류는 알 수 없다." 여기서 다음과 같은 의문이 제기될 수 있을 것이다. 만약 윤리적 관념이, 과학만이 줄 수 있는 지식으로부터 나오지 않는다면, 그러한 관념들의 기원은 무엇인가? 이러한 의문에 대해 러셀은 단지 신비적인 종교나 철학이 윤리적 가치의 원천이라고 말하는 것 밖에는 달리 대답할 도리가 없을 것이다.

러셀은 전통윤리학은 두 가지 유형의 주제, 즉 행위의 규칙과 본래적 선을 다룬다고 지적하였다. 전자는 후자를 달성함에 있어서 필수적

---

16) Bertrand Russell, *Religion and Science*(London: Oxford University Press, 1935), p. 223.

인 것이다. 본래적 선이 동의를 통하여 명확히 규정되고 나면 윤리적 규칙은 이 선을 가능한 한 많이 창조하기 위해 적용된다. 궁극적인 선이 일단 확인되고 나면 그 나머지(윤리적 규칙체계를 짜는 일)는 과학이 확립할 일로 남는다. 단지 "쾌락이 선이다" 등과 같은 선의 본성을 확언하는 명제만이 과학의 영역에서 제외되는 것이다.

"그러나 이것이 궁극적인 선인가 아니면 저것이 선인가 하는 문제에 있어서는 어떤 쪽에도 증거가 없다. 각 논쟁자는 그 자신의 감정에 호소할 수 있을 따름이며, 그리고 타인에게 유사한 감정을 일으키게 할 수사학적인 방편을 사용할 수 있을 뿐이다."[17] 이 진술에서 러셀의 정의주의는 명백히 드러난다. 윤리적 문제들과는 달리 과학적 문제들은 논쟁 당사자들이 제시하는 증거에 의해 해결된다. 이용 가능한 사실을 근거로 하여 타인으로 하여금 자신의 입장을 받아들이도록 설득함으로써 과학의 모든 문제들은 지적으로 혹은 과학적으로 해결된다.

그렇지만 도덕적 문제에 관한 한 타인의 견해를 바꾸는 데에는 그의 지성에 호소해서는 소용이 없다.[18] "가치는 종교의 옹호자들이 강조하듯이 과학의 영역 밖에 존재한다. 이 점에 있어서는 그들이 옳다고 생각한다. 그러나 필자는 여기서 더 나아가 그들이 도달하지 못했던 결론, 즉 '가치'의 문제들은 전적으로 지식의 영역 밖에 있다는 결론을 내리고자 한다. 말하자면, 이것 혹은 저것이 가치다라고 우리가 단언하는 경우 우리는 우리 자신의 감정을 표현하고 있는 것이지, 우리의 사적 감정이 각기 다를지라도 여전히 참일 수 있는 어떤 사실을 진술하고 있는 것은 아니라는 것이다."[19] 언어는 이중의 기능, 즉 1) 서술적 기능과 정의적 기능, 2) 의사소통적 기능과 표현적 기능을 갖는다. 정의

17) *Ibid.*, p. 229.
18) See Bertrand Russell, *Philosophy*(New York: W. W. Norton, 1927), p. 226; and "Reply to Criticisms" in *The Philosophy of Bertrand Russell*, ed. Paul A. Schilpp (Evanston, Ill.: Northwestern University Press, 1944), pp. 722~724.
19) *Ibid.*, pp. 230~231.

적 기능은 도덕적 행위에 영향을 미치는 데 사용된다.[20]

3. 윤리의 주관성

러셀은 윤리학을 주관성으로부터 벗어나고자 하는 시도로 간주한다. 선(good)은 욕구이지만, 그러나 욕구는 주관적이다. 그런데 도덕가들은 선을 보편화하고자, 객관적인 것으로 만들고자, 자기자신의 욕구가 타인의 욕구보다 "더 중요시할 만한 가치가 있다"는 것을 입증하고자 한다. 각 개인은 자신의 사적인 욕구가 집단의 공동욕구로 될 때까지, 말하자면 그가 속한 사회에 의해 재가되고 채택되는 욕구가 될 때까지 자기자신의 관점을 지지해 줄 동맹자를 구한다. 개인이 자신의 욕구를 객관적인 것으로 보이게 하려는 시도는 사실에 있어서는 자신의 그러한 욕구가 공동적으로 충족될 수 있다는 것을, 그리고 자기 혼자만의 복지가 아니라 인류 전체의 복지에 이바지하게 될 것이라는 것을 주장함으로써 자신의 욕구를 일반화하려는 시도이다. 선한 욕구는 단지 공유된 욕구에 지나지 않는다. "윤리학은 우리의 욕구 가운데 어떤 것들에 대해서 단순히 사적인 중요성을 부여하는 것이 아니라 보편적인 중요성을 부여해 주려는 시도인 것이다."[21]

이와 같은 견해를 두고 볼 때, 러셀 스스로도 인정하듯이 그를 윤리학적 주관주의자로 분류하는 것은 정당하다. 그러나 그는 다음과 같이 말함으로써 자신이 무엇보다도 윤리학적 정의주의를 고수하고 있음을 또 다시 보여 준다. "사람들로 하여금 어떤 것을 단순히 그 결과에 있어서가 아니라 그 자체로서 좋은(혹은 나쁜) 것임을 믿게끔 설득하려는 모든 시도는 증거에의 호소에 의존하는 것이 아니라 감정 유발의 기술에 의존한다. 어느 경우에 있어서나 모두 설교자의 기술은 타인으로부

20) See Bertrand Russell, *Human Knowledge: Its Scope and Limits*(New York: Simon and Schuster, 1948), p. 59.

21) *Ibid.*, p. 232.

터 자신의 감정과 유사한 감정을 이끌어 내는 데 있다.[22] 동시에, 러셀은 모든 도덕판단의 타당성을 부정하고 나아가 그것들에게 진술로서의 지위조차도 허용하지 않음으로써 자신의 윤리학적 회의주의를 되풀이해서 말하고 있다. "어떤 사람이 '이것은 그 자체로서 좋다'고 말할 경우 마치 '이것은 네모꼴이다' 혹은 '이것은 달콤하다'라고 말할 경우처럼 그는 하나의 진술을 하고 있는 것처럼 보인다. 그러나 나는 이 말이 실제로는 '나는 모든 사람이 이것을 욕구하기를 바란다' 혹은 오히려 '모든 사람이 이것을 욕구했으면'을 의미한다고 생각한다. 만약 그가 말하는 바가 하나의 진술로 해석된다면, 그것은 단지 그 자신의 사적인 소망의 주장에 지나지 않을 것이다. 다른 한편으로, 만약 그것이 일반적인 방식으로 해석될 경우에는 그것은 아무것도 진술하지 않고 다만 무엇을 욕구하고 있는 것에 지나지 않는다."[23] 윤리적 가치판단은 단순히 소망의 표현일 뿐이지 주장은 아니다. 왜냐하면 그것은 아무것도 주장하지 않으며 따라서 참도 거짓도 될 수 없는 것이기 때문이다' "윤리적 판단은 내 생각에 따르면 욕구의 표현이다. 그러나 그것은 내가 이 욕구를 느끼고 있다는 것을 추론상으로만 함축할 뿐이다."[24]

러셀은 자신의 이러한 철학적 입장이 함축하는 바가 아주 과격한 것이라는 점을 충분히 의식하고 있었다. 예컨대 죄악과 미덕은 구분이 불가능하게 되고 도덕성과 악은 입증될 수 없게 된다. "처벌은 범죄자가 '악인'이라는 것을 근거로 해서는 정당화될 수 없고 단지 그가 다른 사람들이 찬성하고 싶지 않은 방식으로 행위하였다는 근거에서만 정당화될 수 있다."[25] 도덕은 단지 다른 사람들의 욕구에 영향을 미치는 문제일 뿐이다. 욕구는 광범하게 수용됨으로써 도덕을 산출한다. 그러나 결국 따지고 보면 모든 가치는 인식 불가능한 것이므로 욕구에 의해 수

22) *Ibid.*, p. 235.
23) *Ibid.*, pp. 235~236.
24) *Ibid.*
25) *Ibid.*, p. 239.

행되는 측면이 있음에도 불구하고 그것들은 참도 거짓도 아니다.

4. 러셀의 비일관성

러셀은 자신의 윤리이론에 완전히 만족하지는 않았으므로 자신의 이론을 통렬하게 비판하는 몇 가지 반론을 검토하였다. 가치에 대한 정의주의적 이론의 기본전제는 도덕적 가치판단은 존재하지 않는다는 것이다. 그러나 러셀은 가치진술이 단지 정의적 표현에 지나지 않는다는 생각에 아주 만족한 것은 아니었으며, 그리고 실제로 그는 가치진술을 마치 진정한 가치판단인 양 언급하기도 하였다〔예컨대, 『결혼과 도덕』(*Marriage and Morals*)에서처럼〕. 러셀은 반사회적 행위의 부도덕성을 무시하거나 인정하기를 거부하는 사람들을 보고 격분하여 『내가 믿는 것』(*What I Belive*)에서 그들의 태도에 경멸을 표명하였으며, "잔학행위를 용인하고 순수한 쾌락을 비난하는" 성직자들에 대해서는 "그들은 젊은이들의 도덕의 수호자로서는 단지 해만 끼칠 뿐이다"라고 하여 신랄하게 비난하였다.[26] 그러나 아이러니칼하게도 그는 나중에 "잔혹한 처벌을 즐기는 것이 나쁘다는 것을 입증할 수 없다"고 단언했던 것이다.[27] 이와 같은 비일관성은 다음의 진술로 인하여 더욱더 증대된다. "잔혹한 행위를 구경하는 것은 전신을 떨게 하는 커다란 쾌락을 주며 이와 같은 사실을 나는 부끄럽게 여기지 않는다."[28] 러셀은 자신의 철학에서 다음과 같은 고도의 도덕적 가치판단을 옹호하였다. "훌륭한 삶은 사랑으로 활기가 샘솟고 지식의 인도를 받는 그러한 삶이다."[29]

러셀은 이와 같은 자신의 비일관성을 의식하고 있었다. "나는 일관성이 없다고 비난받는다. 이는 아마도 정당할 것이다. 왜냐하면 비록

26) Bertrand Russell, *What I Believe*(New York: E.P. Dutton, 1925), p. 47.
27) Bertrand Russell, *A History of Western Philosophy*(New York: Simon and Schuster, 1946), p. 834.
28) Russell, *Philososphy of Bertrand Russell*, p. 720.
29) Bertrand Russell, *Philosophy*(New York: W. W. Norton, 1927), p. 235.

나는 궁극적인 윤리적 가치판단이 주관적이라고 주장하지만 그럼에도 나 자신 윤리적 문제들에 대해 명확한 견해를 가지기 때문이다. 만약 내게 일관성이 없는 점이 있다면, 그것은 제거하게 될 경우 오히려 불성실에 빠지게 되는 그러한 비일관성이다."[30] 그는 도덕적 규범들이 마치 충심으로 따라야 할 가치가 있는 객관적 실재들인 양 열렬하게 그것들에 충실했지만 그럼에도 그러한 규범들이 주관적 감정과 견해에 근거하고 있다고 생각하였다. 그는 도덕적 문제들에 대하여 자신의 견해를 표명할 권리를 옹호하면서 다음과 같이 주장한다. "나는 윤리적 정열을 느끼고 또 표현할 나의 권리를 포기할 생각이 없다. 어떠한 논리도, 설사 그것이 나의 것이라 할지라도, 내가 그렇게 해야 한다는 것을 설득하지 못할 것이다."[31] 논리학에 대한 그 웅대한 논저인 『수학의 원리』(*Principia Mathematica*)의 공저자 중 하나인 그에게 있어 이 얼마나 놀라운 진술인가! 그의 이 진술은 정의주의를 거부하는 것일 뿐만 아니라 논리실증주의의 원리들과 배치되기까지 한다. 그의 이 진술이 옳지 않거나 아니면 실증주의의 원리들이 그릇되거나 둘 중의 하나다.

난점은 여기서 그치지 않는다. 왜냐하면 그는 또 다음과 같이 덧붙이고 있기 때문이다. "나는 곱셈 구구표를 내버릴 의사가 없는 것만큼이나 이 모두를 포기할 생각이 없다……예컨대, 어느 누군가가 우리 고장에 투우를 소개하는 것을 옹호한다고 상상해 보자. 만약 내가 이 제안을 반대한다면, 이 경우 나는 내가 나 자신의 욕구를 표현하고 있다는 것만을 느끼는 것이 아니라 이 문제에 있어서의 나의 욕구가 정당하다는 것도 느낄 것이다."[32]

5. 윤리의 주관성에 대한 비판

러셀에 의하면, 혼란과 불일치는 도덕적 가치판단의 주관적 성격에

30) Russell, *Philosophy of Bertrand Russell*, p. 720.
31) *Ibid.*
32) *Ibid.*, pp. 720, 724.

기인한다. 윤리학적 주관주의는 본질적으로 자기모순적이다. 왜냐하면 절대주의자나 아니면 최소한 객관주의자가 되지 않고서는 주관주의를 옹호하는 것이 불가능하기 때문이다. 그 이유는 주관주의자가 자신의 도덕적 견해가 올바르다거나 가장 적절한 것이라고 주장할 때 그는 자신의 견해가 다른 어떤 사람의 견해에도 상관 없이 그러하다는 것을 주장하고 있는 셈이 되기 때문이다. 말하자면 그의 견해는 타인의 반대견해에 맞서 옹호될 가치가 있는 정확한 것이거나 가장 훌륭한 것이라는 주장이다. 그러나 조드(C. E. M. Joad)가 지적한 바와 같이, 만약 도덕이 주관적인 것이라면, 모든 도덕적 견해는 동등한 가치를 가지게 되어 아이의 견해가 어른의 견해만큼 훌륭한 것이 되고, 천치의 견해와 현자의 견해가, 그리고 문명인의 견해와 야만인의 견해가 똑같은 가치를 가지게 된다."[33] 조드는 도덕이 주관적인 것일 경우 도덕적 행위의 어떠한 논리적 근거도 마련될 수 없을 것이라고 주장하였다.

> 그런데, 이 견해에 따르게 되면 연대의식이나 공감의 논리적 근거는 없게 된다. 그런 고로 내가 곤경에 처한 누군가에게 동정심을 베풀게 될 때 나는, 주관주의적 논리가 적용되는 한, 동정 대신 그에게 축하를 해 주어도 무방하게 된다. 그렇다면 왜 많은 사람들이 X의 불행을 듣고서 그것을 기뻐하는 대신 똑같이 동정을 느끼는가 하는 의문이 생긴다.[34]

Ⅲ. 에이어 : 정의주의

옥스포드대학 교수이며 자타가 공인하는 논리실증주의 옹호자인 에이어(A. J. Ayer, 1910~)는 논리실증주의의 검증가능성 원리의 전제들에 바탕을 둔 윤리관을 제시하였다. 형이상학적 실재(도덕적 가치를 포함하

33) C. E. M. Joad, *Decadence*(London: Faber and Faber, 1948), p. 151.
34) *Ibid.*, p. 150.

여)의 개념을 배제하는 그의 이론은 가치회의주의로 귀결한다.

에이어는 논리실증주의자들(혹은 신실증주의자들)의 검증원리를 다음과 같이 진술한다. "명제는 그것의 진리가 경험을 통해서 결정적으로 확증될 수 있을 때 그리고 그 경우에만 강한 의미에서 검증 가능한 명제라고 말해진다…… 그리고 경험을 통하여 그 명제의 개연성을 인정할 수 있을 경우 그것은 약한 의미에서 검증 가능한 명제라고 말해진다."[35] 어떤 진술이 진정으로 의미 있는 진술이 되려면 위와 같은 의미에서 경험적으로 검증 가능한 것이어야 하거나 아니면 선험적인(a priori) 의미에서 분석적으로 검증 가능한 것이어야 한다. 감각적 경험으로부터 나온 관찰기술은 감관을 통해서 실제로 혹은 직접적으로 검증 가능한 그러한 진술이다. 혹은 그것이 검증 가능한 다른 진술을 수반할 경우에는 간접적으로 검증이 가능하다. 형이상학적 가치(도덕적 가치를 포함하여)들에 대한 진술처럼 이 검증가능성 원리를 충족시키지 못하는 진술은 진정으로 의미 있는 진술이 못 된다. 따라서 그러한 진술은 참도 거짓도 아니다. 윤리적 문장들은 감정적으로는 의의 있는 것들이지만 진정으로 의미 있는 문장들은 아니다.

그러나 그의 나중의 수정된 입장[36]은 비록 여전히 "윤리적 진술들은 실제로는 전혀 진술이 아니며, 아무것도 기술하지 않으며, 참도 거짓도 아니다"[37]라는 견해를 고수하기는 하나, 이러한 견해가 어떤 점에서는 잘못일 수도 있다는 것을, 말하자면 영어의 일반적 용법에 있어서는 윤리적 발언은 단순히 감탄이라기보다는 진술이라고 부르는 것이 적절하다는 것을 인정하였다. 그는 "한때 나 자신이 말했던 바와 같이, 이들 도덕판단들을 단지 어떤 감정, 즉 찬성이나 불찬성의 감정표현에 지나

35) A. J. Ayer, *Language, Truth and Logic*, 2d ed.(New York: Dover, 1946), p. 9.
36) The earlier position was offered in his very influential book, *Language, Truth and Logic*, which first appeared in 1936 and was revised in 1946. The later position appeared in *Horizon*(1949) and was revised in 1946. The later position appeared in *Horizon*(1949) and *Philosophical Essays*(1954).
37) A. J. Ayer, "On the Analysis of Moral Judgment," in *Horizon* 20(1949) and *Philosophical Essays*(London: Macmillan, 1954), p. 231.

지 않는다고 말하는 것은 지나친 단순화"[38]라는 점을 시인하였다. 그렇지만 에이어의 진정한 의도는 윤리적 판단을 유의미한 명제로 보는 용법을 배격하는 것이었다. 그러나 그는 윤리적 가치들을 단순히 감정의 표현이나 표명 혹은 감탄으로 보는 그의 초기견해까지는 나아가지 않고 이것들을 단지 "행위의 양식"(patterns of behavior)들로 보고 도덕판단을 이들 양식 가운데 하나로서 포함시키고자 하였다.

1. 정의주의적 윤리설

에이어는 정의주의의 신조를 다음과 같이 규정한다. "도덕판단은 서술적이라기보다 정의적이며, 사실에 대한 진술이 아니라 태도를 설득하기 위한 표현이다. 따라서 도덕판단은, 참도 거짓도 될 수 없다. 혹은 적어도, 참과 거짓의 범주를 도덕판단에 적용하지 않게 되면 문제가 보다 명료해지게 될 것이다."[39] 심지어 '어떤 것도 좋거나 나쁘지 않다' '무엇을 하든 그것은 문제가 안 된다' 등과 같은 부정적 진술문에 있어서조차도 참이나 거짓이 존재하지 않는다. 왜냐하면 그와 같은 주장들은 단지 도덕적 태도를 암암리에 표현할 따름이기 때문이다.

에이어에 의하면 전통적인 윤리설들은 다음과 같은 네 가지 범주로 분류된다. 1) 윤리적 용어에 대한 정의(定義)를 표명하는 명제들, 말하자면 정의(定義)의 정당성을 다루는 판단들, 2) 도덕경험과 그 현상 및 원인을 기술하는 명제들, 3) 의무나 덕을 고취시키는 훈계를 담은 문장들, 4) 실제의 윤리적 판단을 담은 문장들. 이 네 가지 부류 가운데 첫 번째 것만이 진정으로 도덕철학을 구성한다. 두 번째 부류는 과학——예컨대, 사회학이나 심리학——에 속해야 한다. 세 번째 부류는 도대체 명제라고도 부를 수도 없고, 단지 다른 사람들로 하여금 일정한 양식의 행위를 행하거나 따르도록 유도하기 위해 의도된 일종의 감탄(ejaculation)

38) *Ibid.*, p. 238.
39) *Ibid.*, p. 246.

에 지나지 않는다. 네 번째 부류, 즉 실제의 윤리판단들은 정의나 기술 혹은 훈계로서의 자격을 갖지 못하므로 무엇으로 특별히 분류되지 않지만 그러나 의심할 여지 없이 도덕철학과는 관계 없는 것들이다. 왜냐하면 도덕철학은 어떠한 윤리적 판결도 하지 않고 윤리적 언어의 분석에만 그 임무가 한정되어 있기 때문이다. 그리고 이러한 임무는 메타윤리학의 영역에 속한다.

에이어는 가능한 한 "모든 윤리적 용어를 윤리와 무관한 용어로 환원하는"[40] 메타윤리학적 작업을 자신의 과제로 삼았다. 윤리를 찬성의 감정이나 견해의 문제로 간주하는 주관주의자들과 윤리를 선과 행복의 견지에서 정의하는 공리주의자들은 양쪽 모두 자신들이 성공했다고 주장한다. 그러나 에이어는 이들 양 학파가 모두 서술적인 윤리적 상징들을 마련하기 위하여 사회과학에 호소하고 있으며 그럼으로써 그것들이 사실적 용어로 정의(定義) 가능하다는 주장을 했기 때문에 양 학파의 결론을 모두 거부하였다. 에이어의 견해로는 규범적인 윤리적 상징들은 직관적으로 파악되는 것으로서 단지 검증 불가능한 가치진술들이다.

에이어는 규범윤리적인 진술들은 분석 불가능하며 진정한 명제나 판단을 가장한 사이비개념들이라고 주장하였으며, 나아가 "명제 속에 윤리적 상징이 존재한다는 단지 그 사실로 해서 그 명제의 사실내용에 무엇인가가 덧붙여지는 것은 아니다"고 주장하였다.[41] 그는 이 점을 분명히하기 위해 다음과 같이 예를 든다.

> 따라서 "그 돈을 훔친 너의 행동은 옳지 않았다"라고 누군가에게 내가 말할 경우, 나는 "너는 그 돈을 훔쳤다"라고 단순히 말했을 경우보다 더 이상의 무엇을 진술하고 있는 것이 아니다. 이 행동은 나쁘다는 말을 덧붙임에 있어, 나는 그 행동에 대한 더 이상의 어떠한 진술도 하고 있지 않다. 나는 단순히 그 행동에 대한 나

40) Ayer, *Language, Truth and Logic*, p. 104.
41) *Ibid.*, p. 107.

> 자신의 도덕적 비난을 나타내고 있는 것이다. 그것은 내가 어떤 독특한 혐오의 어조로 "너는 그 돈을 훔쳤다"라고 말하거나 혹은 어떤 특별한 감탄부호를 덧붙여 그 말을 글로 쓴 것과 마찬가지다. 그러한 어조 혹은 감탄부호는 그 문장의 진정한 의미에 아무것도 보태지 않는다. 그 어조는 단지 그 문장의 표현에 말하는 이의 어떤 감정이 수반하고 있음을 보여 주는 역할을 할 따름이다.[42]

"돈을 훔치는 것은 나쁘다"와 같은 도덕의 일반규칙은 사실적으로는 무의미한 진술이다. 따라서 그것은 진과 위로 서술될 수 있는 명제가 아니다. 그것은 감탄부호가 도덕적 비난을 전달하고 있는 "돈을 훔치다니 ! ! !"라는 감탄적 발언에 비교될 수 있다. 그러나 그것은 하나의 진술로서는 참도 거짓도 아니다. 그와 같은 문제에 대해 어떤 사람이 나와 일치하지 않는다는 것은 단지 그 사람이 그것에 대해 나와 같은 감정을 갖고 있지 않다는 것을 뜻할 뿐이다. 그러나 그와 나의 불일치는 감정에 관련된 것이지 진정으로 참이거나 거짓인 판단과는 관련이 없기 때문에 그와 내가 모순될 수 있는 아무런 타당한 근거도 있을 수 없다. 어떤 행위가 나쁘다고 하는 나의 주장은 사실 진술을 구성하지 않으며, 그렇다고 주관주의자들이 주장하듯이 나 자신의 마음의 상태에 대한 진술을 구성하는 것도 아니다. 그것은 참이거나 거짓이라고 서술될 수 있는 진정한 명제나 판단이 아니다.

2. 가치회의주의

이상에서 검토한 모든 윤리적 규범들은 도덕적 가치는 알려질 수 없다는 가치회의주의(value scepticism)로, 혹은 더 나아가 도덕원리들은 존재하지 않는다는 가치허무주의(value nihilism)로 귀착한다. 윤리적 판단은 감정의 표현으로 환원되고, 감정을 일으키거나 특정 유형의 행위를 자극하거나 소정의 행위를 명령하기 위해 의도된 것이다. 행위를 유

---

42) *Ibid.*

발하기 위해 의도된 명령의 어조는 그 명령을 강조하는 효과를 갖는다. 그러나 명령은 명제로서는 아무런 의미도 없다. 따라서, 내가 "진실을 말하라"와 같은 도덕적인 명령을 했을 경우 거기에는 아무런 윤리적 판단도 제시되어 있지 않다. 왜냐하면 나는 단지 "나 자신의 감정을 표출했을" 따름이기 때문이다.

우리가 윤리적 판단을 정당화할 기준에 도달할 수 없다는 데 대한 에이어의 근거는 윤리적 판단이 감각적 경험과 독립된 절대적 타당성을 가진다는 것이 아니라 윤리적 진술은 객관적 타당성을 결여하고 있다는 데 있다. 윤리적 진술은 감정에 대한 주장도 아니며, 단지 감정의 표현이거나, 혹은 어떤 특수한 어조로 표현된 감탄이거나 아니면 감정을 유발하기 위해 의도된 몸짓을 동반한 감탄에 지나지 않는다. "윤리적 판단은 아무런 타당성도 갖지 않는다."[43] 이 이론에 따르게 되면, 가치문제에 대한 모든 논쟁은 종결된다. 왜냐하면 논쟁은 사실문제에 관련해서 벌어져야지 가치에 관한 문제를 두고 벌어져서는 안 되기 때문이다. 심지어 자신의 윤리이론이 상대방의 이론보다 우월하다고 주장하는 것조차도 하나의 가치판단을 제시하는 것이므로 이 이론체계에 모순된다. 이와 같은 모든 판단은 타당한 논증의 한계를 벗어난다. 그리하여 에이어는 다음과 같이 결론짓는다. "도덕철학은 단지, 윤리적 개념이 사이비개념이며 따라서 분석 불가능한 것이며 결국 정의 불가능한 것임을 밝히는 데 있다."[44]

3. 에이어의 수정된 정의주의

앞에서 지적한 바와 같이 에이어는 윤리적 발언이 어떤 의미에서는 진술이 될 수 있으며, 윤리적 발언을 단순히 감탄의 말로 간주하는 것은 관행에서 벗어난다는 것을 시인함으로써 자신의 입장을 완화하지만

43) *Ibid.*, p. 110.
44) *Ibid.*, p. 112.

윤리적 판단을 진정한 판단이나 명제로 받아들이는 것을 거부한다. 그렇지만 그는 도덕판단을 단순히 행위의 표현으로 간주하는 것도 문제를 지나치게 단순화하는 것이란 점을 인정했으며 오히려 다음과 같이 주장하는 편이 더 나을 것이라고 생각했다. 즉 "도덕적 태도로 기술될 수 있는 것들은 일정한 행위양식들이며 그리고 도덕판단의 표명은 이와 같은 양식의 한 요소이다. 도덕판단을 정의함에 있어 태도가 도움이 된다는 의미에서 도덕판단은 태도를 표현하는 것이다."[45] 왜 사람들이 일련의 사실에 일정한 방식으로 반응하는가의 이유를 발견하는 것은 사회과학자의 임무이다. 철학자의(적어도 에이어의) 관심사는 도덕적 태도의 과학적 분석이 아니라 "윤리적 언어의 용법에 대한 분석"이다. "도덕판단을 분석하는 것 그 자체는 도덕적 설교행위가 아니다."[46]

도덕판단은 어떤 의미로는 태도이고 태도의 설득적 표현이며 사실에 대한 진술은 아니다. 도덕판단은 기술적인 진술이라기보다 정의적 표현이다. 이 이론에 비추어 보게 되면 윤리학자의 임무는 도덕적 설교가 아니라 도덕과 무관한 활동, 즉 도덕판단을 분석하는 메타윤리학적 활동에 종사하는 데 있다. 가치판단을 인정하지 않는 에이어가 자기자신에게는 참에 속하는 가치판단을 하는 자유를 허용한다는 것은 흥미로운 일이다. 그는 자신의 논문 「도덕 판단의 분석」(On the Analysis of Moral Judgements)에서 다음과 같은 가치판단으로 결론을 맺고 있다. "내가 지금까지 보여 주고자 시도했던 것은 내가 옹호하고 있는 이론이 유용하다는 것이 아니라 그것이 참이라는 것이다."[47]

4. 정의주의에 대한 비판

브랜드 블랜샤드(Brand Blanshard)[48]는 정의주의를 신랄하게 비판하

45) Ayer, *Philosophical Essays*, p. 238.
46) *Ibid.*, p, 247.
47) *Ibid.*, p. 249.
48) Brand Blanshard, *Reason and Goodness*(London: George Allen & Unwin, 1961), chap. 8.

면서 정의주의의 전제들 위에 근거한 다음과 같은 두드러진 점들을 제시하였다. 1) 어떤 것도 실제로 "다른 어떤 것보다 더 좋다거나 더 나쁘다거나 하지 않다." 2) 즐김에 있어서의 유일한 선은 그것에 대한 우리의 태도이며 따라서 즐기는 것에 대한 우리의 관심이 소멸됨에 따라 선 또한 사라진다. 3) 어떤 경험이 현재로서 더 이상 존재하지 않을 때는 그 가치를 설명할 길이 없다. 4) "정의주의는 가치를 그것이 속하고 있는 영역으로부터 이탈시킨다."[49] 5) 고통이나 죽음 혹은 이것을 타인에게 가하는 일은 악한 것도 그런 것도 아니다. 6) 도덕적 태도는 임의적인 것이다. 7) 윤리적 믿음의 타당성이나 가치에 대한 두 사람간의 일치나 불일치는 있을 수 없다. 8) 도덕적 진보를 이루는 일은 불가능하다. 9) 아무도 윤리적 판단에 대해 적절한 찬반논증을 할 수 없다. 10) 윤리적 논쟁을 해결해 줄 "객관적인 최고법정"은 없다. 11) 정의주의는 도덕적 관념들에 대한 정확한 해명이나 설명을 하지 못한다.

루이스(C.I. Lewis)에 의하면 정의주의는,

> 인간의 정신에 지금까지 나타났던 가장 기묘한 탈선 중의 하나이다. 가치파악 일반에 대해서 진·위의 성격과 지식으로서의 성격을 부정하는 것은 도덕적인 냉소주의뿐만 아니라 실제적 냉소주의를 함축한다. 그것은 모든 행위의 정당성을 무효화한다. 왜냐하면 행위가 실현해 줄 어떤 가치 있는 결과에 대한 어느 정도의 확신이 없으면 행위는 무의미하게 되기 때문이다. 그리고 이러한 부정은 만약 끝까지 일관되게 밀고 나갈 경우 모든 지식의 정당성까지도 무효로 만들게 된다. 왜냐하면 믿는다는 것은 그 자체가 하나의 능동적인 태도이며, 사람이 믿는 바에 있어 옳다는 것이 틀리는 것보다 더 나을 것이 없을 경우, 그러한 태도는 무의미하게 될 것이기 때문이며, 또한 지식 일반은 행위를 위한 것이기 때문이라는 두 가지 이유에서이다.[50]

---

49) *Ibid*., p. 213.

50) C. I. Lewis, *An Analysis of Knowledge and Valuation*(LaSalle, Ill.: Open Court, 1946), p. 366.

이와 유사한 맥락에서 하트(S. L. Hart) 는 인간의 가치판단에 대한 정의주의의 마비된 무관심을 "정신적 착란"과 도덕적 무감각"의 탓으로 돌렸다.[51]

정의주의, 특히 에이어식의 정의주의는 여러 철학계파에 비상한 반발을 불러일으켰다. 영국의 철학자 조드는 논리실증주의 전반을 비판하는 글을 썼는데 그는 여기서 정의주의를 다음과 같이 반박하였다.

> 만약 "도덕적"이란 말이 아무것도 나타내지 않는다고 한다면 우리는 윤리적 판단이 어떻게 형성되게 되었으며 미적 판단과 어떻게 구분되게 되었는지를 이해할 수 없게 될 것이다. 만약 그 말이 특수하고 또 독특한 무엇인가를 나타내는 말이라고 한다면, 에이어의 이론은 그것이 어떻게 그리고 왜 그러한지를 전혀 설명하지 못한다. 왜냐하면 그의 이론은, 윤리판단이 언급하는 대상이라고 할 수 있고 윤리판단이 표현하는 감정을 그것에 대한 반응이라고 볼 수 있는 객관적이고 동시에 독특한 어떤 사실적 요소가 우주 속에 존재한다는 것을 부인하기 때문이다.[52]

조드는 주장하기를, 만약 어떤 사람이 "절도는 나쁘다"는 진술은 도덕적 함축을 결여한 염오의 표현에 지나지 않는다는 것을 믿게끔 설득되었을 경우 그 사람은 절도가 나쁘다는 것을 믿지 않게 될 것이라고 하였다. 마틴 다키(Martin D'Arcy), 루터 빈클리(Luter J. Binkley), 그리고 이들 이외에도 몇몇 철학자들은 "만약 이 이론이 광범하게 받아들여지게 될 것 같으면 사회에 해를 입히게 될 것이다"라고 논하면서 정의주의를 그것이 빚게 될 건전치 못한 결과를 들어 비판하였다.[53] 빈클리

---

51) Samue l L. Hart, *Treatise on Values*(New York: Philosophical Library, 1949), p. 63.

52) C. E. M. Joad, *A Critique of Logical Positivism*(London: Victor Gollancz, 1950), p. 132.

53) Luther J. Binkley, *Contemporary Ethical Theories*(New York: Philosoph ica Library, 1961), p. 78.

는 조드에 동의하여 "정의주의자들이 내세우는 윤리적 판단의 의미는 실제로 사람들이 그 말로써 의미하는 바와 다르다"고 논평하였다.[54]

무어 (G. E. Moore)는 도덕적 가치에 대한 판단의 타당성을 부인하기 위해서는 우선 "왜 사람은 윤리적 명제에 대해 왈가왈부하는가?" 하는 문제가 해결되어야 한다고 지적하였다.[55] 휠라이트 (Philip Wheelright)는 무어의 이와 같은 관점에 동의한다.

> 물리학자들은 어떤 종류의 실재하는 물리세계의 존재를 전제하지 않는 한 그들의 고유 주제를 토론할 수 없다. 즉, 그들은 그와 같은 세계의 존재를 당연한 것으로 가정함으로써만 그것의 특수한 본성에 대한 탐구에 착수할 수 있는 것이다. 이와 마찬가지로, 인간사에 있어서도 좋은 것과 나쁜 것 그리고 옳은 것과 그릇된 것들이 존재한다고 전제하지 않고서는, 그리고 이와 같은 것들을 발견하고 또 그것들에 관한 문제를 제기하는 일이 윤리학의 임무라고 전제하지 않고서는 윤리적 토론 또한 불가능해진다.[56]

인식론상의 회의주의적 견해들은 자기모순을 면할 수 없다. 왜냐하면 회의주의자는 인식이 불가능하다는 주장을 하기에 앞서 "어떻게 그와 같은 귀중한 지식(회의주의)을 획득하게 되었는가? 하는 물음에 대답해야 할 것이기 때문이다. 가치회의주의자 역시 유사한 곤경에 빠지게 된다. 만약 가치가 존재하지 않는다고 한다면, 그는 자기자신의 윤리적 견해에 어떠한 가치도 부여할 수 없게 되며, 자기자신의 입장이 기존의 입장만큼 참이라거나 혹은 더 나은 것이라고 주장할 수 없게 된다. 왜냐하면 만약 그렇게 주장할 경우 그것은 하나의 가치판단이 될 것이기 때문이다. 모든 가치를 부인하는 가치회의주의자가 자기자신의

54) *Ibid.*, p. 79.

55) G. E. Moore, "The Nature of Moral Philosophy," in *Philosophical Studies*(Paterson, N.J.: Littlefield, Adams, 1959), pp. 310~339.

56) Philip Wheelright, *A Critical Introduction to Ethics*, 3d.(New York: Odyssey Press, 1959), p. 299.

이론을 뒷받침하기 위해 암암리에 가치에 호소한다는 것은 얼마나 역설적인 일인가! 정의주의자들은 진리나 가치는 존재하지 않는다는 자신들의 견해를 제외한 모든 견해들은 거짓이라는 것을 다른 사람들에게 설득코자 하므로 그들 자신의 체계 역시 진리를 결여하게 되며 어떠한 가치도 부여받을 수 없게 된다. 루이스가 주장하였듯이, "가치판단의 인식적 성격과 진리 가능성(possibility of truth)을 부인하는 자들은 결국에는 모든 크레타 사람들은 거짓말장이라고 말한 크레타 사람 에피메니데스의 입장과 똑같은 처지에 자신들이 빠져 있음을 깨닫게 될 것이다."[57]

에이어와 현대의 다른 모든 논리실증주의자들에게 가해지고 있는 가장 통렬한 비판은 그들의 철학 전체의 근거인 검증원리가 논리적으로 결함이 있는 원리라는 공격이다. 즉 검증원리가 다른 원리들을 그것들의 형이상학적 성격을 들어 거부하게 될 때, 그것은 자기자신을 파괴하는 원리가 된다는 것이다. 어떤 원리들이 성격상 형이상학적이라는 이유로 거부된다면 검증원리 역시 거부되어야 하며, 이 원리의 몰락과 함께 논리실증주의 철학 전체와 모든 정의주의 이론들도 붕괴되고 만다.

모든 형이상학을 비실재적인 것으로 몰아부치는 철학은 그 성격상 형이상학적인 것으로 판명되며 따라서 그 자신까지도 거부할 수밖에 없는 것이다. 논리실증주의자들에게 이러한 딜레마를 안겨 준 탁월한 철학자들 가운데 한 사람으로서 케임브리지 대학의 존 위즈덤(John Wisdom)은 검증원리를 "형이상학적 이론들의 거대한 집합들 중 하나의 일반화"로 간주한다.[58]

57) Lewis, *Analysis of Knowledge and Valuation*, p. 373.
58) John Wisdom, "Metaphysics and Verification," in *Mind* 47(1938), p. 452; and in his *Philosophy and Psycho-Analysis*(Oxford: Basil Blackwell, 1953), p. 51.

Ⅳ. 찰스 스티븐슨 : 비인지론적 윤리이론

영국의 철학계를 지배해 왔던 형이상학적 교설들은 하바드대학과 케임브리지대학에서 훈련받은 스티븐슨(Charles L. Stevenson, 1908∼)의 저서로 인하여 미국의 철학계에도 상당한 정도로 잘 알려지게 되었다.

1. 윤리적 판단과 태도 및 정의적 의미

스티븐슨의 윤리사상형성에 있어서는 오그덴과 리차드가, 그리고 윤리학에 대한 그의 경험적 접근에 있어서는 흄이 각각 결정적 영향을 주었다. 윤리적 판단은 단순히 태도(attitudes)를 표현하는 것에 그치는 것이 아니라 실제로 태도를 형성하고 바꾸기도 한다고 한 것이 스티븐슨의 견해이다. 윤리적 판단들은 과학적으로 뒷받침할 수 없고 또 비자연적 성질들을 갖지도 않지만, 그러나 그것들이 지닌 두 가지 독특한 특징, 즉 정의적 의미(emotive meaning)와 태도에 있어서의 불일치(disagreements in attitude)로 인해서 확인될 수 있다. 어떤 사람이 어떤 행위를 증언하고 평가할 때 그는 그것에 대한 어떤 감정을 경험하게 되는데 그것이 바로 윤리적 판단의 정의적 의미인 것이다. 그는 그 행위에 대하여 찬성이나 불찬성의 태도를 취하게 되는데 이러한 태도는 그 상황의 사실에 의존한다고 할 수 있다. 그러나 사실에 대해 견해를 같이하는 사람들도 사실에 대한 그들의 태도에 있어서 일치하지 않을 수 있다. 윤리적 논쟁은 태도의 불일치를 반영한다. 즉, 사랑이나 증오가 특수한 심리적 태도이듯이, 윤리적 논쟁도 이와 같은 특수한 심리적 태도에 있어서의 불일치를 반영한다. "규범윤리학은 단지 학문에 그치는 것이 아니다……윤리적 문제들은 무엇을 찬성할 것인가에 대한 개인적 및 사회적 결단을 내포하는 것이기 때문이다. 그리고……이와 같은 결단은 확실히 지식에 의존하긴 하지만 그 자체가 지식을 구성하지는 않는다."[59]

---

59) Charles L. Stevenson, *Ethics and Language*(New Haven: Yale University Press,

이러한 결론은 도덕이 사회적 승인이나 비난의 문제라는 흄의 결론과 유사하다. 윤리적 판단의 본질적 기능은 "사실을 지시하는 일이 아니라 '영향을 창조하는 일,'[60] 말하자면 타인의 태도에 대해 영향을 주는 일에 있다. 윤리적 논쟁은 태도의 일치와 함께 종결된다.

2. 태도와 가치판단 시인이론

스티븐슨에 의하면, 예컨대 '좋은'(good)의 개념에 어떤 하나의 정의적 의미가 기본적인 것으로 들어 있듯이 윤리적 용어들에는 각기 하나의 특수한 의미가 본래부터 깃들여 있다. 도덕적 가치에 대한 그의 시인이론(approval theory)은 에이어와는 달리 도덕적 가치판단을 단순히 "감탄적 발언"이나 "감정의 표현"으로 간주해 버리지 않고 윤리적 판단 간에도 진정한 불일치가 있을 수 있는 여지를 남긴다는 점에서 그의 선배들의 이론과는 뚜렷이 다르다. 윤리적 진술들은 그것들이 이루어지는 고유한 맥락 속에서 고찰될 경우 정의적 의미와 서술적 의미를 둘 다 가진다. 도덕적인 불일치는 소견의 불일치(disagreements in belief)를 수반할 수 있긴 하지만 일차적으로는 그리고 명백히 태도에 있어서의 불일치(disagreements in attitude)이다. 윤리적 판단이 인식적 가치를 가지게 되고 윤리적 토론이 의의가 있게 되며 또 윤리적 판단의 의의를 개인들의 '태도'에서 찾아야 하는 이유는 이것들에 대한 사람들의 태도가 다르기 때문이다. 윤리적 논쟁은 소견이 아니라 정서나 감정을 중심으로 일어난다. "윤리적 진술들은 사람들에게 영향을 주는 데 사용된다 …… 그것들은 사람들이 이미 갖고 있는 태도를 서술한다기보다 사람들의 태도를 변화시키거나 그 강도를 심화시킨다. 이와 같은 영향은 윤리적 용어들이 의미하는 어떤 불가사의한 속성에 의해서 매개되는 것이 아니라, 그것들의 '정의적' 의미에 의해 매개되며 이로 인해서 그 용어

1944), preface.

60) Charles L. Stevenson, "The Emotive Meaning of Ethical Terms," *Logical Positivism*, ed. A. J. Ayer(New York: Free Press, 1959), p. 269.

들은 암시의 용도에 맞게 사용된다.[61] 도덕적 훈계는 태도의 변경을 요청하는 것으로 이해되어야 하고 도덕적 의무나 도덕적 원리로 간주되어서는 안 되며 오직 시인(approval)의 문제로 간주되어야 할 것이다. 어떤 행위를 비난하는 것은 그 행위에 대한 비난의 태도를 취하는 것이며 그것을 시인하는 것은 그것에 도덕적 지위나 가치를 부여하는 것이다.

다른 사람의 태도를 변화시키고자 애쓰고 있는 사람들은 어떤 도덕적 노력에 관여하고 있는 것이며 그의 진술은 서술적인 것으로 간주되어서는 아니 되고(만약 그것을 서술적인 것으로 간주해야 한다면, 그것은 심리학의 영역에 속하게 될 것이다) 태도의 변경을 요구하는 명령으로 간주되어야 한다. 도덕가와 과학자가 갈라서는 분기점은 전자는 타인의 태도를 자기가 바라는 대로 변화시킴으로써 그의 행위에 영향을 주고자 노력하는 반면에 후자는 행위와 태도를 서술하는 인과관계에 관심을 가진다는 데 있다. "윤리적 논쟁이 해결되기 위해서는 논쟁 당사자들의 태도에 있어서의 불일치가 해소되어야 하며, 따라서 일방이나 타방의 태도(혹은 양쪽 모두의 태도)가 바뀌거나 수정되어야 한다."[62]

그러므로 규범윤리학은 소견(사실지)의 불일치를 해결하려는 것이 아니라 태도의 불일치를 해결하고자 하는 것이다. 그렇지만 소견은 태도와 밀접한 관계를 갖기 때문에 윤리적 논쟁에 있어 중요한 역할을 수행한다.

> 만일 어떤 사람이 하나의 가치평가적 결정을 내리고자 할 경우 그는 지금 자기자신의 태도들간의 어떤 갈등을 해결하고자 노력하고 있는 것이라 할 수 있다. 왜냐하면 그의 소견들이 그의 태도들간의 조정자로서 이바지하기 때문이며, 또한 그 소견들은 여러 가지 새로운 방식으로 태도들을 통합함으로써 그것들의 결합된 힘을

61) Charles L. Stevenson, *Facts and Values: Studies in Ethical Analysis*(New Haven: Yale University Press, 1964), p. 138.
62) Stevenson, *Ethics and Language*, p. 139.

변화시킬 것이기 때문이다. 그러므로 그의 태도에 있어서의 갈등의 해결은 다양하게 변하게 되는 그의 소견에 크게 좌우될 것이다.[63]

소견의 불일치는 방법의 분석에 의해 해소될 수 있는 반면에 윤리에 있어서의 불일치는 태도의 변화에 의해 해결된다. 따라서 의미 있는 윤리적 진술은 태도에 관련된 진술인 것이다.

3. 설득적 정의

스티븐슨은 다음과 같이 윤리적 문장과 명령문의 기본적인 모형을 들고 있다.

1) "이것은 나쁘다"는 "나는 이것을 시인하지 않는다; 너도 역시 그렇게 하라"를 의미한다.
2) "그는 이 일을 해야 한다"는 나는 그가 이 일을 하지 않고 그냥 두는 것에 대해 시인하지 않는다; 너도 그러지 말아라"를 의미한다.
3) "이것은 좋다"는 "나는 이것을 시인한다; 너도 역시 그렇게 하라"를 의미한다.[64]

이 세 가지 모두에서 화자는 청자의 태도를 자기자신의 태도에 일치하도록 바꾸고자 노력한다. 화자의 의도는 자신의 감정이나 소견을 서술하거나 정당화하는 것이 아니라 청자의 태도를 변경시키는 데 있다. "명령문과 윤리적 문장은 모두 다 단순히 사람들의 목적과 행위를 서술하는 데 사용되기보다 그러한 목적과 행위를 격려하거나 바꾸는 데 혹은 수정하는 데 더 많이 사용된다."[65] 만약 어떤 사람이 다른 사람의 태도

63) Charles L. Stevenson, "The Emotive Conception of Ethics and Its Cognitive Implication," in *Bulletin of the Eastern Division of the American Philosophical Association*(1949), p. 7.
64) Stevenson, *Ethics and Language*, p. 21.
65) *Ibid*.

의 변화를 일으키기 위하여 그 사람의 소견을 바꾸는 합리적 방법을 사용할 수 없을 경우 그는 합리적인 방법이 아닌 다른 어떤 기술, 예컨대 스티븐슨이 '설득적 기술'이라고 부르고 있는 것과 같은 비합리적 기술을 사용할 수 있을 것이다. "그것은 사용되는 말의 순전한 직접적인 정의적 충격(효과) ——정의적 의미, 수사적인 말씨, 극적인 몸짓, 적절한 비유, 청자나 청중과 친밀한 관계를 갖기 위한 세심한 배려 등등——에 의존한다."[66] 설득은 합리적인 방법이 아니라고 주장하는 것은 설득이 불합리한 방법이라는 것을 의미하는 것이 아니다. 그러나 그것은 역시 합리적인 방법도 아니다. 설득적 방법은 합리적인 방법이 관련되는 소견에 관여하지 않고 태도에 관여한다는 의미에서 합리적인 것을 넘어선다. 설득적 방법의 주요한 방편은 정의적 언어의 이용이다.

설득은 또한 정의(定義)에까지 연장된다. 설득적 정의(persuasive definition)란 "우리에게 익숙한 어떤 단어에 그 단어의 정의적 의미를 실질적으로 변화시킴이 없이 새로운 하나의 개념적 의미를 부여하는, 그리고, 이렇게 함으로써, 사람들의 이해 관심의 방향을 변화시키려는 의식적 혹은 무의식적 목적에서 사용되는"[67] 정의를 말한다. 설득이나 태도에 관한 한 타당성이란 무의미하다. 왜냐하면 이것들에 대해서는 타당하다거나 부당하다는 말이 적용될 수 없기 때문이다. 설득적 정의는, 서술적인 용어이면서 정의적 가치도 풍부한, 우리에게 익숙한 단어를 사용해야 한다. 왜냐하면, 설득적 정의의 목적은 문장의 서술적 의미를 바꾸는 데 있기 때문이다. 설득적 정의에 있어서는, 단어들의 서술적 의미와 정의적 의미가 결합되어 있으므로 이 단어들은 태도를 수정하는 데 있어, 그들이 지닌 최대의 효력을 발휘하게 된다. "하나의 정의를 선택한다는 것은, 정의된 단어가 강하게 정의적인 경우, 어떤 변호를 하는 것이다."[68] 태도는 윤리적 판단에 의해서만 바뀌는 것이 아니라

66) *Ibid.*, p. 139.
67) Charles L. Stevenson, "Persuasive Definitions," *Mind* 47(1938), p. 331.
68) Stevenson, *Ethics and Language*, p. 210.

정의(定義)에 의해서도 역시 바뀐다. "태도의 불일치는 사전적 정의에 관해서도 논의될 수 있다.[69] 이것은 정의적 단어들에 관한 정의가 대부분 설득적 정의이긴 하나 그것들이 모두 다 설득적 정의라는 것을 의미하지는 않는다.

4. 언어의 두 가지 목적

"대체로 말하면 우리가 언어를 사용하게 되는 데에는 두 가지 서로 다른 목적이 있다. 한편으로 우리는 소견을 기록하고 명확히하며 전달하기 위하여(과학의 경우에서처럼) 언어를 사용한다. 다른 한편으로, 우리는 우리의 감정을 표출하기 위하여(감탄), 혹은 정서를 창조하기 위하여(시), 혹은 다른 사람의 행동이나 태도를 유도하기 위하여(웅변) 언어를 사용한다."[70] 구사되는 말이 전자의(서술적인) 것이냐 후자의(역동적인) 유형이냐 하는 결정은 그 말을 사용하는 사람의 의도나 목적에 달려 있다. 과학의 진술과 같은 사실 진술은 서술적 용법의 예가 되며 반면에 감탄문에는 역동적인(dynanic) 용법이 지배적이다. "어느 누가 자기 가슴을 치면서 '젠장' 하고 말할 경우, 그의 말의 의도는 어떠한 소견을 기록하거나, 명료히하거나 혹은 전달하는 것이 아니다."[71] 그러나 이 말은 여기서 사용되듯이 역동적으로 쓰일 경우 가치를 갖는다.

언어의 역동적 용법과 밀접히 관련된 것은 정의적 의미, 즉 즉각적인 감정의 분위기를 창조하고 감정적 반응을 일으키는 언어의 효력이다. 정의적인 의의를 지닌 말들은 각각 그에 맞는 특정한 유형의 역동적 용도를 가진다. 도덕판단들은 그것들이 지닌 정의적 의미로 해서, 타인의 태도에 영향을 주는 데 효력을 발생하는 "준명령적인 힘"을 가진다. 이와 같은 태도들을 정확하게 기술하는 것은 심리학자의 소관이며 심리학자는 태도의 변화를 일으키는 가장 효과적인 방법에 관심을 갖는다. 반

69) *Ibid.*
70) Stevenson, "Emotive Meaning of Ethical Terms," p. 21.
71) *Ibid.*

면에 도덕가(모랄리스트)는 직접 태도의 변화를 일으키고자 한다.

윤리학의 방법에 관한 연구는 윤리학자의 영역에 속한다. 윤리학자는 태도의 변화를 추구하는 일 외에도 도덕언어의 의미를 명료히하는 것과 윤리적 판단의 증명을 추구한다. 스티븐슨은 그의 논문 「정의적 윤리관과 그것의 인식적 함축」(The Emotive Conception of Ethics and It's Implications)에서 다음과 같은 자신의 중심적 입론을 진술함으로써 끝맺고 있다. "정의적 윤리관은 윤리학으로부터 그 반성적인 요소를 박탈하기는 커녕 사실상 그러한 요소들을 다양한 그대로 온전하게 보존한다."[72]

5. 스티븐슨의 비인지론에 대한 평가

도덕적 문제를 둘러싼 논쟁은 태도의 변경을 위해 의도된 것이라는 스티븐슨의 주장이 옳다는 것은 의심의 여지가 거의 없다. 왜냐하면 비록 모든 윤리적 논의의 의도가 다 그런 것은 아니라 할지라도 그것은 대부분의 윤리적 논의의 중요한 목적이기 때문이다. 뿐만 아니라, 도덕철학적 논의가 목표로 하는 바 불일치의 해결에 대해서도 똑같은 말을 할 수 있을 것이다. 그럼에도 불구하고, 도덕적 경험의 자료를 비인지론(noncognitivism)에 제한하려는 시도는 도덕적 경험의 중요한 사실들을 고려하지 못하는 것이다. 에이어의 이론을 비판하는 데 사용되는 논거 가운데 많은 것들이 스티븐슨의 이론에 대해서도 역시 타당하게 적용된다. 브란트(Richard B. Brandt)는 스티븐슨의 비인지론을 다음과 같이 지적하고 있다.

> 스티븐슨의 비인지론은 매우 복잡하면서도 그다지 현실성이 없다. 그의 비인지론은 다음과 같은 점을 가정하고 있다. 즉 어

72) Charles L. Stevensen, "The Emotive Conception of Ethics and Its Cognitive Implications," *Philosophical Review* 59(1950), p. 304.

떻든 우리는 어떤 의미에 있어서의 윤리적 언어의 기본용도가 태도를 표현하고 유발하는 것이며, 속성지시적 (property-referring) 용도는 오히려 이차적이라는 것을 알 수 있다는 것이다. 정의주의자가 어떠한 사실에 기초해서 이와 같은 결론을 내리게 되는지 상상하기가 어렵다. 때때로 정의주의자는 사실을 도외시해 버리고서 그것을 단순히 정의(定義)의 문제로 생각하면서 말하기를, 어떤 윤리적 용어가 갖는 바 태도를 표현하는 특징과 태도를 유발하는 특징이 어느 주어진 경우에 있어 그 말의 기본적인 기능이 되지 못할 경우, 그 말의 발언은 윤리적 혹은 규범적 발언으로서의 자격을 갖지 못한다는 것이다. 그렇지만 정의주의적 이론을 비판하는 사람이 정의주의 이론을 정의상 참이라고 하는 주장을 그대로 받아들여야 할 이유는 없다. 우리가 알고자 하는 것은, '바람직한' 혹은 '의무' 등과 같은 말의 의미와 기능, 즉 그것들이 진지한 주장으로서 사용된다는 것을 우리가 직관적으로 확인할 수 있는 그러한 문맥 속에서 그 말들이 갖는 의미와 기능이다. 이러한 문맥에서 사용되는 말들이 일차적으로 속성지시적인가 아니면 태도를 표현하고 유발하는 용도를 갖는가 하는 것은 관찰로서 결정될 문제이지 정의(定義)의 문제는 아닌 것이다.[73]

나아가서 브란트는 사람들이 일반적으로 도덕적 이유라고 불리는 것과는 다른 이유에서 타인의 태도를 변화시키고자 한다는 사실에도 주목하였다. 윤리적 논증은 단지 태도를 변화시키는 것만을 목적으로 한다고 주장하는 비인지론자들은 잘못 생각하고 있다. 왜냐하면 사람들의 태도를 변화시키는 데 효력이 있는 많은 논증들이 꼭 윤리와 관련된 논증들이어야 할 필요가 없기 때문이다. 예컨대 자기 딸이 특정 대학에 입학할 수 있도록 하기 위해 혹은 자신의 모교가 파산을 면하도록 하기 위해 그 쪽에 유리한 방향으로 투표하게끔 마음이 움직여진 국회의원의 경우를 생각해 보라.

73) Richard B. Brandt, *Ethical Theory*(Englewood Cliffs, N.J.: Prentice-Hall, 1959), p. 214.

브란트는 스티븐슨의 "태도의 불일치"라는 개념에 대해 다음과 같이 논평하였다.

> 나의 결론은 다음과 같다. 즉 스티븐슨 씨가 입증한 것은 우리 모두가 실제에 있어서 윤리적 관련성이 있다고 간주하는 사실적 논점들에 대한 중요한 분석들 중 일부분만이, 아니 극소수의 경우만이 논리적 관련성이 있는 것으로 간주될 수 없다는 점이다. 이것은 순수한 인지적 분석이 이루어질 수 없다고 생각할 정당한 이유가 있다는 것을 입증하기에는 그의 논증이 실로 너무 미흡하다는 것을 의미한다.[74]

사실적 진술은 독특한 윤리적 불일치와는 논리적으로 관계가 없으므로 그와 같은 진술은 단지 윤리적 태도의 "인과적(심리적) 전제들"에 지나지 않는다. 사람은 의료사회화 제도에 대해 그것이 자신의 직업상의 지위를 위태롭게 하리라는 근거에서 찬성하지 않을 수 있으며, 그리고 이와 같은 불찬성은 정의주의적 이론에 입각하면 윤리와 관계 있는 것으로 해석될 것이다. 그러나 이와 같은 태도변화는 스티븐슨이 윤리적이라고 본 그러한 종류의 태도변화가 아니다. 그러므로, 윤리적으로 관계 있는 태도와 관계 없는 태도를 구별해야 할 것이다.

설사 도덕적 문제는 태도의 불일치를 해결하는 수단이라는 스티븐슨의 주장이 옳다고 하더라도 도덕적 문제가 단지 그것만이고 그 이상의 것이 아니라는 것은 극심한 논란의 여지가 있다. 태도는 그 자체에 있어서는 그리고 그 자체로서는 예수의 윤리에 있어서처럼 최고의 도덕적 가치를 가질지 모른다. 어떤 태도들은 명백히 윤리적이며, 다른 어떤 태도들은 도덕적으로 중립적이다. 개인의 도덕적 태도들은 그의 인격과 그의 행위 모두에 유익한 영향을 주며, 따라서 다른 사람들에게 좋거나 나쁜 영향을 미친다. 존 듀이(John Dewey)는 이러한 이론에 반

74) Richard B. Brandt, "The Emotive Theory of Ethics," *Philosophical Review* 59 (1950), p. 312.

대하여 윤리적 기준은 순전히 태도적이라고 주장한다.

> 우리는, "만약 상대방으로 하여금 어떤 경우의 경험적 사실들에 대하여 우리와 일치하도록 만들 수 있을 경우 그는 그 사실들에 대하여 우리와 동일한 도덕적 태도를 취하게 될 것이다"고 희망하거나 기대한다—— 비록 여기서 다시 이러한 태도가 "마술적", "호전적인" 혹은 여타 임의로 고를 수 있는 수천의 형용사들 중에 유독 "도덕적"이라는 말로서 불리는 이유가 분명하지 않긴 하지만.[75]

듀이는 개인의 비자발적인 정서적 반응은 눈물이나 미소 혹은 다른 신체적인 형태들이 일반적으로 가치의 표현으로 해석될 수 없는 것과 마찬가지로 그 자체로서 도덕적인 것으로 간주될 수 없다고 주장하였다. 어떤 외침들은 갑작스러운 절규나 감탄이며, 반면에 다른 어떤 외침들은 의도적이고 또 전달의 수단으로 역할한다.

"X는 나쁘다"는 진술은 "나는 이것을 시인하지 않는다. 너도 또한 그러지 말아라"라고 말하는 것과 같다는 스티븐슨의 주장은 의심스럽다. 왜냐하면 대부분의 사람들은 그것이 "나는 나의 의무감 때문에 X를 시인하지 않는다. 그리고 나의 의무감은 나로 하여금 이와 같은 나의 지각 있는 견해를 너와 함께하도록 촉구한다"를 의미한다고 생각하기 때문이다. 의무감은 명백히 우리가 일상적으로 경험하는 엄연한 사실 가운데 하나이며, 그것은 다른 어떤 경험과 마찬가지 방식으로 경험적인 근거를 가지고 있다.

스티븐슨은 "좋음"이 하나의 태도를 지칭하는 말이기 때문에 그것은 객관적 함축을 가지지 않는다고 생각했다. 그러나 태도는 비록 본성상으로 주관적이긴 하나 심리학자가 정신건강의 관점에서 혹은 사회심리학적 함축의 관점에서 태도의 객관적 가치를 평가하듯이, 객관적 근

75) John Dewey, *Theory of Valuation*(Chicago: University of Chicago Press, 1939), p. 8.

거에 의거해서 평가될 수 있는 것이다. 이와 마찬가지로, 도덕적 성질을 소유하고 있는 태도들도 그것들의 윤리적 가치에 따라 평가될 수 있을 것이다.

제 2 절 언어분석 : 윤리적 언어의 용법

정의주의 (emotivism)는 급속히 대두되었으나 오래 지속되지는 못하였으며 지금은 '언어분석철학'에 그 자리를 양보하였다. 정의주의의 퇴조에 대해서는 여러 가지 이유를 들 수 있는데, 그 이유들 가운데는, (블랜샤드에 따르면) 도덕적 가치판단의 부인, 논증을 거부하는 극단적인 경향, 그리고 감정의 의의에 관한 과장된 주장으로부터 야기되는 혼돈 등이 있다. 언어분석적 윤리학자들은, 그들과 정의주의자들이 메타윤리적 주장이 규범적으로 가치중립적인 것임을 시인한다는 점에서 함께 하지만, 그들이 도덕적 가치판단을 인정한다는 점에서 정의주의자들의 견해를 개선시켰다고 믿는다. 언어분석가들은, 가치판단이 단순히 선택의 표현이기 때문에 도덕적 결단의 표현으로서 도덕원리들은 합리적 근거가 없다고 생각하는 실존주의자들과 의견을 같이한다.

무어와 비트겐슈타인에 의해 지배되었던 영국철학은 다음의 슬로건들에 의해 전형적으로 표현되는, 적어도 세 단계를 거쳐 전개된다. 1) "한 진술의 의미는 그것의 검증방법이다." 2) "의미를 묻지 말고 용법을 물어라." 3) "모든 진술은 그 자체의 논리를 갖는다."[76] 이 슬로건들 중 특히 3)과, 보다 중요한 것으로서 2)는 언어분석학자들의 상상력을 자극하였다. 제 2 차 세계대전 직후 옥스포드대학 출신의 철학자 엄슨

76) J. O. Urmson, *Philosophical Analysis: Its Development between the Two World Wars*(Oxford: Clarendon Press, 1956), p. 179.

(J. D. Urmson)은 그의 등급 매김 이론(grading theory)을 발전시켰는데, 이 이론은 언어분석철학에 중요한 계기를 마련하였다.

I. 엄슨 : 등급 매김으로서의 윤리적 평가

'등급 매김' (grading)이라는 용어는 영국 농산성에 의해 제정된 품질 식별기준에 따라 사과를 분류하는 영국 청과물 재배자들의 관례에서 유래된다. 엄슨은 사과의 등급을 매기는 것과 윤리적 가치의 등급을 매기는 것 사이에 현저한 유사성이 있다고 보았다.〔그는 유일한 가치어로서 '좋음' (good)을 분석하였을 뿐, 옳음, 그름, 그리고 좋음과 유사어들인 다른 가치어들을 배제하였는데, 왜냐하면 그 용어들은 서로 다른 기능을 가지고 있어서 "등급 명칭" (grading labels)으로 간주될 수 없기 때문이다.〕 그의 기본입론은 사과(사물)를 좋은 것이라고 등급을 매기는 것과 사람을 좋다고 등급을 매기는 것 사이에 아무런 논리적 차이가 없으며, 단지 차이가 있다면 후자의 경우에 있어서는 등급 매김이 도덕적 평가이며, 따라서 그만큼 더 중요한 것일 수 있다는 점뿐임을 입증하고자 하는 것이다.

엄슨은 언어에 있어서 등급 매김의 용법을 분석하였는데, 가치의 등급 매김(어떤 것을 도덕적으로 좋다거나 나쁘다고 판단하는 것)은 등급 매김 일반의 한 세목에 속한다고 주장하였다. 등급을 매기는 데 사용되는 형용사(좋은, 나쁜, 일등급의 등과 같은)는 '등급 명칭'으로 불린다. 등급 매기는 일(평가하는 일)은 대상들이 각기 지니고 있는 장점의 서열에 따라 그것들을 분류하는바, 심리적 등급 매김이라 불리는 활동과, 혹은 그룹별로 사물들의 서열을 매기는(배열하는) 물리적 등급 매김이라 불리는 활동이나 과정이 있다. 하나의 사과를 특별히 좋아하는 것으로 등급을 매기는 것은 심리적 등급 매김이며, 이에 비하여 그것을 똑같은 품질의 다른 사과들과 함께 어떤 상자에 넣는 것은 물리적 등급 매김이다. 등급 명칭은 장점의 서열을 가리키는데, 예를 들면 "좋은"은 하나의 등급 명칭이다. 이러한 특별한(ad hoc) 명칭들은 논란을 불러일으키는 문제를 피한다는 이점을 갖는다. 예를 들어 한 학생의 시험지를 그리스어 델타(δ)로 매기는 것은 "어리석고 무가치한"이라고 매기는 것보다 그를 덜 당황하게 만드는 것이다. 전문직업상의(상업적) 등급 명칭은 보통의 질을 가진 생산품을 "좋은", 더 나은 것을 "매우 좋은", 더 한층 나은 것을 "탁월한"이라고 등급을 매김으로써 감정상의 호소력을 갖게 된다. 아마추어 운동가들과 도락가들은 그들의 집단을 분류하기 위해, 또는 경쟁에서 그들의 기능을 평가하기 위해 등급 명칭들을 자주 사용한다.

1. 여러 윤리학파에 있어서의 등급 매김

윤리이론의 여러 학파들은 등급 매김에 있어서 서로 다른 측면들을 강조한다. 자연주의자들은 일정한 도덕적 성질을 자연적 결과에 의해 기술하며, 그리고 이 성질들을 가장 합당하게 기술하는 등급 명칭을 선택한다. 직관주의자들은 도덕적 특성들에 대해 그들 스스로 직관적으로 감지한 유형에 주목하고, 그것들에 대해 명칭을 붙인다. 정의주의자들은 윤리적 가치들과 관련된 감정적 반응에 기초하여 그것들에 대해 명칭을 붙인다. 따라서 사과의 등급을 매기는 데 있어서 자연주의자들은 그 맛이 우리에게 쾌적한 신체적 반응을 줄 수 있을 만큼 '좋다'면 사과들을 "좋다"고 등급 매길 것이다. 직관주의자들은 그가 사과에서 느끼는, 혹은 사과의 속성이라고 생각하는 정의 불가능한 비자연적 성질에 "좋은"이라는 명칭을 적용할 것이다. 그리고 정의주의자는 그 사과맛을 보면서 느꼈던 감정적 반응에 "좋은"이라는 명칭을 적용할 것이다.

엄슨은 결론지어 말하기를 이 개개의 이론들이 그 입장에 유리한 어떤 점을 갖는다 할지라도 그 이론들은 모두 잘못되어 있어, 어떤 이론도 합당치 못하며, 어떤 이론도 다른 이론에 의해 설명될 수 없다고 하였다. "기술하는 것은 기술하는 것이며, 등급을 매기는 것은 등급을 매기는 것이다. 그리고 감정을 표현하는 것은 감정을 표현하는 것일 뿐이다. 따라서 이 이론들 중에 어떤 것도 다른 이론으로 환원될 수 없으며, 그 이론들 중에 어떤 것도 그 밖의 다른 것으로 환원될 수도 정의될 수도 없다."[77]

2. 등급 매김의 기준

등급 매김의 명칭에 관련된 도덕적 가치에 대한 오해와 불일치는 주로 '등급 매김의 기준'에 대한 견해가 서로 다르다는 점에 기인한다. '좋음'의 의미와 그것의 올바른 적용에 대한 다양한 윤리이론은 "좋음의 기준에 도달하는 방법"에 대한 이론들로 간주될 수 있다. 행동의 양식이나 규범을 수정하고자 하는 개혁론자들은 그러기 위해서 기존 등급 기준을 논박하게 되며, 따라서 등급을 매기기 위해 받아들여질 수 있는 다른 기준을 찾아야 한다. 다음의 이유들은 왜 도덕적 등급 매김에 불일치가 있는가를 설명해 준다.

1) "우리는 좋음(또는 일등급임)에 대해서 대체적으로 동일하거나 정확히 동일한 기준을 받아들이지만, 아직 그것들을 전부 검토해 보지 못하였다."[78] 많은 논의들이 부분적인 증거를 바탕으로 진행되었는데, 이 문제는 "다른 일치된 자료"를 고려해 봄으로써 해결될 수 있다.

2) "우리는 동일한 기준들을 받아들이지만 부차적인 문제들에 있어서만 그러하다."[79] 이러한 상황에서 일어나는 논쟁은 아마 해결될 수 없을 것이다.

3) "우리는 기준들에 대한 어떤 일치도 혹은 최소한의 일치도 가

77) J. O. Urmson, "On Grading," in *Mind* 59(1950), pp. 145~159, Also in *Approaches to Ethics*, ed. W.T. Jones et al., 2d ed.(New York: McGraw-Hill, 1969); and in Antony Flew, ed., *Logic and Language*, 2d series(Oxford: Basil Blackwell, 1959), p. 171. Page references in the following discussion are from Flew's edition.

78) *Ibid*., p. 181.

79) *Ibid*.

지고 있지 못하다."[80] 이 점과 관련되어 있는 문제들은 해결될 수 없다. 왜냐하면 그 문제들은 논의조차 될 수 없기 때문이다.

4) "우리는 중요한 점에서 기준들에 대해 일치하지 않을 수 있다 …… 개혁가(reformer)들은 그것이 무엇인지 알 것이다. 그는 기존 기준에 의해 어떤 것이 좋은지 나쁜지를 묻지 않고, 새로운 규범, 새로운 기준을 옹호함으로써 자신이 개혁가임을 밝힐 것이다."[81] 이 문제에 있어서 도덕문제에 대한 논쟁은 통상적 방식으로 다루어지지 않고 2)에 있는 기준의 문제를 수반한다.

개혁가는 도덕적 가치들을 그의 새로운 기준에 의거하여 논의하는데, 그가 도덕적 가치를 다룰 때는 마치 그의 가치관이 공인된 척도나 되는 것처럼 다루게 된다. 이것은 그가 새롭게 제시한 기준을 인정받기 위한 노력에 있어서 효과적인 테크닉이다.

엄슨은 주장하기를 만일 우리가 앞서 말한 도덕적 가치의 불일치에 대한 설명에 동의한다면, 그럼으로써 우리는 그 문제 전체를 다음과 같은 단순한 규칙으로 환원하게 된다고 주장한다. "등급을 매기는 단어들은 기준들이 이미 인정된 곳에서만 의사소통을 위해 성공적으로 '사용'될 수 있다."[82] 그러나 우리가 이 설명에 동의하지 않는다면 혼란만이 초래될 것이다. 등급을 매기는 기준들이 채택되지 않는다면 등급을 매기는 단어들이 사용은 되지 않고 논의만 될 것이다. 엄슨의 체계는 기본적으로 비인지론적이다. 왜냐하면 "X는 좋다"라는 평가는 어떤 판단을 내리는 것과 동일한 것이 아니라, 선택의 행위이기 때문이다. 가장 중요한 이러한 문제에 있어 엄슨은 도덕논쟁을 해소하기 위한 시금석으로서 등급 매김의 기준을 제공하지는 못하였으며, 결국 그는 윤리학의 주된 논점을 놓친 셈이다.

---

80) *Ibid.*
81) *Ibid.*, p. 186.
82) *Ibid.*, p. 182.

Ⅱ. 헤어 : 보편적 처방주의로서의 윤리학

헤어(R.M. Hare)는 스티븐슨의 "정의적 의미"를 "평가적 의미"(evaluative meaning)라는 용어로 대체하였으며, 윤리를 언어의 '서술적'(descriptive) 사용이 아니라 '처방적'(prescriptive) 사용으로 보았다. 처방적 언어란 인간행동의 지침으로서 의도된 것이며, 이러한 것이 바로 윤리적 원리의 기능이다. "좋음"과 "해야 한다"라는 용어들은 평가적으로 사용된다. "나는 X를 해야 한다"를 가치판단으로 사용하는 사람은 "나에게 X를 하게 하라"라는 명령이나 권고를 동시에 주장하고 있는 것이다. 일인칭 명령문의 이면에는 모든 사람에 관한 "준명령문"(quasi-imperative)이 들어 있다.

'보편적 처방주의'(universal prescriptivism)는 헤어가 그의 윤리이론에 대해 붙인 명칭이다. 그는 『도덕의 언어』(*Language of Morals*, 1952)에서 윤리학을 "도덕언어에 대한 논리적 연구"[83]라고 정의하였고, 그 다음 저서인 『자유와 이성』(*Freedom and Reason*, 1963)에서는 윤리학의 기능이란, "도덕적 사고(thought)가 표현된 언어의 논리적 구조를 드러냄으로써 도덕적 물음에 대해 더 합당하게 생각하도록 하게 하는"[84] 데에 있다고 주장하였다. 그는 뒤의 책을 앞의 책이 발간된 이후의 그의 사상을 보충해 주는 발전된 기록이라고 생각하였다. 『도덕의 언어』라는 저서의 전제는 도덕판단이 규정적 판단이며, '보편화 가능성을 지녔다'는 점에서 다른 판단들과 구분된다는 것이다. 도덕판단의 이론적 근거는 그 판단들의 명령적 특성이 아니라 보편화 가능성(universalizability)인데, 이것이 곧 도덕판단의 근거나 이유가 된다. 인간은 자유로운 행위자이기 때문에 규정적 물음을 제기한다. 즉 도덕판단은 행동에 대한

83) R. M. Hare, *The Language of Morals*(London: Oxford University Press, 1952), preface.

84) R. M. Hare, *Freedom and Reason*(London: Oxford University University Press 1963), p. v.

지침이다.

도덕언어를 분류하기 위해서 우리는 우선 그것을 '처방적 언어' (prescriptive language)라는 유개념에 포함시키고, 그럼으로써 처방적 언어와 다른 종류의 언어들간을 구분하게 된다. 다음 단계는 도덕언어를 다른 유형의 처방적 언어와 구분하는 것이다. 이 단계의 작업이 헤어의 초기 저서의 기분윤곽을 이룬다. 언어의 처방적 사용에 속하는 명령문이라 해서 그것이 반드시 도덕적 사용이 아니듯이 모든 처방적 언어가 도덕적 언어는 아님을 주목해야 한다. 일정한 유형의 가치판단으로 사용된 문장들만이 도덕언어이다.

1. 처방적인 것으로서 도덕판단

처방적 언어에는 두 유형, 즉 '명령문'과 '가치판단'이 있다. 헤어의 다음 도표에 보이듯이 전자는 '단칭'과 '전칭'으로 세분되고, 후자는 '도덕과 무관한 것'과 '도덕적인 것'으로 세분된다.[85)]

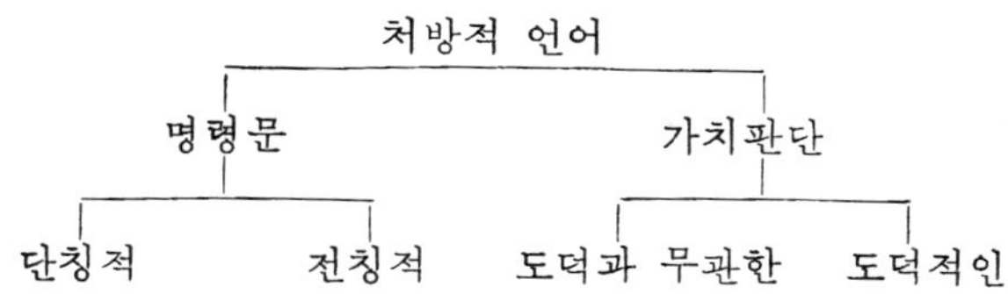

『도덕의 언어』의 기본이론은 도덕판단이 보편화 가능하다는 이론(어떤 의미에서 과학의 서술적 일반화와 비교될 수 있는)과 도덕판단이 처방적이라는, 즉 행동에 대한 지침이라는 견해를 종합한 형태인 "보편적 처방주의"(universal prescriptivism)라고 불린다. 따라서 도덕판단은 보편화 가능하며 처방적이다. 더 나아가 도덕판단은 합리적이다. "우리가 도덕적 사고를 합리적이라고 말할 수 있는 것은 도덕판단이 보편화 가

85) Hare, *Language of Morals*, p. 3.

능하기 때문이다(보편화 가능하다는 것은 그 이유를 댈 수 있다는 것이다)."[86] 그러나 도덕적 선택은 의지의 행동, 즉 합리성과 무관한 결정이다. 도덕은 자유를 수반한다.

윤리학의 기본임무는 도덕판단들이 보편화 가능하면서도, 규정적인 것으로서 이 두 가지의 상호 일관성을 확인함으로써 그것들이 서로 결합하여 "도덕의 합리성을 확립"할 수 있게 하는 일이다. 윤리적 자연주의는 서술적 의미를 도덕언어의 속성이라고 생각한 점에서 옳지만, 그것만이 유일한 의미라고 생각한 점에선 그르다. 도덕용어에 서술적 의미가 없다면 도덕은 윤리적 원리로 보편화될 수 없을 것이다. 왜냐하면 보편화할 개별적인 것도 없을 것이기 때문이다. 따라서 도덕판단을 행할 경우, 우리는 도덕과 무관한 성질에 의거해서 하는 것이다. 헤어의 보편적 처방주의는 기술주의(descripticism)에 내포된 몇 가지 사상을 보유하고 있는데, 거기에는 자연적 측면과 더불어 비자연적 측면도 들어 있다. 그리고 이러한 기술주의를 그의 처방적 행동 지침에 대한 진술들과 결합시킨다.

2. 보편적 처방주의의 방법

도덕원리를 갖기 위해서는 서술어를 가져야 하고, 그 단어를 보편화해야 하며, 그 단어에 처방적 의미를 부여해야 한다. '좋은'이라는 단어를, 특정의 도덕적 성질을 지닌 어떤 사람에 대한 단순한 서술이라고 생각해 보고, 그리고 우리가 좋다고 서술하였던 그 사람과 정확히 비슷한 사람들 역시 모두 좋다고, 즉 서술된 것과 같은 성질을 가진 사람은 모두 좋다고 말함으로써 그 단어를 보편화해 보자. 그러면 우리는 다음과 같은 종합적인 도덕원리, 즉 좋은 사람의 행동은 본받도록 권장된다(처방된다)'는 원리를 갖게 될 것이다. "진심으로 이와 같은 규칙을 받아들이는 사람은 이와 같은 규칙을 받아들이지 않는 사람과는, 단지

86) Hare, *Freedom and Reason*, p. 5.

말만이 아니라 실제로 아주 다르게 살고자 한다. 이렇게 해서 우리의 서술적 의미 규칙은 종합적 도덕원리로 변하게 되는 것이다."[87]

3. 도덕과 자유

도덕은 자유를 수반한다. 따라서 결단(decision)은 극히 중요한 것이다. "나는 다음과 같이 주장한다. 우리는 자유로운 행위자이기 때문에, 처방적 질문을 할 필요가 있으며, 또한 도덕판단의 처방성이 도덕적 자유의 문제를 생각해야 하는 이유와 그 문제의 해결에 접근하는 방법을 설명해 주는 것이다."[88]

4. 윤리적 기준의 수정

도덕의 사회적 기준은 기존언어의 서술적 의미가 변화하기 때문에 변하지 않을 수 없다. 인간의 탁월성의 기준들은 현실세계에서 변화한다. 과거에 있어서 좋은 사람은 아내를 때리는 사람일 수도 있는 반면에 오늘날은 이와는 다를 것이다. 따라서 "좋은 사람"이라는 지시대상은 변화하는 기준에 따라 변화한다. "좋은 사람"이라는 말이 변해 가는 도덕적 기준과 일치하게끔 사용될 때, 우리는 우선 그것에 처방적 의미를 부여하고 다음으로 서술적 의미를 부가함으로써 그 용어의 논리적 특성을 받아들여야 한다. 그러나 모든 가치어들이 반드시 이와 같은 방식으로 다루어질 필요는 없다. 왜냐하면 어떤 도덕용어들은 일차적 기능으로서 서술적 의미를 갖고 있고, 처방적 의미는 단지 이차적 기능으로만 가지고 있기 때문이다.

Ⅲ. 노웰-스미스 : 도덕적 대화의 개념

영국의 분석 철학자인 노웰-스미스(P.H. Nowell-Smith)의 견해의 요

87) *Ibid.*, p. 23.
88) *Ibid.*, p. 6.

점은 그의 책 『윤리학』(*Ethics*, 1954)에서 설명되고 있다. 에이어(A.J. Ayer)는 그 책의 서문에서 다음과 같이 말하였다. "도덕규범을 체계적으로 제시하거나 혹은 규범의 준수를 권장하는 도덕가의 활동과, 그 관심사가 일차적으로 도덕판단을 하는 것이 아니라 도덕판단의 본성을 분석하는 것에 있는 도덕철학자의 활동간에는 분명한 구분이 있으나 그것이 언제나 충분히 주목되지 못하고 있다."[89](이 책에서 도덕가를, 도덕적 가치판단을 내리고 그 판단을 지지하기 위해 근거를 제공하는 도덕철학자나 윤리학자와는 구분되는바 실천적으로 윤리학을 적용하는 도덕개혁가를 가리키고 있음을 주목하라.)

1. 윤리학의 영역

윤리학을, "무엇을 해야 하나?"와 같은 물음에 답을 주는 데 목적을 둔 실천적 학문으로 생각함으로써, 노웰-스미스는 플라톤과 마찬가지로 주장하기를 이와 같은 종류의 물음에는 여러 가지 삶의 유형을 그려 보이고서 우리가 진정으로 선호하는 유형이 어떤 것인지를 탐구하는 것 이외에 어떠한 답변도 발견할 수 없다고 하였다. 어떤 사람이 좋아하는 삶의 유형은 그의 심리상태에 의존한다. 어떤 사람의 심리상태가 그가 만족스럽다고 생각하는 삶의 유형을 결정한다. 그럼에도 불구하고 결단과 명령은 그의 심리적인 체질로부터 추론되지는 못한다. 우리가 유일하게 구성할 수 있는 일반화는 여러 개개인들의 심리상태에 유사성이 있다는 것이다. 행동 또는 경험의 특정한 유형이 만족스럽지 못하거나 마음에 들지 않는다는 데 대한 일반적 합의가 있을 수는 있지만, 그것들을 받아들이게끔 하는 실천적 충고는 무용하다. 삶에 있어 만족스러운 것이 무엇인지를 결정하는 것이 어려울 경우 문제되는 개인의 심리상태와 고려되고 있는 특수상황에 관한 충분한 지식 없이 답변을 시도하는 것은 주제넘은 짓이며 헛된 일일 것이다.

89) P. H. Nowell-Smith, *Ethics*(Baltimore: Penguin, 1954), foreword.

2. 야누스의 원리

노웰-스미스는 그의 목적이 만족스러운 삶, 즉 살 만한 가치가 있는 삶이 어떤 것인가를 알아 내는 데 있는 것이 아니라, "우리가 실생활의 대화에서 도덕규칙을 결정하고, 채택하고, 충고하고, 평가하고, 칭찬하고 비난하고, 선택하고, 거부할 때 사용하는 그 개념들이 서로 어떻게 관련되는가를 보여 주는 훨씬 덜 야심적인" 데 있음을 인정하였다. "'무엇을 해야 하나?'와 '어떤 도덕원리를 선택해야 하나?'라는 물음은 각자에 의해 스스로 답변되어야 한다. 적어도 그것이 '도덕'이라는 단어가 함축하고 있는 바의 일부를 이루고 있다."[90]

다른 대표적인 메타윤리학자들과는 달리 노웰-스미스는 윤리적 문제에 대해 어떤 단일한 해결책이나 손쉬운 해결책을 제공하지 않았다. 그는 윤리언어를 단지 하나의 기능으로, 즉 단순한 감탄, 등급 매김, 명령, 또는 그 밖의 단일한 기능으로 설명하려고 시도하였던 그 이전의 철학자들이 주장한 단일요소적 이론들(one-factor theories)을 받아들이지 않았다. 왜냐하면 이원적 혹은 다원적인 기능을 갖는 윤리언어들도 있기 때문이다. "어떤 단어가 동시에 두 가지 혹은 그 이상의 역할을 할 수 있다는 것뿐만 아니라 그것에 대한 반대근거나 명백한 취소이유가 없는 경우에는 그 단어가 때때로 두 가지 또는 그 이상의 역할을 동시에 한다고 생각되는 원리를 자주 사용할 것이기 때문에, 그것에 대해 '야누스의 원리'(Janus-principle)라는 특별한 이름을 붙이고자 한다."[91]

3. A-어, D-어, 그리고 G-어(경향적 속성, 기술적 속성, 동사적 형용사의 속성)

야누스의 원리에 속하는 단어 이외에 그 밖의 다른 독특한 기능을 수행할 뿐만 아니라 일정한 반응이나 특정 감정을 이끌어 내는 단어들

90) *Ibid.*, p. 320.
91) *Ibid.*, p. 100.

이 있다. 이와 같은 단어들은 A-어(경향어의 줄임말)라고 불리는데, "왜냐하면 그 단어들은 어떤 대상이 어떤 감정이나 일련의 감정을 발생시키는 '경향이 있는'(apt) 어떤 속성들을 갖는다는 사실을 가리키는 단어들이기 때문이다."[92] 예컨대 '장엄한'(sublime)이나 '겁나게 하다'(terrify)라는 A-어들은 단순히 말하는 사람의 감정을 표현한다. 따라서 그들 자체의 독특한 논리를 가진 A-어는 D-어(빨간, 단단한, 무른과 같은 서술어)와 G-어(찬양할 만한, 칭찬할 만한, 비난할 만한과 같은 동사의 성격을 띤 형용사)와는 다르다. 이와 같은 형용사들은(A-어, 예 : 장엄한 ; D-어, 예 : 빨간 ; G-어, 예 : 비난할 만한) 서로 다른 종류의 속성인 '경향적 속성'(aptness-properties) 기술적 속성(descriptive-properties) '동사적 형용사의 속성'(gerundive-properties)을 나타낸다.

4. A-어, D-어, G-어의 논리적 특수성

세 유형의 모든 단어들이 동일한 문법규칙을 따르는 형용사라고 할지라도 세 유형 각자 그 자체의 논리적 기이성(logical oddness)을 갖는다. "나는 만일 어떤 물음이 이미 답변된 것이기 때문에 그 맥락에서 그것에 대한 더 이상 물음의 여지가 없는 것처럼 보이는 경우 그 물음이 '논리적으로 기이하다'고 말할 것이다. 이것은 그 물음이 반드시 무의미하다는 것이 아니라, 그 물음이 무엇을 의미하는지 영문을 알지 못해 당황하게 되고 그 물음에 대해 어떤 색다른 해석을 하지 않을 수 없게 된다고 말하는 것이다."[93] 담배를 맛있게 피우고 있다고 말하는 어떤 사람에게 "담배를 즐기십니까?"라고 묻는 것은 논리적으로 이상하다. 윤리학에서 철학자의 책임은 문장과 논증 안에 있는 논리적 기이성을 제거하는 것이다. "도덕철학자의 임무는 도덕언어, 문장, 그리고 논증들의 상호관계를 상세히 보여 주는 것이다. 그리고 이것은 어떻게 한 진술이 다른 진술을 수반하거나, 다른 진술과 모순되는지를 보여 주는

92) *Ibid.*, p. 72.
93) *Ibid.*, p. 83.

것이 아니라 어떤 맥락 속에서 어떤 것을 주장하고 다른 것을 부인하는 것, 혹은 특정한 물음을 던지는 것이 논리적으로 이상하다는 것을 보이는 임무를 말한다."[94] 논리적 기이성은 어떤 책이 교훈적이지만 나는 그 책에서 어떤 교훈도 얻지 않았다고 덧붙여 말하는 것과 같이 외견상의 비일관성과 자체모순으로부터 유래한다. 그러나 그것이 이상하더라도 여전히 논리적으로는 가능하다. 왜냐하면 나는 나의 교훈을 다른 책에서 받았을 수도 있기 때문이다. "나는 당신이 그 차를 가장 좋은 자동차라고 생각하였음을 안다. 그러나 왜 당신은 그 차를 선택하였는가?"라고 어떤 사람에게 묻거나, 혹은 "내가 이렇게 행동하는 것은 윤리적인 행동이지만, 나는 달리 행동할 것이다"라고 말하는 것은 논리적으로 기이할 것이다.

Ⅳ. 툴민 : 윤리학에 있어서 이성의 지위

『윤리학에 있어서 이성의 지위에 대한 연구』(*Examination of the Place of Reason in Ethics*, 1950)에서 상술된 툴민 (Stephen Toulmin)의 윤리이론은 도덕적 가치판단을 옹호하기 위해 정당한 근거 (good reasons)를 발견하려는 시도에서부터 발전되었다. 그의 사상은 프란시스 베이컨의 윤리적 논의서인 『선과 악의 색채에 대하여』에 의해 고무된 것인데, 이 책은 『학습의 진보』 제 Ⅵ 권으로 개정된 형태로서 간행되었다. 툴민의 이론은 베이컨의 이론의 연장선상에 있지만, 범위에 있어서는 보다 확장된 것이다. 베이컨이 그 자신을 매우 평범한 논증에만 한정시킨 반면에 툴민은 "이러한 논증에 그것이 갖는 가치와 범위를 부여하는 바가 무엇인가"[95]를 탐구하고 있는데, 이는 추론의 성격과 논리의 기초에 대한 상세한 고찰을 포함하는 과제인 것이다.

94) *Ibid.*
95) Stephen Edelston Toulmin, *An Examination of the Place of Reason in Ethics* (London: Cambridge University Press, 1950), p. vi.

1. 윤리학에 있어서 이성의 역할

윤리학에 대한 논의를 하면서 툴민은 그의 목적이 윤리학에 있어서 이성의 위치와 기능을 확인하는 데에 있다고 진술하였다. "추리가 '윤리적'이라고 불리려면, 그것이 행동에 영향을 주고자 하는 의도를 가진 것이어야 한다."[96] 인지적인 관점에서 어떤 것이 옳다고 주장하는 것은 그렇게 하는 것에 대해 타당한 근거를 주장하는 것이다. 채택될 만한 가치가 있는 관행은 진정으로 이해관계의 상충을 해소하는 관행이다. 툴민은 윤리적 판단이 논쟁의 여지가 있다고 믿었었기 때문에 그렇지 않다고 주장하는 이론을 거부하였다.

그는 그 이전의 철학자들이 주장하는 윤리이론을 받아들이기를 거부하였다. 왜냐하면 그 이론들은 "일상인들"에게 그의 일상생활의 문제에 대해서 혼란만 줄 뿐 아무런 도움도 주지 못하기 때문이다. 따라서 툴민은 기존의 윤리이론들 안에 있는 몇 가지 참된 윤리적 측면들을 무시하지는 않았지만, 그 윤리이론들을 모두 포기하였다. 그는 말하기를 그 윤리이론들은 모두 공통된 약점을 가지고 있는데, "그 이론들 중에 어떤 것도 윤리적 추론의 본성에 대해 적당한 해명을 하지 못하였다"고 하였다. 이 이론들은 그것들이 "특정의 윤리적 결론에 대한 정당한 근거가 무엇인가?"라고 물어야 했을 때, 그 대신 '선'(good)의 의미——그것의 객관성, 주관성, 정의적 성격——에 대해 탐구하였다. 윤리판단은 어떤 사람의 감정과 행동을 변경시킬 때 이성을 활용한다. 도덕원리의 정당화는, 이행될 경우 최소한의 고통이 결과될 원리의 발견에 근거해서 이루어진다. 인간의 상충하는 이해관계를 조정하고 그들의 욕구를 조화시키는 것이 도덕의 기능이다.

2. 윤리적 진술의 기능

윤리학에 대한 툴민의 새로운 접근은 그로 하여금 삶에 있어 윤리

96) *Ibid.*, p. 131.

적 판단의 기능과 역할을 검토하게 하였다. 그의 목적은 특정규범이나 윤리이론을 형식화하거나 이론들을 옹호하려고 시도하는 대신에, 매일 매일의 일상적인 사용 안에서 발견되는 윤리적 진술의 기능을 알아 내는 것이었다. 그는 윤리학의 올바른 기능은 "모든 사람의 목적과 욕구를 가능한 한 양립할 수 있도록 성취하는 방식으로 우리의 감정과 행동"[97]을 상호 조정하는 데 있다는 결론을 내렸다.

툴민의 견해에 의하면, 기존의 윤리이론들은 일면적이기 때문에 실패로 끝났다. "정당한 윤리적 논증과 부당한 윤리적 논증을 어떻게 구분하는가?"라는 그들이 제기했던 물음은 세 가지 주요 윤리학파에 의해선 답변되지 않은 셈이다. 왜냐하면 그 이론들은 어떤 하나의 관념이 어쩌다가 참인 것임에도 불구하고, 그것이 윤리판단에 본질적인 것이라고 가정하였기 때문이다. '객관주의적 이론가'들인 첫번째 학파는 가치가 객관적인 특성(비자연적 특성)이라고 가정하여 사실적인 지식을 가진 개인들이라면 반드시 의견의 일치를 보게 될 것으로 생각했으며, 주관주의적 이론가들인 두 번째 학파는 사람들이 가치에 대해서 서로 다른 기준을 내세우는 것은 불가피하다고 생각했고, 정의주의자들 혹은 명령주의적 이론가들인 세 번째 학파는 도덕판단들이란 본성상 오로지 권고하는 것이라고 생각하였다. 세 윤리학파는 모두 우리가 알다시피 윤리개념을 잘못 진술하고 있다. 그들이 실패한 원인은 첫째 '비자연 적속성,' 둘째 '태도,' 세째 '감정의 상호작용'이라는 요소들을 지나치게 강조했던 그들의 특이한 수정의 탓으로 돌릴 수 있다. "그러나 이것은 숫양이 황소가 아님을 인정하고 새로운 출발을 하는 대신에, '물론 숫양은 일상적 의미에서 황소가 아니다'라고 말함으로써 박물학(natural history)에서의 실수를 극복하려고 시도하는 것과 같다."[98] 툴민은 이 이론들이 너무 많은 것을 주장하였고, 관련된 논리를 무시하였으며, 윤리이론의

97) *Ibid.*, p. 137.
98) *Ibid.*, p. 62.

문제를 마치 '사적인 게임'을 하듯이 다룬 나머지 지나치게 단순화하게 된 것이라고 역설하였다. 이 이론가들의 잘못은 자신들의 견해를 채택함으로써 우리가 윤리적 물음에 대한 답변을 발견할 것이라는 가정에 있다. 그러나 실제로 우리는 그렇지 함으로써 단기 기만되기만 했지 우리가 출발했던 그 자리에 그대로 서 있을 뿐 아무런 해결도 얻지 못한 것이다.

툴민은 말하기를, 이제는 에이어와 비트겐슈타인이 그랬던 것처럼 이성을 수학과 과학에만 국한시키지 말고 도덕적 행동에 대해서도 정당한 근거를 발견함으로써 편견 없이 새롭게 시작할 때라고 하였다.

> 단순한 언어게임에 대해서조차 '정당한 근거와 부당한 근거' '타당한 추론과 부당한 추론'을 이야기하는 것이 무의미한 것이 아니라면, 하물며 더욱 중요한 분야——수학, 과학, 윤리학, 미학에 있어서 그리고 사물에 대한 우리의 반응을 표현하고, 우리의 동기를 설명하며, 명령을 하는 데 있어서, 나아가 언어를 사용하는 무한히 다양한 방식들에 있어서 우리가 사용한 논증에 대해 그런 이야기를 하는 것이 무의미하다 할 수 있겠는가![99]

개개의 문장에 이르기까지 모든 것은 그 자체의 논리적 기준을 가지며, 그것은 그 자체의 개별적이고 특수한 사용을 검토함으로써 발견된다.

3. 윤리학의 기능

각각의 분야에 있어서 그 분야의 논리는 그 분야의 기능을 결정한다. 즉 과학적 판단의 기능이 우리의 기대를 변경시키는 데 반해서, 윤리적 판단의 기능은 사람의 감정과 행동을 변경시키는 데 있다. 툴민은 윤리학의 기능을 "모든 사람의 목적과 욕구를 가능한 한 조화롭게 성취

99) *Ibid.*, p. 83.

시키는 방식으로 우리의 감정과 행동"[100]을 상호조정하는 것이라고 정의하였고, 개개인의 욕구와 행동을 그 사회의 욕구와 행동에 일치되게 조화시키는 과정을 윤리학의 특징적 기능의 하나로 포함시켰다. 그러므로 의무라는 개념은 개개인들을 사회규범 속에 통합시켜 주는 사회적인 것이다. 왜냐하면 어떤 사회이든 일정한 행동의 규칙을 필요로 할 것이기 때문이다. 공학의 분야에 있어서 관행에 대한 표준법규가 있듯이 어느 공동체에 있어서나 도덕적 행위에 대한 법규라는 것이 있다. 현행의 도덕, 규칙, 제도, 법칙을 선택하고 시인하는 근거들이 있으며, 그 근거들은 적절한 선택을 위한 믿을 만한 지침을 제공한다. "윤리학은 욕구와 이해관계들간의 조화로운 만족에 관심을 갖는다."[101]

4. 도덕가와 도덕적 이상

그러나 툴민에 의하면 현행 제도들을 무조건적으로 받아들이는 것은 바람직하지 못하다. 왜냐하면 그 제도들도 여건의 변화에 따라 발전하고 변천할 수밖에 없기 때문이다. "그러므로 사회 속에는 언제나 '도덕가' (moralist)가 설 자리가 있게 되는데, 그는 현재의 도덕과 제도를 비판하고 보다 이상에 가까운 관행을 내세우는 사람이다."[102] 모든 사회에 있어서 '도덕적 이상' (moral ideal)은 그 사회의 최선의 자원과 지식에 의거해서 '고통과 좌절을 제거하는 것이어야 한다.' 이러한 만족과 성취가 이루어질 수 있는 방법을 구체적으로 알아 내는 일은 과학적 전문가의 책임인데, 이들의 중요한 임무는 '해야 되는 것'이나 '할 수 있는 것'을 실현할 수 있게 하는 일이다. 도덕가는 행할 수 있는 이들 가능성을 자신의 정책으로 삼게 되는데 그렇게 함으로써 "행할 수 있는 가능성은 행해야 하는 당위성으로 변하게 된다." (what can be done becomes what ought to be done)

---

100) *Ibid.*, p. 137.
101) *Ibid.*, p. 223
102) *Ibid.*

5. 정당한 근거와 옳음의 기준

툴민에 있어서 윤리학은 그 기능으로 인해 결국 논리적으로 윤리판단에 대한 '비판'에로 나아가게 된다. 그러나 다른 윤리학자들에 의해 무시되었던 것이면서도 핵심적인 문제에 대한 시각을 잃지 않으려면 절실히 필요한 것으로서, 다음 두 가지간의 구분을 지키는 일이 필요하다. 어떤 관행에 대해 정당한 근거를 대는 것과 문제되는 그 관행이 옳다는 것을 입증하는 것이 동일하다고 가정하는 것은 잘못이다.

> 물론, "이 관행은 그 상황 아래서 있을 수 있는 이해관계의 상충을 거의 포함하지 않는다"는 것은 "이것은 올바른 관행이다"와 동일한 것을 '의미'하지는 않으며, 또한 "이 생활방식은 보다 조화롭게 만족되는 것이다"는 "이것이 더 낫다"와 동일한 것을 의미하지도 않는다. 그러나 각각의 경우에 앞쪽의 진술은 뒷쪽의 진술의 정당한 근거이다 : "윤리적으로 가치중립적인" 사실은 "동사적 형용사로 이루어진" 도덕판단에 대한 정당한 근거가 된다. 그 관행을 채택하는 것이 진정으로 이해관계의 상충을 완화시킨다면, 그것은 '채택될 만한 가치가 있는' 관행이다. 그리고 그와 같은 삶의 방식이 참으로 더 깊고 일관된 행복을 가져온다면, 그것은 '추구할 만한 가치가 있는' 삶의 방식이다. 그리고 우리가 윤리판단의 기능을 생각해 볼 때, 어떤 사람이 나에게 왜 그것들이 "정당한 근거"인가라고 묻는다면, 나는 단지 "당신이 원하는 더 나은 근거들은 무엇인가?"라고 되물음으로써 답변할 수 있다는 것이 자연스럽고 일리가 있는 것으로 생각된다.[103]

이성이 윤리학에서 발견하는 규칙들은 잠정적인 것이며, 절대적이거나 최종적인 것이 아니고, 언제나 발전과정에 있으며, 불완전하고, 경우에 따라서는 더 만족스러운 규칙들로 바뀌어져야 할 것들이다.

103) *Ibid.*, p. 224.

V. 언어분석에 대한 비판적 논평

언어분석에 대한 앞서의 논의는 철학에서 최근 발생하고 있는 몇 가지 새출발을 보여 주고 있다. 브란트(Richard Brandt), 닐슨(Kai Nielsen) 등에 의하면, 윤리학에 있어서 정당한 근거에 대한 열렬한 탐구를 하고 있던 언어분석적 윤리학자들은 자신도 모르는 사이에 "정당한 근거"를 다시 정의하려는 활동으로 나아갔으며, 윤리학에 있어서나 적어도 메타윤리학적 진술을 언급함에 있어서는 규범적인 가치중립성을 견지하고 있다.

1. 정의주의와의 단절의 실패

언어분석적 도덕가들을 평가함에 있어 훨씬 더 관대한 블랜샤드는 그들이 정의주의와의 관계를 끊으려고 시도하였지만 실패했다는 이유로 그들을 반박하였다. 그의 견해에 의하면 그들은 단순한 언어상의 논의에로 퇴화해 버린 윤리적 문제를 분석하고자 하는 무용한 시도만을 하였고, 윤리이론이 도덕언어의 연구에 불과하다는 그들의 잘못된 생각은 그 주제를 하찮은 것으로 격화시켜 버렸으며 그것을 지루하게도 오도하게끔 하였다. 그들의 공동노력에도 불구하고, 그들은 '좋은' '옳은' 그리고 '해야 한다'와 같은 윤리적 개념에 대한 적합한 의미를 제시할 수 없었으며, 또한 도덕판단을 정당화하는 수단이나 심지어 도덕판단이 나타내는 것이 무엇인가를 알아 내는 어떤 수단도 발견할 수가 없었다. 더 이상 참을 수 없었던 블랜샤드는 이러한 사고방식에 대한 그의 경멸을 결코 억누를 수 없어 다음과 같이 말한다. "메타윤리학은 어떤 윤리적 함축도 갖고 있지 않으며 도덕적 결단을 배제한 논리적 진공상태에서 논의될 수 있을 뿐이다."[104] 그러나 이 철학자들이 실패한 하나의 이유는 "윤리학의 명제들이 존재한다는 것은 불가능하다"[105]는 비트겐

104) Blanshard, *Reason and Goodness*, p. 263.

105) Ludwig Wittgenstein, *Tractatus Logico-Philosophicus*(New York: Humanities Press, 1961), p. 145(Proposition 6. 32).

슈타인의 선언에 묶인 탯줄을 끊을 수 없는 그들의 무능력에 기인하는 것으로 보인다. 비트겐슈타인이 얼마나 쉽사리 아주 유능한 일군의 사상가들을 방황하도록 만들었던가!

2. 툴민의 이론에 대한 비판

툴민의 논의가 다른 언어분석적 도덕가들의 논의보다 훨씬 더 그 범위가 넓었다고 하지만, 그의 노력은 단지 정의주의와 공리주의를 연결하는 빈약한 결합을 성취했을 뿐이며, 또한 공리주의 철학에 내재된 난점을 피하지도 못하였던 것으로 보인다. 더우기 사람들이 추론하는 방식에 대한 사실적인 설명을 인용하여 도덕자료를 설명함으로써, 그는 철학자들이 아니라 행태주의 과학자들 사이에서 널리 통용되는 방법을 사용하였다. 그리하여 그는 그렇게 행동하는 데에는 어떤 타당한 근거가 있어야 한다는 것을 단순히 추가함으로써 행동의 올바름을 그 공리적 가치에로 귀속시켰다. 주어진 어떤 행동이 시인할 만한 가치가 있다고 동의하는 사람도 있겠지만, 이 판단에 대해 서로 상충되는 이유를 가질 수도 있고, 아무런 이유도 없을 수도 있다는 사실이 인정되어야 한다. 즉 사랑하는 것과 충성하는 것에 대해 적합하거나 타당한 이유를 제공하지 않고서도, 사랑이나 충성이 시인할 만한 가치가 있는 것으로 생각하게끔 할 수도 있다.

헤어(언어도덕가들 중에서 가장 영향력이 있었던 이론을 주장하였던)는 툴민이 순수히 사실적인 전제로부터 도덕적 가치에 대한 결론을 추론하려는 헛된 시도를 했다는 근거에서 그의 입장에 반대하였다.[106]

3. 언어분석에 있어서의 비합리주의

비합리주의는 영국의 언어분석적 도덕가의 사상에 풍미하고 있는

106) R. M. Hare, "Book Review of Toulmin's *The Place of Reason in Ethics*," in *Philosophical Quarterly* 1(1951), p. 374.

것처럼 보이는데, 이 점에 있어서는 대륙의 실존주의자들의 사상과 유사하다. 왜냐하면 두 학파 모두 도덕적 결단을 이성의 산물로서가 아니라 비합리적인 또는 합리적인 것과 무관한 도덕적 선택, 즉 오직 그 자신에 대해서만 책임을 지는 의지의 작용이라고 생각하기 때문이다. 이러한 견해는 정의주의자들뿐만이 아니라 언어분석가들에 의해서도 주장되었다. 정의주의자들은 도덕판단을 감탄이나 절규로 환원하는 반면에, 언어분석가들은 도덕적 가치판단을 명령, 즉 선택의 행위로 생각하는데, 바로 이러한 의미에서 툴민에 있어서와 같이 합리성에 대해서는 부차적 역할이 허용될 수 있을 뿐이다.

4. 헤어의 도덕철학에 대한 비판적 논평

도덕판단이 합리성과 무관한 행위의 지침이라는 헤어의 견해에 대해서 비판가들은 그가 도덕판단에 있어서 추론의 임의성을 과장해서 말하였다고 비난한다. 닐슨은 그와 같은 입장은 결국, "우리가 도덕판단의 본성에 대해 발견한 어떤 것도 모든 유태인을 가스실에 집어 넣는 것이 나쁘다는 것을 수반하지 않는다"[107]는 것에로 '귀착'할 수밖에 없다고 논평하였다. 헤어는 그의 철학이 이런 식으로 적용되는 것을 받아들이지는 않을 것이며, 그의 유일한 의도는 비규범적인 진술로부터 규범적인 진술을 연역하는 것이 불가능하다는 것을 입증하는 것이었다고 주장할 것이다.

빈클리(Binkley)는 헤어의 견해에 대한 다른 반대의견을 다음과 같이 요약하였다.

1) 어떤 사람에게 무엇을 하라고 말하는 것(telling)과 그것을 하라고 시키는 것(getting)간의 구분을 지나치게 강조했다는 점, 2) 윤리적 원리와 명령을 너무 밀접하게 동일시하였다는 점, 3) 윤리적

107) Kai Nielsen, "Ethics, History of" in Paul Edwards, ed. *The Encyclopedia of Philosophy*(New York: Macmillan & Free Press, 1967), 3 : 110.

원리와 명령간의 유사성에 대한 그의 지나친 강조는 의사소통의 상황에서 발언될 수 있는 문장의 유형을 지나치게 단순화시킨 분석에 근거한다는 점, 4) 당위진술은 명령을 수반하지 않는다는 점 등이다.[108)]

5. 엄슨의 윤리적 입장에 대한 비판

사과의 등급을 매기는 것과 사람의 등급을 매기는 것을 비교하는 엄슨의 진술은 명백히 잘못된 유비논증의 오류를 예증해 주는 것이다. 사람의 좋음이 사과에서 발견되는 좋음과 같은 물리적 좋음의 상태로 환원될 경우에는 물리학자들이 도덕가들이 되어야 할 것이다. 왜냐하면 그들은 상인이 좋은 사과를 평가하듯이 어떤 사람이 얼마나 좋은가를 결정할 수 있는 최선의 입장에 있기 때문이다. 하나의 사과를 좋은 것이 되게 하는 성질이 인간적인 좋음과 일치하는 성질이 아님은 명백하다. 좋음(엄슨이 사과에 적용하였던 용어로서)은 어떤 좋은 기계공의 특성(반드시 도덕적인 것은 아닌)을 기술하기 위한 도구적 의미로 사용된 것이지 도덕적으로 좋은 사람이라는 본래적 의미에 있어서 사용된 것은 아니다. 엄슨은 마치 어떤 사람을 좋은 기계공(이를테면)이라고 평가하고, 그를 좋은 선생과 비교할 때 사용되는 기준이 서로 다른 것처럼 개개의 상황에서 사용되는 기준들이 서로 다르다고 주장함으로써 그 비판에 맞설 것이다. "기준은 각 경우마다 서로 다르다."[109)] 그는 주장하기를 이러한 난점은 "'좋은'이라는 말이 그것이 적용되는 경우만큼이나 많은 의미를 갖는 동음이의어였다는 기이한 상황에서 생겨난다"[110)]고 하였다.

그럼에도 불구하고 이와 같은 항변은 엄슨을 잘못된 유비논증의 오류로부터 구출해 내지 못한다. 왜냐하면 그는 어떤 두 경우도 유사하지 않다고 주장하고 있기 때문이다.(이는 바로 그가 이끌어 내고자 하는 그 유비

108) Luther J. Binkley, *Contemporary Ethical Theories*(New York: Philosophical Library, 1961), p. 152.
109) Urmson, "On Grading," p. 176.
110) *Ibid.*

논증을 부정하는 주장인 것이다.)

6. 도덕적 가치의 논리와 기준에 대한 결론적 논평

끝으로 정의주의자들과 언어분석가들이 다루는 문제들이 동일하지 않다는 것을 염두에 두어야 한다. 스티븐슨과 같은 정의주의자들이 논의하는 물음은 도덕적 가치판단의 논리적 성격에 관한 것인 데 비해 엄슨과 같은 언어분석가들이 탐구하는 문제는 옳음의 기준과 관련된 것이다.

사 항 색 인

〔ㅇ〕

〔ㅈ〕

〔ㅌ〕

〔ㅍ〕

〔ㅎ〕

인 명 색 인

역자약력

송휘칠(宋彙七)

고려대학교 철학과 및 동 대학원 졸업

일본 와세다대학 대학원 수학

미국 University of Southern California에서 정치철학 전공(M.A. 및 Ph.D.)

일본 교토大 교환교수 역임

일본 스쿠바大 교환교수 역임

현 경북대학교 사범대학 교수

논저: Yomeigaku as a Philosophy of Action in Tokugawa Japan (박사학위논문) 등 다수

황경식(黃璟植)

서울대학교 철학과 및 동 대학원 졸업(철학박사)

미국 Harvard 대학 객원 연구원

동국대학교 철학과 교수 역임

현 서울대학교 철학과 교수

저서: 사회정의의 철학적 기초
개방사회의 사회윤리

역서: 사회정의론, 윤리학, 응용윤리학, 실천윤리학, 생의윤리학이란 외 다수

수정판
윤리학의 이론과 역사

1986년 3월 15일 초판발행
1988년 9월 10일 수정판발행
2021년 3월 10일 중판발행

저 자 W.S. 사하키안
역 자 송휘칠·황경식
발행인 안종만·안상준
발행처 (주) 박영사
서울특별시 금천구 가산디지털2로 53, 210호(가산동, 한라시그마밸리)
전화 (733)6771 FAX (736)4818
등록 1959. 3. 11. 제300-1959-1호(倫)

www.pybook.co.kr e-mail: pys@pybook.co.kr

정 가 23,000원 ISBN 978-89-7189-087-5